A luz que vem do coração

Somos associados da **Fundação Abrinq** pelos direitos da criança.
Nossos fornecedores uniram-se a nós e não utilizam mão de obra infantil ou trabalho irregular de adolescentes.

A luz que vem do coração
Copyright by © Petit Editora e Distribuidora Ltda., 2014
4-2-16-2.000-10.000

Direção editorial: **Flávio Machado**
Coordenadora editorial: **Isabel Ferrazoli**
Capa, projeto gráfico e editoração: **Ricardo Brito | Estúdio Design do Livro**
Imagem da capa: **Robert_s | Shutterstock**
Produtor gráfico: **Vitor Alcalde L. Machado**
Preparação: **Isabel Ferrazoli**
Revisão: **Erika Alonso**
Impressão: **Corprint - Gráfica e editora Ltda.**

**Ficha catalográfica elaborada por
Lucilene Bernardes Longo – CRB-8/2082**

Daniel (Espírito).
　A luz que vem do coração / pelo Espírito Daniel ; psicografado pela médium Cristina Censon. – São Paulo : Petit, 2014.
　424 p.

ISBN 978-85-7253-280-8

　1. Espiritismo　2. Psicografia　3. Romance espírita　I. Censon, Cristina.　II. Título.

CDD: 133.93

Direitos autorais reservados.
É proibida a reprodução total ou parcial, de qualquer forma ou por qualquer meio, salvo com autorização da Editora.
(Lei nº 9.610, de 19 de fevereiro de 1998)
Traduções somente com autorização por escrito da Editora.

Prezado(a) leitor(a),
Caso encontre neste livro alguma parte que acredita que vai interessar ou mesmo ajudar outras pessoas e decida distribuí-la por meio da internet ou outro meio, nunca deixe de mencionar a fonte, pois assim estará preservando os direitos do autor e, consequentemente, contribuindo para uma ótima divulgação do livro.

A luz que vem do coração

Você tem uma luz interior pronta
para ser descoberta

Cristina Censon
pelo Espírito **Daniel**

editora

Rua Atuaí, 389 – Vila Esperança/Penha
CEP 03646-000 – São Paulo – SP
Fone: (0xx11) 2684-6000
www.petit.com.br | petit@petit.com.br

Dedico este livro
aos meus amores queridos,
Maurício, Isabella e André,
por acreditar em meu projeto e me
incentivar a colocá-lo em prática.
A vocês, todo o meu amor.

Sumário

    Prólogo, 7
1. Tempos atuais, 11
2. O dia seguinte, 20
3. A vida segue seu rumo, 29
4. O que se pode conhecer, 38
5. Novas esperanças, 47
6. Uma pausa para reflexão, 56
7. Um olhar diferente, 65
8. Mudanças de conceitos, 74
9. Buscando entender, 83
10. Remexendo no passado, 92
11. O passado que não volta, 100
12. O que temos que aprender, 109
13. Conhecendo para entender, 118
14. Explicações necessárias, 127
15. Novos problemas a enfrentar, 136
16. Notícias alarmantes, 144
17. Caminhos tortuosos, 152
18. Novas revelações, 161
19. Entendendo para ajudar, 170
20. Buscando respostas, 178

21	RECOMEÇANDO,	187
22	ENFRENTANDO O PASSADO,	196
23	RESOLVENDO PENDÊNCIAS,	205
24	UM NOVO PROBLEMA,	214
25	NOVAS OPORTUNIDADES,	223
26	CORRENDO PERIGO,	232
27	UMA DESCOBERTA PROVIDENCIAL,	241
28	RETOMANDO SUA VIDA,	249
29	UM ENCONTRO REVELADOR,	258
30	NOVOS RUMOS,	267
31	ESCLARECENDO O PASSADO,	276
32	VIVENDO UM DIA DE CADA VEZ,	285
33	CADA COISA EM SEU LUGAR,	294
34	A VIDA QUE SEGUE,	303
35	UM PRESENTE INESPERADO,	312
36	UMA NOVA CHANCE,	320
37	REVELAÇÕES,	329
38	A CONSCIÊNCIA E A VERDADE,	338
39	A VERDADE SE REVELA,	348
40	RESOLUÇÕES NECESSÁRIAS,	358
41	A ESCOLHA ACERTADA,	369
42	A VIDA QUE SE TRANSFORMA,	381
43	NADA FICARÁ COMO ANTES,	391
44	TUDO É COMO DEVE SER,	405

Prólogo

Tudo o que nos acontece tem uma razão de ser e existir. O acaso é fruto do pensamento dos descrentes acerca da origem divina – e sábia – do ser humano. Nossas vidas se entrelaçam em uma ação constante e em um dinamismo que chega a nos afrontar, pois quase sempre ficamos à deriva de respostas e conclusões que estabeleçam um resultado definitivo.

Mas será que existe o definitivo? Será que podemos crer que nossas vidas estejam mesmo com seus destinos selados e impossíveis de ser revertidos? O que será que existe por trás de tudo quanto vivemos e aprendemos, sofremos e nos revoltamos?

Perguntas complexas demais para nós, seres ainda tão ignorantes das leis que regem nossos próprios caminhos. Sabemos o que nos acontece, pois temos consciência do momento vivido enquanto ele é presente.

E, quando esse momento se tornar passado, teremos algum controle sobre ele?

Definitivamente, não. Só podemos saber o que fazer enquanto o tempo ainda estiver do nosso lado. Mas, mesmo assim, nem sempre fazemos a leitura correta do que nos acontece e sofremos pelo que poderíamos ter vivido se nossas emoções não nos saíssem constantemente ao controle.

Somos, então, guiados pelas nossas emoções e sentimentos, algo puramente destituído de razão?

Constantemente, sim. E quase sempre nos perguntamos: Ah, por que não agi desta ou daquela maneira? Por que não controlei minhas ações? Por que deixei que a emoção sufocasse minha razão?

Perguntas demais, respostas de menos.

E esta história que ora se inicia vai apenas comprovar o que já se sabe acerca do que queremos e não conseguimos fazer. Das palavras que querem ser jogadas ao vento, mas que nosso coração enclausura e impede que se manifestem. Dos sonhos que desejamos ver realizados, mas que nossa vontade, fraca sobremaneira, impede que possam ser efetivados.

Ah, como sabemos tão pouco acerca de nós mesmos. Como nos equivocamos e confundimos nossas reais emoções, oferecendo ao outro mínima parcela, deixando-o frustrado por ter recebido tão pouco de quem tinha prometido tanto!

Ah, quantas ilusões desfeitas, quantos sonhos relegados à condição de pouca importância! Quanto desprezamos o que nos proporcionaria felicidade, pois nos perdemos nas teias do materialismo sufocante, destituído de verdade e carregado de enganos e falsidade!

Esta é uma história que se perde na poeira dos tempos. Seus personagens são tão verdadeiros e autênticos como o Sol que nos banha com sua luminosidade e calor.

Sem dúvida, teve um início, mas talvez não tenha fim. Quem pode determinar quando algo está determinado a se encerrar? Certamente não somos detentores desse poder supremo, cabendo a nós apenas realizar o que nos compete fazer: viver e seguir o curso da história, que a evolução impulsiona a continuar seu caminhar.

Nascer, viver, morrer, renascer; um ritmo incessante e dinâmico, no qual cada um determina o tempo que necessita para concluir suas tarefas.

Caminhamos sempre em frente. Nossas vidas se entrelaçam, nossos caminhos podem ou não se cruzar, nossos projetos podem ou não ser comuns, podemos ou não nos reencontrar durante essa longa viagem. Sabemos, porém, que toda ação estabelece implacavelmente uma reação de idêntico teor. Seja de amor, seja de mágoa, seja de alegria, seja de dor. Assim, jamais caminhamos sós. Temos as companhias que desejamos e aquelas de que necessitamos para seguir conosco, independentemente dos laços criados em função de nossos equívocos ou acertos, sejam os do afeto, sejam os do coração ferido, ressentido, carente de nossos melhores esforços de regeneração.

Se refletíssemos mais, se analisássemos nossos sentimentos com maior critério, se calássemos nossos melindres, se soubéssemos o verdadeiro significado da palavra amar, talvez esta história não fosse registrada e narrada. Talvez não fosse necessário relatar as tantas vidas que se sucederam, pois todas estariam abrigadas na compreensão, no equilíbrio, na fraternidade e no amor puro e verdadeiro.

Mas estamos ainda muito distantes da concepção ideal do "bem viver". O máximo que fazemos é reagir da mesma forma como a vida age conosco, esquecendo que deveríamos ser nós os autores de nossa própria história.

O importante é acreditar que a esperança é a mãe de todas as histórias, que o entendimento e aceitação nos alçam a categorias de seres menos imperfeitos; portanto, há urgência em se transformar para o bem, conquistando condições de se elevar acima das misérias humanas.

A tônica desta história só poderia ser o amor, gerador de tantos sofrimentos em nossas experiências de vida. Sentimento de múltiplas formas, nos seus diversos aspectos, mas que em essência é apenas AMOR.

Vários personagens se cruzam e se distanciam, pela força do amor ou da rejeição, e, não se contentando em ser desprezados, seguem inflexíveis em busca de explicações e respostas a tanto sofrimento vivido.

Os nomes, fictícios ou não, pouco importam, mas as histórias e os relatos se encontram gravados e neles estão incorporados todos os que participaram. São reais e plenos de verdade.

Convido-o a seguir nesta viagem com o coração isento de críticas e julgamentos, e que apenas a compreensão seja a melhor e mais sábia companheira.

Como tudo começou?

Daniel
Janeiro/2013

1
Tempos atuais

Tudo o que nos acontece tem uma razão para ser e existir. Essa é a mais pura e definitiva verdade.

Começamos esta história pelo final, indo gradativamente ao ponto onde ela teve seu início. Hoje vamos perceber como cada criatura, que teve seu destino atado a um acontecimento e a um grupo, se situa neste exato momento.

Alguns aqui se encontram em tarefas reencarnatórias ainda distantes da posição ideal de evolução. Seguem seus caminhos, abrigando em seus corações os mais conturbados sentimentos, os mais perturbadores pensamentos, sem muitas vezes entender por que assim se encontram.

Outros se encontram distantes deste mundo material, em um breve intervalo, passando por sofrimentos inenarráveis ou em uma existência de alienação total e pungente, em que só o tempo será capaz de lhes mostrar o caminho a seguir.

Outros tantos, pela misericórdia divina, colocam-se de forma protetora ao lado de seus tutelados para que possam seguir com eles para o reajuste de suas faltas.

Assim é o Pai! Dá a todos os seus filhos idênticas condições de se redimir com Ele e com todos os que foram prejudicados, oferecendo novas oportunidades a quem as merecer.

Nem todos, porém, obtêm condições de retornar e refazer o mal vivido. Pela intolerância de seus sentimentos, pela inflexibilidade de suas ações e pela falta de determinação em seus propósitos de perdoar, o Pai lhes fornece o remédio adequado à sua enfermidade, o que eles realmente necessitam para aprender o "bem viver", ainda que isso lhes custe sofrimentos.

A cura, porém, se encontra em entender o real significado das coisas, não devolvendo ao outro aquilo que lhe foi ofertado por descuido ou, quem sabe, por pura maldade.

Cada um deve aprender por si próprio o significado de tudo isso, seguindo seu caminho, aceitando que cada um recebe aquilo que merece, que a felicidade é conquista individual e independe da boa ou da má vontade daquele que lhe acompanha os passos.

Resta a cada um fazer sua leitura e seguir seu caminho com fé e esperança.

Para entendermos o todo, é importante conhecermos cada parte desta história.

❈ ❈ ❈

A chuva era torrencial. Era possível perceber o quanto a natureza parecia em fúria naquela noite. Os trovões mostravam sua presença. Gritavam seu brado como se houvesse dor e desolação.

Era um local isolado. Como proteção, diversas árvores ladeavam a casa, que se encontrava às escuras, já que a luz elétrica havia sido interrompida.

Tudo estava em total escuridão. A solidão imperava; o silêncio, profundo e desesperador, iluminava-se em alguns segundos por eventuais raios.

De repente, um som estrondoso dentro da casa sobressaiu-se em meio ao caos. Um copo, arremessado violentamente em direção a um armário na parede, estilhaçou-se. Era Raul, quebrando seu copo vazio em um acesso de raiva e esgotamento.

Por alguns momentos nada mais se ouviu. Tudo permaneceu quieto. Até a chuva pareceu abrandar após aquele gesto de fúria, como a mostrar respeito àquele cuja dor parecia ser muito pungente. De repente, no meio do silêncio momentâneo, um soluçar, lento e contido, transformou-se pouco a pouco em um lamento angustiado e cheio de dor.

– Por que não me levou no lugar dela? Por que me deixou aqui sozinho? Como posso viver sem sua presença? Eu não posso mais continuar!

Sua voz foi ficando cada vez mais embargada, intercalada de sussurros e de um choro cada vez mais convulsivo. Um lamento triste e sofrido de quem se sentia órfão da misericórdia divina. O sofrimento era sufocante!

– Você espera que eu O entenda? – continuou o lamento. – Em tempo algum isso irá acontecer. Jamais vou compreender por que tirou minha Elisa. Eu não posso com Você e não quero mais estar com Você.

Num último gesto, segurou uma estátua e a arremessou contra a parede. Pegou a bebida e entornou todo o conteúdo na própria garrafa. Em seguida, passou a falar coisas que apenas seu coração podia ouvir, em um lamento triste e solitário.

Assim permaneceu por um curto período de tempo, para logo depois embarcar em um sono conturbado e melancólico. Dormiu abraçado a uma almofada no sofá da sofisticada sala – outrora cheia de vida – em que a solidão imperava.

De repente todos os sons se esvaíram. A tempestade se abrandou, e um silêncio mórbido tomou conta daquela casa. Tudo silenciou. Nada mais parecia existir, apenas o silêncio.

Triste cena, observada por duas criaturas habitantes de uma mesma realidade espiritual, porém de sentimentos antagônicos, provenientes de seres com padrões evolutivos distintos, cada uma delas irradiando suas energias características. Uma, trazendo em seu coração a paz; a outra, a discórdia.

Elisa, no Plano Espiritual, tudo observava com imenso pesar, sentindo-se responsável por aquele ser amado desesperado com sua ausência. Raul estava irreconhecível, uma sombra do que era nos tempos que compartilhavam sentimentos nobres.

Foram casados por apenas cinco anos, que a ambos pareceu uma eternidade.

Conheceram-se na redação do jornal onde Raul trabalhava. Aquela linda jovem o abordou certa tarde, solicitando informação acerca de uma determinada reportagem. Dizia que o jornalista havia feito uma pesquisa superficial e que na matéria havia algumas incorreções. Raul olhou a jovem com interesse, tentando se lembrar do assunto ao qual ela se referia. Ficou ouvindo a jovem por alguns minutos, apenas olhando intensamente seus olhos, procurando dar a atenção que ela solicitava.

A jovem explicou que era estudiosa de história das artes e grande conhecedora da arte sacra. Possuía uma coleção invejável de estátuas do período barroco. Foi aí que Raul se lembrou da reportagem. Possivelmente, ele, o autor da matéria, teria se equivocado com o nome de algumas obras.

Continuou calado, apenas ouvindo a jovem discorrer sobre o assunto, e chegou à conclusão de que havia sido apenas uma troca de nomes de uma escultura pouco conhecida. Em sua opinião, muita reclamação para algo de pouca importância. E como a jovem havia se deslocado até lá, Raul achou por bem acatar a reclamação. Certo era que o interesse despertado por ela o motivou primeiro. Ela era seu tipo de mulher: inteligente, voluntariosa, culta, confiante, determinada e muito bonita.

Raul achou melhor interromper a jovem e lhe dizer quem era para que pudesse se desculpar sobre a falha da matéria.

– Desculpe, não nos apresentamos. Meu nome é Raul e sou o jornalista azarado que permitiu que uma jovem o desbancasse no primeiro equívoco de sua carreira. Você é?

– Meu nome é Elisa, e me desculpe por chegar assim, por minha entrada tão intempestiva, mas senti que era minha obrigação vir até aqui e relatar o ocorrido.

– Fez muito bem em nos auxiliar a sanar um equívoco que, certamente, deixará o autor da obra mais satisfeito pela correção. Foi um imenso prazer conhecê-la.

Elisa ficou perturbada com o comentário, sentindo certo desconforto. Mas teve que admitir a si própria que aquele olhar profundo, intrigante e até divertido, havia lhe tocado mais do que gostaria. Tentou se desvencilhar daquele olhar penetrante, mudando de assunto.

– Bem, na realidade me senti à vontade para vir até aqui. Seu chefe é meu padrinho e ele já havia me convidado para visitá-lo, mas eu estava fora do país e só agora encontrei tempo livre. Ele deve me achar desnaturada, mas sempre me perdoa.

Raul olhou fixamente para aqueles olhos azuis, tentando saber se aquele era realmente o motivo da sua visita. Mas foi interrompido em seus devaneios com a chegada de seu grande amigo e superior, que entrou na sala de braços abertos e um grande sorriso. Sua longa cabeleira, já esbranquiçada, demonstrava a jovialidade que era sua característica principal.

– Elisa querida, até que enfim se dignou a conhecer meus domínios! Que alegria ter você de volta. Cansou de viajar ou o dinheiro começou a ficar escasso?

– Pare de me amolar, você não vai tomar jeito nunca? Voltei porque estava morrendo de saudades suas – respondeu Elisa.

Foi um abraço afetuoso, cheio de saudade. Ficaram apenas alguns meses distantes, mas tempo suficiente para que ambos sentissem uma imensa e intraduzível falta um do outro. Paulo era padrinho torto de Elisa, como ela se referia. Seus pais haviam sido amigos desde sempre e compartilharam juntos toda a infância e adolescência dela. Quando ela completara 15 anos, seus pais desencarnaram em um acidente de carro, deixando-a sozinha em meio a um complicado inventário. Paulo foi seu tutor até ela atingir a maioridade, conforme orientação deixada em testamento pelos pais da jovem. O que era uma grande amizade ampliou para um relacionamento de pai para filha, que ambos tinham orgulho em ostentar. Ela o chamava de padrinho pelo imenso carinho que nutria por esse que havia sido seu amparo emocional, confidente e conselheiro nos momentos mais difíceis de sua vida. Era o único a quem confiava os mais íntimos segredos, o que fazia Paulo se sentir cada vez mais responsável por ela. Às vezes ele lhe confidenciava que se sentia verdadeiramente seu pai, o que deixava Elisa confiante para seguir sua vida. Era uma linda relação de amor, e isso emanava a olhos vistos.

– Já conheceu Raul? Meu melhor jornalista e meu grande amigo. Trabalhamos juntos há alguns anos e ele já lhe conhecia de nome. Interessante nunca terem se cruzado antes. Ele é sempre convidado para grandes eventos e acha que é pela competência. Eu ouso dizer que é pelo seu charme e fama de grande conquistador.

– Paulo, pare de falar assim de mim! Que imagem ela vai fazer?

Elisa continuava a sorrir, lembrando-se vagamente de situações que seu padrinho lhe contara acerca de Raul, a quem ele muito admirava.

– Já ouvi falar de você exatamente desta forma. Infelizmente as notícias correm, e sua fama já é conhecida. Só agora me dei conta, associando seu nome à grande notoriedade que faz jus. Mas não fique preocupado, gosto de tirar minhas próprias conclusões – disse Elisa.

Continuaram a jogar conversa fora por alguns instantes, e, logo em seguida, Paulo foi chamado para uma reunião de pauta, deixando os jovens sozinhos. Raul aproveitou a chance e a convidou para jantar naquela noite.

A partir daí os acontecimentos aceleraram. Casaram-se meses após aquele encontro, com a aprovação de Paulo. Ele sabia que aquela era uma união de almas afins, ligadas por sentimentos de amor verdadeiro.

Não detemos o poder de conhecer tudo. Podemos apenas viver intensamente cada etapa desta nossa longa jornada, que se iniciou em algum lugar de um passado distante, mas não podemos determinar quando tudo vai se concluir. E será que algum dia terá fim?

Elisa acompanhava tudo o que se desenrolava à sua frente com lágrimas, num misto de compaixão e amor, mas impotente para mudar o rumo dos acontecimentos. Aprendera que cada um é responsável por suas escolhas, e mesmo aqueles que tanto amamos têm o direito de escolher os caminhos que desejam seguir. Sejam eles acertados ou não. É uma decisão individual, e ninguém pode interferir.

Resta-nos somente seguir seus passos, esperando o momento em que pedirão auxílio quando a dor sufocar suas ações e suas forças desfalecerem. Neste momento lembrarão que não estão sós e que poderão contar com o amparo daqueles que auxiliarão seus passos.

Elisa a tudo assistia, percebendo outra entidade naquele recinto, disposta a tudo fazer para comprometer ainda mais o futuro do seu amado.

Ele não percebia sua presença, dada a diferença de vibrações que portava, completamente dominado pelo ódio e desejo de se vingar daquele que, supostamente, acreditava ser o autor de todos os seus infortúnios. Andava de um lado a outro, comprazendo-se com o desespero de Raul, que, dominado pela fúria e rancor, permitia que essa sintonia se estabelecesse.

Se pudéssemos visualizar as duas realidades, material e espiritual, vigiaríamos melhor nossos pensamentos, sentimentos e palavras. Tudo o que falamos e sentimos é poder de atração de espíritos que vibram na mesma sintonia que nós, seja para o lado positivo, seja para o negativo. Atraímos a companhia daqueles que conjugam conosco os mesmos pensamentos e sentimentos. Tanto do lado material como do espiritual.

Infelizmente, mesmo conhecendo essas verdades, somos criaturas invigilantes e nos descuidamos de algo tão precioso, como nosso padrão mental e nossas emoções. Só nos lembramos disso quando somos autuados em flagrante, quando percebemos o quanto somos imperfeitos e o quanto ainda temos de aprender.

A entidade ficava a gargalhar, incentivando por meio de ondas mentais para que Raul ficasse cada vez mais descontrolado, exibindo toda sua fragilidade e dor. Ela divertia-se, acreditando que sua presa estava em suas mãos, pronta a cometer uma loucura, o que parecia iminente, dada as condições emocionais de Raul. Enviava pensamentos, de forma constante e intensa, de que não valia a pena continuar uma existência desprovida de motivação e interesse. Dar cabo à vida era a única saída viável e definitiva. Tudo isso se realizava de maneira repetitiva e potente. A entidade tentava dominar o padrão mental daquele que se posicionava de forma tão passiva a seus apelos incessantes.

Percebia que Raul estava decidido a mudar o rumo de sua existência como forma de aplacar sua dor. Acabaria com tudo e assim encontraria sua amada onde estivesse.

Neste ritmo incessante de manipulação mental, faltava muito pouco para que tudo se concluísse. A entidade maligna se preparava para a sua cartada final. Sabia que Raul possuía uma arma naquela mesma sala e começou a emitir pensamentos que o conduzissem a tal intento. Raul captou a ideia e passou a avaliar se essa era a saída para seu sofrimento. Quando ele se preparava para buscar o objeto que iria acabar com seu martírio íntimo, algo aconteceu que o impediu de se mover.

Elisa se aproximou de Raul e, num gesto calmo e protetor, envolveu-o num longo abraço, sufocando todos os desejos de subtrair a própria vida. Num último gesto de insanidade, Raul atirou a estátua contra a parede e continuou em seu pranto solitário, até se deixar dominar pelo sono, esquecendo-se de tudo ao redor. A última coisa que seus sentidos foram capazes de perceber foi a presença doce e amorosa daquela que sempre seria inesquecível. Elisa continuou envolvendo-o em seus braços, até que ele adormeceu, podendo ouvir num sussurro seu nome:

– Elisa, fica comigo!

Pelo ângulo da entidade cruel e determinada a ceifar a vida de Raul, a cena que se desenrolou foi como se uma luz intensa adentrasse o local, fazendo com que ele fugisse assustado com tanta luminosidade. Era como se um exército da luz invadisse a sala e anunciasse que seus intentos não mais seriam possíveis. Essa foi a leitura que a entidade fez da situação, percebendo que era hora de sair em retirada. Planejaria melhor seu próximo ataque para que, desta vez, conseguisse cumprir seus intentos menos dignos. Para ela, Raul era o causador de todo o mal que sofrera, e nada mais justo que ele sentisse na pele tudo o que ela própria vivera em sua última encarnação. Saiu da sala praguejando:

– Maldito, sua vez ainda vai chegar, e não terá ninguém para protegê-lo de si mesmo.

Somos causadores de nossos próprios infortúnios, mas custamos a admitir essa fatídica verdade; insistimos em olhar o mundo ao nosso redor como causador de todos os males que nos atingem. O mundo e todos que dele participam.

Olhamos para fora e não para dentro de nós, esquecendo-nos de buscar a verdade que habita em nosso íntimo, capaz de nos guiar pelas estradas da vida com consciência e responsabilidade. Atribuímos nossos fracassos e sofrimentos ao outro, que acreditamos ser o causador de nossos sofrimentos.

Nessa luta sem tréguas com o outro, desperdiçamos energias em confrontos desnecessários e contra inimigos irreais. Quando teremos a lucidez de olhar a vida com olhos da verdade, buscando cada dia nos aprimorar, eliminando tudo o que possa comprometer nossa caminhada evolutiva? Nossa vontade é fator determinante, mas ainda insuficiente para moldar nossas ações, retirando toda sombra e transformando tudo em luz. O tempo acompanha nossos passos. Somos guiados em conformidade com tudo o que já aprendemos e assimilamos de bons exemplos, de moralidade e sentimentos nobres.

Mas ainda estamos no início desta exaustiva viagem que, um dia, nos levará aos braços amorosos Daquele que nos criou simples e ignorantes, mas com todo o potencial da perfeição. Sigamos em frente, com coragem e determinação.

De repente tudo parecia voltar ao normal naquela solitária casa. Elisa permaneceu mais um tempo ao lado de seu tutelado, sentindo-se triste por deixá-lo naquele estado, mas tinha suas tarefas e responsabilidades que não podia se esquivar. Olhou com carinho seu amado, jogado desajeitadamente no sofá, abraçando a almofada como única companhia naquela solitária sala. Entendia sua dor, mas não aceitava a revolta que Raul trazia em seu íntimo, como a recusa em aceitar a verdade imutável: Elisa se fora, era fato inquestionável, mas não para sempre.

Não existem separações eternas, apenas temporárias.

Precisamos aprender a amar sem cobranças, sem prisões, que encarceram e não nos permitem alçar voos maiores. Amar com pureza de intenções, o que custamos a aprender pela nossa insistente falta de maturidade emocional e espiritual.

Elisa passou suavemente a mão sobre o rosto de Raul e sorriu como uma forma de despedida.

– Dorme em paz, meu amor. Voltarei quando possível, mas jamais se esqueça de tudo quanto sonhamos e planejamos juntos. Não foi possível desta vez, e, um dia, você entenderá por quê. Você ainda tem muito a realizar em prol de seu aperfeiçoamento, tarefa que compete apenas a você e a mais ninguém. Um dia irá compreender, e, nesse dia, estaremos juntos novamente. Dorme em paz e acorde com a lembrança de tudo que ainda tem a realizar.

Apenas o silêncio ali restava.

Mais uma noite de tormenta se encerrava, e, em breve, o Sol iria dissipar toda negatividade presente, anunciando novas oportunidades para se aprender a viver.

2
O dia seguinte

Nada parecia lembrar a tempestade da noite anterior. A natureza dava seu ar da graça anunciando um tênue raio de sol, prenúncio de que aquele seria um dia ensolarado. A terra, ainda molhada, exalava aquele cheiro refrescante e úmido, inebriando a todos com seu perfume. Apenas uma brisa restava depois de todo o vendaval que havia se apropriado daquela região. Nenhum barulho se ouvia. Tudo estava calmo e tranquilo.

Aquele era um lugar magnífico, sem ostentação, sem luxo. Uma chácara construída por hábeis e respeitosas mãos, que preservaram o máximo a vegetação nativa.

Elisa a herdara de seus pais, que pouco usufruíram daquele paraíso particular construído com tanto amor. Ela insistira em permanecer ali após a morte dos pais, porém, no início, havia sido muito difícil por conta das recordações que o lugar lhe trazia. Com o tempo, percebeu que aquele local parecia exalar a presença amorosa de seus pais e viajava até lá sempre que podia.

Era o lugar preferido de Elisa e Raul, onde viveram os melhores momentos de sua curta e intensa vida juntos.

Com quatro anos de casados, foram surpreendidos com uma terrível doença que acometeu Elisa. Ela insistia em retornar para casa depois das intensas terapias em hospitais. Dizia que era o único lugar onde conseguia recuperar suas forças físicas e mentais. Raul a acompanhava e passou a trabalhar lá mesmo. Foram tempos difíceis, extremamente desgastantes para todos os que participaram do processo, de idas e vindas incessantes a hospitais, a tratamentos alternativos, mas que não foram suficientes para garantir a cura de Elisa. A doença progrediu rapidamente, sem chances de uma trégua para que pudesse renovar suas energias e vencer a terrível batalha. Todos os recursos para que ela driblasse a morte foram insuficientes. Elisa lutou tenazmente, mas foi vencida. Sem revoltas em seu íntimo, corajosa em todos os momentos, ainda encontrou forças para consolar seu grande amor.

No entanto, Raul, inconsolável, entregou-se ao desespero e permaneceu na chácara. Os meses se passaram, e ele se recusava a deixar aquela casa, onde as lembranças da amada pareciam preencher sua vida. Não conseguia conceber a ideia de se distanciar das recordações dos momentos que ali vivera em comunhão com ela.

Passava os dias e as noites em total isolamento, sem buscar o conforto dos amigos. A única criatura que ele permitia a permanência era Lúcia, uma senhora cheia de vitalidade e discrição, responsável pelas tarefas de manutenção da casa e que dava todo o suporte de que Raul precisava naqueles difíceis momentos. Lúcia conhecia Elisa desde criança, quando trabalhava para seus pais.

Era discreta o suficiente para não incomodar o jovem e intempestivo patrão, que havia sofrido uma brusca mudança de comportamento após a partida da esposa. Estava intratável ao telefone. As visitas não eram bem-vindas e, em alguns momentos, chegava à rispidez e indelicadeza. Às vezes olhava o semblante triste e desolado de Raul, e seu desejo era retirá-lo daquele padrão mental, mostrando-lhe que a vida precisava seguir seu rumo e continuar a caminhar. Ela, porém, não conseguia adentrar o castelo de suas emoções – Raul não permitia a entrada de ninguém. Era muito doloroso ver alguém se entregar ao sofrimento e não querer sair dele; para Raul, isso significaria trair a memória de Elisa.

Os dias se passavam num ritmo lento e desgastante.

Lúcia fazia seu trabalho de maneira silenciosa. Quando Elisa era viva, o ambiente era cheio de vitalidade, alegria e risos fartos. Era uma criatura inigualável, como poucas que conhecera. Após a morte de Elisa, Lúcia chegou a pensar em deixar o emprego, mas não tinha forças para abandonar aquele jovem naquela situação. A única coisa que fizera foi se mudar de volta para sua casinha a poucos quilômetros da chácara, ficando apenas durante o dia para dar o suporte necessário. Enviuvara muito jovem, não tivera filhos, e seu trabalho preenchia sua vida, sentia-se responsável pelo rapaz. Em alguns momentos tinha vontade de abraçá-lo e dizer que o tempo curaria todas as feridas. Pensava em consolá-lo como faria a um filho, mas faltava-lhe coragem para invadir sua privacidade.

Naquele dia chegara bem cedo, preocupada com o temporal da noite anterior e os possíveis estragos causados. Entrou silenciosamente pela porta dos fundos e foi logo preparando o café. Na sala, viu Raul jogado no sofá, ainda com a almofada nos braços. Olhou tristemente a cena e pensou que havia sido mais uma noite de bebedeira. Pensou em acordá-lo, mas preferiu aguardar seu despertar a ter que deparar com alguma palavra mais áspera. Olhou a sala toda bagunçada, o copo quebrado e até aquela imagem preferida de Elisa estava em cacos no chão da sala.

Raul usava a mesma roupa do dia anterior, o que deduziu que ali ficara desde então. A barba por fazer, a aparência sofrida, os cabelos em desalinho e alguns fios brancos envelheciam seu rosto, outrora tão jovial. O tempo e a revolta fizerem dele uma criatura desgastada.

Lúcia preferiu sair. Limparia o aposento em hora apropriada. Enquanto caminhava até a cozinha, ouviu um barulho, foi até a entrada e viu um carro parando na entrada da chácara.

Uma jovem desceu e caminhou até ela. Cumprimentou Lúcia com um sorriso cativante e jovial.

– Bom dia, você deve ser Lúcia. O Paulo me falou que Raul tinha um anjo da guarda. Muito prazer, eu sou Beatriz e trabalho no jornal com eles. Minha visita será breve, pois sei que ele não quer conversar com ninguém, mas o assunto que me traz aqui é muito importante. Posso entrar?

Se Paulo lhe pedira para se deslocar até lá, não seria ela o empecilho a este encontro. Sentiu, porém, que precisava alertar a jovem sobre o estado de Raul, contando-lhe como o encontrara naquela manhã.

O semblante de Beatriz se fechou, seus olhos se entristeceram e lamentou ter vindo justo naquela manhã.

– Não se lamente, minha jovem – falou Lúcia, tentando tranquilizar a garota. – Esses últimos dias tem sido iguais para Raul, e isso também me entristece, pois não sei como ajudá-lo. Em casos assim, só o tempo é capaz de curar.

– Eu sei, todos gostaríamos de fazer algo, mas ele não permite, não atende mais o telefone, não fala mais com Paulo, o que o deixou arrasado. É uma situação insustentável, e alguma coisa precisa acontecer para mudar o rumo desta história. Eu sei que é difícil o que vou dizer, mas o que passou não volta, não é possível alterar o que já é, somente o que será. Pode parecer muito simplista minha maneira de pensar, mas de que adianta lamentar o que perdemos? Sabemos que não vai alterar em nada o fato de não aceitarmos a realidade. Vai apenas prolongar nosso sofrimento.

Lúcia gostou da maneira como Beatriz falava, o que ia ao encontro de seu pensamento. Apesar de jovem, ela parecia madura em sua forma de ver as coisas. Parecia muito inteligente e sensata. Podia se perceber que, enquanto falava, uma tristeza passou a transitar pelos seus olhos, antes tão sorridentes.

– Isso mesmo, minha filha, do que adianta se revoltar contra Deus, ficar de braços cruzados e nada realizar para modificar o que já é. Venha tomar um café que acabei de fazer, enquanto esperamos nosso belo adormecido acordar.

Foi o tempo suficiente para que Raul entrasse na cozinha e estranhasse a presença da jovem jornalista. Tentou se lembrar de ter combinado alguma coisa com ela, mas sua cabeça latejava e não conseguia pensar com lucidez.

A jovem se antecipou, cumprimentando Raul com um abraço caloroso.

– Estava com saudades, meu amigo, e como você não comparece ao seu local de trabalho, cá estou para colocar em ordem alguns pontos inadiáveis. Preciso de você para fechar algumas matérias e decidir algumas pautas para a próxima semana. Isso significa que suas férias terminaram e não adianta argumentar. Sua ausência já se estendeu tempo demais e precisamos de você. Vá tomar um banho, pois sua aparência está lamentável. Dê um trato e volte para conversarmos.

Raul não conseguiu acompanhar o ritmo da jovem, que não lhe deu oportunidade de oferecer qualquer oposição. Achou melhor acatar as "ordens" e resolver as questões que a trouxera até lá. Gostava do jeito direto e objetivo da jovem. Sua franqueza e cordialidade e sua perspicácia e jogo de cintura deixavam-na em larga vantagem em relação aos demais jornalistas novatos.

Paulo tinha um olhar clínico para descobrir talentos, e ela tinha um futuro promissor. Era a jornalista que havia sido designada para dar suporte a Raul, a quem já agradecera inúmeras vezes, pois a garota demonstrava profissionalismo e competência. Ele gostava dela como profissional e como ser humano.

Raul começou a colocar as ideias em ordem, porém precisava de um remédio urgente que lhe sanasse o profundo mal-estar. Queria resolver logo o impasse profissional e voltar à sua rotina solitária. Quando retornou, ambas se surpreenderam com a mudança de sua aparência. Ele se barbeara, penteara os cabelos e vestira uma roupa mais apropriada.

– Nossa, que mudança! Assim está bem melhor, mas vamos ao que interessa.

Enquanto Raul tomava seu café, acompanhado de um remédio, Beatriz falava incessantemente, sem pausa, para evitar que Raul colocasse algum obstáculo. Foi direto ao ponto, explanando todas as questões que a trouxera até lá.

Raul começou a participar dando sugestões e levantando outros assuntos importantes, que não estavam na pauta. Parecia aquele jornalista eficiente e dinâmico de outrora, deixando ambas extasiadas com sua mudança de atitude. No entanto, ele pensava apenas em concluir o mais rápido possível a reunião para retornar à sua solitária vida.

Mas não era essa a intenção da jovem, que tinha outros planos. Aquela situação tinha que ter um ponto final. Raul precisava voltar às suas atividades, dar continuidade à sua vida. Nada iria se modificar se ele não tomasse a iniciativa de dar o primeiro passo. Um passo por vez era a única maneira de fazê-lo retomar as atividades normais. Raul precisava se conscientizar de que sua vida tinha que prosseguir, e nada mais propício que retomar suas atividades profissionais. Decidiu dar sua cartada final, convocando-o para uma reunião naquela tarde com a presença de apenas alguns componentes da equipe.

– Bem, Raul, por ora acho que já discutimos tudo o que era necessário no momento. O restante ficará para mais tarde, quando teremos uma reunião na própria redação, para a qual você já está convocado, sem direito a recusar. Será apenas com a equipe envolvida neste projeto, e Paulo faz questão da sua presença. Será às 15 horas, e, se você não se importar, podemos ir juntos, o que acha?

Raul ficou atônito com a destreza da jovem, que não aceitava recusas nem permitia argumentações. Havia sido um excelente professor, ensinando a arte do convencimento à sua pupila. Ficou em silêncio por alguns instantes, pensando na viabilidade de ir à tal reunião.

Será que era hora de sair de seu luto? Estaria preparado para enfrentar sua vida novamente? Tinha muitas dúvidas, mas teria de retornar às suas atividades, enfrentando a dura realidade. Sabia que precisava sair da concha na qual se escondera e buscar equilíbrio mental e emocional.

As duas estavam ansiosas com a resposta de Raul. Lúcia se antecipou:

– Raul, seria muito bom você dar uma volta pela cidade, assim, eu posso fazer aquela faxina que há tempos não consigo. Vou preparar um almoço bem gostoso para vocês.

Beatriz sorriu, apoiando seu gesto.

– Ok, vocês venceram desta vez, pois me pegaram desprevenido e debilitado. Minha cabeça está me matando.

– Bem, meu amigo, na próxima vez vê se não bebe tudo sozinho, já é hora de repensar esta vida de beberrão.

Iria à reunião, mas sabia que sua vida estava longe de voltar ao normal e ao equilíbrio, pois não conseguia sequer controlar suas emoções e pensamentos. Será que conseguiria, um dia, ter uma vida normal? Seu mundo havia sido drasticamente demolido, e levaria um tempo para que as estruturas fossem reconstruídas, agora sem a presença da querida Elisa.

Sentiu-se novamente tomado pela tristeza. Seus olhos se fecharam longamente, parecendo reviver todos os momentos finais com a amada. As lembranças eram intensas e permaneciam em seu mundo mental, dominando seus pensamentos, sem lhe dar trégua, assim como suas emoções, que minavam suas energias e lhe impediam de recuperar o equilíbrio emocional. Não conseguia reagir e sair daquele padrão. Não tinha forças para combater a tristeza que o dominava.

Raul não imaginava o quanto seu padrão mental e emocional estava comprometido com a insistente recusa em deixar sua reclusão. Quanto mais isolado ele permanecia, mais fácil era o acesso de criaturas inferiores que o estimulavam a beber e o incentivavam a tomar atitudes insanas contra a própria vida. Ele não apenas se descuidava do teor de seus pensamentos e emoções, como também permitia que a revolta se apoderasse, imantando-o a esses invigilantes irmãos de caminhada.

Nosso padrão mental elevado nos preserva deste assédio inferior, que nos enviam pensamentos de raiva, dor, revolta, fazendo-nos insurgir contra Aquele que é todo amor e que poderia nos auxiliar a transformar nosso padrão de vibrações.

Somos invigilantes, desconhecemos as regras do bem viver e nos esquecemos de que somos os causadores de nossos sofrimentos, posicionando-nos como eternas vítimas malfadadas da sorte. Raul, imerso em seu sofrimento, não conseguia antever dias mais afortunados e menos infelizes, prosseguindo sua vida com lamentos e revolta.

Realmente, algo precisava ser feito para modificar de maneira urgente a forma como ele estava conduzindo sua vida para não acontecer um desfecho trágico e irremediável.

Somos criaturas comprometidas com nosso passado, mas nos iludimos a esse respeito olhando apenas o que somos hoje. Esquecemos que nossas existências anteriores estão interligadas a diversos companheiros, alguns mais felizes, pois de nós receberam a nossa "boa parte". Em contrapartida, temos que lidar também com aqueles a quem oferecemos apenas o desprezo, a crueldade, a arrogância, impelindo-os a tomar decisões que comprometeram sua caminhada evolutiva.

Somos ainda crianças espirituais que pouco sabem a respeito das leis que governam este mundo. Desrespeitamos as leis, de forma consciente ou inconsciente, fazendo com que outros também assim se comportem e nos acompanhem eternidade afora, até podermos desfazer os nós que nos unem e que não permitem que encontremos a paz de nossas consciências.

É um longo caminho que estamos percorrendo há muito tempo, entre idas e vindas, entre vidas amenas e vidas mais conturbadas. Deixamos, na maioria das vezes, nosso orgulho dominar nossas ações. Em vez de nos reajustarmos perante nossos irmãos, acabamos por conquistar cada vez mais débitos com eles e com outros, que também passam a nos cobrar o que ainda somos incapazes de dar: o amor, o perdão, o reconhecimento de quanto somos ainda imperfeitos e falíveis.

Essa é a grande finalidade da encarnação, mas bem poucos dão a ela a devida atenção, vivendo apenas na ânsia de conquistas materiais e perecíveis. Deixamos de lado a conquista real e imperecível dos verdadeiros tesouros que nos capacitaria a exercer o perdão e a reconquista de nossos credores por meio do amor verdadeiro.

Raul tinha um longo caminho de recuperação. Ele desconhecia o quanto estava atrelado a companheiros vingativos que dele se aproximaram quando se entregou a pensamentos inferiores e sentimentos de revolta e mágoa. Ninguém pode viver por nós o que temos de viver, nem pode tomar decisões que cabe a nós tomar, afinal, somos responsáveis por nossas escolhas. Cabe a cada um escolher o caminho que deseja seguir, sendo responsável por tudo o que advir dessa escolha.

Raul precisava compreender e aceitar que os desígnios do Pai são justos, que tudo acontece no momento certo. Com Elisa não seria diferente. Essa verdade deveria ser compreendida e aceita por ele para que pudesse continuar sua caminhada, cumprindo a programação que ele mesmo estabelecera antes de encarnar. Talvez não se recordasse, mas tudo estava gravado em seu corpo espiritual, como a lembrá-lo de seus propósitos preestabelecidos que precisavam ser transformados em ações, possibilitando o reajuste com irmãos a quem desviara das sendas do bem.

Poderia ser uma jornada proveitosa se ele assim decidisse, mas, antes, precisava recompor as energias despendidas, reavaliar suas condições atuais e buscar auxílio para sair daquela situação inaceitável.

Beatriz observava o jovem de olhos fechados e se compadeceu ao ver o sofrimento estampado em seu semblante, agora sombrio e menos sociável. Viu a transformação que acontecera em tão pouco tempo, pensando o quanto estava sendo difícil a luta que travava consigo mesmo para sair daquele estado de mágoa e revolta.

Ela gostaria muito de poder ajudá-lo a superar aquela difícil fase, mas não tinha ideia de como fazê-lo. O importante era que o primeiro passo ele havia dado, aceitando sair daquele local.

Raul passou pela sala e viu a imagem em cacos no chão da sala. Constatou que era a estátua preferida de Elisa e lamentou o descontrole da noite anterior. Agora teria que arcar com mais um arrependimento. A culpa parecia não querer lhe abandonar mais.

Na realidade, sempre pensamos que não fizemos o suficiente ou que poderíamos ter feito mais. Herança de nosso passado carregado de infrações contra nosso maior patrimônio: nossa vida. Erramos, lamentamos nosso erro, nos arrependemos, tentamos corrigir o equívoco. Esse é o caminho mais sensato, mas que custamos a compreender.

Raul saiu para seu quarto silenciosamente, deixando no ar as energias perturbadoras que aqueles pensamentos geraram.

Beatriz sentiu um arrepio percorrer-lhe a espinha, sentindo um calafrio, prenúncio de que a atmosfera estava bastante comprometida com vibrações de baixo teor. Percebeu que precisava ajudar de qualquer forma seu amigo, pois pressentia que algo muito trágico poderia acontecer.

Ultimamente era dada a essas percepções, o que a perturbava profundamente, pois não entendia que sinais eram aqueles e o que poderia fazer para ajudar. Procurou modificar seu estado mental, focando na reunião que teriam naquela tarde. Era mais urgente, pelo menos assim pensava.

3
A vida segue seu rumo

Cada coisa acontece no tempo certo, e a vida impõe seu ritmo, estejamos ou não preparados para o que ela nos ofertar – o que, infalivelmente, é aquilo que necessitamos para dar prosseguimento à nossa caminhada.

Assim acontece com todos nós, e cada coisa tem seu tempo de maturação, preparando o terreno dos nossos corações para as experiências que precisamos viver.

Raul sabia que seu tempo de luto se estendera demasiadamente. A saudade de Elisa só aumentava, e ele percebia que teria que lidar com essa dura realidade ou se entregar aos desejos que afloravam nos momentos de desespero. Mas seria covardia tomar uma atitude drástica e definitiva. Elisa jamais aprovaria ato tão covarde, o que a faria se decepcionar com ele. Restava-lhe recolher os cacos e prosseguir.

O encontro com Paulo foi emocionante. Após um longo e fraterno abraço, olharam-se fixamente. Lágrimas afloraram nos olhos dos dois amigos, pois a saudade doía em ambos.

Raul percebera que Paulo parecia ter envelhecido naquele curto período de tempo e notou que o amigo estaria pensando a mesma coisa sobre ele.

O encontro transcorreu sem maiores problemas, todos focados no objetivo da reunião.

Beatriz observava atentamente aqueles dois profissionais tão competentes, que tentavam driblar a dor que carregavam intimamente. Como assistente, permaneceu em silêncio, fazendo as anotações necessárias sobre o novo projeto.

Raul se interessou pela reunião, sentindo um ânimo novo, prenúncio de que aquela seria a motivação de que precisava para sair do atoleiro em que se encontrava desde o desencarne da amada.

– Raul, o que acha ser acompanhado por essa jornalista que tem aprontado demais na sua ausência? Precisamos respirar um pouco, o que ela não nos tem permitido – falou Paulo, referindo-se à frenética Beatriz.

– Acho que todos estão ficando velhos e não conseguem acompanhar meu ritmo – disse a garota, tentando dar um ar de alegria ao ambiente. – Pena que estão começando a ficar ultrapassados e ainda não se deram conta.

– Até que enfim alguém do meu naipe; estava me sentindo muito solitário no papel do eterno jornalista iniciante que tudo quer resolver, se metendo em tudo onde não é chamado, mas sempre acertando a mão nas reportagens – brincou Raul.

– Tenho que admitir que vocês são muito parecidos em sua maneira de atuar – falou Paulo. – Só espero que você dê um trato nela, ensinando-a a respeitar um pouco mais uma opinião mais abalizada.

Beatriz ficou séria e abaixou os olhos com vergonha, lembrando-se do incidente desastroso com um antigo e conceituado jornalista.

– O que você aprontou na minha ausência, Beatriz? Não vai me dizer que você destratou nosso grande patrimônio profissional, discordando dele? Saiba que ele não erra nunca e tem sempre a palavra final – respondeu, Raul, sabendo de quem Paulo se referia.

– O pior é que ele estava com a razão e me desbancou na frente de todos – lamenta Beatriz.

– Foi bom, assim você aprende a pensar duas vezes antes de falar.

Dito isso, Paulo encerrou o assunto para não ter que expor, ele também, o quanto o tal jornalista vaidoso o infernizara e o quanto não gostava dele. Já passava das 19 horas quando a reunião se encerrou e todos decidiram sair para jantar. Raul foi voto vencido e, sem conseguir argumentar, foi arrastado para um restaurante, um dos favoritos de Elisa. Paulo se arrependeu de ter feito aquela opção.

Raul logo pediu uma bebida forte, dando sequência a ela durante todo o jantar. Beatriz e Paulo perceberam o descontrole do jovem. Ao final da refeição, já embriagado, tentou se levantar dizendo que precisava ir embora, no que foi contido.

– De jeito algum, você não vai dirigir para sua casa nestas condições. Você vem comigo para minha casa. E não estou pedindo, estou mandando – disse Paulo.

Beatriz e Paulo levaram Raul até seu carro, e ele falava sem parar coisas sem sentido. Só perceberam que o nome de Elisa era insistentemente citado. Beatriz, que havia deixado seu carro na chácara, acabou dirigindo o carro de Raul. Combinou que, pela manhã, o levaria de volta até sua casa.

Paulo acomodou o amigo no quarto de hóspedes com muito custo, pois ele queria continuar a beber. Percebeu, então, o quanto Raul estava desgastado e preso às recordações da sua afilhada tão querida. Lágrimas discretas correram pelo rosto de Paulo, sentindo o quanto aquela criatura fazia falta em suas vidas. Fora a presença mais significativa e importante em toda a sua vida, preenchendo um vazio que ele nunca percebera existir. Era sua confidente, a única capaz de guardar seus segredos, que o passado lhe condenava, sem possibilidade de remissão. Quantas noites Elisa não o consolou, tentando lhe aliviar a culpa que insistia em acusá-lo. Segredos não revelados a ninguém, a não ser à sua leal amiga e confidente. Era um assunto antigo, que o tempo não foi capaz de lhe fazer esquecer, segredos da juventude, quando nossa razão ainda insiste em dominar coisas referentes ao coração. Paulo sabia que teria que lidar com aqueles sentimentos até o fim dos seus dias, e nada, nem ninguém, poderia auxiliar fazendo o peso ser removido.

Elisa, com sua lucidez e generosidade, apenas lhe dizia que tivesse calma e nas suas orações pedisse perdão àquela que tanto ferira no passado. Por influência dela, Paulo, que era ateu convicto, passou a fazer preces todas as noites, pedindo perdão, as quais amenizaram seus pesadelos.

Tão simples orientação, que desprezamos por achar que não resolve, e que para ele havia surtido efeitos positivos.

Devia isso à Elisa, seu anjo da guarda enquanto esteve encarnada. O que ele jamais poderia imaginar é que ela permanecia na mesma função. Sempre que era autorizada, visitava-o e o envolvia em vibrações de muito amor.

Naquela noite, em especial, sentira muita saudade da jovem. Elisa observava a cena com muito amor, vendo aqueles dois homens que tanto amara e agora tão infelizes. Pensava em uma forma de lhes ajudar.

Seu mentor a acompanhava na visita.

– *Sérgio, querido, como posso fazer para que eles percebam que tudo está como deve estar?* – perguntou Elisa, com a voz envolvida em emoção. – *Que fui*

embora no tempo certo, dentro do planejado? Que tudo foi imposto por mim mesma como forma de regressar menos endividada moral e espiritualmente? Que tudo foi necessário para que eu pudesse estar hoje, nesta condição de paz e neste grau de consciência? Eu não estou sofrendo mais, o que deveria ser para eles o maior consolo.

— *Elisa, querida, infelizmente nem toda criatura humana, enquanto encarnada, consegue ver com olhar sereno e lúcido as condições reais de cada ser e o que eles necessitam para atingir este grau de consciência e liberdade. Estes seres, enclausurados na matéria densa de que necessitam para dar prosseguimento às tarefas de conscientização e reajuste das próprias dívidas, não descobriram ainda que as respostas a todas as indagações e dúvidas serão respondidas com o conteúdo que cada um traz interiormente. Perdem-se em conflitos criados por si próprios, não compreendendo as lições que a vida lhes impõe. Sofrem, angustiam-se, revoltam-se, lamentam-se, esquivando-se de tudo o que lhes possa conduzir às respostas verdadeiras. Fogem da verdade e da luz, que poderiam conduzi-los à paz e à liberdade que tanto buscam. Minha cara, infelizmente, custamos a entender qual caminho é o mais certo a seguir, que os problemas servem para testar nosso potencial criador e nossa capacidade de superar obstáculos. As lições são a maneira de testar nosso conhecimento acerca do que conquistamos, seja nesta ou em vidas anteriores, ou seja, nosso verdadeiro patrimônio. Como saber se já aprendemos as lições a não ser sendo testados?*

— *Eu percebi isso quando a enfermidade estava me vencendo, quando constatei que possuía uma força que nem sabia possuir, que me trouxe calma e serenidade para enfrentar os momentos cruciais que vivi. Não entendia como, nas condições débeis em que estava, conseguia encontrar forças para amparar e sustentar essas criaturas que tanto amei. Jamais senti medo de enfrentar a morte, estava serena e convicta de que seria apenas uma mudança temporária, uma separação provisória. Nem revolta, nem mágoa, apenas a paz eu pude sentir nos meus últimos momentos. Foi como sentir sono e lutar contra ele, até que ele me venceu. Despertei num hospital com sua presença tão solícita e amorosa. De que poderia me lamentar?*

O mentor pegou suas mãos com carinho e ternura, dizendo:

— *Temos muitas histórias em comum, muitos encontros e desencontros ao longo das sucessivas existências, mas sempre fomos companheiros inseparáveis do bem e da justiça, mesmo cometendo tantos equívocos. A caminhada é longa e exaustiva, entre correções e novos deslizes, mas nos fornece o aprendizado necessário à nossa ascensão. Temos muito a percorrer, e o tempo é nosso aliado se dele aproveitarmos. Um dia, encontraremos esses companheiros tão amados, que hoje se encontram*

apartados de nós, tentando corrigir as arestas necessárias em situações muito mais felizes. Tenhamos paciência e fé, cada correção virá no tempo certo. Paulo e Raul ainda precisam se libertar de graves e insensatos comportamentos que os conduziram a sofrimentos voluntários, porém indispensáveis ao resgate que necessita ser realizado ainda nesta encarnação. Sei o quanto se sente responsável por eles, mas cada um é responsável pela própria trajetória, pelas escolhas que realiza, e somente eles são capazes de minorar a própria dor, modificando comportamentos indesejáveis e passíveis de sofrimento. Você não pode alterar os fatos existentes, apenas orar para que se conscientizem de que tudo que lhes ocorre tem um motivo justo. Por ora, é o que pode realizar. A oração tem se mostrado impressionante ímã, atraindo as melhores e mais sutis energias que colaboram para que a dor seja reduzida e para que possam olhar com otimismo a vida que ainda lhes resta viver.

Elisa concordou com aquele iluminado amigo, que hoje se encontrara na posição de dedicado e sábio companheiro, dando-lhe sustentação e confiança. Observou Paulo com carinho, passando a mão pelos seus cabelos rebeldes e desejando-lhe boa-noite. Ele, por sua vez, sentiu uma paz infinita lhe dominar e entregou-se ao sono.

Raul, em seu quarto, lutava contra o pesadelo que insistentemente o perseguia, nos últimos meses. Encontrava-se num lugar sombrio, totalmente desconhecido, e alguém o perseguia. Corria por uma floresta, em total escuridão, gritando para alguém que sempre chegava a cavalo e o atacava, de maneira brutal, sem dar ouvidos aos seus pedidos de clemência. Nunca via o rosto do perseguidor, mas sempre aparecia alguém que o auxiliava, retirando-o do local quando estava prestes a ser atacado. Era um tormento sem fim. Aquela noite não seria diferente de tantas outras.

Raul acordou bem cedo, mais uma vez com aquela dor de cabeça infernal, e dirigiu-se até a cozinha em busca de algo que minorasse sua dor. Paulo já estava ao telefone, resolvendo os procedimentos normais de uma grande redação. Acenou a Raul, mostrando uma cafeteira com café fumegante que deixara o ar da manhã com aquele odor característico e aconchegante.

– Vamos, Raul, se apresse, Beatriz estará aqui em poucos instantes, ela vai levá-lo à sua casa e retornar o mais rápido possível. Tome seu café, senão não vai acordar.

Elisa sempre brincou com Raul, dizendo-lhe que ele apenas acordava de fato após beber uma xícara de café bem quente e fresco. Esse tinha sido seu grande vício, mas outros o estavam tentando com seu assédio constante. O álcool parecia levar vantagem. Paulo não gostou do que presenciara na noite anterior, percebendo que seu protegido precisava de auxílio urgente, mas não era assunto a ser discutido naquela manhã. Aguardaria o momento propício.

Beatriz chegara logo em seguida, mais silenciosa que o normal. Talvez ela estivesse preocupada com algum problema do jornal e preferido o silêncio no intuito de colocar as ideias em ordem.

Raul, mal chegou em casa, começou a trabalhar no projeto que lhe fora proposto, deixando Lúcia radiante pela mudança. Ela percebeu que um ânimo novo parecia ter dominado seu jovem patrão e felicitou-se com a perspectiva de um pouco de paz naquele lar.

Os dias transcorreram em seu ritmo natural. Paulo estava feliz com os resultados iniciais do projeto e por perceber que Raul estava focado no trabalho. Não pôde observar se a bebida continuava a acompanhar de perto a vida do amigo, achando por bem não tocar no assunto e invadir sua privacidade. Esperava que aquilo fosse passageiro, motivado pelo momento difícil que estava enfrentando.

Tentou sondar Beatriz, mas ela estava mais introspectiva, dada a pouca conversa, o que deixou Paulo um tanto desconfiado com o comportamento da jovem.

Talvez fosse apenas impressão sua, mas decidiu ficar atento. Seria algo profissional? Estaria apaixonada? Poderia ser qualquer coisa ou poderia não ser nada.

O trabalho fez um bem incrível a Raul. O tempo é sempre o melhor remédio para aplacar nossas dores íntimas. Cada coisa ao seu tempo, cada coisa à sua hora. O que o tempo não é capaz de resolver nada será capaz.

A vida parecia ter voltado ao seu ritmo normal para os participantes desta história.

Bem, é o que parece, mas não podemos nos fiar nas aparências. Quantos segredos não se escondem de forma a não serem detectados pelos sentidos mais atentos? Apenas uma visão acurada é capaz de perceber o que nossos olhos não conseguem captar.

Raul estava curioso com o comportamento nada habitual de Beatriz nos últimos dias. Seu semblante parecia sempre mais carregado, algo estava diferente, e ele percebera que alguma coisa muito séria estava acontecendo com sua pupila. Chegou a lhe questionar algumas vezes, mas não obteve explicações coerentes. Não sabia se deveria insistir, afinal, poderia estar vivendo algo que só a ela dizia respeito.

Mas, na realidade, pressentia algo mais complexo e decidiu questioná-la. Ela estava chegando cada vez menos pontual, o que era incompatível com sua conduta habitual. Naquele dia, em especial, estava extremamente atrasada, tanto que Raul decidiu lhe telefonar.

Ninguém atendia o telefone, o que o deixou mais intrigado ainda. Onde estavam todos? Sabia que ela morava com a mãe e o irmão mais novo. Ela era discreta no que se referia à sua vida pessoal. Raul atentou para um fato curioso: percebeu que quase nada sabia a respeito de sua jovem assistente. Tentou o celular, que também não atendia, o que o deixou ainda mais preocupado.

Decidiu ir até a casa dela para descobrir o que estava ocorrendo. Pelo endereço, constatou que ela morava em um local nobre, com residências finas e bem protegidas.

"Pelo visto a menina é uma riquinha que gosta de brincar de trabalhar para passar o tempo", pensou com seus botões.

A casa era discreta, mas elegante, com altos muros rodeando toda a casa. Apertou a campainha diversas vezes, até que uma jovem que parecia a serviçal veio até o portão. Ela parecia muito nervosa e disse que não havia ninguém em casa. Raul achou suspeito, pois podia se ouvir muito barulho dentro da casa. Ele insistiu e pediu que Beatriz aparecesse.

A jovem, que pensou ser quem a família aguardava, permitiu sua entrada.

Assim que Raul adentrou o recinto, percebeu que algo muito sério estava ocorrendo naquele lar. Móveis pelo chão, vasos quebrados, uma bagunça total. Uma senhora permanecia no sofá com as mãos cobrindo seu rosto, chorando convulsivamente. A jovem que havia atendido a porta disse que Beatriz o estava aguardando. Mas onde ela se encontrava? Percorreu seu olhar por todo o ambiente e notou alguém batendo desesperadamente em uma porta, pedindo a alguém, do outro lado, que a abrisse. Quando Raul se aproximou, pôde ouvir as palavras desesperadas de Beatriz:

– Julinho, abra a porta, pelo amor de Deus, vamos conversar com calma, tenho certeza de que vamos encontrar uma saída, não faça nenhuma loucura, por favor!

Quando Beatriz percebeu a aproximação de Raul, aflita, pediu que ele a ajudasse. O jornalista percebeu que a situação era séria demais, que talvez o jovem pudesse cometer algum ato que se arrependesse, e perguntou se podia arrombar a porta. Beatriz acenou positivamente.

Raul, com toda a força que possuía, empurrou repetidas vezes, até que a porta cedeu. Beatriz correu para dentro do banheiro e o que ela viu a deixou desconcertada.

O irmão segurava uma faca, com a qual acabara de cortar um dos pulsos. O sangue jorrava, manchando de vermelho todo o piso branco. A jovem, tomada de desespero, pegou uma toalha e apertou o pulso do garoto, tentando estancar o sangue.

– Julinho, por quê? – era a única coisa que ela conseguia balbuciar. Abraçou o jovem, e ambos passaram a chorar convulsivamente.

Ficaram abraçados, enquanto Beatriz apertava o ferimento com toda a força para que o sangramento cessasse. Com um olhar de gratidão, agradeceu a Raul e pediu que ele chamasse um médico, indicando um número num cartão.

Enquanto ele ligava, o silêncio pareceu dominar todo aquele lar. Podia se ouvir apenas o balbuciar de lamento e angústia do jovem.

Que dramas o envolviam? Que dificuldades o perseguiam? Raul nem sequer desconfiava. Ficou apenas observando, silenciosamente, toda a cena. Passou o olhar pela sala e viu a senhora ainda sentada, tentando encontrar palavras que pudessem explicar tudo o que presenciara.

Enquanto Raul a observava, seus olhares se cruzaram, e o que ele viu deixou-o profundamente melancólico: um olhar de quem perdeu todas as ilusões que um dia acalentara, um olhar sofrido e desalentado, carregando uma dor insuportável. Sentiu-se estranhamente triste, aguardando que Beatriz o inteirasse de tudo o que ali havia ocorrido, mas saberia aguardar o momento oportuno para as explicações. Continuou em silêncio até a entrada do médico, que chegou à casa extremamente preocupado.

– Sabia que isso estava prestes a acontecer. Beatriz, agora você entende minhas preocupações? O que mais precisa acontecer para que vocês tomem uma postura mais enérgica com ele? – perguntou.

Enquanto o médico examinava seu braço, o garoto, que parecia ter se acalmado o suficiente para perceber a loucura que esteve prestes a cometer, aceitou passivamente o remédio que ele lhe oferecera, dando continuidade aos procedimentos médicos.

Nada mais foi dito e nenhuma palavra foi pronunciada, até que o médico terminasse de examinar o jovem tresloucado e desse seu parecer.

4
O que se pode conhecer

Tudo tem um motivo para ser e acontecer. Conhecemos apenas uma pequena parcela dos fatos e acreditamos conhecer todo o contexto. Vivemos na ilusão de tudo saber e tudo conhecer. Por esse motivo, julgamo-nos aptos a tirar conclusões, muitas vezes precipitadas, por desconhecermos as razões de cada situação existir.

Raul permaneceu calado, enquanto o médico fazia seu trabalho.

Beatriz manteve-se ao lado da mãe, sabia que a situação estava cada dia mais insustentável, e o médico estava coberto de razão a respeito do jovem. Aquele acontecimento merecia cuidados especiais, mas estava relutante quanto à decisão a ser tomada.

A jovem conhecia intimamente o problema do irmão. Talvez, se tivesse agido de forma diferente, as coisas não chegariam àquele ponto, por isso sentia-se culpada por vê-lo naquelas condições.

Infelizmente, temos a tendência de sentirmos culpa por tudo o que acontece em nossas vidas e por aqueles que amamos. A culpa é algo que ainda custamos a eliminar de nossos comportamentos, fruto de nossa insegurança e fragilidade.

Beatriz julgava-se responsável pelo jovem, o que a mãe não concordava e repetidas vezes contestara, pois, se havia uma culpada nesta história, era ela própria, pensava a mãe.

O médico aguardou que o jovem adormecesse e iniciou a conversação:

– Beatriz, creio que agora já percebeu que aquela decisão não pode mais ser adiada; ele já não responde aos medicamentos utilizados e tem se recusado a comparecer às sessões de terapia. Não é possível tratá-lo em casa, pois as crises irão evoluir a cada instante, e não podemos prever que atitudes ele irá tomar. Se não houvesse ninguém em casa, qual seria o desfecho? Você pode garantir a integridade física dele quando as crises progredirem?

Beatriz apertava as mãos com toda a força, numa aflição que comovia a todos. Ela dirigiu seu olhar à mãe, que, cabisbaixa, evitava confrontá-la para não se trair e demonstrar que o médico tinha total razão. Ela sabia que a filha não aprovava a ideia, pois julgava que as coisas poderiam melhorar se ele ali permanecesse, junto à família.

– Doutor Moreira, sei que suas razões se fundamentam, assim como sua preocupação com a integridade física e psicológica de Julinho, mas vou lhe pedir apenas mais alguns dias antes de decidir pela internação. Tenho um compromisso com ele, cuidarei dele com a máxima atenção, confie em mim. Dê-me apenas mais alguns dias, e resolverei a questão – e, virando-se para a mãe, perguntou: – Mamãe, está de acordo?

A mãe concordou silenciosamente.

O médico, enfim, consentiu que o jovem lá permanecesse pelos dias que se seguiriam. Ele acompanhara a trajetória daquela família, conhecendo as duras provações que passaram e o quanto haviam lutado para reconstruírem suas vidas após toda a tragédia que se abatera naquele lar. Era solidário ao sofrimento deles, entendia a relutância de Beatriz em internar o jovem e daria todo o suporte possível.

Após se despedirem do médico, a mãe levantou-se e dirigiu-se até Raul, que até aquele momento permanecia em total silêncio.

– Não fomos ainda apresentados, eu sou Cecília, mãe de Beatriz, você é?

– Eu sou Raul, trabalho com sua filha no jornal. Muito prazer, e peço desculpas pela minha entrada intempestiva.

– Mamãe já lhe conhece de nome, já falei muito de você aqui em casa.

– Espero que tenha falado coisas boas a meu respeito.

Ambas sorriram timidamente, desanuviando a sombra que se abatera naquele sofrido lar. Cecília, após alguns instantes, levantou-se, dizendo que iria passar um café.

– Desculpe entrar em sua casa dessa maneira, mas estava preocupado com você; não podia imaginar os motivos de sua ausência. Tentei entrar em contato de todas as formas e, como não consegui, decidi vir até sua casa.

– Você não precisa se desculpar, apenas não queria levar mais problemas à sua vida, sinto por tudo o que presenciou. Não poderia imaginar que as coisas iriam sair do controle, mas, definitivamente, não temos controle sobre nada e ninguém. Não sei que decisão tenho de tomar, estou tão confusa!

Dito isso, Beatriz se entregou a um pranto há tanto tempo represado. Deixou que as lágrimas lavassem toda a dor, toda a impotência do momento. Qualquer decisão que tomasse iria lhe trazer sofrimento, mas precisava agir rapidamente.

Raul olhava a jovem com total desconforto, não sabendo o que fazer para ajudar, se é que estava em condições de ajudar alguém. Se soubesse de toda a história, talvez pudesse auxiliar a jovem e sua família.

– Sei que você quer entender esta história, caso contrário nada poderá fazer para me auxiliar – falou Beatriz, depois que se acalmou. – Tudo começou há quatro anos. Julinho é meu irmão caçula, nossa diferença de idade é de apenas dois anos. Estou com 26 anos e ele 24, mas me sinto tão mais velha. Julinho estava na faculdade, cursando engenharia quando tudo começou. No início, tudo parecia normal, muito estudo, boas notas, tudo o que esperávamos dele, sempre muito aplicado. O primeiro ano da faculdade transcorreu sem qualquer problema. No segundo ano, quatro anos atrás, as coisas começaram a ficar um tanto estranhas com ele, que ficava cada dia mais arredio, falava pouco e ficava o mínimo do tempo em casa, dizendo estar estudando com amigos. No início acreditamos. Quando meu pai passou a questioná-lo sobre seu aproveitamento no curso, passou a ser áspero e rebelde. Dizia que nosso pai se importava apenas com a faculdade, não mais com ele. Ficamos atônitos com a mudança brusca de comportamento, pois jamais fora agressivo ou se comportara de maneira inadequada com nossos pais. Até que, um dia, meu pai decidiu seguir seus passos e teve a dura constatação de que ele não estava frequentando a faculdade. Faltava seguidas vezes ou ficava no campus ao lado de companhias inadequadas. Passava horas do dia com a turma, ingerindo substâncias impróprias, fumando, bebendo, enfim, estava numa situação passível de consequências nada favoráveis. Quando meu pai o confrontou, passou a gritar em total desespero, pegou o carro e saiu em disparada. No carro estava um amigo de farra, totalmente dopado, que nem teve tempo de entender o que lhes aconteceu. O carro colidiu, em altíssima velocidade, e capotou diversas vezes. Meu irmão ficou gravemente ferido e o amigo morreu. Julinho ficou internado várias semanas. Pela gravidade do impacto teve múltiplas fraturas. Foi um período muito difícil para todos nós, especialmente para meu pai, que se julgava responsável pelo trágico acidente. Por conta da influência de meu pai, o caso foi abafado, os pais do jovem que morreu receberam todo o auxílio possível e ficaram muito agradecidos por isso; enfim, aos poucos a vida reiniciava seu caminho. Tudo parecia voltar ao seu ritmo natural, mas, quando pensamos que tudo estava se acomodando, veio uma nova ventania e espalhou tudo o que foi difícil juntar.

"Quando Julinho saiu do hospital" – continuou ela, depois de uma breve pausa –, "meu pai o enviou a uma clínica de reabilitação. Meu pai não lhe deu alternativas, foi irredutível em sua decisão. Se ele quisesse retornar aos estudos, teria que se internar numa clínica. Julinho mostrara--se arrependido das péssimas escolhas efetuadas e aceitou, sem contestar, a internação. Enquanto ele lá se encontrava, uma nova tragédia se abateu sobre nós. Meu pai, com tantos problemas a resolver, deixou de lado alguns cuidados com sua saúde. Deixou de praticar exercícios, passou a não controlar mais sua pressão, num total descuido. Numa manhã, minha mãe recebeu um telefonema, dizendo que meu pai se encontrava num hospital, para onde fora levado às pressas após um mal súbito. Quando lá chegamos, tivemos a triste e cruel notícia de que ele havia sofrido um infarto fulminante. Meu pai faleceu antes mesmo de dar entrada ao hospital. Julinho soube da notícia por minha mãe e decidiu sair da reclusão para ficar ao nosso lado. Não preciso lhe dizer que a culpa corroeu meu irmão. Desde então, além das drogas que acaba buscando, ele se atormenta com a culpa, o que desencadeou graves problemas emocionais aos quais se recusa em aceitar ajuda. Na última vez que conseguimos que fosse internado para desintoxicação, ele tentou o suicídio, mas nos alertou que na próxima vez não erraria a mão e concretizaria seu maior desejo: morrer. É lamentável que a vida tenha seguido esse curso, mas não sabemos que caminho seguir, pois qualquer decisão pode ser trágica."

Raul ouvia o drama que a família vivera, e ainda estava vivendo, e se perguntava, em seu íntimo, por que tantas tragédias acontecem com criaturas tão bondosas. Por que essas situações não ocorrem com aqueles que realmente são merecedores? Questionamentos que sempre o deixavam desalentado. Em sua concepção, extremamente simplista, acreditava que as coisas ruins deveriam acontecer com aqueles que cometem maldades, desrespeitam os seres que com eles convivem. Ele não entendia por que tanta gente maldosa, egoísta e invejosa, que tudo faz para prejudicar seus semelhantes, permanece impune e, em contrapartida, ocorre exatamente o contrário com os demais, que parecem ser merecedores de todo o sofrimento. Para Raul, essa era uma grande injustiça que Deus cometia a todo instante. Às vezes se perguntava se Deus realmente existia. Ficava revoltado quando tomava conhecimento de histórias como a que Beatriz acabara de narrar.

Ninguém nunca lhe explicara até então por que Elisa, uma criatura tão boa e generosa, cheia de amor a todos, tivesse deixado este mundo, enquanto que criaturas tão descompromissadas com a vida e a moralidade conseguiam a cura. Que critérios são utilizados para essas escolhas? Ninguém lhe oferecera uma resposta definitiva sobre a questão. Talvez porque não existissem respostas definitivas.

Bem, seu debate com o Pai poderia esperar. Beatriz estava inconsolável, com tantas dúvidas e incertezas, necessitando de auxílio.

– Beatriz, por que ele se recusa a fazer terapia? Você já o questionou?

– Ele diz que já sabe tudo o que vai ser dito, que o problema maior é a culpa que ele sente e que não consegue se perdoar. Se sente responsável pela morte de nosso pai, e não existe argumento algum que o faça mudar de ideia. Ele se culpa e, para dela fugir, se entrega aos vícios. É um círculo vicioso do qual não consegue escapar, por mais que tente. O problema, na realidade, é um só: ele não consegue se perdoar. Já conversamos diversas vezes com o terapeuta, e ele nos disse que enquanto Julinho sentir essa culpa nenhum tratamento ou terapia serão eficientes.

– Não acredito que não exista nenhuma alternativa, nenhum tratamento novo que não possa ajudá-lo a resolver seus problemas.

– Já procurei tudo o que você possa imaginar, já conversei com outros terapeutas, psicanalistas e ninguém me deu algum alento. São todos taxativos num único ponto: ele precisa ser internado e tomar medicamentos para controlar as crises e a propensão ao vício, mas, até hoje, as internações se mostraram ineficientes, causando mais malefícios que benefícios. Ele fica cada vez pior. Sinto que está cada dia mais no fundo do poço, que, de tão profundo, talvez nem exista fim.

Raul olhou o desespero da jovem, as lágrimas insistindo em escorrer pelo seu belo rosto, e sentiu imenso carinho por ela. Deu-lhe uma vontade enorme de abraçá-la, dizer que tudo isso um dia iria passar e que até lá o mais importante seria não desanimar e continuar a caminhada, trôpega, mas sempre constante. Contudo, ele ficou só na vontade.

– Já pensei até em procurar um centro espírita que uma amiga me recomendou – disse a moça entre lágrimas –, mas só não fui porque não consegui ainda convencer minha mãe a me acompanhar.

Só de falar em Espiritismo, Raul sentiu um arrepio a lhe percorrer a espinha. Elisa sempre lhe falava sobre essa doutrina, a qual procurou estudar e conhecer desde que perdera seus pais no acidente. Ela se sentia confortada em pensar que a vida continuava após a morte do corpo físico, pois assim seus pais continuariam vivos numa outra dimensão. Distantes, mas vivos. Para ela, essa ideia era reconfortante e consoladora. Imaginar que apesar da morte do corpo a vida prosseguia seu ritmo incessante era algo que queria crer para que apenas a saudade permanecesse. Queria acreditar que poderia, um dia, reencontrá-los e leu vários livros sobre o assunto, procurando encontrar a certeza de que tanto a confortaria.

Quando Elisa conheceu Raul, ele era totalmente descrente, sem fé ou religião que o fizesse se conectar a algo superior. Passavam horas discutindo sobre as possibilidades que o Espiritismo ensinava, se conduziria ou não o homem a esperanças de uma vida futura, aqui ou em outra dimensão. Elisa se divertia com o ceticismo de Raul, que duvidava de tudo que fosse contrário às explicações puramente científicas. Ela sempre o levava a refletir sobre certos temas, o que já era uma grande conquista.

Na realidade, Raul nunca se interessou pelo tema morte, assunto que sempre lhe causava temor. Às vezes, ele mesmo se contradizia com as constantes indagações de Elisa, que, sábia e sagaz, o conduzia a conclusões das quais ele mesmo duvidava.

Se existisse ou não vida após a morte, um dia constataria e iria voltar para contar. Ao que Elisa retrucava, dizendo que se ela fosse primeiro voltaria para dizer como era o lado de lá.

Sem saber por que, Raul lembrou-se dessa cena, em que Elisa brincara com ele dizendo que voltaria para contar como era o lado de lá, e sentiu uma estranha sensação. Há tempos não se lembrava do ocorrido, talvez porque ainda tivesse muita dificuldade em aceitar sua ausência, agora permanente.

Talvez a possibilidade de Julinho atentar contra sua vida tivesse trazido recordações daquela que partira tão precocemente e que tanta falta lhe fazia. Lembrou-se das brincadeiras e pensou se existiria vida após a morte. Seria possível? Onde estariam alojados todos os que já partiram? Haveria um local apropriado para acolher todas essas pessoas?

— Por que um centro espírita? – perguntou Raul curioso. – O que ele poderia fazer que bons e eficientes médicos não possam realizar? Você acredita que eles façam milagres?

— Ninguém faz milagres, Raul – respondeu Beatriz com carinho –, mas podem auxiliar a reconquistar o equilíbrio perdido. Minha amiga me disse que eles recomendam passes como terapia das mais eficazes, complementando o tratamento com palestras evangélicas para que a pessoa repense sobre sua vida. Não sei se isso é verdadeiro, pois nunca estive em um centro antes. Mas gostaria de conhecer um. Acredito que toda tentativa é válida. Eu até já pensei em ir até lá e entender como eles realizam os tratamentos para ver se vale a pena.

Raul começou a perceber que a jovem já estava decidida a conhecer o tal centro espírita, acompanhada ou sozinha. Quando ela colocava uma ideia na cabeça, ninguém a fazia desistir; era uma garota determinada e persistente.

— E, então, você irá comigo ao centro espírita? – perguntou de supetão, pegando Raul de surpresa.

Raul olhou a jovem cheia de esperanças, ansiosa por tentar algo diferente de tudo o que já havia feito, e não se sentiu confortável em decepcioná-la.

Ficou silencioso por alguns momentos, pensando sobre a natureza humana, sobre o quanto ficamos vulneráveis em situações que nos fragilizam e nos perturbam. Somos capazes de atitudes que, em situações normais, jamais seríamos capazes de oferecer, simplesmente porque queremos acreditar que existam soluções miraculosas para nossos problemas. Ficou a divagar, num debate mental ininterrupto.

A jovem ficou aguardando uma resposta positiva de Raul, que, de tão distante e pensativo, ela chegou a pensar que ele se recusaria a lhe acompanhar.

— Raul? Vou ter que procurar outra pessoa para me acompanhar?

— Você já sabe onde fica esse centro, se é confiável? O que você conhece das pessoas que frequentam lá? Quem é essa sua amiga?

— Nossa, que interrogatório! Não sei muita coisa sobre ele, mas vou me informar antes de ir até lá. Vou conversar com Elenita, que foi quem me indicou. Ela é minha amiga há muitos anos e sabe dos problemas de Julinho. Foi ela quem deu a ideia, após falar com um trabalhador do centro espírita sobre os problemas que estamos enfrentando. Então, aceita o convite?

– Bem, eu pensava que você fosse uma pessoa de ideias mais requintadas e interessantes, mas vou ajudá-la e a acompanharei. Saiba que fica me devendo essa.

Beatriz foi até ele, enlaçou-o e deu-lhe um carinhoso abraço de agradecimento. Raul ficou comovido com o gesto, sentindo muita alegria em poder ajudar uma amiga tão querida.

– Obrigada, meu amigo. Sei que isso será um grande sacrifício para você e prometo compensar quando puder. Vai pensando em algo e coloca naquele seu livro secreto, repleto de informações confidenciais que todos nós sonhamos um dia conhecer.

Raul abriu um largo sorriso, divertindo-se com tudo o que Paulo contava aos jornalistas iniciantes sobre o tal livro que, na realidade, era uma pequena agenda onde ele vivia fazendo anotações, às vezes durante uma reunião ou discussão de pauta. Havia um mistério envolvendo o livro. Todos já haviam tentado ler seu conteúdo, mas Raul era extremamente cuidadoso, sempre muito vigilante, e frustrava todas as tentativas dos curiosos.

– Vou pensar em algo que compense todo o sacrifício e vou anotar no meu livro secreto, mas nem pense em descobrir os segredos que eu mantenho lá.

Julinho continuava dormindo em função dos remédios, dando, assim, uma pequena pausa para aquela família se recompor e adquirir renovadas energias para seguir o ritmo que a vida lhes impunha. Um ritmo ágil, dinâmico, obrigando todos a repensar suas potencialidades e descobrir novas formas de ajudar o infeliz jovem.

Mas Julinho nunca estivera sozinho nesta vida, pois era sempre auxiliado por companheiros no Plano Espiritual que se revezavam na sustentação do seu bem-estar, ainda que o jovem estivesse perdido em seus ideais terrenos, muito distantes de tudo o que planejara antes de encarnar.

Enquanto o drama se desenrolava, uma equipe de companheiros espirituais se deslocou para aquela residência, oferecendo energias revigorantes, brindando com vibrações sutis e elevadas, tentando eliminar todas as negatividades que o jovem, inadvertidamente, atraíra para o local, infestando-o de sombras e energias inferiores provenientes de companheiros ainda ignorantes e descrentes das verdades eternas.

Tudo fora contido por ora. A inspiração de buscar um centro espírita partiu desses abnegados trabalhadores do bem, com o intuito de que aquele lar procurasse uma nova alternativa para ajudar o rapaz, carente não apenas de se libertar das drogas, mas também carente de se libertar de seus conflitos íntimos por meio de uma nova visão da vida e do que podemos fazer para viver em equilíbrio e paz.

Como sempre, o tempo iria comprovar a verdade dessas simples, mas certeiras orientações.

Novas esperanças

Ninguém está desamparado da misericórdia divina.
 Todos os que creem, e até os que descreem, recebem o auxílio que os sustenta nos momentos de provação e luta contra as forças do mal. Muitos se dizem desamparados do Pai, mas se esquecem de que Ele tudo observa, tudo vê, tudo sabe. Essa ideia de acolhimento e proteção espiritual é a base da nossa fé, sempre renovada pela esperança de novos caminhos que surgem, retirando-nos da sombra e encaminhando-nos para a luz.
 Raul desprezava esses ensinamentos. Sua fé ainda era vacilante e frágil, quase inexistente. Experimentava a dor e, com todo o intelecto que o favorecia, não buscava alternativas para amenizar o sofrimento. Acreditava-se um ser abandonado pelo Pai, a mágoa o acompanhava a todo instante. Custava a aceitar a maneira como tudo sucedera em sua vida. Por que Elisa teve que partir tão jovem? Essa questão era permanente, não saía de seu mundo mental, torturando-o de todas as maneiras. Contudo, após o incidente com o irmão de Beatriz, ele pôde perceber que o mundo não se resumia ao pequeno espaço por ele habitado. Não era ele o único sofredor, existia um mundo além, de histórias trágicas, recheadas de sofrimentos inenarráveis, de dores atrozes que ele nem sequer podia imaginar.
 A história de Beatriz o tocou profundamente, permitindo que ele desse um tempo à sua própria dor.
 Quando deixou a casa da jovem, dirigiu-se ao jornal para relatar o ocorrido a Paulo, que precisava se inteirar dos acontecimentos. Ele precisava conhecer o drama que Beatriz estava enfrentando e lhe oferecer o apoio necessário.
 Paulo ficou chocado não apenas com o ocorrido, mas por jamais desconfiar do drama que Beatriz estava vivendo. Ela nunca deixara transparecer.

A única coisa que ele sabia era sobre a morte do pai. Mas jamais poderiam imaginar o sofrimento e a tensão que se escondiam por trás daquele rosto sempre tão iluminado. Pediu a Raul que lhe desse o suporte necessário e que fosse o mais discreto possível.

Raul visitou a jovem mais algumas vezes. Disse que ficasse tranquila e desse toda a atenção de que seu irmão necessitava no momento. Julinho parecia mais calmo, nos momentos de maior lucidez, ele certamente percebia o quanto estava magoando aquelas duas mulheres. Ficava constrangido frente a elas e se mantinha numa atitude de total isolamento, sempre introspectivo.

Beatriz respeitava a atitude do irmão, não cobrando nenhuma postura que ele não fosse capaz de oferecer. Apenas deixou bem claro que a condição imposta pelo médico para que não fosse internado seria a de tomar todos os medicamentos. Era fundamental que isso ocorresse se ele quisesse permanecer em casa.

Ela olhava para o irmão e via nele uma criatura desalentada, entregue ao isolamento, com as feições sofridas e envelhecidas, um retrato doloroso, sem vestígios daquele jovem cheio de vigor de poucos anos atrás. Como ele chegara a esse ponto? Que compulsão seria essa de não conseguir recusar uma droga, entregando-se sem qualquer resistência? Pesquisara sobre isso e não encontrara respostas. Os terapeutas diziam que algumas pessoas possuem a propensão às drogas, o que não significa que todas se entregarão ao vício. Algumas experimentam a droga e não se tornam dependentes; outras, porém, ao primeiro contato não conseguem mais se apartar. Os danos decorrentes do uso das drogas são conhecidos e até existem iniciativas para combatê-los; contudo, evitar que uma criatura se entregue ao vício, oferecendo técnicas que inibam essa propensão, ninguém ainda conseguiu fazer.

Talvez a solução seja não experimentar, não dar o primeiro passo em favor do consumo de qualquer droga para evitar que o vício se instale definitivamente, mas... como fazer isso?

Beatriz telefonou para Elenita, sua amiga frequentadora do centro espírita. Ela ficou radiante com o interesse da jovem e lhe deu todas as informações necessárias. Lamentou apenas não poder acompanhá-la, pois teria uma viagem a trabalho nos próximos dias. Beatriz disse que o problema era urgente e que precisava comparecer ao centro ainda naquela semana.

– Não se preocupe, querida – disse Beatriz. – Um amigo vai me acompanhar, pode viajar sossegada.

– Uh! E que amigo é esse? Se é que você pode contar!

Beatriz sorriu intimamente com a pergunta da amiga, que sabia quanto tempo estava sozinha desde o último e complicado romance.

– Pare de ser tão curiosa. Não é ninguém especial, apenas um amigo da redação. Um cara muito complicado para mim, e espero que fiquemos apenas na amizade.

– Já entendi tudo, minha querida. Conheço sua tendência em se ligar a homens complicados, este será mais um da sua relação. Quando você vai procurar um cara normal, sem complicações?

– Elenita, querida, lembre-se de que adoro viver emoções fortes. Mas pode ficar tranquila que ele é apenas um bom amigo. Qualquer hora lhe conto sua história.

– Pode parar com isso. Já entendi tudo. Não pense que me engana, pois te conheço bem. Você é meio lenta para algumas coisas. Você já conhece a história completa do rapaz, sabe que não deve se envolver com ele, mas já está, mesmo que não admita.

Beatriz deu uma sonora gargalhada, pensando como era bom ter amigos que fazem rir. Elenita sempre fora assim, um grande Sol a iluminar sua vida, sempre presente naqueles momentos em que todos a deixavam só.

Conversaram sobre amenidades e, finalmente, Beatriz contou sobre a última crise do irmão. A amiga entendeu, então, a urgência a que ela se referira.

Após desligar, telefonou para Raul, perguntando-lhe se o combinado continuava de pé e se ele a acompanharia até o local. Marcaram para o dia seguinte, uma quarta-feira, na casa dela. O centro espírita era distante, e recearam não conseguir chegar a tempo de ouvir a palestra e a consulta necessárias aos visitantes que chegavam pela primeira vez.

Ambos estavam silenciosos, divagando em seus pensamentos, imaginando o que iriam encontrar. Raul já ouvira falar todo tipo de coisa de conhecidos que visitaram um centro espírita. Nunca tinha lido nada a respeito, por mais que Elisa insistisse que ele deveria conhecer algo para poder criticar. Ela sempre fora uma criatura sábia.

Diz a sabedoria popular, que cada criatura que passa em nossas vidas deixa um pouco da sua essência conosco. Elisa fazia parte do grupo seleto de criaturas que perfumam as vidas ao seu redor, com seu amor e bondade, capaz de torná-las inesquecíveis, daí a imensa dificuldade de Raul em encarar as mudanças inevitáveis que o destino lhe impusera. Elisa fazia muita falta, e nada iria mudar isso.

Esses pensamentos logo foram dispersos com a chegada ao local esperado. Pensavam que iriam encontrar um local sombrio, envolto numa névoa de algo sobrenatural e místico. Mas qual foi a surpresa de ambos quando se depararam com um prédio de aparência simples, mas amplo, de dois andares, bem iluminado, com um número significativo de pessoas entrando no local silenciosamente.

Beatriz foi ao encontro de uma senhora que parecia ser uma encaminhadora e lhe perguntou o que deveria fazer, pois era sua primeira visita a casa. A senhora os recebeu com simpatia, pediu que acompanhassem-na até um grande salão e que aguardassem alguns momentos, pois lá seria proferida a palestra inicial por um trabalhador da casa.

Sentaram-se, e, após alguns poucos minutos, uma senhora de aparência jovial e sorridente cumprimentou a todos, deu-lhes boas-vindas e orientações aos que lá estavam pela primeira vez. Suas palavras eram carregadas de amor, contagiando todos e apaziguando os corações sofridos em busca de conforto e entendimento para seus problemas. A senhora deu as informações necessárias, convidando a todos que fizessem em pensamento uma prece com ela. Pediu que fechassem seus olhos e entregassem o fardo pesado que carregavam ao Mestre Jesus, que os aliviaria e os sustentaria na caminhada. Em seguida, proferiu repousantes palavras, deixando a plateia envolvida em uma emoção inexplicável.

Beatriz sentia-se carregada nos braços de alguém muito poderoso, aliviando seu fardo, e uma paz infinita lhe envolveu. Só de sentir essa sensação, percebeu que a visita valera a pena. Raul, silencioso, parecia um pouco intranquilo, sentindo certo desconforto naquele ambiente tão saturado de luz e amor.

A jovem achou melhor não perguntar a ele sobre seus sentimentos. Chegou a se questionar se tinha sido uma boa ideia ter-lhe imposto sua companhia, mas depois conversaria com ele. Seus pensamentos se interromperam com a chamada para que acompanhassem um senhor para outra sala.

Tudo parecia muito organizado. Na outra sala, havia muitas mesas separadas, onde cada uma das pessoas se sentava à frente de um orientador. Raul e Beatriz foram conduzidos a essa sala, onde ficaram aguardando ser chamados.

Raul esclareceu que estava lá apenas acompanhando sua jovem amiga, mas um senhor insistiu que ele pegasse um número para conversar com algum atendente. Ele ficou na dúvida, mas acatou a orientação do simpático senhor, pois não conseguiu convencê-lo de que não precisava de nada. O senhor conhecia seu trabalho e pensou consigo mesmo: "Mais um descrente que quer deixar de sê-lo, mas ainda não percebeu". Deu um sorriso a Raul, que cedeu e pegou a ficha gentilmente.

Beatriz foi chamada para uma mesa onde estava uma jovem senhora. As palavras doces e fraternas foram suficientes para tranquilizá-la, permitindo que ficasse à vontade para narrar seus problemas. A orientadora ouviu atentamente sua história. Beatriz, conforme falava, deixava a emoção extravasar, sentindo que precisava desabafar toda dor contida. Sentia-se no limite das suas forças e precisava de auxílio para poder ajudar seu irmão. Ela acreditava em Deus, na sua soberana justiça e bondade, mas não conseguia entender como tudo chegara àquele ponto. Não podia cruzar os braços e presenciar a morte lenta de seu amado irmão.

Enquanto Beatriz narrava os acontecimentos, percebeu que alguma coisa diferente acontecia, como se uma luz intensa envolvesse todo o seu corpo, como um abraço envolvente e amoroso que a confortava e lhe apaziguava a dor. Uma forte emoção lhe dominou, e sentiu uma saudade infinita de seu pai querido, seu grande amigo e companheiro. Aproveitou aquele momento ao máximo, sentindo suas forças se renovarem.

A orientadora compartilhou o momento com a jovem e percebeu a presença de uma entidade do mundo espiritual acompanhada de companheiros mais esclarecidos que a amparavam, permitindo que o contato se estabelecesse. Tudo isso foi possível porque a orientadora possuía a faculdade da vidência, mediunidade muito importante nesses trabalhos. Verificou que a entidade, ainda com pouca luz, aproximou-se da jovem com a intenção benéfica de lhe auxiliar, mesmo com os recursos reduzidos de que era portador. Percebeu também a presença de irmãos mais iluminados que acompanhavam aquele espírito no seu reencontro familiar. A emoção foi compartilhada com a orientadora, que ficava radiante quando esses encontros eram permitidos, sempre com finalidades e propósitos elevados. Ela percebeu a intensa emoção de Beatriz, que a olhava confusa, sem nada entender do que lá acontecia.

– Você está bem? Muita emoção? – perguntou com carinho.

– Não sei o que aconteceu – respondeu Beatriz, trêmula –, mas sei que foi algo muito bom, pois estou me sentindo muito melhor. Minha grande preocupação é meu irmão Júlio, que era também a grande preocupação de meu pai, que nos deixou faz alguns anos. Vou ser muito franca com você, pois esse assunto de morte ainda me deixa confusa, principalmente porque sou proveniente de uma religião diferente da sua, que não acredita na sobrevivência do espírito da forma como vocês espíritas creem. Hoje vim em busca de meu último recurso, de minha última esperança.

– Beatriz, tudo será esclarecido no tempo certo. Muitas questões que julgamos ser essenciais deixam de ser quando nossa vida toma rumos inesperados. Por ora, vamos cuidar do seu irmão. Suas dúvidas acerca da Doutrina Espírita, que esclarece, consola e ampara, serão todas esclarecidas quando você estiver no tempo de entendimento. Hoje, apenas posso lhe dizer que você foi inspirada por companheiros do Plano Espiritual para que viesse buscar este recurso. Que bom que você veio nos procurar, pois muitas vezes o tempo passa, e perdemos a oportunidade de ajudar um irmão encarnado, repleto de culpas e desajustado com as leis divinas. Hoje, alguém muito querido por vocês aqui esteve no intuito de lhe renovar as esperanças, querendo que soubesse que a solução está por vir. Disse que as saudades são imensas, que entende suas preocupações, pois ele também as compartilha, mas enfatizou que "a Deus nada é impossível". Quer que você aceite essa verdade e não desanime jamais. Você um dia entenderá a dinâmica da vida e como ela age por nós e, muitas vezes, contra nós. Não podemos permitir que o desânimo e a falta de fé se apoderem de nós, permitindo que a dúvida ou o medo passem a nos guiar. A coragem é uma energia capaz de movimentar todas as forças criadoras, transformando tudo para o bom, o belo, o amor, o equilíbrio. Essa pessoa querida pediu-lhe, por fim, que jamais permita que sua luz deixe de brilhar, que a tristeza jamais ofusque sua vontade de ser feliz e viver em plenitude a vida que lhe foi concedida.

Enquanto a orientadora lhe falava, percebeu que seu amado e saudoso pai lá estivera para pedir que jamais desistisse de lutar contra as forças do mal que tentavam se apoderar de seu irmão. Ela teve a certeza de que ele estivera lá, pois percebeu sua presença pela saudade que dele sentia. Mais lágrimas foram derramadas, mas desta vez apenas de saudade daquele que foi sempre seu grande amigo nesta vida. Muitas emoções para uma noite só!

A orientadora finalizou dizendo que ela poderia tomar uma série de passes pelo irmão, pelo menos por ora, até que ele decidisse comparecer e a fazer seu próprio tratamento.

Beatriz tinha dúvidas se conseguiria arrastar o irmão até lá, mas se lembrou do pai e decidiu que não poderia mais pensar negativamente. Viria fazer o tratamento indicado, tomar os passes, ouvir as palestras. Ficaria mais tranquila, equilibrada e com melhores condições de ajudar seus familiares.

A jovem estava leve e radiante, sentindo-se com os ânimos mais elevados, bem diferente de quando lá chegara. Suas esperanças pareciam se reacender com as novas perspectivas que se apontavam no caminho. Tinha muito que contar para Elenita. Antes de sair, deu um longo e afetuoso abraço na orientadora. Agradeceu-a e foi encaminhada para outra sala, onde seriam ministrados os passes.

Enquanto isso, Raul foi encaminhado para uma mesa e, surpreso, viu que quem o atenderia era o mesmo que insistira a que pegasse uma senha. Ele pediu que Raul se sentasse e lhe contasse um pouco de sua vida, pois estava curioso para saber que problemas o teriam conduzido até lá.

Raul não estava gostando do rumo que a conversa estava tomando. Nada tinha para dizer, mas não queria ser indelicado com aquele gentil senhor.

– O senhor me perdoe, mas não estou aqui por mim, mas por uma grande amiga que está enfrentado complexos problemas. Ela acredita que possa encontrar respostas e até a solução para um problema que nem médicos têm encontrado. Não quis tirar-lhe as esperanças, mas não sei de que maneira esta sua crença possa ser útil.

O orientador ouvia atentamente as palavras descrentes do jovem. Olhou-o fixamente, procurando entender o motivo do seu comportamento indiferente e arredio, sinal de uma mágoa intensa bloqueando suas emoções. Era como se ele guardasse em seu íntimo uma grande dor, incapaz de mostrá-la ao mundo.

Sentiu que o jovem estava possuído de uma tristeza infinita, que resplandecia ao seu olhar experiente. Já havia presenciado situações semelhantes com criaturas que se fecharam em seu próprio mundo, enclausurando-se em seu sofrimento incessante, julgando assim reter as lembranças de alguém que havia partido. Quem aquele jovem teria perdido?

Raul sentiu-se incomodado com aquele senhor, que o fixava. Sentiu-se investigado, invadido em seu castelo particular! Um completo intruso, a quem não dera a permissão para essa invasão. Pensou em levantar-se e sair correndo, mas algo o deteve. O olhar do orientador se abrandou e ele se sentiu atraído, quase hipnotizado.

Um silêncio profundo se fez entre os dois, mas uma comunicação completa se estabeleceu entre eles, como se pudessem ler o que cada um queria dizer. Foi algo que jamais havia acontecido e, por alguns instantes, teve receio do que poderia ser o próximo passo após aquela conversa silenciosa. O orientador decidiu iniciar a conversação:

– Meu jovem, não se preocupe em entender o que ainda é incompreensível. Não existem mistérios, mas sim puro desconhecimento de como as coisas se processam, de como as leis se manifestam, de como as realidades se interligam numa sintonia que você ainda desconhece como se estabelece. Não sei do seu passado, mas sei que seu presente se encontra em desarmonia e sei que seu futuro poderá ser ainda muito mais complicado se não efetuar uma mudança em sua maneira de viver a vida. Escolhemos a vida que hoje vivemos, o que pode parecer uma infâmia, visto que certamente você não concorda e não aceita o rumo que sua vida seguiu. Mas saiba que tudo acontece dentro de um grande planejamento, que teve seu aval antes de aqui renascer. O esquecimento do passado lhe impede de aceitar esta verdade, pois jamais admitiria que sua vida estivesse seguindo um curso, do qual você discorda e contra o qual se rebela constantemente. Sei que pode parecer confuso este meu discurso, mas sei que dentro deste corpo pulsa uma vida ainda em toda sua plenitude, existe ainda um longo percurso que deverá realizar para que encontre tudo o que veio buscar. Não queira duelar com quem é mais forte que você. Não duvide de suas resoluções, pois Deus sabe exatamente aquilo que necessita para que possa efetuar seu aprendizado. Não queira que a vida lhe ofereça apenas flores, quando já ofertou espinhos em profusão. Se deseja entender a dinâmica da vida, integre-se a ela e compreenda que tudo está interligado. A cada ação realizada, obterá como resposta uma reação proporcional ao ato praticado. Por ora, meu amigo, saiba ser apenas o observador fiel de tudo quanto vive, sem recusar nenhuma oportunidade de aprender. Se não se sente preparado para esvaziar seu coração de toda a amargura, que assim seja. Não se sinta obrigado a realizar nada que não se sinta em consonância com sua vontade. Se ainda pretende acompanhar sua amiga, volte e poderemos conversar novamente. Quer perguntar algo?

Raul estava perplexo com todas aquelas palavras que ressoavam incessantes em seu cérebro. Ele não conseguia concatenar suas ideias. O que aquele senhor quis dizer com tanto discurso? Será que ele conhecia seus pensamentos mais íntimos? Por que havia dado tantas orientações se não lhe contara absolutamente nada de sua vida? Ficou desconcertado com a simplicidade do orientador, mas não encontrou palavras para se expressar. Apenas agradeceu e se despediu educadamente. O que foi aquilo? Raul não parava de pensar, sem nada entender.

6
Uma pausa para reflexão

Raul preferiu aguardar Beatriz fora daquele local que lhe causara tão forte impacto. Ela ainda estava aguardando ser chamada em outra sala para receber o passe.

Enquanto Beatriz esperava sua vez, um rapaz dava orientações sobre a assistência que todos ali receberiam. Segundo o jovem, seria uma transfusão de energias, e que era muito importante que todos se colocassem em posição receptiva para que as energias pudessem ser absorvidas, restaurando o equilíbrio material e espiritual de cada um.

Ela ficou curiosa para receber o passe, imaginando se algo fantástico iria acontecer. Quando foi chamada, procurou seguir as orientações do jovem. Fechou os olhos, entregando-se àquele momento especial, sentindo uma energia fortíssima envolvendo seu corpo físico, que parecia uma corrente elétrica indo de um polo a outro. Uma experiência marcante e única.

Sabia que suas forças estavam renovadas e não queria ir embora, mas a senhora tocou em seu braço e lhe disse: "Que Deus te abençoe, minha jovem".

Beatriz retribuiu o sorriso, levantou-se e deixou a sala, sentindo-se tão leve que parecia levitar. Nunca se sentira assim. Procurou por Raul, que não se encontrava em nenhuma das salas. O orientador que o havia atendido se aproximou e disse:

– Seu amigo já saiu e lhe aguarda lá fora. Peço que insista para que ele volte, será um pequeno favor que fará por mim.

Beatriz não compreendeu o recado, mas assentiu. Após se despedir, saiu daquele lugar tão especial e encontrou Raul com a expressão séria, pouco receptivo a conversas. Logo naquele dia, que ela tinha a necessidade de relatar tudo o que lhe acontecera.

Retornaram silenciosos à residência de Beatriz, que o convidou para um café.

– Não, obrigado – respondeu seco. – É tarde e preciso estar logo cedo no jornal. Você está bem, ficou satisfeita com o que encontrou lá?

– Vamos almoçar juntos amanhã e lhe conto tudo. Não pense que vai fugir e não me contar o que aconteceu com você e com aquele simpático senhor. Quero saber tudo e nem tente me enganar. Amanhã quero saber de toda a história, com direito a detalhes. Estamos combinados?

Raul sorriu pela primeira vez após o ocorrido no centro, pensando o quanto aquela garota era matreira e desconfiada. A velha Beatriz estava de volta! Sua sagacidade sempre o surpreendera. Pensou que seria interessante lhe contar o que sentira após a conversa estranha com aquele homem, que tudo parecia saber sobre ele. As palavras lhe martelavam. Precisava refletir sobre o que acontecera!

E não podia deixar Beatriz de fora dessa reflexão. Ela era sua amiga mais próxima, o conhecia profundamente, sabia de toda sua história. Poderia discutir sobre as questões sem precisar explicar do início. Com ela tudo era rápido, objetivo e racional, mas com aquela dose certa de sensibilidade e leveza.

– Vou pensar se conto o que aconteceu, mas, antes, você vai prometer dizer o que eles fizeram com você para que essa transformação ocorresse em tão poucas horas. Amanhã almoçamos se você concordar que está preparada para deixar seu irmão. Ligue-me pela manhã, veja como estão os ânimos e decida-se.

– Ele está mais calmo, tem tomado regularmente seus remédios e aceitou que a terapeuta venha até aqui para sua sessão. Creio que as coisas irão melhorar. Minha mãe tem ajudado o suficiente, coisa que, anteriormente, a depressão não lhe permitia. Bem, hoje as coisas estão nessa situação, mas amanhã quem pode saber?

Despediram-se, não sem antes a jovem agradecer a companhia de Raul ao centro espírita.

O caminho para casa nunca foi tão longo. Raul não parava de pensar em Elisa, em tudo o que aquele senhor lhe dissera de forma tão contundente e enérgica, como se ele soubesse seus mais íntimos sentimentos. Eram pensamentos contraditórios, ora entendendo que sua rotina precisava ser alterada, ora pensando em jamais modificar sua forma de viver, excluindo Elisa de sua vida para sempre.

Se seguisse com sua vida, significaria que estava sepultando definitivamente sua jovem esposa, e isso era algo impossível de vivenciar. Não queria abandonar as lembranças, não queria seguir sem ela, mas ainda tinha uma vida para viver, mesmo que sem sua maior motivação. Era um caminho tortuoso que ele se obrigara a percorrer para manter sempre acesa as lembranças de Elisa, mas aonde chegaria percorrendo esse caminho? E como chegaria ao final da estrada? Essa e outras questões o atormentavam, e ele não conseguia ter lucidez para analisar suas reais possibilidades. Uma nuvem sombria sempre o acompanhava.

Absorto em seus pensamentos, dirigia distraidamente pela estrada em direção à sua chácara. Sempre considerara seu oásis, seu local de refazimento e de paz. Hoje, sentia-se aprisionado em suas lembranças, sofrendo ininterruptamente a dor da separação. Havia momentos em que pensara em se distanciar daquele local, mas um impulso irrefreável o arremetia de volta a ele. Com os pensamentos vagueando de uma situação a outra, imerso em questões indefinidas e sem solução, distraiu-se por alguns instantes, sem notar a presença de um animal que passou correndo à sua frente. Quando percebeu, desviou-se bruscamente e acabou arremessando o carro contra uma árvore, em um choque violento que impulsionou seu corpo para a frente. A direção pressionou seu peito de forma tão intensa, que ele quase perdeu os sentidos, tamanha a força com que fora arremessado. O carro parou pelo impacto, e Raul ficou preso pelo cinto de segurança.

Quando conseguiu retirar o cinto, passou a mão pela cabeça e percebeu que havia um pequeno corte. O sangue que escorria pelo seu rosto o impedia de saber com clareza o que tinha acontecido. Saiu do carro, com dificuldade, olhando o estrago que havia feito. A frente do carro estava compactada, completamente amassada. O veículo precisaria ser guinchado até uma oficina. Respirou fundo várias vezes para ter certeza de que estava bem. Conhecia aquele local e sabia que estava bem próximo de casa.

Não adiantava esperar por socorro, pois era um local pouco frequentado, a não ser nos fins de semana. Como era praticamente impossível alguém passar por lá àquela hora da noite, decidiu então que iria caminhando até sua casa. Olhou para o céu, que estava bem claro, capaz de iluminar a estrada. Era verão, portanto, a noite estava agradável.

Apesar de não estar distante, a caminhada foi exaustiva. Sempre fora uma pessoa corajosa, não tinha medo de correr riscos. Sem saber se era em função do acidente ou por nunca ter feito aquele trajeto andando sozinho à noite, sentiu certo desconforto, como se alguém o estivesse acompanhando, a ponto de sentir um calafrio a lhe percorrer a coluna. Isso o deixou atento e cauteloso. Queria correr, mas as dores no peito e o ferimento na testa não aconselhavam tal esforço. Sentia que a qualquer instante seria atacado brutalmente, talvez morto naquele local deserto, onde ninguém nunca iria encontrá-lo. Resolveu acelerar o passo, quase que numa corrida leve, mas sempre constante. Sua casa nunca esteve tão distante quanto naquele dia; sentia-se como se estivesse sendo realmente perseguido.

Naquele instante seu corpo parou de se locomover, pois se lembrou nitidamente dos pesadelos que constantemente o perseguiam. Neles, ele caminhava em uma floresta e alguém o atacava ferozmente, ferindo-o mortalmente. Será que seu pesadelo iria se concretizar? Será que alguém o perseguia? Mas quem poderia lhe desejar tanto mal a ponto de querer lhe tirar a vida? Será que tinha algum inimigo capaz disso?

Esses pesadelos o perseguiam insistentemente havia algum tempo, mas nunca se preocupou em procurar encontrar uma explicação para eles. Pensava que eram provenientes de seu estado emocional conturbado dos últimos meses, de um conjunto de sentimentos contraditórios, de uma angústia que não cessava, de uma dor profunda em seu coração que, sabia, iria repercutir de alguma forma em sua vida.

Paulo já presenciara tais pesadelos quando pernoitava em seu apartamento. O amigo sempre insistia que ele dormisse lá, afinal, Raul era como um filho muito querido. Como se preocupasse demais com Raul e com sua dificuldade em aceitar a morte de Elisa, indicara o nome de um terapeuta que poderia auxiliá-lo a administrar o delicado momento.

Mas Raul apenas agradecia o interesse do amigo, dizendo que logo iria passar.

Sentiu-se realmente perseguido naquela estrada por algum inimigo, por ora invisível, que o fazia perceber o tamanho da sua fúria pelo medo que Raul passou a sentir. Era algo inexplicável, mas sentia uma força assustadora querendo se apossar de seu corpo para dominá-lo e feri-lo. Apressou mais ainda seus passos, continuando com dificuldade a caminhar em direção à chácara. Na escuridão da noite, a sensação era ainda mais apavorante, deixando-o cada vez mais ansioso para chegar ao seu destino. Nisso, sentiu que alguma coisa o impulsionou para o chão, tropeçou numa pedra e caiu, mas logo se levantou e reiniciou a caminhada, que, enfim, chegou ao seu fim quando ele se deparou com o portão da residência bem à sua frente. O jovem abriu rapidamente o portão e correu em direção a casa. Assim que entrou, sentiu-se protegido e em segurança. Aos poucos foi se acalmando, respirando aliviado por estar onde se sentia protegido. Em seguida, foi até a cozinha e bebeu um copo de água calmamente, sentindo que sua respiração ia voltando ao normal. Decidiu ir no dia seguinte até um pronto-socorro para ver se havia fraturado alguma costela.

Voltou à sala, pensando em tomar uma bebida forte para acalmá-lo, mas algo o deteve. Pegou a bebida, molhou com ela um pano e o passou no ferimento da testa para desinfetá-lo, pressionando com força para estancar o sangue. Foi a única utilidade que deu à bebida. Ficou surpreso com sua atitude. Imediatamente lhe veio à mente a imagem do senhor no centro, que parecia ter o firme propósito de lhe ajudar a modificar os comportamentos inadequados que estavam presentes em sua vida.

Pela primeira vez, em muitos meses, olhou sua sala com outros olhos, buscando uma foto de Elisa em cima da prateleira da estante. Segurou-a por alguns instantes, sentindo saudade daquela criatura tão especial e amada, mas que já não fazia mais parte de sua realidade material, algo difícil de aceitar. Algumas lágrimas rolaram, mas o sentimento havia se modificado, pois não havia mais revolta, apenas saudade de tudo o que tinham vivido.

Abraçou o porta-retratos, deitou-se no sofá e assim permaneceu, até conciliar o sono lá mesmo. Finalmente se entregou a um sono tranquilo, depois de muito tempo, sem pesadelos, apenas o tão merecido repouso da alma!

Os fatos que se seguiram tiveram como ambiente aquela mesma sala, porém numa dimensão diferente, onde apenas os habitantes do mundo espiritual têm acesso. Uma entidade sofredora caminhava de um lado a outro. A entidade estava possuída por uma fúria incontrolável, tentando direcionar toda a sua energia destruidora sobre o jovem que dormia tranquilamente, sem nem sequer imaginar que algo tão terrível se encontrava bem ao seu lado. As feições daquele ser eram grosseiras, sua aparência era de alguém que há muito tempo estava distante do equilíbrio, perambulando por locais trevosos e que irradiavam energias deletérias e inferiores. Uma criatura infeliz, sofrendo de uma enfermidade tenebrosa e altamente letal: desejo de vingança.

Estava sozinho tentando ferir àquele a quem julgava responsável pelas condições em que se encontrava. Desejava que Raul sofresse a mesma dor que ele vivenciara, querendo impingir-lhe o máximo de sofrimento possível, pois só assim iria compreender o que ele havia passado.

Uma longa história que o tempo não foi capaz de levar ao esquecimento, pois havia provocado muitas sequelas.

Infelizmente, muitas vezes, acreditamos que nossas atitudes equivocadas não geram retaliações por parte de quem as recebeu. Pensamos que tudo retorna ao seu equilíbrio naturalmente, quando deixamos as existências corporais, mas todas as nossas ações, corretas ou não, geram uma reação na mesma proporção, exigindo novas atitudes para que possam retornar ao seu equilíbrio original. Nada fica impune, nada fica esquecido.

Uma verdade a que estamos todos fadados.

Como é natural, Raul não tinha recordação alguma de suas existências passadas nem o tanto que se comprometera por suas ações levianas e inconsequentes. Mas aquele ser sofrido e sequioso de vingança não tinha esquecido todo o mal que o jovem havia praticado, desejando que o mesmo se comprometesse na mesma teia que ele urdira quando juntos partilharam a existência. A entidade desejava intensamente que Raul se lembrasse de seu passado, mas ainda não tinha conseguido tal intento. O véu do esquecimento atinge todas as criaturas quando retornam à existência física num novo corpo, numa nova oportunidade. Bendito esquecimento que nos priva de muitos sofrimentos!

A entidade tentava atingir Raul, enviando fluidos negativos através de seus pensamentos com a finalidade de interferir em sua capacidade de manter o equilíbrio energético. Queria que ele adoecesse, queria que ele ficasse fragilizado a ponto de não oferecer mais resistência, tornando-se presa fácil aos seus propósitos. Enfim, ela queria sua derrocada e seu retorno ao mundo invisível.

Mas o ser não conseguia encontrar mais a ressonância de antes. Parecia que Raul conseguira se distanciar de seu assédio, causando ainda mais fúria e desespero naquela criatura tão carente de entendimento e de paz íntima. O jovem parecia envolto em uma proteção invisível, a qual a entidade não conseguia ultrapassar, deixando-a cada vez mais furiosa e sequiosa de conquistar seus intentos.

Raul dormia placidamente no sofá, totalmente distante de tudo o que lá sucedia. A entidade não podia detectar outras presenças, dada sua condição vibratória baixa, inacessível a contatos com criaturas de vibração superior à sua. Vários espíritos irradiavam energias dignificantes, anulando toda a irradiação maléfica que a entidade enviava a Raul, mas tudo só era percebido por esses companheiros mais elevados, que tinham uma visão perfeita e completa daquela sala.

Elisa estava entre elas, com um semblante triste, compreendendo toda a dor que aquele ser invigilante era portador. Era alguém que havia conhecido numa existência anterior, cujo destino havia lhe confiscado toda paz e determinação em seguir a vida com alegria e equilíbrio. Os três participantes da mesma história lá se encontravam, reunidos no mesmo local: Elisa, Raul e Jean Paul, nome que a entidade recebera naquela fatídica existência. O tempo é senhor do destino, determinando quando cada coisa necessita ser resolvida.

Assim foi feito. Naquele instante, cada um precisava encontrar um meio de resolver todas as questões inacabadas, que o tempo não permitiu resolver até então, pois ainda não era hora de reavivar situações delicadas e complexas. O tempo do reajuste estava próximo, e Elisa já percebera. Precisava auxiliar aqueles companheiros, colocados cada um em um plano próprio, mas ainda ligados por sentimentos que provocaram toda dor e sofrimento.

Raul precisava se reconciliar com Jean Paul, mas sabia que essa decisão deveria partir exclusivamente dele, assim como a transformação de sentimentos deste último deveria ser opção individual, a fim de que pudessem se libertar das algemas que os mantinham há tanto tempo presos.

Mas quem daria o primeiro passo para uma decisão favorável? Qual estaria pronto para enfrentar a própria consciência que tanto os aprisionava e os impedia de seguir sua caminhada rumo à evolução?

Perguntas ainda sem respostas, pois cada um conhecia apenas parte da história, daí tirarem conclusões precipitadas e sem qualquer objetividade. Cada um julgava-se detentor da razão, mediante o pouco que conheciam, o que dificultava a resolução desse impasse. Se todos têm razão sobre suas condutas e escolhas realizadas, como fazer para que reflitam e modifiquem sua maneira de pensar e agir? O ser humano, ainda que racional, não consegue enxergar objetivamente os fatos ofertados, usando mais a emoção que a própria razão. Isso compromete o entendimento de questões capazes de exercer um impulso irracional e irrefletido sobre um fato. Daí tantos impasses e tantos julgamentos previamente estabelecidos sem base racional.

Elisa sentia ser peça importante na solução daquele intrincado problema por conhecer a ambos e julgar-se responsável por escolhas realizadas pelos dois participantes na história. A um, havia dado a oportunidade de conviver nessa atual existência, como marido e mulher, com o firme propósito de despertar sentimentos enclausurados e ainda pouco esclarecidos.

A outro, apenas lhe foi permitido sua presença amorosa, tentando amenizar a dor incontida num coração atormentado e sem esperanças. Era o que podia fazer no momento, dada a condição que se encontrava.

Precisava ajudar a ambos e era isso o que estava fazendo, servindo de ponte para a espiritualidade superior atuar com a finalidade de solucionar tal comprometimento. Sabia que a paciência deveria ser sua companheira dileta, jamais desanimando com os resultados obtidos quando não fossem os esperados. Estava lidando com criaturas repletas de imperfeições, com graves comprometimentos que causaram muitas amarguras e sofrimentos.

Ainda não tinha se mostrado a Jean Paul, com suas características pessoais que ele reconheceria. Não era o momento apropriado, pois o coração dele ainda precisava ser tocado pela culpa e pelo remorso, pelos terríveis atos praticados que o conduziram àquela condição de tamanha amargura. Estaria acompanhando de perto cada encontro entre ambos e, no momento certo, se faria visível a Jean Paul. Essa era a orientação recebida pelo seu querido mentor que a acompanhava no processo de reabilitação de dois espíritos sofridos e entregues a tanta dor.

A entidade, cansada de não obter sucesso em sua investida contra Raul, decidiu sair daquele local, sem antes prometer uma represália mais poderosa e altamente letal contra sua vítima. Saiu da mesma forma que entrou, feito um furacão, pensando ter deixado suas energias maléficas envolvendo o jovem adormecido, mas todas foram desintegradas pela força do amor e do bem, que está sempre acima do mal.

Raul permaneceu dormindo calmamente, sem nada perceber como há muito não conseguia.

Apesar de todos os acontecimentos, de todas as tentativas das trevas, Raul sobreviveu a todas as investidas. Vitória para quem? Só o tempo tem essa resposta.

7

Um olhar diferente

Raul ainda dormia quando Lúcia entrou na sala. Seu primeiro pensamento foi de preocupação ao observar que seu patrão estava deitado, ainda vestido, e supôs que novamente ele havia entrado em desespero. Viu a bebida ainda aberta sobre a mesinha, exalando aquele aroma detestável. Imaginou que Raul iria despertar como nas demais ocasiões, com aquela insuportável dor de cabeça.

O jovem dormia profundamente, agarrado ao seu porta-retratos favorito com Elisa em uma de suas mais belas fotos. Enquanto observava Raul no sofá, o telefone tocou e Lúcia correu para atendê-lo. Raul levantou assustado e percebeu que Lúcia falava com alguém, dirigindo-lhe o olhar repetidas vezes, cada vez mais nervosa. A única coisa que ouviu foi que seu patrão estava lá, parecia bem e precisava desligar para saber os fatos com exatidão.

Lúcia então se lembrou de que o carro de Raul não estava na porta, por isso chegou a pensar que ele não tivesse retornado do trabalho. Aproximou-se do jovem, viu o ferimento em sua testa, o pano manchado de sangue e ficou ainda mais aflita.

– Raul, o que lhe aconteceu? Aquele seu amigo que faz ronda pela vizinhança viu seu carro batido contra uma árvore. Como não lhe encontrou, pensou que você havia sido levado a um hospital. Como foi que aconteceu? Não seria melhor ir até um hospital ver se fraturou alguma coisa? Como está se sentindo?

Lúcia falava sem cessar, sem dar tempo de Raul lhe contar o ocorrido.

– Calma, Lúcia, estou bem. Apenas com um pequeno corte na testa. Faça um café que eu lhe conto tudo. Vou tomar um banho e depois nos falamos, não fique preocupada, não foi nada grave, mas o carro ficou bastante danificado. Quero que se tranquilize, pois estou bem e vou sobreviver para lhe dar um pouco mais de trabalho.

Lúcia ficou mais tranquila em saber que ele estava bem, não apenas fisicamente, mas estava jovial, brincalhão, como há muito não o via. Mesmo depois de uma noite repleta de emoções, parecia o mesmo Raul que conhecera, do qual tinha muita saudade.

Quando Raul retornou, o café já se encontrava pronto, exalando aquele aroma tão acolhedor. Então ele lhe contou toda a epopeia, desde o incidente com o animal que atravessou a pista, até a apavorante sensação de estar sendo perseguido pela estrada deserta. O que mais a deixou satisfeita foi saber da sua decisão em não beber naquela noite, utilizando a bebida apenas para higienizar o ferimento.

— Raul, você devia ter me ligado assim que chegou, eu teria dado um jeito e viria até aqui para cuidar de seu ferimento, que noite terrível!

— Mesmo com tudo o que aconteceu, assim que entrei em casa senti uma imensa paz a me envolver, fiquei tranquilo, até dormi sem uma gota de bebida.

Lúcia ouvira atentamente o relato do jovem patrão e decidiu lhe dar um conselho.

— Raul, acho que você deveria chamar alguém para benzer esta casa, essa sensação que você tem de ser perseguido também me acontece. Às vezes, parece que tem alguém me vigiando, sinto uma presença não muito agradável. Quando isso acontece, começo a rezar para minha santa protetora, pedindo que ela me proteja e afaste algum espírito mal. Não sei se você acredita em espíritos, mas eles existem e muitas vezes ficam em lugares que não os pertencem apenas para nos assustar. Nem sempre o fazem por maldade, mas por ignorância. Existem também aqueles que querem mesmo é nos fazer sofrer por não querer nossa felicidade. Tenho rezado além da conta que acho que vou virar uma beata. Estou lhe contando isso para não pensar que eu perdi o juízo.

Raul riu intimamente, pensando que se alguém teria mais chances de perder o juízo certamente não seria ela. Achou curioso Lúcia sentir as mesmas sensações desagradáveis e às vezes apavorantes que ele vinha sentindo. Será que tinha algum inimigo com a intenção de lhe perturbar? O que pretendia?

Lembrou-se daquele senhor do centro espírita, pensando se não estaria imaginando coisas demais, fugindo da própria realidade. Pensava se seria possível algum espírito, se é que existiam, viver entre os vivos, causar tantas sensações desagradáveis e até lhes ferir fisicamente. Como isso poderia acontecer? Nunca pensara sob esse prisma, pois sempre fora muito cético no que dizia respeito às coisas espirituais. Decidiu pôr um fim a esses pensamentos tão confusos, pois teria que ter um tempo maior para refletir sobre isso. Talvez falasse com Beatriz, e ela pudesse lhe explicar algo sobre o assunto.

– Raul, o que pretende fazer com o carro? Quer que eu chame aquele meu vizinho que tem um guincho para levá-lo a alguma oficina?

– Você é meu anjo da guarda, o que eu faria sem você para me socorrer dos meus enroscos? Faça o que achar melhor. Eu tenho um almoço, depois toda a tarde de reuniões, talvez fique na casa de Paulo, mas ligo avisando. Minha mãe não cuidaria tão bem de mim como você faz.

Ao se lembrar da mãe, sentiu uma pontinha de tristeza, pois definitivamente ela jamais se preocupou tanto com alguém que não fosse consigo mesma. Sentiu estar distante quando ela adoeceu. Em um período bem curto, ela foi internada e desencarnou. Lembrava-se sempre daquele dia, estava ainda na faculdade quando lhe avisaram que sua mãe estava doente. Ela não teve coragem de chamá-lo, pois sabia que ele nunca lhe perdoara a ausência. Era editora de moda, sua grande paixão na vida, e nunca estava em casa quando ele mais precisava. Raul sentia muito a falta dela, daquela figura maternal que toda criança necessita, mas ela fizera uma escolha na vida: sua profissão em primeiro lugar. A família sempre ficou em segundo plano. Raul fora criado por babás a maior parte de sua infância. Seu pai não suportara esse tipo de vida e foi embora quando Raul era ainda muito pequeno. O que sabia era que o pai constituíra nova família, esquecendo por completo que havia gerado um filho, e que esse filho precisava dele. Tiveram poucos contatos ao longo da vida e não criaram vínculos afetivos. Sua mãe sempre falava que Raul não precisava de um exemplo de pai como o dele, achando por bem que se esquecesse de que tinha um.

Mas Lúcia, com carinho maternal, preenchia-o de aconchego e com a sensação de ser cuidado por alguém. Ela era uma mãe para ele, em todos os aspectos. Raul era muito grato por tanta atenção e afeto.

Num gesto de amabilidade e ternura, Raul colocou o braço sobre os ombros de Lúcia e deu-lhe um beijo carinhoso no rosto.

– Realmente não sei o que faria sem você. Fiquei mimado e você é a responsável. Bem, tenho que me apressar, mas antes queria que você desse uma olhada no meu ferimento e me diga se preciso, ou não, procurar um médico.

Lúcia sorriu, sentindo-se feliz por poder ajudar aquela criatura tão especial. Olhou o ferimento e percebeu que a bebida, além de desinfetar com excelência, parecia ter também auxiliado na cicatrização. Colocou um pequeno curativo, quase imperceptível, para evitar infecção.

– Raul, eu não sou médica nem enfermeira, mas concordo com você que foi bem superficial e creio que não necessite de médico. Mas prometa ficar atento; a qualquer sinal de dor ou outro sintoma desconfortável, você vai até um hospital.

– Prometo, pode ficar tranquila.

O jovem resolveu alguns detalhes e pegou as chaves do outro carro, esperando que ligasse depois de tanto tempo ocioso.

Antes de sair, ligou para Beatriz para saber do almoço. A jovem estava de bom humor e confirmou o encontro, dizendo que a situação estava sob controle em sua casa e poderia se ausentar sem maiores preocupações.

O caminho até a cidade nunca lhe pareceu tão diferente. De aterrorizante, como na noite anterior, agora parecia tão normal. Pensou que se aquilo tivesse acontecido em plena luz do dia tudo teria sido diferente.

Passou pelo seu carro batido na árvore. Ao observar o estado em que o veículo ficou, percebeu que poderia ter sido um acidente mais grave e achou que realmente teve muita sorte.

A jovem já o aguardava no jardim da casa. Parecia descontraída, serena e ao mesmo tempo feliz. Estava curioso para conhecer a sua versão dos fatos. Talvez lhe contasse sobre o acidente, mas ainda não tinha certeza se falava ou não.

Só que ninguém conseguia enganar Beatriz; assim que o viu, perguntou:

– Raul, o que aconteceu? Como você conseguiu esse ferimento na testa? Andou brigando com alguém? Pode começar a contar tudo o que aconteceu, quero saber.

Raul pensou que a cada dia Beatriz o conhecia mais. Era impossível esconder alguma coisa dela. Parecia que ela tinha um grande radar para detectar coisas estranhas no ar. Decidiu contar sobre o acidente na noite anterior, preferindo ocultar suas sensações apavorantes, como a perseguição invisível, com receio de sua reação.

Beatriz ouviu atentamente, fazendo perguntas para que tudo ficasse bem explicado, anotando mentalmente os fatos que se sucederam após a visita ao centro espírita. "Teria alguma relação?", pensou ela. Decidiu que iria tocar no assunto no momento certo, e aquele não era o melhor. Deixou que ele concluísse sua história, que felizmente teve um final satisfatório.

– Raul, me perdoe a pergunta. Depois que você me deixou em casa, parou em algum lugar e bebeu alguma coisa?

– Não, Beatriz, fui direto para a chácara numa viagem tranquila, até o animal cruzar a estrada e me fazer ir de encontro àquela árvore. Confesso que depois de todo esse sufoco a primeira coisa que pensei ao chegar em casa foi beber alguma coisa para me acalmar, mas, pode acreditar, alguma coisa me impediu de beber. Acabei usando a bebida para limpar meu ferimento. E foi ainda mais estranho porque depois de tudo isso consegui dormir feito um anjo, como há muito não fazia.

– Desculpe a invasão, mas você sabe o quanto nos preocupamos com você e com sua saúde. Você está abusando da bebida. Tem que arranjar outra muleta, pois esta é traiçoeira e capaz de lhe derrubar definitivamente se ela se sentir no controle.

Raul sabia de tudo isso, mas era um impulso incontrolável que o acometia em determinados momentos, principalmente quando a solidão e a saudade lhe visitavam e ele se sentia sozinho. Eram tempos difíceis que ele estava vivendo, por isso ficou tão feliz com os progressos realizados quando afastou a possibilidade de cair em tentação novamente. Sabia que ainda teria outras recaídas, mas sentia-se diferente. Algo estava acontecendo com ele, mas ainda tinha muito a examinar e entender.

Enquanto conversavam, já no restaurante, Beatriz pôde observar atentamente o amigo e percebeu que ele lhe ocultara alguma coisa. Olhou firmemente nos olhos dele e perguntou:

– Raul, aconteceu mais alguma coisa que você não quer me contar?

O jornalista deu uma gargalhada e desviou o olhar, pois sabia que iria se entregar.

— Por hoje já chega de me analisar. Tem um assunto que está me perturbando, mas só vou falar depois que você contar sua experiência ontem à noite.

— É impossível não sair de lá com os ânimos fortalecidos e revigorados, especialmente após o passe. Nunca senti nada igual! Era energia pura! Impossível descrever com palavras o que eu senti, mas antes do passe, enquanto conversava com a orientadora, aconteceu algo emocionante. Foi um momento inesquecível!

Beatriz contou toda a experiência intensa e emocionante que vivenciou em tão breves momentos. Falou da sensação que sentiu, da emoção de perceber a presença de seu pai junto a ela, querendo que ela soubesse que estava no caminho certo, que jamais desistisse de Júlio, que estariam juntos nessa difícil empreitada, mas, principalmente, que não perdesse as esperanças e confiasse nos desígnios divinos.

Foi um relato sensível e verdadeiro. Era impossível duvidar de tudo o que falava. Raul conhecia sua seriedade como jornalista, sua postura sempre tão racional e investigativa, pautando seu raciocínio na lógica e na verdade dos fatos. Tudo era minuciosamente analisado, avaliado e só depois chegava às suas conclusões, porém, nem sempre definitiva. Ela costumava dizer que tudo poderia se alterar a qualquer momento, por isso era preciso acompanhar a dinâmica dos fatos. Sempre objetiva, não se deixava envolver pelas aparências ou opiniões pouco abalizadas. Tudo passava por seu crivo, e este era infalível. Será que ela não tinha dúvidas sobre o que lhe aconteceu?

Raul olhou fixamente nos olhos da jovem e percebeu que ela realmente acreditava naquela possibilidade, o que para ele ainda era um grande mistério. Era realmente seu pai que ela percebera ao seu lado? Como tinha tanta certeza?

Mas em que ele acreditava? Na morte como fim de tudo? Na eternidade da alma, vagando indefinidamente entre as duas realidades? Na possibilidade de retornar novamente ao mundo material, num novo corpo, numa nova oportunidade?

Muita coisa para refletir, mas não sabia se era o momento de realizar esses questionamentos tão profundos e complexos.

Como querer objetividade em assuntos que envolvem a espiritualidade? Seria possível acreditar sem ver? Seria possível perceber com um sentido tão pouco explorado como a sensibilidade? Ficou em silêncio procurando se acalmar, refletindo em tudo o que acabara de ouvir, percebendo o quanto aquela experiência havia sido significativa para a amiga. Seria uma maneira de fugir aos seus problemas? Seria uma forma de buscar Deus por meio dos problemas que enfrentava?

Permaneceu em silêncio, até que Beatriz o confrontou:

– O que você está pensando? Não quero ouvir que tudo o que falei é fruto de minha imaginação. Além do mais, não acredito que você não sentiu algo diferente ao conversar com aquele senhor. O que ele falou que o deixou tão atônito que o fez quase correr para fora daquele local? Ele o assustou com algo que falou sobre sua vida?

– Como você sabe o que ele me falou se não disse para ninguém?

– Aquele senhor me pegou pelo braço e me pediu que o levasse na próxima semana. Seria um pequeno favor que eu faria a ele. Não entendi o recado, mas fiquei curiosa para saber o que conversaram. Vamos, conte-me tudo...

Raul se sentiu acuado perante a jovem, sabendo que ela não iria recuar enquanto não descobrisse o que se passara naquela sala. Mas nem ele sabia exatamente o que acontecera, apenas que haviam lhe perturbado profundamente.

– Não lembro exatamente o que ele falou, apenas que a sensação foi muito perturbadora. Foi um sentimento que me deprimiu, ou quem sabe me tocou em algum ponto que ainda não desejo ver. Desculpe, Beatriz, se não consigo ser claro, mas nada foi claro para mim ontem à noite, foi tudo confuso. Ele me olhou por instantes e nada falou, parecia que conhecia minha história, tudo o que me aconteceu nesse último ano, minhas perdas, minha decisão de não deixar Elisa partir, mantendo-a viva na minha lembrança. Parecia que ele me conhecia profundamente, apenas me olhando naquele tão restrito e diminuto espaço de tempo. Não falei nada, mas senti que tinha exposto minha vida inteira para aquele desconhecido, permitindo que ele me sugerisse orientações de como seguir com minha vida. Acho que pirei ontem à noite, foi isso. Ele era um feiticeiro que me hipnotizou e me fez abrir o livro da minha vida com os mais ricos detalhes.

– Você realmente ultrapassou todos os limites normais da tolerância falando tanta barbaridade. Para que querer complicar o que é tão simples?

Acorde, Raul, lembre-se de que você estava num centro espírita e que nesse local os trabalhadores são médiuns, ou, para simplificar, são intermediários entre o mundo visível e o mundo invisível. Ele não era nenhum feiticeiro ou bruxo, apenas um médium. Eu conheço pessoas sensitivas que só de olhar para uma pessoa conhecem coisas de seu passado, de suas vidas anteriores. Bem, se você não acredita, fica difícil de entender. Essas pessoas, dotadas de uma sensibilidade mais apurada, são capazes de conhecer fatos de sua vida que ficam registrados em seu campo vibratório. Acredito que só seja possível conhecer aquilo que o Plano Espiritual Superior permita no intuito de auxiliar, não apenas como mero conhecimento. Se é permitido alguém acessar informações pessoais de outra pessoa, o faz com a finalidade de cooperar para uma transformação de posturas e comportamentos, visando conquistar serenidade e equilíbrio. Acredito que isso aconteceu, pois você estava lá não apenas para me acompanhar, mas porque sabia que precisava de algum medicamento que o tirasse daquele marasmo em que vivia, entre bebedeiras e depressão, prejudicando sua saúde física, mental e espiritual. Talvez algum amigo do Plano Espiritual queira te dar uma ajuda, não acha?

Raul estava perplexo com a familiaridade da jovem com o assunto. Parecia que ela estudara a vida inteira, falando com tanta propriedade sobre questões tão complexas.

– Como você aprendeu tanto em tão pouco tempo?

Beatriz ficou encantada com a crescente curiosidade de Raul sobre o assunto. Realmente, aquele senhor havia tocado em suas fibras mais íntimas, a ponto de perturbar suas ideias, levar a questionamentos, buscar respostas e, quem sabe, solucionar o grande mistério da vida. O tempo de cada criatura despertar é único, pois será o tempo certo, quando estiver pronto para conhecer os grandes mistérios e solucionar as questões do espírito.

Talvez pensemos que esse tempo devesse ser único para todas as criaturas humanas, mas nos frustramos quando percebemos que muitos preferem continuar dormindo.

Cada criatura também é única, resultado de todas as experiências por ela vividas, que são pessoais e intransferíveis.

Raul tinha muito a conhecer, seu tempo "estava chegando", tempo de se defrontar com seu presente, procurando harmonizar e reajustar seu passado, libertando-se para construir seu futuro em bases sólidas e inabaláveis. Assim, conseguiria prosseguir sua caminhada rumo à evolução.

Conceitos novos pedem novas estruturas, novas ações e posturas e, principalmente, pedem isenção de julgamentos, análise e estudo constantes. A lição é aprendida quando o aluno se encontra receptivo ao aprendizado.

Ambos se esqueceram da hora. Ficaram lá, tecendo os fios de novos conceitos a ser aprimorados ao longo da caminhada. Muito conversaram, muito compartilharam, até que se lembraram da reunião da tarde no jornal.

O assunto pedia novos encontros, novas abordagens. Comprometeram-se a continuar nessa busca para entender tudo o que havia se passado no centro espírita.

Mudanças de conceitos

A vida de todo ser é dinâmica quando obedece ao impulso que o coloca em posição de transformar para melhorar. Buscamos o aprimoramento, com metas que nos conduzem a estágios superiores. Assim acontece com todos que se submetem às leis divinas.

As criaturas humanas, enquanto mantêm seus conceitos estáticos, perdem-se em questionamentos duvidosos, concentrando naquilo que já conhecem, esquecendo de que existe um mundo novo a ser conquistado. Deixam de buscar explicações coerentes com medo de ter que jogar fora os velhos e desgastados conceitos.

Afinal, o que nos é conveniente hoje pode deixar de ser depois. Tornamo-nos criaturas diferentes em função do tempo vivido. Nada permanece fixo; o tempo passa e transforma cada coisa e cada ser.

Toda oportunidade nos conduz a um aprendizado novo, tornando-nos diferentes do que fomos há um minuto. Não somos os mesmos de ontem e não seremos os mesmos de amanhã.

Tudo se transforma numa velocidade que nossos sentidos não conseguem acompanhar, e vemos os resultados surgirem na continuidade da existência.

Raul e Beatriz jamais seriam os mesmos após se abrirem ao novo, ao desconhecido. A curiosidade é a mola que impulsiona a criatura humana a buscar novas explicações, um novo entendimento sobre uma antiga questão. A existência do ser humano percorreu séculos de intransigências, de combates cruéis, de aceitação apenas mística, sem fundamento racional do mistério, até que pudesse ser explicada e codificada com a finalidade de esclarecer companheiros sedentos de respostas racionais. A criatura humana evoluiu ao longo dos séculos e passou a exigir explicações coerentes para fenômenos que ocorriam desde os tempos primitivos, a compreender as causas e as razões para esse intercâmbio existir.

Raul precisava de explicações racionais, caso contrário sua mente se recusaria a compreender. Beatriz precisava mais do que compreender os fatos que lhe apresentaram, necessitava de explicações para tudo que o sentiu. Mas não obteriam respostas apenas com os conceitos superficiais que possuíam.

Após o trabalho na redação, decidiram continuar a busca por esclarecimentos. Ansiavam conhecer e compreender os mecanismos de intercâmbio entre os chamados vivos pela carne e os mortos, vivos em espírito. Era algo complicado demais para criaturas que nunca se defrontaram com essas possibilidades. Como tal intercâmbio seria possível?

E, se eles poderiam se comunicar, poderiam também interagir no ambiente e sobre as criaturas encarnadas? Desejavam respostas concretas que satisfizessem seus anseios de compreender como tudo se processava e se realmente isso era racional, e não apenas percepções sensórias, fruto da imaginação criadora de ambos.

Em meio a questionamentos, decidiram se distrair um pouco. Raul a levou a um restaurante muito simpático, com uma comida leve e saborosa. Um local que costumava frequentar com Elisa e que gostaria que a amiga conhecesse.

– Vocês vinham aqui com frequência? – perguntou Beatriz só para puxar conversa.

– Era o lugar preferido dela, não só pela comida excelente, mas pelo ambiente acolhedor e pelos funcionários sempre eficientes.

– Você não precisava me trazer logo aqui, Raul.

– Eu me afastei de tudo o que pudesse me lembrar de Elisa, Não quero me esquecer dela, mas preciso continuar minha vida, frequentando os locais que me trazem tantas recordações felizes. Não foi uma sensação agradável chegar aqui sem ela, mas preciso aceitar que ela não vai voltar e nada mais será como antes.

– Nada é exatamente como gostaríamos que fosse. Tudo é como deve ser. Talvez não estejamos olhando a vida como ela deve ser. Talvez estejamos olhando como se tudo fosse um roteiro único que temos que seguir, sem possibilidades de efetuar ajustes ou alterar a rota. Hoje as coisas são, mas amanhã podem deixar deve ser, e nada podemos fazer para ter o controle, pois ele não está em nossas mãos. Eu não posso controlar a vida, ela é quem nos controla, nos orientando a seguir por este ou aquele caminho. Por isso, acredito que precisamos encarar a vida de um jeito mais flexível, com um olhar mais condescendente, procurando aceitar as alterações de percurso, que devem ser mais convenientes do que permanecer no caminho original.

– Minha amiga agora deu para filosofar. A jornalista cheia de razão, mesmo quando não a possui, deu para mudar seus conceitos e tornar-se mais flexível!

– Pare de me amolar, você sabe que muita coisa aconteceu nestes últimos meses que me tocaram profundamente, exigindo uma reavaliação. Sempre encarei a vida de uma forma dinâmica, mas não esperava que tantas mudanças ocorressem em tão pouco tempo, me obrigando a colocar em ação potencialidades que eu desconhecia possuir. Isso me fez encarar a vida com um novo olhar, mais maduro, procurando ver sempre saídas possíveis. Não quero comparar problemas ou sofrimentos, pois nosso problema é sempre o maior e nossos sofrimentos são sempre os mais intensos. Sei o quanto você tem sido forte, procurando superar uma fase difícil com coragem e força. Tento seguir seus passos, neste momento torturante que tenho vivido com Julinho. Sei que não posso desanimar, pois ele só conta comigo para sair desse problema.

Raul olhava a amiga com carinho, vendo o quanto ela tivera que amadurecer nos últimos meses. A vida ensina da maneira mais dura quando estamos desatentos e invigilantes. Seu pensamento foi interrompido com a chegada de um jovem elegante que se dirigiu à Beatriz e a cumprimentou com delicadeza.

Beatriz empalideceu e sorriu retribuindo o cumprimento. O jovem disse algumas palavras no ouvido de Beatriz, acenou com a cabeça para Raul, num gesto impessoal, carregado de animosidade. Em seguida, dirigiu-se para a saída do restaurante, acompanhado de um grupo de pessoas.

Beatriz tentava se recompor do encontro inesperado e desagradável, que até se esqueceu que Raul estava ao seu lado, observando a cena. Ele não entendeu nada do que aconteceu naquela fração de segundos, pois o jovem foi rápido feito um raio. Ficou em silêncio, esperando que a jovem pudesse lhe explicar o ocorrido.

Beatriz pareceu distante, seu olhar se fechou, e Raul deduziu que aquele homem a fizera se lembrar de cenas desagradáveis.

– Desculpe a cena. Uma pessoa que eu julgava ter se erradicado de minha vida aparece feito um fantasma para me perturbar. Posso dizer que somos desafetos um do outro. Eu jurei que quando o encontrasse iria dizer algumas verdades, mas fiquei travada. Desculpe se falo assim sobre ele, mas um dia conto a você a história de amor e ódio que foi escrita por nós. Sorte a minha eu ter percebido qual seria o fim e me afastei desse neurótico antes que o pior pudesse acontecer.

– Você cortou seu coração, pelo visto. O olhar fulminante que ele me lançou foi altamente esclarecedor. Mesmo sem conhecer a história, pude concluir o final dela.

– Cada vez que penso que fui capaz de confiar numa criatura tão desprezível, eu morro de vergonha por ter sido tão ingênua.

– Bem, agora trate de ficar calma. Fiquei curioso com o que ele lhe falou ao ouvido.

Beatriz saiu da palidez e ficou rubra.

– Pelo visto foi algo impróprio – comentou Raul.

– Não queira saber, Raul. Só posso lhe dizer que depois dele fiquei muito mais seletiva com meus romances e tão traumatizada que não consigo confiar nos homens.

Raul pela primeira vez deixou de vê-la como uma jornalista ou mesmo uma amiga e a olhou como mulher. Aliás, uma linda e charmosa mulher. Nunca a tinha visto assim, pois não tinha olhos para outra mulher que não Elisa. As mulheres que o conheciam sabiam que não deveriam esperar dele atitudes que não fossem profissionais. Raul era um homem bonito, cheio de charme, o que fazia muitas mulheres tentarem uma aproximação. E ele era fiel, não só a Elisa, como também a seus preceitos morais, e nenhuma havia conseguido que dissuadisse deles.

Beatriz sempre o considerara um homem atraente, mas o conhecia o suficiente para não perturbar o companheirismo que existia entre eles. Era um chefe eficiente, extremamente profissional e respeitado. Aprendera muito com ele e não faria nada que pudesse comprometer o relacionamento saudável que lhe rendia muitos frutos, como as excelentes matérias realizadas sob a sua supervisão.

Ambos se olharam como nunca o fizeram. Um olhar profundo, devassando a intimidade de cada um, numa cumplicidade que nunca fora tão ostensiva. Cada um procurando desvendar os segredos que carregavam em seu mundo inviolável. Eram muito parecidos, preservavam suas vidas particulares como poucos, mostravam apenas o suficiente para que os relacionamentos se estabelecessem, mas deixavam sempre aquele mistério pairando no ar, denunciando um mundo inescrutável a quem não fosse convidado a entrar.

Raul carinhosamente pegou as mãos de Beatriz e, com fala mansa, carregada de serenidade como há muito não acontecia, disse:

– Minha amiga querida, nem todos são iguais. Não se iluda em pensar que não vai encontrar homens detestáveis em seu caminho, mas não desista de encontrar aquele que vai fazer você confiar plenamente, de forma que a felicidade seja pura consequência de uma linda entrega. Não faça julgamentos precipitados ou definitivos, pois infelizmente eles se tornam nossa realidade, distanciando-nos de pessoas boas e confiáveis que nos proporcionariam momentos de muita alegria. Você ainda não viveu tempo suficiente para concluir que não deve confiar nos homens. A vida nos surpreende quando menos se espera...

Beatriz olhava-o com doçura e, num gesto de afeto, pegou suas mãos e as apertou, assim permanecendo por alguns instantes, que a ela pareceu uma eternidade.

– Obrigada, Raul. Só você para me fazer repensar sobre isso. Infelizmente existem pessoas que cruzam nossos caminhos apenas com a finalidade de nos tornar refratárias ao amor, fazendo com que assassinemos nossas esperanças em encontrar um companheiro que nos ampare e divida as alegrias e os fracassos. É uma pena que exista no mundo esse tipo de criatura egoísta, que olha apenas os seus próprios interesses.

– Mas nem tudo está perdido, nada é definitivo. Tudo é passível de mudanças se nos colocamos receptivos a elas. Tenho pensado muito em minha vida e como a tenho administrado e devo confessar que tenho agido feito uma criança mimada que, ao perder seu brinquedo favorito, não quer mais brincar. Sempre olhei a vida com coragem, enfrentando todas as dificuldades de peito aberto, sem medo do que iria encontrar. No entanto, depois que Elisa se foi, parece que minha vida se desfez, escorregou pelos meus dedos, não consegui encontrar meu eixo novamente. Não foi nem continua sendo fácil continuar minha caminhada, mas não posso sentar à beira do caminho e deixar que minha vida se dilua dessa forma. Não posso mais ficar reduzido àquela criatura que você viu outro dia em casa, como se fosse um nada. Não é isso que Elisa espera que eu faça. E, se existe vida após a morte e ela continua viva, não aprovaria minha conduta de forma alguma.

Raul deu uma pequena pausa, relembrando os últimos acontecimentos e continuou.

– Estou muito reflexivo nestes últimos dias, e isso tem acontecido muito antes de visitar aquele centro espírita. Tem algo pairando no ar e não consegui definir exatamente o que seja. Eu tenho tido alguns sonhos esquisitos, com perseguição e embates. Como se alguém estivesse próximo de mim, desejando meu mal. Enquanto estava apenas nos sonhos, não me preocupei, mas, após o acidente, quando tive que retornar para casa andando pela estrada, senti que meu pesadelo tornou-se real, a ponto de me sentir aterrorizado, como se alguém realmente pudesse me atacar e me ferir fisicamente. Foi uma sensação de impotência perante o desconhecido, como se estivesse completamente indefeso. Algo que não consegui compreender. Quando cheguei em casa, toda a sensação perturbadora cessou, como se estivesse em total segurança. Senti-me protegido, como se alguém lá estivesse cuidando de mim para que nada de mal ocorresse.

– Você não me contou essa parte da história...

– Eu pensava em contar num outro momento e acho que é agora. Estamos descontraídos, você está calma e serena, em condições de me ajudar me dizendo o que pode estar acontecendo comigo. Seja franca, acha que eu posso estar enlouquecendo?

Beatriz olhou o amigo com uma ternura nunca antes presente. Queria acalmá-lo de alguma forma e lhe dizer que tivesse paciência com seus sentimentos, que toda a experiência dolorosa vivida tinha deixado muitas feridas abertas, que só o tempo seria capaz de curá-las.

– Raul, desde quando esses pesadelos o visitam?

– No início eram decorrentes das longas bebedeiras. Era muito difícil encarar minha vida sem Elisa e bebia para esquecer, pois não conseguia conciliar o sono. Foram sucessivas bebedeiras, inesquecíveis ressacas, pesadelos pavorosos. Foram muitas noites. A ausência de Elisa me feria de forma tão contundente, que a única maneira de sobreviver à dor era a bebida. Paulo já me alertava do caminho que estava seguindo, mas não tinha forças nem motivação para mudar. Esse calvário durou alguns meses, talvez tenha sido a fase mais dolorosa da minha vida. Nunca me senti tão sozinho e abandonado, como se ninguém se importasse comigo.

– Você afastou todos da sua vida. Tentamos muitas vezes lhe visitar, ficar com você, mas você recusou toda e qualquer forma de aproximação, mantendo todos distantes. Eu, particularmente, tentei visitá-lo diversas ocasiões, mas Lúcia dizia que você havia dado instruções de que não queria receber ninguém.

– É verdade, eu mesmo provoquei essa situação, mas procure entender o buraco em que eu me encontrava, a tristeza doía tanto que eu precisava ficar sozinho, com minhas lembranças. Não queria intrusos naquele momento.

– Não estou julgando você, apenas dizendo o quanto tentamos uma aproximação. Paulo não sabia mais o que fazer, chegou a consultar um psiquiatra, pedindo orientações sobre como conseguir que você retornasse ao mundo real. O conselho foi que lhe desse o tempo que julgasse necessário, pois cada um reage como sabe e como pode. Somente você poderia tomar a decisão de sair de seu casulo e retornar ao convívio de seus amigos. Imagine nosso desespero em não poder fazer absolutamente nada, a não ser esperar. O médico apenas pediu que tomássemos conhecimento, mesmo que a distância, de suas atitudes e observássemos se elas poderiam conduzi-lo a algum destempero. Lúcia foi uma parceira e tanto, monitorando-nos sobre seu estado emocional. Ela foi a única que você permitiu acompanhar em toda a sua dor.

Raul sentiu uma grande emoção invadi-lo e percebeu o quanto Lúcia era importante em sua vida. Lembrou-se de ter dito a ela que nem sua mãe faria melhor por ele. Tinha razão em confiar nela, pois ela foi seu grande arrimo nos momentos difíceis. E se permitiu sua presença era porque realmente confiava nela. Lúcia representou magnificamente o papel de tutora, de mãe zelosa, que a vida não lhe permitiu possuir pelos laços familiares. Agradeceu intimamente à sua grande protetora por ter cuidado dele, estando presente, ainda que silenciosamente, nos momentos certos.

– Lúcia foi e sempre será a mãe que gostaria de ter. Você conhece minha vida e sabe que minha mãe foi ausente, deixou seu papel às suas fiéis assistentes e às diversas babás que estiveram presentes em minha vida. Lúcia é aquela criatura silenciosa, que apenas com um olhar tudo vê e tudo compreende. Fala apenas o necessário, mas sempre no momento certo.

Muito sábia essa mulher. Creio que preciso demonstrar mais enfaticamente o quanto a admiro e gosto dela.

– Tenho certeza de que a recíproca é verdadeira, e, se podemos escolher nossos filhos nesta vida, ela escolheu você. Elisa deve ter lhe dado muitas instruções sobre seu gênio difícil, seu caráter único e sua personalidade marcante, capaz de gestos inesperados, tanto para propiciar a paz como a discórdia, para o bem e para o mal. Ela já havia sido alertada sobre seu comportamento rebelde e difícil.

– Não precisa me depreciar assim, Beatriz – brincou Raul. – Saiba que estou tentando controlar meus instintos e dominar minhas tendências obsessivas, mas isso leva tempo. Estou passando por situações inusitadas, em que não consigo ter controle de nada, o que me perturba muito. A visita ao centro apenas contribuiu para meu estado de espírito permanecer mais confuso. Pensei que você pudesse me auxiliar a desvendar esse grande mistério.

O rumo da conversa começou a seguir um caminho mais descontraído. Continuaram o jantar, falando de assuntos triviais como bons e velhos amigos. Havia algo diferente pairando no ar. Os olhares se cruzavam a todo instante, sem obstáculos que pudessem macular aquela relação que se estabelecia, mas que ainda não tinham consciência.

Raul e Beatriz, cada um vivendo seus próprios pesadelos íntimos e buscando no outro o auxílio para que suas forças fossem renovadas. Ambos já haviam visitado zonas sombrias, combatido inimigos ferozes de seu próprio mundo íntimo e necessitavam de algo novo que os fortalecesse na infatigável jornada rumo à felicidade.

Essa busca parecia algo distante e inatingível, mas com as novas opções que a vida lhes oferecia passava a ser algo possível.

Podemos enaltecer o lado sombrio que nos ronda, dando a ele combustível para se fortalecer e se firmar. Ou podemos buscar forças na esperança, que jamais nos abandona, mesmo nos momentos de maior dificuldade, e que nos leva a enxergar sempre novas oportunidades e novas opções a desfechos favoráveis e felizes.

É nossa escolha buscar a luz ou a sombra. É nossa opção ser ou não feliz, lutar ou entregar os pontos, permanecer passivo ou enfrentar o novo e o desconhecido, com possibilidades de encontrar novos e iluminados caminhos.

Cada criatura detém condições de modificar os rumos da própria existência, pois a fatalidade é algo a que nos acomodamos por receio de sair de nossa zona de conforto. Toda e qualquer situação que enfrentamos é opção inteiramente nossa, fruto de nossas escolhas. Ninguém pode definir nossos passos, a não ser nós próprios. Toda decisão deve ser individual, pautada na avaliação das opções possíveis, feitas com racionalidade e coerência. Desconhecemos o que fomos, o que fizemos e o que hoje temos que reajustar por conta do esquecimento do passado a que todos se submetem. Não podemos culpar ninguém pelo que vivenciamos, pois é a resposta que a vida nos cobra perante tudo o que infringimos em vidas passadas. Esse fato é inquestionável, ainda que custemos a entendê-lo e a aceitá-lo.

Raul tinha seus motivos para experimentar tanta dor, mesmo que nada se lembrasse. Seus atos equivocados, suas infrações à lei divina, toda a dor causada de forma consciente ou não, de maneira proposital ou não, geraram consequências que precisavam ser consideradas.

Nosso passado não deixa de existir porque dele não nos lembramos. Todo erro cometido, toda falta praticada e toda dor imposta em vidas passadas exigirão mudança de comportamento e quitação desses débitos pendentes. Nada fica sem resposta. A lei é sempre cumprida, leve o tempo que for necessário para que os reencontros ocorram e as dívidas sejam pagas.

Buscando entender

Nada fica sem resposta. Raul e Beatriz estavam se empenhando em entender a nova doutrina que lhes fora apresentada, uma opção diferente de ver e entender a vida. Foram orientados por Elenita sobre quais livros seriam necessários para uma primeira compreensão dos fatos e se entregaram à leitura antes mesmo da próxima reunião.

Um fim de semana, no entanto, era tempo insuficiente para conhecer a Doutrina Espírita.[1] Começaram a pesquisa no sábado, na casa de Beatriz. Estavam na sala de estar, entretidos na leitura, quando um grito os surpreendeu. Beatriz subiu as escadas em direção ao quarto do irmão. A porta estava entreaberta, o jovem estava encolhido num canto, agitando os braços em desespero. A inquietação do jovem os chocou.

– Afaste-se de mim! Saia daqui! Você não vai me levar com você nunca mais!

Beatriz tentava abraçá-lo, mas foi violentamente empurrada. A jovem caiu, mas se levantou com rapidez, tentando segurar os braços de Julinho, que se debatia sem parar. Raul se aproximou e, junto com Beatriz, segurou as mãos do rapaz, que agora chorava em total desespero. O jovem começou a se acalmar, ainda falando as mesmas frases sem sentido. Os dois amigos não sabiam o que fazer.

Julinho olhou para eles como se fossem dois estranhos. Beatriz abraçou fortemente o irmão, dizendo que iria protegê-lo e nada de mal iria lhe acontecer. O jovem começou a se acalmar e, pela primeira vez, olhou-a,

---

1. Doutrina codificada por Allan Kardec, a qual originou cinco obras básicas: *O Livro dos Espíritos*; *O Evangelho Segundo o Espiritismo*; *O Livro dos Médiuns*; *O Céu e o Inferno*; e *A Gênese*.

reconhecendo como sua irmã. Então retribuiu o abraço, ainda em prantos, dizendo que só ela poderia ajudá-lo.

– Quem estava importunando você? Por que queria que se afastasse?

– Eles me perseguem há algum tempo. Eu não os vejo, mas ouço suas vozes, que me atormentam a todo instante, querendo que eu volte para...

O jovem, então, se calou, percebendo a presença de Raul. A irmã o acalmou, dizendo que Raul era seu amigo e que podia confiar nele.

– Eles dizem que são meus amigos e que sentem falta das coisas que eu fazia. Querem que eu volte, caso contrário não me deixarão em paz. Eu falei com a psicóloga e creio que ela pensa que estou perdendo a razão, mas não estou ficando louco. As vozes são reais, assim como a presença deles. Sinto quando eles se aproximam, pois um arrepio me percorre a espinha e sinto muito frio. Tenho medo deles, você sabe o que pretendem.

O jovem voltou ao pranto convulsivo.

– Não fique assim. Eu acredito em você e vou ajudá-lo. Lembra-se de quando éramos crianças e costumávamos ir à fazenda do tio Anselmo? E daquele barracão abandonado que gostávamos de nos esconder? Você sabe por que nunca mais voltamos lá?

O jovem permaneceu silencioso, buscando nas lembranças aquele local que tanto apreciava. Lembrou-se da cena e no mesmo instante sentiu um arrepio. A mesma sensação que experimentara no passado parecia ter tomado novamente vida.

– Por que você está se lembrando disso agora?

– Você lembra o que nos aconteceu naquele barracão e que ninguém acreditou que fosse verdade? Disseram que estávamos brincando com coisa séria, e nosso pai ficou muito bravo conosco. Depois daquele incidente, não voltamos mais lá. Levei anos para entender o que havia acontecido e só agora pude compreender.

– Não estou entendendo aonde você quer chegar, Beatriz. Não lembro exatamente dos fatos. No começo, recordo que tive muitos pesadelos com aquele barracão. Depois, foi como se passasse uma borracha e apagasse tudo o que vi, ouvi e senti.

– Diferente de você, tudo sempre ficou muito vivo para mim. Era um entardecer, e estávamos correndo em volta do barracão. De repente ouvimos um grito que parecia vir lá de dentro. Eu me lembro de que falei para não entrarmos. Você, sempre mais corajoso, disse que alguém poderia estar em perigo e precisando de ajuda. Não tive tempo de impedi-lo, pois você já foi correndo para lá. Estava escuro, num silêncio aterrador. Acompanhei você e percebi quando se abaixou e falou algo que não entendi. Parecia que estava num transe, pois seus olhos se fixaram em um ponto dentro do barracão. De repente, você me disse para buscar ajuda para um homem ferido, acorrentado a um tronco. Eu não vi ninguém, apenas senti algo estranho, que me fez sentir muita tristeza. Vi seu olhar assustado e me lembro de tentar tirar você de lá, mas você não queria sair.

Julinho parecia recordar cada cena daquele evento e compreendeu coisas que naquela época ficaram confusas. Lembrou-se dos fatos decorrentes daquele dia e a conversa séria com seu pai, mas o que pareceu agora tomar forma foi a expressão do velho capataz da fazenda, que rendeu uma conversa no dia seguinte quando lhe explicou o que havia acontecido muitos anos atrás, quando aquele local abrigava escravos.

O velho capataz contou-lhes que naquela fazenda viveram muitos escravos que trabalharam nas plantações de café. O proprietário tinha sido um homem muito cruel, que os tratava com brutalidade, sem se preocupar com a saúde física deles. Muitos tentavam fugir e conseguiam. Outros tentavam e eram capturados, ficando presos naquele barracão, acorrentados no tronco, sem água ou alimento. Os mais fortes passavam pelo castigo e aprendiam a lição. Outros, no entanto, acabavam morrendo de fome e sede naquele sombrio barracão. O velho dizia que as almas dos mortos ainda continuavam por lá, pois precisavam ser libertas para que pudessem continuar seu caminho na espiritualidade. Foi aterrador ouvir as histórias do capataz.

Julinho decidira contar ao pai o que vira, mas ele não acreditou. Quando inquirida, Beatriz dissera que não viu nada, apenas sentiu muito medo quando estava dentro do barracão. O pai proibira ambos de voltarem ao local.

As lembranças foram ficando cada vez mais claras, e o jovem, então, recordou-se da expressão do homem amarrado ao tronco que lhe pedira ajuda. Apenas com um olhar, o homem agradeceu à criança por ter lhe dado sua libertação. E, assim, como em um passe de mágica, o homem desapareceu, ao mesmo tempo em que Beatriz lhe carregava para fora. Julinho se lembrara do olhar de gratidão que o homem lhe enviara.

Eram crianças quando o evento aconteceu, e poucas respostas foram dadas para o que haviam presenciado. Beatriz nunca perguntou sobre os escravos, Julinho nunca questionou o pai sobre o que lhe tinha acontecido. Ambos decidiram enterrar essa história, mas nunca mais quiseram regressar àquele local.

– Por que você se lembrou disso agora?

– Naquela época, Sinhá, empregada do tio Anselmo, veio conversar comigo e disse que você tinha um dom. Eu perguntei que dom você possuía, e ela disse que você podia ver os mortos e ajudá-los a encontrar o caminho de volta para o mundo espiritual. Ela disse ainda que você era um bom garoto, de alma generosa e pura, por isso eles iriam procurá-lo para que você os ajudasse. Fiquei apavorada! Eu não falei nem perguntei nada, apenas fiquei olhando para ela, que me sorriu e disse: "Você também é uma boa menina, mas seu dom é outro, o tempo vai lhe mostrar". Falei a papai que queria ir embora e fomos.

– Você nunca me contou nada sobre isso.

– Se eu contasse, ficaria mais apavorada ainda. Sobre o que ela falou sobre você, acho que tinha razão, pois eu me lembrei, na época, das muitas vezes que via você falando sozinho, como se quisesse acalmar alguém. Quando eu lhe perguntava sobre a conversa, você dizia que não era nada.

O jovem tentou se lembrar desses fatos, mas parecia que tinham se apagado completamente.

– Você acha que eu vejo espíritos? O que isso quer dizer?

– Bem, meu querido, é o que Raul e eu estamos tentando entender. Por isso nós estávamos reunidos aqui em casa hoje com o objetivo de entender como funciona essa realidade paralela. Uns veem, outros sentem, outros se comunicam, tudo de uma forma natural e espontânea, como se essas duas realidades estivessem sobrepostas.

– Mas por que o interesse repentino se você nada sabia do que estava ocorrendo comigo?

– Lembra-se de Elenita, minha amiga do colégio? Ela sempre me falou de um centro espírita que eu precisava conhecer. Eu e Raul fomos lá, onde conversei com uma orientadora, que me encaminhou para tomar um passe, e lá vivi emoções que nunca sentira antes em minha vida. Raul também teve uma experiência marcante, que nos levou a tentar entender o que vivenciamos. Compramos alguns livros e estamos pesquisando essa doutrina, tentando entender o que ela pode nos acrescentar. É comum o intercâmbio entre as realidades, material e espiritual? Podemos ter contato com aqueles que já morreram? Essas e outras dúvidas é que estamos tentando entender.

– Você ainda não me respondeu dos reais motivos que a levaram a buscar esse local.

– Não sei ao certo, Julinho, mas estava me sentindo tão perdida e exausta, sem alternativas para ajudar você, que pensei se não valeria a pena uma visita ao centro. Pelo menos para equilibrar as minhas energias. Eu estava precisando me revitalizar e posso lhe afirmar que saí de lá renovada e curiosa para entender o que se passou.

– Você pode pedir a essas pessoas para expulsar as criaturas que ficam aqui?

– Não sei, querido, talvez eles tenham outras opções, mas vou procurar saber o que podem fazer por você. Se quiser nos acompanhar, iremos na próxima semana...

– Não quero sair daqui. Tenho medo de perder novamente o controle, ainda me sinto mais seguro em casa. Mamãe sabe que você foi a este centro espírita?

– Não, pois você sabe o que ela pensa disso tudo. Vai dizer que é coisa do demônio e que vou ficar perturbada. É melhor não dizer nada ainda, fica sendo nosso segredo.

Nesse instante, Beatriz olhou para a porta. A mãe estava parada na soleira, olhando com preocupação e pesar para seus filhos. Sem dizer uma palavra, saiu em direção ao seu quarto.

– Depois eu falo com ela e explico tudo. Agora só quero saber se você está mais calmo.

– Sua presença me acalma. Já estou melhor, acho que vou dormir um pouco.

Beatriz o abraçou carinhosamente e saiu do quarto, deixando o jovem entregue a questionamentos, entre eles a culpa pelo que aconteceu com seu pai. Lembrou-se dele, da sua presença forte, protetora, e sentiu uma vontade imensa de abraçar aquela criatura tão amada, que a morte levou tão sorrateiramente.

Nesse instante, uma luz invadiu o quarto e duas presenças adentraram, uma mais luminosa e outra muito emocionada por poder visitar seu querido filho. Aproximou-se de Julinho, envolvendo-o num abraço fraterno.

O jovem sentiu um calor a lhe invadir o corpo. Lágrimas desceram por sua face, sentindo muita paz. Adormeceu com o pai velando-lhe o sono.

– *Sinto tanto não poder estar aqui presente. Poderia ajudá-lo muito mais* – disse o pai.

O acompanhante iluminado olhou ternamente aquele espírito, que se sentia culpado por não estar presente. Queria poder aliviar a dor de ambos, mas não lhe era possível. Cada qual necessita encontrar alternativas para seus problemas. É um trabalho individual, visto que cada criatura carrega em si as potencialidades que vão sendo despertadas quando uma nova situação exige. Seria algo semelhante a um aluno que estuda diversos assuntos, alguns têm maior facilidade de aprendizagem, outros, nem tanto, mas as provas vão exigir um tratamento único. As provas são necessárias para comprovar o quanto cada aluno aprendeu. Parece simples, mas quando o assunto se reporta a nós, constatamos o quanto é difícil entender que cabe unicamente a nós eliminar nossas imperfeições. O trabalho de aperfeiçoamento de nossas potencialidades exige esforço, perseverança e dedicação, e cada um o fará a seu tempo.

– *Meu querido amigo, está fazendo aquilo que pode neste momento* – falou o espírito iluminado. – *Se desejar auxiliar, auxilie a você primeiro, conservando o equilíbrio que foi tão penoso recuperar. O tempo que permaneceu ao lado de seus familiares foi o necessário para que cada um pudesse conviver com você e aprender lições para toda a vida. Você foi um pai presente, companheiro, enérgico quando necessário, portanto, não tem do que se culpar. Fez tudo o que lhe competia, partiu no tempo certo, nem antes nem depois. Proponha-se a dar o suporte possível a estes que lhe são caros, lembrando-se de que cada um deverá arcar com as responsabilidades assumidas antes de aqui chegarem. Cada criatura deve viver suas experiências e crescer com elas. Não existe nada que não esteja em seu lugar certo, pois a lei determina que cada ação corresponde a uma reação de mesmo teor. Se hoje seus familiares experimentam sofrimento, saiba que ele é o remédio amargo que os curará das enfermidades que ainda carregam. Quando as feridas cicatrizarem, a dor cessará, o que corresponde a dizer que venceram mais uma batalha contra suas limitações, quitando débitos que o tempo se incumbiu de cobrar.*

Com lágrimas nos olhos, assentiu àquele doce amigo, que tanto lhe ensinara desde que retornara ao mundo espiritual em total desespero. Ele havia sido paciente, orando e pedindo luz e discernimento àquele companheiro de tantas jornadas. O trabalho de recuperação foi longo e trabalhoso. Ele havia lhe ensinado que devia olhar a vida sob outro ângulo, pois assim iria constatar o quanto havia conquistado naquela encarnação. Infelizmente, toda criatura humana tem o péssimo hábito de olhar apenas o que julga ter perdido, jamais olhando o quanto ganhou com as experiências vividas.

O ambiente já estava com as energias renovadas, todos as negatividades foram eliminadas, restando apenas os fluidos salutares que o mentor, em conexão com a Espiritualidade Superior, conseguiu prover. O jovem, já adormecido, foi isolado numa cúpula de luz e proteção e assim permaneceria, até que seu padrão vibratório decaísse novamente, abrindo espaço para que seus comparsas pudessem se aproximar.

As duas entidades saíram do quarto e se encaminharam ao quarto da mãe de Julinho. Adentraram respeitosamente e a encontraram em prantos na cama. A senhora ouvira a conversa dos filhos, lembrando-se do incidente de tempos atrás, lamentando que naquela ocasião tivesse preferido colocar uma pedra no episódio. Naquele momento percebera o quanto sua atitude havia sido incorreta, pois havia deixado marcas indeléveis. Foi ela que havia insistido com o marido para que o assunto fosse encerrado, pois o pavor que sentira ao ver que seus filhos pudessem ter herdado sua mácula a deixaram transtornada. Não queria expô-los a toda perturbação que vivera quando criança. Não queria que nenhum deles fosse portador de qualquer mediunidade que pudesse colocá-los em ligação com os espíritos das trevas. Faria como sua mãe fizera com ela: sepultaria para sempre o assunto, jamais falando sobre o incidente para não provocar lembranças e deixar aflorar essa sensibilidade, que ela fizera questão de abafar.

Mas seria isso possível? Não existe nada oculto que em determinado momento não seja colocado às claras. Toda ferramenta concedida por empréstimo para ser utilizada com uma finalidade nobre não deverá permanecer na ociosidade. O tempo se encarrega de permitir que possa aflorar, ser disciplinada e aperfeiçoada para que possa estar em boas condições de uso.

Toda aquela família trazia tarefas mediúnicas que desconheciam, mas que estavam presentes e latentes. É opção individual colocar em ação tais ferramentas. Elas podem ficar esquecidas num canto qualquer, onde a ferrugem tomará conta, ou ser colocadas em atividade. A escolha é individual.

Cecília permaneceu deitada sobre a cama, lembrando-se saudosamente do marido, que poderia estar lá para demover Beatriz da busca de conhecimentos sobre mediunidade. Cecília achava muito perigoso que a filha adentrasse em terrenos sombrios por temer que lhe causassem sérios transtornos mentais. Assim ela imaginava. Como Julinho parecia já entregue a essas forças sobrenaturais, ela pensara seriamente em chamar um padre para tratá-lo da possessão. Falaria com seu amigo, que era bispo, pois tinha certeza de que ele ajudaria a expulsar os demônios que tinham se apoderado de seu filho e que, possivelmente, estavam prestes a atacar sua filha também. Onde estaria seu marido que não estava lá para ajudá-la, deixando esse pesado fardo apenas em seus ombros?

Que destinação terrível ela tinha que enfrentar! O isolamento era a única alternativa, pois não queria que seus amigos presenciassem seu infortúnio. Desde que a situação com Julinho iniciara, ela se afastara de seu rol de amizades. O que mais poderia esperar da vida? Seria melhor partir também, assim como o marido, para não ter que enfrentar as possíveis consequências.

O marido percebeu duas entidades sombrias cercarem sua esposa, dando cada vez mais combustível às lamentações, reduzindo cada vez mais seu padrão vibratório, propiciando que o domínio dessa mentes invigilantes se estabelecesse e se firmasse.

Nada podia ser feito para retirar aquelas entidades sombrias, visto que haviam se conectado com a mente da senhora pelo baixo padrão em que se encontrava. Quando ela elevasse seu padrão novamente, saindo desse clima inferior, automaticamente aquelas entidades se afastariam por não encontrar receptividade. Cada criatura estabelece em que faixa vibratória deseja viver, elevada ou baixa, para atrair para si mentes que vibram em uma mesma sintonia.

Os dois espíritos de luz lamentaram a postura daquela senhora, mas nada poderiam fazer. O marido lhe enviou pensamentos de esperança e confiança, que foram imediatamente rejeitados por não condizerem com os atuais pensamentos dela. Decidiram sair, sem antes espargirem luz intensa pelo quarto.

No andar inferior, os dois amigos discutiam o incidente com Julinho, procurando entender se havia alguma ligação com o passado.

A falta de informações mais precisas sobre o assunto os deixava muito ansiosos. Empenharam-se em conhecer o famoso *O Livro dos Espíritos*,[2] que continha boa parte das respostas necessárias aos seus questionamentos.

A busca do conhecimento é fator primordial para afastar as trevas. Ao lado de Raul e Beatriz estavam os espíritos iluminados, prontos a auxiliar as mentes curiosas de aprendizado acerca da doutrina que esclarece e liberta.

O pai amoroso sentiu-se grato por observar a filha tão empenhada nesse conhecimento, que muito lhe auxiliaria. Ficou satisfeito com o que viu e se tranquilizou, afinal, um pouco de luz em meio a tanta escuridão.

Aproximou-se da filha e a envolveu em um terno abraço. A jovem sentiu um calor em todo seu corpo, mas não interrompeu o estudo.

Raul sentiu uma energia diferente pairando no ar, o que seria?

A vida seguia seu rumo...

---

2. *O Livro dos Espíritos*. São Paulo: Petit, 2013.

10
Remexendo no passado

Os amigos permaneceram empenhados na leitura que os esclareceria sobre pontos duvidosos e conflitantes. O livro, bastante complexo, contém informações a todos os que desejam um conhecimento apurado sobre o tema. Raul sempre fora cético no tocante às religiões e seus dogmas e sempre evitou esses assuntos. Paulo insistia para Raul se desfazer do ceticismo, oferecendo oportunidades para que o amigo conhecesse os mistérios acerca das crenças e religiões, mas ele sempre fugia desse tipo de incursão.

No entanto, o que precisamos conhecer virá até nossas mãos, queiramos ou não. Assim aconteceu com Raul. Mesmo ele fugindo do tema durante tanto tempo, inevitavelmente o encontro aconteceu.

Foi um fim de semana diferente, como se fizesse um retiro, no qual apenas o estudo e a reflexão fossem possíveis. Julinho saiu de seu quarto por algumas horas e ficou na sala observando a irmã e o amigo no empenho de aprender sobre tema tão misterioso. Pegou casualmente um livro e o folheou, procurando algum assunto de seu interesse. Todos os temas, porém, lhe causavam pânico por tudo o que estava acontecendo. Sentia-se fragilizado, temeroso. A irmã lhe oferecia a paz que tanto buscava, e estar ao lado dela refletiu positivamente em seu estado de espírito.

Enquanto voltava para casa, Raul pensava sobre as mudanças que ocorriam em sua vida. Jamais pensara em conhecer um mundo tão diferente, em que a comunicação entre as realidades material e espiritual fosse possível, um mundo que afirmava a eternidade do espírito, que renasce sucessivas vezes em envoltórios corporais adequados a cada programação de vida. Tudo para ele era um grande mistério, afinal, ainda não conseguia entender em que local permaneciam esses espíritos quando se despojassem de seus corpos materiais. Para onde seriam encaminhados? Todos iriam para um mesmo lugar? Os bons e os maus teriam direitos iguais? Qual a vantagem em ser bom se a destinação seria a mesma?

Mas um pensamento não lhe abandonava: Elisa. Como ela estaria? Em paz ou sofrendo? Precisava entender como tudo se processava.

Nesses questionamentos incessantes, não percebeu que já tinha chegado ao seu destino. Aquele local agora lhe parecia profundamente solitário. Sorriu com a lembrança de Elisa a lhe dizer numa ocasião: "Querido, precisamos de um cachorro para alegrar mais ainda nosso lar".

Mas logo em seguida Elisa adoeceu e deu início a longa batalha, vencida pelo adversário mais poderoso: a morte. Sorriu, intimamente, pensando o quanto ela estava certa. Talvez um cão pudesse modificar o estado das coisas, poderia minorar seu sofrimento, pois teria alguém para amparar, para proteger e cuidar. Sentiu toda a dor represada querendo fluir e sabia como isso iria terminar.

Passou pela sala escura e foi em direção à cozinha. Notou que Lúcia havia lhe deixado uma torta na geladeira. Foi até seu escritório e decidiu trabalhar, assim evitaria as tentações que já afloravam. Sentia que uma força além de sua vontade parecia predominar e entendeu o dilema de Julinho, tentando vencer seus adversários invisíveis e poderosos.

Leu a pauta da semana, planejou algumas entrevistas e permaneceu trabalhando até altas horas. Quando terminou a programação da semana, decidiu descansar um pouco. Ao entrar na sala, sem que nenhum movimento houvesse feito, um vaso caiu ao chão, ficando em cacos. Ele se assustou, pensando que houvesse alguém lá dentro. No mesmo instante um porta-retratos foi ao chão, bem próximo de Raul, que não conseguiu identificar o intruso, pois não via ninguém. Abaixou-se e viu que era um retrato com apenas sua foto. Achou estranho, pois nem uma rajada de vento poderia tê-lo derrubado; não havia uma única janela aberta que pudesse causar aquilo.

De repente, Raul sentiu uma presença bem próxima dele, como se estivesse bem às suas costas. Seria um invasor? Virou-se cuidadosamente e nada viu, a não ser sua imagem no espelho à sua frente. O que mais lhe perturbou foi, como numa rápida miragem, ver outra imagem refletida no espelho. A mesma figura que o perseguia nos sonhos, como a lhe dizer que era grande sua satisfação em vê-lo assim perturbado e assustado. A visão sumiu rapidamente, e Raul pensou que pudesse ter sido ilusão, provocada pelo medo. Seu coração disparou e sentiu um frio a lhe percorrer a espinha. Ficou como paralisado por alguns instantes.

Aquilo seria real? Seria um inimigo invisível que ali estava para lhe causar algum mal?

Procurou se acalmar, dizendo a si mesmo que nada daquilo era real, apenas fruto de sua imaginação. Talvez estivesse muito tenso e estaria imaginando coisas.

Acendeu todas as luzes, sentindo-se mais confiante. Olhou o vaso quebrado no chão, ainda sem entender como aquilo tinha acontecido.

Sentou-se no sofá da sala, já com suas emoções controladas. Como entender o que acabara de acontecer?

Estava confuso demais, talvez devesse parar de estudar aquele livro que falava de espíritos, como se fossem a coisa mais natural do mundo e pudessem estar presentes em todos os lugares que desejassem. Era algo além de sua compreensão, pelo menos por ora. Talvez fosse melhor parar de vez com a pesquisa.

Assim era Raul, não havia lugar para meios-termos em sua vida. As coisas eram ou não eram. E, se elas fossem, teriam de ter uma explicação. Sua vida sempre fora pautada por atitudes objetivas, ele não sabia ficar no meio do caminho. Em sua concepção não havia meias verdades nem meias mentiras. As coisas simplesmente eram em essência alguma coisa. Essa era sua maneira de agir, não apenas em sua profissão, mas em todos os âmbitos de sua vida.

Tentava encontrar uma explicação viável sobre o incidente, mas não conseguiu, ficando ainda mais exausto. Acabou adormecendo no sofá e teve um sonho ainda mais estranho.

Assim que dormiu, sentiu seu corpo deitado no sofá. Com a sensação de que levitava, percebeu que estava acompanhado de um senhor de aparência simpática.

– *Venha comigo, Raul, existem coisas que você precisa saber. Imagine que isto seja uma viagem, onde você vai relembrar coisas que aparentemente não mais se recorda, mas que ficaram gravadas em seu inconsciente. Não tenha medo, estarei ao seu lado e nada irá lhe acontecer. Confie em mim.*

Era como se ele estivesse numa cidade muito semelhante à que vivia, com ruas, edifícios e parques. Entraram num prédio de grandes dimensões, percorreram corredores por onde transitavam muitas criaturas, todas envolvidas em suas tarefas. Depois de muito caminhar, entraram numa sala aconchegante, onde já estavam presentes mais duas entidades.

– *Seja bem-vindo, Raul* – falou um deles de forma carinhosa. – *Sabemos o que tem passado nesses últimos meses e o quanto se revoltou perante os desígnios do Pai Eterno, que dá a todos seus filhos aquilo que lhe é de direito. Não é hora de explicações, mas de algumas informações que necessita para dar continuidade à sua tarefa de reajuste. Por ora, importa que saiba que passa por momentos cruciais e que podem lhe conferir o direito de seguir em frente ou permanecer estacionado. Depende apenas de suas ações e de suas decisões colocar em ação sua programação, mesmo sem a presença de sua companheira, que muitos créditos auferiu em sua última encarnação. Elisa acompanha seus passos, mas não pode interferir em suas decisões, o que lhe invalidaria a capacidade que o Pai lhe concedeu: seu livre--arbítrio. Segue silenciosa, atenta às suas decisões, preocupada com suas angústias e com sua incapacidade de aceitar as coisas como são. Não se rebele contra Aquele que só quer a sua evolução, e que um dia retorne aos Seus braços. Saiba que tem amigos que contam com seu discernimento nas questões que lhe acompanham. No tempo certo, compreenderá suas reais tarefas. Veja esta tela, nela verá cenas como em um filme. A história viva de uma existência anterior que teve momentos felizes e outros comprometedores. Verá a história real, não apenas aquilo que sua percepção limitada foi capaz de assimilar, mas todas as cenas que nossos olhos não desejam enxergar. Verá aquilo que lhe compete recordar para que possa dar novo rumo aos acontecimentos que se farão presentes.*

Raul participava de tudo aquilo sem esboçar qualquer gesto. Apenas ouvia as orientações daquele senhor. Ele permanecia atento ao que seria exposto naquela tela, que talvez oferecesse as explicações por que tanto ansiava.

As primeiras imagens referiam-se à sua infância, num povoado ao sul da França em outra encarnação. Uma família de origem camponesa, preocupada com a instrução de seus filhos, fazia com que frequentassem a escola do condado. Raul, que se chamava Vincent, a tudo olhava, mas pouco compreendia. As imagens aceleraram e os tempos foram passando rapidamente. Ele se viu agora um rapaz esbelto, com olhos apenas para Nadine, namorada de seu fiel companheiro Jean Paul, jovem proveniente de uma linhagem nobre. Vincent era completamente apaixonado por Nadine, uma jovem de família aristocrata, porém sem compartilhar as futilidades de seus predecessores. Os três eram amigos desde a infância, apesar das diferenças sociais que poderiam macular a amizade. Jean Paul, já adulto, decidiu estudar em Paris. Nadine acabara de voltar de um colégio interno e seu maior desejo era permanecer ao lado de seus amigos e familiares. Ficou muito triste com a decisão de Jean Paul, mas sabia que assim era necessário para que pudesse herdar os bens de seus pais, dando continuidade ao trabalho de administrar as fazendas e as plantações de uva. Vincent sabia que seu lugar era ali, pois seus pais não poderiam lhe oferecer os recursos que os dois amigos eram detentores.

Depois de algum tempo ao lado de seus familiares, Nadine decidiu estudar em Londres, lá permanecendo por quatro anos. Jean Paul só retornou ao condado após concluir seu estudos. Enquanto isso Vincent – que apesar de poucos recursos financeiros possuía uma inteligência brilhante para negócios – acabou conseguindo uma pequena, mas significativa fortuna, e pôde oferecer aos pais os recursos que lhes foram escassos durante a vida. Vincent negociava sementes, produtos agrícolas e cereais diversos em função do conhecimento adquirido no campo.

A história avançou e reuniu os três novamente após anos de estudo em lugares distantes. Nadine estava mais bela do que nunca; Jean Paul, arrependido por tê-la deixado tanto tempo sozinha; e Vincent, garboso, vestido adequadamente de acordo com o novo padrão de vida conquistado. O encontro despertou sentimentos diversos, conflitos que antes não existiam. Jean Paul aproximou-se de Nadine, tentando reconquistar o coração da bela jovem, de quem jamais se esquecera e que fora sua primeira e única paixão naquela existência.

Nadine mostrou-se receptiva no início, também gostando dos galanteios do antigo namorado. Vincent procurou manter a frieza, adquirida ao longo do aprendizado nas transações comerciais que aprendera na vida, mas se sentiu tocado com o retorno de Nadine, ofertando olhares pouco escrupulosos à jovem. Essa situação foi se agravando com a decisão de Vincent de conquistar Nadine, o que seria a maior traição ao amigo, que sempre incluía o jovem em todos os programas que a ele seriam vetados pelo seu *status* social. Ao longo dos anos, Vincent se tornara ganancioso e, por meios não lícitos, conseguira aumentar sua fortuna. E decidiu, então, que teria o coração da jovem a qualquer custo.

Armou um plano para conquistar o coração da jovem e fazer com que ela nunca mais olhasse para Jean Paul. Uma trama cujos nós os deixaram ligados pelos laços do rancor e da vingança, que o tempo foi incapaz de resolver. Vincent precisou da ajuda de uma garota pouco afamada, sendo a responsável pela separação definitiva de Jean Paul e Nadine.

Perante os fatos não há argumento, alguém já disse com muita propriedade. Assim, a jovem Nadine, traída e desprezada, entregou-se aos braços de Vincent, que fingiu ter abominado a atitude do amigo ao trair e desonrar Nadine perante a cidade. Vincent tornou-se o salvador, a quem Nadine retribuiu com seu afeto e amor.

Jean Paul jamais superou a traição do amigo, que ficou com Nadine. Mas o fator decisivo para que o ódio e o desejo de vingança se instalassem definitivamente no coração do jovem foi descobrir o sórdido plano de Vincent para separá-lo de seu grande amor. Esse foi o golpe fatal que transformou seu coração num terreno árido e inóspito. Jean Paul passou os anos seguintes de sua vida tentando prejudicar o ex-amigo, tentando fazer com que Nadine lhe escutasse, mas foi tudo em vão. Os argumentos de Vincent eram persuasivos demais. Jean Paul, desesperado com a situação impossível de se reverter, desistiu de sua própria vida. Não conseguia conceber uma vida sem a presença de seu amor, com quem sonhara dividir as alegrias. O jovem entregou-se à bebida, não mais se preocupando com os negócios da família, que foram se deteriorando ao longo do tempo. O pai, já idoso, desgostoso pelo comportamento do filho, sucumbiu a uma enfermidade grave, deixando a família sob a guarda de Jean Paul, que já não tinha ânimo para dar continuidade aos negócios. O pior só não aconteceu porque sua irmã caçula decidiu assumir os negócios. Francine, uma jovem de rara beleza, de personalidade forte e dominante, conseguiu se impor em um mundo onde os homens dominavam. Ela tentou com todas as suas forças ajudar o irmão, sabendo do seu sofrimento, mas foi em vão. Jean Paul não lhe dava ouvidos e afundou-se cada vez mais nos vícios e no desequilíbrio emocional.

Raul a tudo assistia, deixando as imagens falarem por si mesmas. Lágrimas escorreram, percebendo o quão vil havia sido com o amigo. Mas o pior ainda estava por vir.

Francine decidiu tomar uma atitude drástica com o irmão, deixando de sustentar seus vícios. Se ele queria dinheiro, que trabalhasse para conquistar. O jovem, já completamente transtornado e desequilibrado, disse à irmã que ela nunca mais o veria vivo naquela vida e saiu da casa onde nascera e tivera as mais puras alegrias para não mais retornar. A irmã, desesperada e arrependida da atitude, tentou encontrar o irmão. As cenas mostradas na sequência fizeram o coração de Raul disparar com sentimentos de culpa e remorso pelo que aconteceu ao amigo. Jean Paul embrenhou-se na floresta, próxima ao vinhedo da família com sua arma, e, sem forças para dar seguimento à sua vida, suicidou-se.

Raul entregou-se a um choro incontido, desesperado por nada mais poder fazer em benefício do amigo. Sentia-se um crápula, um ambicioso e prepotente ser capaz de fraudar e enganar para conseguir tudo o que deseja. As lembranças foram ficando cada vez mais claras. Raul se lembrara do passado e de todas as suas ações.

As imagens continuaram a ser exibidas, mostrando a Raul a continuidade daquela existência, ainda ao lado de Nadine, que, mesmo amando Vincent, jamais se recuperou da perda do grande amigo. Francine, sua amiga desde a infância, foi a única que permaneceu em sua vida, que acabou solitária. Nadine teve apenas um filho com Vincent, a quem dedicou toda a sua existência. Vincent, por sua vez, sentindo a amada distante e pouco receptiva ao seu amor, acabou deixando-a ainda muito jovem, com a culpa que o acompanhou até o fim dos seus dias. Jamais, porém, a desamparou, nem a seu filho, o único bem precioso que deixou.

Três vidas perdidas, três oportunidades desperdiçadas, três destinos que se cruzaram e que jamais o tempo foi capaz de romper. Raul continuava em prantos, sem saber o que dizer. Queria fazer alguma coisa, mas não sabia o que seria possível.

– *Acalme-se, filho* – disse o mentor –, *o arrependimento é a primeira ação para iniciar o reajuste, mas o desespero pode levá-lo à inatividade, pois ninguém consegue visualizar a luz onde apenas a sombra predomina. Já deve ter percebido quem foi Nadine nesta sua encarnação atual. Talvez agora possa compreender por que Elisa o deixou tão precocemente. Reencontraram-se com a finalidade de experimentar um amor verdadeiro, puro e isento de interesses materiais. Conseguiram esse intento, e o reajuste foi realizado. Quando Elisa retornou, foi recebida com alegria pela tarefa devidamente cumprida. Ela se encontra bem, em equilíbrio, buscando auxiliar cada componente desta longa história. No momento adequado, terá acesso a ela. Jean Paul, infelizmente, ainda se encontra em total desequilíbrio, empenhando-se com todas as forças para o atingir mortalmente. Foi trazido aqui para ser alertado quanto a possíveis investidas desse infeliz companheiro, que tudo fará para conseguir lhe atingir. Saiba usar da vigilância extrema, das atitudes sensatas e coerentes, precavendo-se contra tais investidas. Tentamos contatar nosso companheiro, mas ele se encontra imune aos nossos apelos, procurando cada vez mais se embrenhar nas sombras do rancor e da vingança. Acautele-se contra esse companheiro de outrora. Busque auxílio espiritual, aceite a ajuda da companheira encarnada. Saberá no tempo certo por que essa irmã está ao seu lado. Por ora, Raul, envolva-se na compreensão das leis do Pai Celestial, aceite a separação de sua amada, pois assim se fez necessário para que se cumpra a sua programação, eleve seu pensamento e busque o conhecimento dessa doutrina que muito lhe esclarecerá. Continue com o estudo edificante, mas busque a prática que o conduzirá a maiores esclarecimentos, entendendo como tudo é perfeito e justo, pois Deus é Pai misericordioso e sábio, realocando cada coisa ao seu lugar de origem. Nada ficará sem explicação, se buscar o caminho do entendimento e do amor. A justiça se fará quando cada elo deste intrincado problema estiver pronto para sorver o cálice que o Pai oferecer. Esteja certo disso, meu querido amigo, e prepare-se para colocar em prática o que solicitou antes de encarnar. Não se recorda, pois ainda não teria condições de compreender. Espere e confie. Agora, retornará ao seu corpo físico e nada lembrará o que aqui lhe foi mostrado. Saberá intimamente que esteve de posse de algo precioso, do qual não recorda, mas que será essencial às novas posturas que irá abraçar. Não deixe que questionamentos puramente racionais o afastem de seus propósitos maiores, entregue-se a esta doutrina e será amplamente beneficiado em sua tarefa de reajuste. Tudo ficará em equilíbrio se usar da intuição que guiará seus passos. Confie nela e não se arrependerá. Nenhum caminho de reajuste é fácil de ser trilhado, principalmente quando temos contra nós a ira e o desejo para que não consigamos vencer os obstáculos. Mas quando nossa fé é poderosa, construída sobre bases sólidas, nenhum vendaval será capaz de nos impedir de prosseguir e vencer. Lembre-se disso e a vitória estará em suas mãos.*

Raul ouviu as orientações daquele senhor que irradiava as mais puras energias, sentindo-se fortalecido e confiante de que conseguiria resgatar o companheiro que ele próprio lançara nas profundezas do sofrimento.

Retornou ao corpo físico, mas ainda continuou adormecido. Não pôde perceber a presença iluminada de sua querida Elisa, velando pelo seu descanso físico.

– *Dorme, querido, que eu estou aqui cuidando de ti.*

O passado que não volta

Raul despertou com a sensação de que havia dormido horas demais naquele sofá, olhou o relógio e viu que ainda era cedo. Não percebeu movimento algum na casa, constatando que Lúcia ainda não chegara. Enquanto preparava o café, pensou no episódio da noite anterior, que tanto havia lhe perturbado. Ficara aterrorizado com a imagem refletida no espelho. Pensou que talvez fosse fruto da sua mente ou, quem sabe, uma demência precoce que se iniciava.

Enquanto saboreava o café, lembrou-se do sonho confuso do qual recordava apenas fragmentos. Lembrava-se de estar com pessoas desconhecidas, que lhe inspiravam uma profunda confiança. Pouco conseguiu se lembrar, mas o que lhe deixou intrigado foi a sensação ao despertar, como se tivesse recebido um alerta sobre algo que precisava estar atento. Viu imagens, pessoas as quais tinha a impressão de já ter visto em algum momento, mas sem conexão com sua vida atual.

Foi nesse instante que Raul ficou estático. Por que ele pensara em vida atual e vida passada? Desde quando acreditava nisso? Era algo que ainda não estava esclarecido. Mesmo após ter lido grande parte da obra *O Livro dos Espíritos*, ainda não estava convencido da possibilidade de sucessivas encarnações. Tinha muito o que pesquisar para aceitar essa ideia. No entanto, seu próprio pensamento o traíra, já aceitando a possibilidade de viver outras vidas. Talvez isso realmente fosse possível.

Permaneceu alguns momentos tentando se lembrar do sonho, mas as recordações eram confusas. O que mais lhe ficara claro era que deveria ter cuidado. Parecia que a palavra "perigo" não saía de sua mente, como a alertá-lo sobre possíveis dificuldades que estavam por vir. Que tipo de ameaça estava rondando sua vida? Quem poderia ser?

Entretido que estava em seus pensamentos, nem percebeu a chegada de Lúcia.

– Bom dia, Raul, por que não esperou um pouco mais? Eu teria feito seu café. Fiquei esperando aquela condução, que cada dia parece que custa mais a chegar. Você tem que falar com alguém para resolver esse problema.

Raul riu, prometendo que iria falar com alguém sobre o problema.

Misteriosamente estava ansioso para retornar àquele centro espírita. Talvez encontrasse as explicações que tanto carecia. Alguns pontos precisavam ficar claros, como a visão no espelho, para que pudesse tomar algumas atitudes, como procurar um psiquiatra, por exemplo, algo que na sua opinião já deveria ter feito tempos atrás. Contudo, o que mais o surpreendia era a certeza de que não era o caso de buscar ajuda médica, pois sua percepção lhe dizia que era algo sobrenatural, coisa que médico algum teria explicações. Pensou em conversar com aquele senhor da casa espírita; talvez ele pudesse lhe oferecer informações que desconhecia. Procurou deixar de lado as teorias e focar no trabalho.

Paulo, que estava em viagem de trabalho, deixou a Raul uma série de incumbências burocráticas que odiava fazer. Para Beatriz, que havia retomado suas funções, deixou alguns encargos e tarefas delicadas, que somente ela seria capaz de desempenhar.

Passada a semana, chegou o dia em que os amigos iriam ao centro espírita novamente. Ambos estavam ansiosos e tensos. A jovem sentia por não ter conseguido levar Julinho, mas, como já estava aprendendo, sabia que cada um tem seu tempo de despertar.

Assim que chegaram, tiveram a grata surpresa de encontrar Elenita recepcionando os assistidos. Beatriz cumprimentou a amiga com carinho, dizendo ao seu ouvido:

– Você não me disse que era mais do que uma simples frequentadora.

– Todos temos nossos segredos. Estou feliz que tenham retornado. Sei que você receberá a ajuda que veio buscar. Confie.

Beatriz apresentou Raul para a amiga, que o recebeu com um abraço afetuoso.

– É um prazer conhecê-lo. Beatriz já falou muito de você. Já sei que é jornalista e trabalha com ela, acertei?

– Acertou, e também já ouvi falar de você, só não sabia que trabalhava aqui.

– Nem Beatriz sabia, podemos marcar um dia para conversar. Sei que tem muita coisa acontecendo e precisam de algumas informações básicas e úteis.

– Combinado. É só marcar.

Em seguida, encaminhou-os à mesma sala em que foram da primeira vez. Ouviram uma pequena palestra, antecedida por uma prece de abertura, e, na sequência, foram encaminhados cada um à sala correspondente. Beatriz foi para o passe, e Raul, à sala de atendimento.

Quando lá chegou, buscou com o olhar aquele senhor da semana anterior, mas não o encontrou. Sentiu-se frustrado, pois havia tido certa empatia com ele, sentindo-se seguro para expor os fatos ocorridos. Enquanto aguardava, começou a se lembrar de tudo o que estava acontecendo, sentindo-se fragilizado e carente. Sentiu uma saudade profunda de Elisa, que sempre esteve ao seu lado em todos os momentos. Seu coração entristeceu-se e pensou se algum dia tornaria a vê-la. Se existisse vida após a morte, ela, consequentemente, ainda vivia, mas como estaria?

Perdido que estava em seus pensamentos, nem notou que aquele simpático senhor adentrou a sala e, ao perceber Raul sentado, foi em sua direção para cumprimentá-lo.

– Boa noite, meu jovem, sabia que retornaria a esta casa. Da outra vez não tivemos oportunidade de nos apresentar, meu nome é Luciano, e o seu?

– Raul, muito prazer.

– Vamos conversar um pouco – disse Luciano, sentando na cadeira ao lado.

– Não sei como tinha tanta certeza de que eu voltaria. Talvez tenha observado a infinidade de pontos de interrogação em meu rosto. Na verdade, se já tinha dúvidas, elas apenas aumentaram com os fatos ocorridos ao longo da semana.

Raul começou a narrar o acontecido quando retornou para casa, após a visita ao centro. Em seguida, contou sobre a imagem do espelho e sobre o sonho confuso que tivera naquela mesma noite. Luciano ouvia atentamente tudo o que Raul lhe contava, anotando mentalmente cada fato. Aguardou que o jovem finalizasse a exposição dos acontecimentos, permanecendo pensativo por alguns momentos.

– Pelo visto, teve uma semana intensa e repleta de emoções. Não posso lhe dar explicações para tudo que lhe ocorreu, sem antes explicar-lhe alguns pontos para o entendimento dos fatos. É muito importante que você, inicialmente, aceite os pontos principais da nossa Doutrina Espírita, a eternidade do espírito, a reencarnação e a Lei de Ação e Reação, que vigora sobre nossos atos. Parece simples e é, mas temos ainda nossas limitações e custamos a aceitar todos os itens que eu citei. Na realidade, um decorre do outro e, se assim desejar, vamos dizer que o ponto crucial seria a reencarnação. Você acredita nessa possibilidade?

– Para ser sincero, é um ponto ainda questionável para mim, mas, pelo que tenho lido, é o ponto fundamental da doutrina. Se eu negar esse fato, será melhor eu sair daqui e esquecer tudo o que me aconteceu. Então, vou responder que acho que existe essa possibilidade.

– Muito esperto, meu jovem. Se negasse, seria melhor você buscar em outro lugar as explicações para os "misteriosos" fatos que estão acontecendo contigo. O sobrenatural, como os leigos se referem, nada mais são do que fatos que nossa compreensão ainda não alcança. Dizemos que é algo que pertence ao mundo do maravilhoso, mas na verdade são fatos que nossa ignorância nos impede de entender. Muitas criaturas que se encontram encarnadas neste planeta de Provas e Expiações,[3] como você já deve ter lido, desconhecem quase tudo sobre o assunto, e só procuram explicações quando a dor os visita, daí então buscam entender o porquê de seus sofrimentos. Sobre o assunto Lei de Ação e Reação, creio que seja autoexplicativo. Você já deve ter uma ideia sobre o que se refere essa lei da física: a cada ação corresponde uma reação. Em resumo, todos os nossos atos geram reações de mesmo teor. Se lançarmos o bem, receberemos de volta o bem, e assim podemos nos referir aos diversos comportamentos que transformam nossa vida num oásis ou num verdadeiro inferno. Vamos falar especificamente acerca de seus pesadelos, dessa perseguição de que se sente vítima. Os movimentos aparentemente não identificados, como a queda do vaso e do porta-retratos, têm uma explicação, mesmo que pareça incoerente para aquele que desconhece a natureza dos corpos, vista pela ótica da física, que a ciência hoje já apurou por meio de inúmeras experiências de laboratório. Não é porque não conhecemos algo que não exista explicações reais, baseadas na razão e na experimentação. Conhecemos

---

3. Ver *O Evangelho Segundo o Espiritismo*, Cap. III: "Há muitas moradas na casa de meu pai". Item: Mundos de expiações e de provas. São Paulo: Petit, 2013.

muito pouco sobre a natureza dos corpos e de que somos constituídos. Precisaríamos de vários meses de estudo para entender como isso se processa. Recomendo que leia outro livro da codificação, *A Gênese*, escrito também por Allan Kardec. Com sua mente racional, creio que necessite de explicações mais concretas e objetivas. É um estudo interessante, apesar da complexidade do assunto. Posso apenas antecipar que o que causou os movimentos foi sua própria energia liberada, possibilitando a atuação de uma criatura do mundo espiritual. Entendeu?

O que aquele homem estava dizendo era que realmente havia alguém em sua casa – não fora sua imaginação – que conseguiu realizar aquela bagunça em sua sala com as energias que ele próprio, Raul, cedera. Tinha certo fundamento, mas precisaria de mais tempo para entender tudo isso.

– O senhor acredita que esse ser tem alguma intenção maléfica a meu respeito?

– Você simplifica as coisas e vai direto ao ponto. Eu diria que esse alguém não quer sua felicidade, quer seu sofrimento e se compraz nele, talvez por suas ações com ele num passado distante ou nem tanto. Isso ainda não sabemos.

– Vocês são capazes de chamá-lo aqui para que ele possa explicar seus reais motivos?

– Bem, não é tão simples assim, pois não podemos convocar a presença de ninguém que nossos Dirigentes Maiores[4] não permitam. E depois, não sabemos se este é o tempo certo para o encontro acontecer. Talvez ele ainda não esteja apto a comparecer a uma sessão mediúnica. Mas podemos dar início ao seu tratamento por meio de passes específicos para que possa se fortalecer, equilibrando-se, o que no momento é mais importante. Esses nossos desafetos conseguem acessar nossa mente quando estamos fragilizados, conseguindo nos atingir, o que não ocorreria se estivéssemos em equilíbrio.

Raul ouvia as orientações com extrema atenção, tentando absorver os ensinamentos, mas tudo ainda era muito complicado para ele.

– Meu jovem, sinto que há algo mais além de uma influência, que, claro, poderá se agravar se nenhuma medida for tomada. Gostaria que você

---

4. Todas as casas espíritas têm seus dirigentes encarnados e desencarnados. Dirigentes Maiores são os companheiros de hierarquia superior que coordenam os trabalhos no Plano Espiritual.

comparecesse numa reunião de estudos mediúnicos. Creio que exista por trás de toda essa perturbação momentânea uma tarefa que esteja aflorando. Como se tudo isso fosse necessário para que você estivesse em contato com esta casa. Não me olhe com essa cara de espanto, não deixe o ceticismo retornar, não ofereça barreiras a tudo o que lhe acontecer daqui para a frente. Você já ouviu falar sobre mediunidade?

– Não cheguei ainda a esse tema.

Luciano abriu um largo e contagiante sorriso, deixando Raul menos tenso e esclareceu:

– Tudo vai ficar bem, fique calmo. Muitas coisas acontecem em nossas vidas, exigindo de nós novas avaliações e novas posturas de vida. Sei que tudo isso é muito complexo. Mas tudo é novo, por isso parece difícil de entender. Compareça à reunião de estudos e traga sua amiga. Tenho certeza de que ela vai aceitar o convite. Falta uma pergunta: Qual foi sua sensação quando aconteceu aquele incidente em sua casa? Percebeu algo físico? O que sentiu quando se deparou com a imagem no espelho?

– Nunca senti tanto medo em minha vida. Quando o porta-retratos caiu, senti que minhas mãos ficaram suadas, um suor frio. Meu corpo parecia querer sair de mim, como se eu quisesse ficar imóvel e ele quisesse sair correndo, uma sensação muito louca. Meu corpo todo ficou tremendo. Associei essa sensação ao pavor naqueles poucos minutos. Estranhamente, senti medo e raiva ao mesmo tempo. Meu corpo parecia crescer, mas é claro que nada aconteceu fisicamente, pois, quando tudo acabou, senti apenas muito cansaço. Parece coisa de doido, não?

Nova risada daquele simpático atendente, fazendo com que Raul também sorrisse.

– Você ri porque não foi com você. Acho que foi só isso. Depois, me senti tão cansado que apaguei completamente no sofá, acordando pela manhã. Bem, não podemos nos esquecer do sonho confuso, como se alguém quisesse me alertar sobre um perigo que me rondava. Isso pode ter realmente acontecido?

– Caro Raul, não temos apenas desafetos ao nosso lado. Temos amigos espirituais que zelam pela nossa integridade física e espiritual. Quando lhes é permitido, tentam nos alertar sobre possíveis problemas. Você deve ter sido levado ao encontro deles, e sido orientado, mas a recordação que ficou foi o alerta. Podemos guardar fragmentos do que presenciamos ou mesmo ter uma ideia nítida do que nos foi mostrado, mas, sem dúvida, deve ficar em alerta sobre possíveis acidentes que possam lhe ocorrer. Esteja certo de que o Pai tudo vê, tudo sabe e apenas permitirá que aconteça o que estiver nos seus desígnios. Não se preocupe além da conta, apenas seja mais vigilante.

– Você fala com tanta certeza que chego a pensar que possa ser verdade.

– Você ainda tem dúvidas? Do que você precisa para acreditar? Você espera que eles se apresentem pessoalmente e lhe digam o que pretendem fazer? Não se esqueça de que estamos falando de prováveis inimigos invisíveis que estão em vantagem sobre nós, pois veem com maior lucidez, sem as traves que embotam nossos sentidos e nos deixam à mercê desses companheiros. Não devemos subestimar essas criaturas. Não possuem um corpo de carne, mas nem assim estão em desvantagem. Temos que respeitá-los, pois não sabemos o que motivou sua vingança contra nós. Algo os encaminhou a esse patamar de ódio e rancor, o que a bênção do esquecimento não nos permite recordar. Mas todas as nossas ações permanecem gravadas no livro da vida, e, um dia, teremos que reajustá-las com quem de direito. O tempo nem sempre é nosso aliado quando não aproveitamos as oportunidades de quitar os débitos "enquanto estamos a caminho". O que podemos fazer para que não sejamos suas vítimas? Não errar seria a resposta, mas ainda somos muito imperfeitos e falhamos muito. Existe uma saída que é fazer o bem indistintamente, ter bons pensamentos, bons sentimentos, boas atitudes, o que significa ser simplesmente um homem de bem que procura pautar sua vida nos ensinamentos do nosso Mestre Jesus. Tarefa árdua, porém não impossível. Basta se predispor ao bem e às boas ações. Quando isso acontece, nossos desafetos passam a perceber que não somos os mesmos de outrora. Eles apenas modificarão seus intentos se perceberem nossa real transformação. Lembre-se de que eles seguem nossos passos, conhecem nossos pensamentos e sentimentos, não podemos enganá-los com uma falsa transformação moral. Eles só irão aceitar nos perdoar quando constatarem que nossos atos condizem com aquilo que falamos. Essa é a única maneira de conseguirmos seu perdão, permitindo que cada um siga em frente a caminho de sua evolução.

– E se ele não quiser perdoar? Se não se dispuser a esquecer as mágoas e ofensas recebidas, permanecendo preso ao passado?

– Será uma escolha individual que o manterá estacionado na escalada evolutiva. Ele sabe que o passado não volta, que nada poderá modificar o que ele viveu e sofreu e que possui o poder de escolher o caminho que deve trilhar. E ele pode não querer perdoar. Mas se sua vítima já aprendeu a lição, procurando de todas as formas se redimir perante seu credor, e mesmo assim ele permanece refratário, não modificando sua intenção de vingança, outras atitudes serão analisadas. Nesse caso, certamente lhe será imposta uma encarnação para que possam, vivendo uma vida em comum, quitar as pendências ainda presentes, resgatando possíveis débitos nos laços do amor incondicional, que tudo perdoa, tudo compreende. Normalmente são resgates difíceis, nos quais terão que aparar todas as arestas por meio de relacionamentos complexos, cheios de incompatibilidades, mas que podem ser favoráveis se um deles se dispuser a ser compreensivo, abnegado e resistente à tentação de desistir durante a caminhada. E sempre serão amparados e fortalecidos para não sucumbir e deixar a luta antes do término.

– O passado não volta e dele não me recordo. Ainda penso que é muito difícil combater um inimigo que está de posse de mais informações do que eu. Estarei sempre em desvantagem. Talvez por isso acredite que seria bom conhecermos nosso passado, pois assim estaríamos em iguais condições.

– Será que você seria capaz de manter o equilíbrio e a sensatez se soubesse o que foi capaz de fazer a alguém mesmo num passado remoto, causando tanto sofrimento e ressentimento? Você iria suportar conviver com alguém que o feriu, traiu ou que tenha tirado sua vida? Você teria compaixão, seria condescendente com o sofrimento alheio? Certamente que não. A bênção do esquecimento é dádiva que o Pai nos concede para livrar nossa consciência da vergonha que teríamos de enfrentar.

– Talvez você esteja com a razão, mas ainda tenho minhas dúvidas. Só penso que aquilo que fiz, seja lá o que tenha sido, foi o que eu sabia fazer naquele momento. Se eu já estou modificado hoje, certamente não teria as mesmas atitudes de outrora. Ele não consegue ver que eu não sou o mesmo de antes? Ou será que ainda sou exatamente igual, capaz de cometer os mesmos equívocos do passado?

– Não entre por esse caminho, depreciando-se, deixando a culpa se instalar em seu íntimo, pois é exatamente o que ele pretende fazer para que você se sinta inferior a ele. Você está certo quando diz que suas atitudes do passado refletiam sua condição evolutiva naquele momento. Não sei quando isso aconteceu e se você já teve oportunidade de viver outras vidas, além daquela, mas certamente você evoluiu nesse período. Digo isso, porque a evolução é caminho de todas as criaturas, ninguém regride, pode apenas permanecer provisoriamente estacionado em algum degrau. Pensando assim, você já está modificado, seja em que grau for, não é mais aquela criatura que ele conheceu, que tanto lhe feriu no passado. Mas ele vê aquilo que quer, Raul. Ele ficou paralisado no tempo e no espaço quando tudo aconteceu. É como se o tempo parasse para ele no momento em que você lhe causou tanto sofrimento. Ele vive e revive as mesmas cenas, destilando cada vez mais ódio e veneno cujo alvo é você, o responsável por ele estar nessas condições. Mas, por ora, são suficientes as informações que já está de posse. Vamos para a sala onde você vai tomar seu passe antes que os trabalhos se encerrem. A conversa estava tão agradável que nem vimos o tempo passar. Eu o acompanho até lá. Espero vocês para a reunião de estudo. Vamos nos apressar que a espiritualidade também tem seus horários a seguir e outros compromissos a realizar.

Raul foi até a outra sala, onde tomou seu passe, não sem antes se despedir de Luciano que tanto lhe esclarecera. Comprometeu-se a estar lá no dia marcado.

Durante o passe, Raul sentiu algo estranho, uma energia intensa lhe percorrendo todo o corpo. Lembrou-se de Beatriz, que havia lhe contado sobre a mesma sensação.

Teriam muito o que conversar.

O que temos que aprender

Beatriz estava preocupada com a demora do amigo. Já havia passado muito tempo desde que ela finalizara seu passe. Raul saiu da sala de passe sentindo-se diferente de quando ali chegara. Sentia seu corpo leve e em paz. Há muito tempo não se sentia tão calmo e sereno, percebendo o quanto havia se esquecido de si próprio nos últimos meses, apenas vivenciando sua dor. Sentiu-se renovado.

Encontrou Beatriz ansiosa e tensa com sua demora.

– Por que demorou tanto? Vamos embora, não podemos ficar conversando aqui.

– Vamos comer alguma coisa, tudo o que me aconteceu aqui abriu meu apetite como há muito não acontecia. Aí lhe conto tudo...

Saíram daquele local mais felizes, com as esperanças renovadas. Mas não eram apenas eles que estavam felizes com os resultados da visita. Criaturas do mundo espiritual a tudo observavam, em especial Elisa, que não se continha de tanta felicidade. Esperou tanto por aquele momento que parecia finalmente ter chegado – Raul decidiu seguir em frente com sua vida, saindo da inércia. Ela agradeceu a Deus pelo sucesso de sua empreitada, consciente de que uma etapa havia sido vencida, mas sabia que ainda teria um longo caminho a percorrer.

Elisa e seus companheiros sabiam que a maior batalha ainda estava por vir, exigindo de cada um deles força, confiança e coragem. Uniram suas energias e numa só oração agradeceram a benevolência de Deus Todo Poderoso.

Raul e Beatriz saíram para comer, na verdade um pretexto para permanecer juntos, compartilhando descobertas e alegrias.

O jovem narrou a extensa conversa que tivera com Luciano. Beatriz ouvia o relato atentamente, notando que há muito tempo Raul não parecia tão entusiasmado.

Raul contou sobre o convite para a reunião de estudos na próxima semana, dizendo que havia aceitado por ele e por ela. Beatriz deu uma gostosa gargalhada.

– Quer dizer que você já decidiu marcar compromissos para mim, sem me consultar?

– Sabia que você iria insistir para vir comigo. Qual o problema?

Beatriz olhou firmemente nos olhos de Raul e, mais uma vez, sentiu aquela energia pulsando entre eles, como uma tensão contida. Não disseram nada, deixaram que seus olhares falassem por si. A amizade teria evoluído para outros sentimentos? Estariam prontos para um relacionamento mais sério?

Beatriz decidiu levar a conversa para outros rumos, sentindo que poderiam esperar mais um tempo. Deixaria a vida seguir seu curso, consciente de que o que estivesse previsto em suas vidas iria acontecer.

– Você sabe que não gosto que ninguém tome decisões por mim, mas devo admitir que tomou a decisão certa, me incluindo nesse programa.

– Você precisa deixar de ser tão mandona, pois homem algum tolera esse tipo de atitude. Com essa conduta, sinto lhe dizer que está fadada a ficar sozinha.

– E quem disse que eu não tenho essa intenção? Os homens só nos trazem problemas. São confusos, complicados, instáveis, indecisos e fazem questão de atribuir todos esses defeitos a nós, mulheres maravilhosas.

– Não falo por outras mulheres, mas você é realmente maravilhosa.

Raul disse isso sem pensar e só depois percebeu que era fato consumado. Sentia um imenso carinho por ela. Ela estava tão presente em sua vida, participando tão intensamente de todos os acontecimentos, que era inevitável a aproximação que se estabelecera entre eles. Sentia a falta dela, queria estar com ela, e seu coração ficava sempre em alvoroço quando estava ao seu lado. Não sabia que sentimento estava nascendo, mas estava gostando de se sentir assim. Não sabia se devia deixar esse sentimento florescer nem sabia se seria correspondido, apenas queria continuar seu caminho com ela ao seu lado.

Continuaram a conversa que os trouxera até ali, com Raul narrando as explicações que Luciano lhe fornecera.

– Essa sensação de ser perseguido é aterrorizante. Tento não pensar sobre o assunto, mas fico relembrando a todo instante as feições de ódio daquela criatura.

– Eram as feições de um homem? Existe algo familiar nessa criatura?

– Sim, eram as feições de um homem, mas não sei se era alguém de quem eu pudesse me recordar, pois tudo foi muito rápido. Tive tanto medo que não consegui fixar a imagem, mas, certamente, não pode ser de alguém desta minha vida atual.

– Luciano conseguiu ver algo além dos fatos que se apresentou? Eu pergunto isso, pois percebi que ele tinha muito interesse para que você voltasse lá.

– Conversamos tanto que nem pude perceber se havia algo velado em suas palavras. Você acha possível, por isso nos convidou para a reunião?

– Não sei, Raul, estou apenas supondo. É que não entendi o súbito interesse dele por você. Também não entendi o tempo que ficaram conversando. Você não acharia estranho? Tem algo misterioso nesse encontro, nessas longas conversas, como se alguém estivesse insistindo para que ele cuidasse de você.

– E com você, Beatriz? Foi tudo bem?

– Senti a mesma sensação de paz após o passe. Só que desta vez aconteceu algo a mais. Na saída, perto da porta, havia um senhor sorridente que me cumprimentou com um olhar suave, desejando muita paz. Quando eu me voltei para perguntar algo, ele não estava mais ali. Tinha desaparecido como por encanto. Mas alguém mentalmente me disse: "Continue sua jornada, aprenda as lições que serão colocadas em seu caminho, viva em paz, faça o bem e terá a recompensa dos justos".

– Você se lembrou de tudo até agora?

– Não me pergunte como, mas foi algo que eu ouvi dentro de mim, uma voz forte e enérgica, mesclada com uma mansidão que acalmou meu coração.

– Será que estamos ficando beatos demais? Jamais pensei que fosse me submeter a esses questionamentos, muito menos a aceitá-los. Será que Elisa tinha razão?

– O que ela lhe dizia sobre isso?

– Que quando conhecesse o Espiritismo, todos os meus atuais valores e crenças seriam soterrados pela novidade e autenticidade de sua mensagem. Dizia que meus sentidos seriam expandidos, que veria coisas que nunca antes pude observar com a compreensão sedimentada na razão, que tudo explica e transforma.

– Elisa era uma sábia mulher, de intelecto incomparável, certamente sabia o que estava dizendo. Mesmo assim você ainda não aceitava seus pontos de vista?

– Você sabe o quanto fui cético no que se refere a assuntos de religião, pois sempre acreditei que ela era a grande causadora das catástrofes que acometeu a humanidade desde o início dos tempos. Ela sempre esteve lá, soberana e impiedosa. A Igreja sempre foi soberana, ditando suas próprias regras e convenções a um povo temente a Deus, mas desprovido de recursos éticos e morais para fazer um julgamento mais abalizado. As pessoas têm o direito de fazer suas escolhas, não porque alguém assim determina, e sim porque realmente creem que seja o melhor para elas.

– Certamente, Raul, concordo plenamente com suas convicções acerca da fé. Também acredito que não deve ser imposta a ninguém, mas nascer e florescer nos corações preparados para a semeadura. Creio, também, que cada povo em seu estado evolutivo precisa de mãos austeras para que não se percam. A Igreja teve este papel em alguns momentos. Não pode continuar com suas ideias inflexíveis. Lembra-se de quando tivemos que fazer um levantamento sobre opiniões diversas acerca de um mesmo tema nas mais diversas crenças e religiões? Não concordamos em quase nada, até que Paulo interveio e nos deu um roteiro para não fugirmos excessivamente do tema proposto. Devo dizer que aprendi muito sobre religião e sobre você.

– Espero que me conheça melhor hoje ou ainda continuo a surpreendê-la?

– Muitas vezes penso que o conheço, e aí você faz tudo diferente, apenas demonstrando o quanto ainda é uma incógnita para mim.

– Tem tanta coisa acontecendo nestes últimos meses, que até parece que perdi meu prumo. Minha vida sempre esteve sob meu comando. Sempre confiei em meus instintos, controlando tudo o que acontecia em minha vida. Quando Elisa adoeceu, senti que uma poderosa tempestade se aproximava, fazendo com que eu perdesse o leme da minha embarcação, que nem sei como não afundou até hoje. Fiquei à deriva, apático, passivo, após a morte de Elisa. Em alguns momentos nem mesmo sabia quem eu era ou do que era capaz de fazer por mim ou contra mim. Hoje, o que tem ficado claro é que a vida invariavelmente segue seu rumo. Posso cruzar os braços e deixar a vida escorrer pelos meus dedos, mas eu não sou assim, sou guerreiro, sempre tive coragem de enfrentar todos os problemas.

– Você sofreu muito com toda a situação, mas não deve se sentir derrotado ou fragilizado, pois não é seu perfil. Sonhava com o dia que iria me dizer isso e fico muito feliz por você. Quando meu pai morreu, chorei durante meses, nada fazia parar a minha dor, a saudade cada dia aumentava. Fazendo uma matéria, pude entrevistar uma senhora que havia vivido o holocausto. Tinha sido separada de seus pais, que morreram nas câmaras de gás, assim como seu irmão. Teve que enfrentar as adversidades muito cedo, mas nem por isso tornou-se uma pessoa amarga e rancorosa. Conseguiu sobreviver sem a ajuda de seus familiares, apenas dos novos e solidários amigos, que a auxiliaram no pós-guerra. Ela acabou vindo para o Brasil, constituindo família em nossas terras. Quando a entrevistei, uma senhora de olhos vivos e sorriso radiante, a primeira coisa que ela me disse foi que se eu estava lá para falar de morte, de sua história triste nos campos de concentração, eu havia perdido meu tempo. Para falar sobre a vida ela concederia uma entrevista. A vida lhe havia sido generosa, proporcionando infinitas oportunidades de aprendizado. Não mantinha tristeza nem mágoa. Disse que a tristeza e o rancor, junto com a mágoa e a revolta, envenenam a alma, transformam-nos em criaturas infelizes e desalentadas, caminhando em um sombrio vale de lágrimas. Ela aprendera com seus pais que a vida merece ser cortejada a todo instante para que possa retribuir em forma de bênçãos. Chorar azeda o coração, e ele se torna incapaz de retribuir alguma coisa à soberana vida. Sua existência havia sido e ainda era muito feliz, pois aprendera a valorizar cada segundo e a ser verdadeira e leal com todos os que cruzavam seu caminho. Disse-me algo que nunca esqueci: Os mortos não querem nossas lágrimas, pois isso não traduz o amor que nutrimos por eles; eles se foram, mas nós ainda estamos na caminhada e só nos encontraremos com eles se continuarmos a caminhar. Deixei de chorar por meu pai naquele dia e fiz um acordo com ele: que eu continuaria minha vida se ele prometesse me esperar quando eu voltasse ao Plano Espiritual.

– Você já percebeu quanto aprendizado efetuamos nessa profissão? Você já imaginou quantas pessoas cruzam nossos caminhos a todo instante, sempre deixando algo de si conosco? Acho que você poderia escrever um livro, não sobre as matérias escritas, mas sobre as pessoas que as geraram e tudo o que aprendeu com elas.
– Confesso que ainda estou aprendendo, mas um dia chego lá.
– Você já é uma grande escritora. Não sou eu que digo isso, são suas próprias matérias que falam por si. Já pensou em escrever um livro?
– Quando jovem, sim. Iniciei vários temas, mas nunca consegui concluir nenhum. Acho que não era hora. Creio que vou saber quando estiver pronta.

O tempo passava e a conversa não cessava. Tinham tantas coisas em comum, tanto a compartilhar, tantas coisas novas para conhecer e entender. Quando Beatriz olhou o relógio, conseguiu compreender os olhares insistentes que o garçom lhes dirigia. Passava das duas da manhã e, certamente, queriam fechar o restaurante.

– Nem vimos o tempo passar. A conversa está, como sempre, maravilhosa, mas devemos ir embora antes que nos expulsem daqui.
– Bem, amanhã não tenho nenhum compromisso cedo, apenas no período da tarde. Volto para a chácara e retorno depois do almoço.

A noite havia sido proveitosa para ambos sob vários aspectos. E, no íntimo, não queriam que a noite terminasse, pois teriam que se despedir e cada um tomar seu rumo. Os sentimentos de ambos eram semelhantes, mas nenhum quis denunciar o que se passava em seus pensamentos e corações.

Raul deixou Beatriz em casa, com uma rápida despedida e intensos e significativos olhares. Estava tudo muito silencioso e em total escuridão, o que fez a jovem ficar um tanto apreensiva. Abriu a porta rapidamente e acendeu a luz do *hall* para poder se sentir menos temerosa.

Estava muito impressionada com tudo o que estava acontecendo. Seria bom conhecer uma reunião de estudos, o que iria acrescentar muito aos seus parcos conhecimentos, libertando-a de muitas dúvidas e inseguranças.

Quando passou pelo quarto da mãe, percebeu a luz acesa. Pensou em entrar, mas estava tão cansada que decidiu seguir direto até seu quarto. Queria conversar com ela sobre o que estava buscando por meio do Espiritismo, mas ainda não era hora. Deitou-se e dormiu quase que imediatamente.

Já adormecida, percebeu-se andando por um lindo caminho. No início estava muito iluminado, com muitas flores. Caminhava sentindo-se em paz e feliz. Percebia-se sozinha neste lugar, mas não tinha medo. Os lugares por onde passava traziam-lhe recordações, como se já o tivesse percorrido infinitas vezes. De repente avistou bem ao longe o vulto de uma pessoa. Era uma figura alta, de um jovem. Quando se aproximou, viu que suas roupas estavam rasgadas. No entanto, quanto mais dele se aproximava, mais se distanciava. Ficou curiosa, pois não conseguia ver seu rosto. Correu em sua direção, mas o jovem passou a correr também. Parecia que ele não queria ser descoberto. Então Beatriz gritou:

– Jean, por que foge de mim? Não vou lhe fazer mal. Por favor, pare, preciso lhe falar.

No mesmo instante o jovem parou, ainda de costas para ela. Toda luminosidade do ambiente foi se diluindo, restando apenas nuvens sombrias que envolviam todo o rapaz. Ele ficou estático, esperando que Beatriz se aproximasse:

– Jean, olhe para mim. Não fuja mais, preciso que me escute.

Beatriz foi se aproximando do rapaz, que ainda não mostrava seu rosto, mas não era necessário, pois ela sabia quem ele era.

– Por que continua assim, com essas vestes puídas e gastas? Você sempre foi tão bonito, olhe para mim, eu quero ajudá-lo.

– *Ninguém pode me ajudar. O máximo que pode fazer é afastar-se definitivamente dele, e você sabe de quem estou falando. Não quero lhe fazer mal, mas se permanecer ao lado dele sofrerá tanto quanto ele. Não queira que eu siga em frente, pois não consigo. Vou levá-lo comigo, custe o que custar e ninguém vai me impedir. Nem você nem ninguém. Se quiser o meu bem, afaste-se dele, pois não terá futuro algum ao seu lado. Não vou permitir que ele seja feliz após tudo o que me fez sofrer.*

– Jean, meu irmão, pare com isso, pois apenas está se afastando da paz que desconhece há tanto tempo. Nada vai mudar o que aconteceu. Nada vai fazer o tempo voltar. Venha comigo, tem alguém que quer vê-lo para poder se explicar.

– *Não quero vê-la nunca mais. Ela também me traiu, me enganou, ficando ao lado dele, daquele covarde, traidor, desleal. Não sei como ainda tenta ajudá-lo. Ele é mais importante do que eu? Até você me despreza pelo que eu fiz?*

– Não, meu querido. Jamais vou deixá-lo sozinho, prometi isso e vou cumprir, mas preciso que procure modificar seus intentos, suas ideias de vingança e que desperte seu coração para o perdão.

– *Jamais! Em tempo algum vou conseguir perdoá-lo. E, se não quer se distanciar dele, você já fez sua escolha, irmãzinha querida.*

A jovem se aproximou querendo abraçá-lo, mas ele se virou subitamente, mostrando à jovem seu rosto ferido, seu olhar insano, que, em vez de afastá-la, apenas a fez querer ainda mais abraçá-lo, como sempre faziam quando crianças.

– Pare, Jean, não tenho medo de você, pois eu o amo e só quero ajudá-lo. Não culpe apenas Vincent pelo que ocorreu, pois não foi ele quem tirou sua vida.

– *Engano seu, foi ele quem matou todos os meus sonhos de felicidade ao lado de Nadine. Ele a tirou de mim, sabendo que ela era meu tesouro mais precioso. Foi ele quem causou tudo isso, não queira mudar a história. Chega de conversa, não quero mais ouvir você. Vou lhe dar mais alguns dias para você decidir se fica ao lado dele ou do meu.*

– Não quero estar em lado algum a não ser do amor e do perdão. Pense nisso também. Não tenha raiva de mim, meu querido. Não vou desistir de você.

– *O recado foi dado, irmãzinha. Faça o que achar melhor. Só não chore depois que eu conseguir que ele volte do mesmo jeito que eu.*

– Ele está modificando sua forma de encarar a vida e os problemas. Vai perceber que ele está cada dia menos receptivo a seus intentos. E chegará o dia em que ele não mais ouvirá seus gritos de ódio e de vingança, pois aprenderá a pedir perdão por todos os atos ilícitos cometidos contra você e outras pessoas nesta história. Deus está do lado do amor e do perdão, jamais se esqueça disso.

– *Chega de tanto discurso vazio. Deixei meu recado, agora preciso ir.*

– Espere, Jean. Não vá!

Ele começou a correr, embrenhando-se na floresta escura e sombria. A jovem tentou acompanhar seus passos, mas foi contida por uma voz enérgica às suas costas:

– Acalme seu coração, ele tem muito a aprender. Não pode interferir em suas escolhas, minha filha. Não está sozinha, nunca se esqueça.

Estamos contigo, acompanhando seus passos lentos, porém firmes, na programação que escolheu realizar. Não desanime, a perseverança é o tempero das grandes conquistas. Continue estudando, aprendendo, pois assim compreenderá como tudo se processa na dinâmica eterna da vida.

Beatriz despertou ainda ouvindo aquela voz tão conhecida e tão amada. Quem seria Jean? Seria seu irmão? Lembrava-se nitidamente do sonho e da inflexibilidade daquele que talvez tivesse sido seu irmão em outra vida.

O que fazer com tantas informações? O dia ainda não raiara, tempo para dormir um pouco mais. Só assim pararia de pensar em tudo. Pelo menos por ora.

Conhecendo para entender

Quando Beatriz despertou, já não recordava precisamente do seu sonho, apenas alguns fragmentos de um possível encontro com alguém conhecido. Acordou apreensiva, sentindo que alguma coisa estava fora do seu controle. Desceu para tomar café, mas antes passou pelo quarto de seu irmão para saber como ele estava. Encontrou-o ainda dormindo num sono tranquilo. Respirou aliviada, feliz pelo estado do irmão, que parecia estar mais calmo naquela semana, e associou suas melhoras com sua visita à casa espírita. Enquanto tomava seu passe, mentalizava a figura do irmão recebendo todas aquelas energias revigorantes. Era sua última esperança de resolver os problemas de Julinho. Sabia que iria conseguir que ele comparecesse ao centro espírita, e isso a confortava. Teria que enfrentar a resistência de sua mãe, sempre contrária a esse tipo de auxílio e descrente da confiabilidade dessas crenças.

Fechou a porta e desceu para tomar café. Perguntou por sua mãe, e a empregada lhe disse que ela havia saído bem cedo, dizendo ir à igreja. Fazia tempo que ela não comparecia à igreja. Beatriz ficou intrigada, prometendo não se esquecer desse assunto ao longo da semana. Tinha muito o que fazer no jornal e se apressou.

A semana passou rápido. Envolvidos nas tarefas diárias, Raul e Beatriz estiveram todo o tempo ocupados. Paulo havia se sentido mal no início da semana, e o médico recomendou-lhe que tirasse o resto da semana para fazer alguns exames e descansar, o que ele acatou. Raul estranhou a atitude do amigo. Será que ele estaria realmente doente? Percebeu que Paulo estava menos paciente nos últimos dias, mais irritado e calado do que o normal.

Estaria acontecendo alguma coisa que ele desconhecia? Era estranho, porque mesmo na morte de Elisa ele teve uma postura equilibrada, mostrando-se forte e resignado. Prometeu fazer uma visita ao amigo, mas como os problemas não escalam dia, hora ou momento, uma avalanche deles sobrecaiu no jornal, deixando toda a equipe sem tempo para outra coisa senão resolver as pendências. Raul acabou se esquecendo de que havia prometido fazer uma visita a Paulo. Falavam-se todos os dias, e ao telefone Paulo dizia estar tudo bem, que apenas tinha tido uma indisposição causada por uma virose. Mas Raul sentia algo na voz do amigo, como uma tristeza profunda. Iria descobrir o que se passava com ele, mas não naqueles dias tumultuados.

Enfim, chegou o dia da reunião no centro espírita à qual Raul e Beatriz foram convidados. Raul pensava que seria uma reunião de estudos, mas nem ele nem Beatriz sabiam o que iria acontecer lá. Estavam curiosos.

Era um movimento muito diferente do dia de assistência espiritual, com um número mais reduzido de pessoas, apenas trabalhadores que lá estavam para aprimorar seus conhecimentos acerca da doutrina que escolheram seguir. Encontraram Elenita à porta, aguardando-os. A jovem os encaminhou ao dirigente de uma das salas, que os esperava com um simpático sorriso.

– Boa noite. Sabia que viriam. Acomodem-se nas cadeiras próximas à mesa – solicitava Luciano, recepcionando quem estava chegando.

Alguns minutos antes, Elenita tinha sido chamada por Luciano, que pediu para conversarem a sós por alguns momentos.

– Minha cara Elenita, quero apenas tirar algumas dúvidas sobre seus amigos que vieram na semana passada.

Luciano fez algumas perguntas sobre Raul e Beatriz, às quais ela não se intimidou a responder, pois eram simples e objetivas. Ficaram apenas alguns minutos conversando e logo finalizaram quando Luciano lhe disse que Raul e Beatriz haviam chegado.

– Como você sabe?

– As notícias chegam rápido, cara amiga.

Saíram sorrindo da brincadeira. Diziam que ele não precisava sair da sala, que as informações lá chegavam numa rapidez de impressionar. Luciano se limitava a dar aquele sorriso maroto, confidenciando que ele era muito curioso, uma das suas falhas incorrigíveis que, um dia, teria que examinar.

Quando Elenita conheceu Luciano, ele era um dos trabalhadores mais antigos da casa, sempre ativo na militância espírita, portador de virtudes inigualáveis que o alçaram à categoria de dirigente de vários trabalhos da casa. Era comum encontrá-lo pelo menos três vezes na semana e dois sábados no mês, ausentando-se apenas quando tirava férias de seu trabalho profissional, ainda necessário nas lides terrenas, o que lhe assegurava o conforto material e a disposição para tantas atividades desenvolvidas no centro espírita. Era um trabalhador incansável, sempre amável e humilde. Era muito querido e respeitado não só pelos trabalhadores do plano material, como também pelos trabalhadores do Plano Espiritual. Um valoroso trabalhador, poderia assim dizer.

Elenita o conhecera havia alguns anos. Ele a recebeu na orientação, deixando-a tão calma que conseguiu expor todos os problemas pelos quais estava enfrentando nos últimos meses. Ela contara tudo àquele senhor que acabara de conhecer, mas que parecia seu velho e querido amigo. Confidenciou tudo, até sobre seus medos mais recentes, que a terapia não conseguia minorar. Depois de seu desabafo, ele a olhou fixamente e disse:

– O momento de retribuir todas as alegrias vivenciadas por você está chegando, minha cara, solicitando-lhe a doação de seu amor, sua alegria e todo o bem que é capaz de dividir com aqueles mais necessitados que você.

Na época, Elenita não compreendeu exatamente o que ele quis dizer, mas sentiu-se mais tranquila, percebendo que seu caso não era perdido. Ele a encaminhou a uma série de assistências, pedindo-lhe que estudasse os livros básicos do Espiritismo. Passaram-se exatamente quatro anos, e ela finalmente compreendeu o que ele tentara lhe dizer em seu primeiro encontro. Ela descobriu potencialidades adormecidas, sendo essas as ferramentas de que se utilizava para minorar a dor e o sofrimento dos menos esclarecidos e mais carentes de amparo e amor. Sabia que era apenas uma iniciante, mas sentia-se muito mais feliz do que era no passado. Custou a compreender que se é feliz quando fazemos o outro feliz. É o dar para receber que dificilmente compreendemos. Elenita era uma médium de psicofonia,[5] utilizando essa faculdade para propiciar o intercâmbio entre o

---

5. A psicofonia é a mediunidade que permite o intercâmbio de ideias entre os planos material e o espiritual por meio da fala (o Espírito atua sobre os orgãos de palavra do médium). Allan Kardec os denominava "médiuns falantes".

mundo material e o espiritual por meio da fala. Ela auxiliava as entidades do Plano Espiritual a se comunicar com os habitantes da realidade corpórea.

E, lá estava Elenita, naquela sala, deixando Beatriz cada vez mais curiosa com o que lá iria acontecer. Apesar de curiosa, Beatriz permaneceu atenta a todos os movimentos, com um profundo bem-estar, como nos momentos em que tomava seu passe. Raul sentiu um calafrio quando entrou na sala e percebeu suas pernas bambas.

Esperaram mais alguns momentos, e as luzes se apagaram. O recinto foi envolvido em uma música suave e tranquila. Luciano abriu a reunião com uma prece sensível e amorosa, ligando-se às equipes presentes e a todos os encarnados que participavam do evento. Em seguida, a música cessou e algumas luzes foram acesas para a palestra da noite. Uma senhora de voz doce iniciou a reunião. Falou sobre o tema que iriam desenvolver naquela noite, lendo uma passagem do *O Evangelho Segundo o Espiritismo*, sobre o perdão e sobre amar os inimigos.

Após a leitura, discorreu sobre o tema com doçura e mansidão. A palestra durou apenas dez minutos e, na sequência, Luciano passou a falar sobre as posturas necessárias que cada médium e cada criatura encarnada necessitam possuir para se redimir dos equívocos do passado. Disse que o médium não é uma criatura privilegiada, aliás, muito pelo contrário, é uma criatura tão ou mais endividada que os demais, pois recebe a posse de determinadas ferramentas mediúnicas com a finalidade de lhe auxiliar na quitação. Ele usa a mediunidade para o bem comum, para o alívio de sofredores, para a recuperação dos caídos, enfim, para auxiliar cada ser que cruza nosso caminho, fazendo a caridade sem olhar a quem se destina.

Em sua fala, Luciano abordou também a necessidade de aprender a perdoar e a pedir perdão, coisas diferentes, mas essenciais ao equilíbrio de qualquer um. Falou sobre o autoperdão, insistindo que somos imperfeitos, por isso falhamos muito ainda, e que se não aprendermos a nos aceitar falíveis e a nos perdoar, não conseguiremos oferecer ao outro o perdão. Compreender para perdoar. Compreender-se, aceitar-se e perdoar-se são atitudes de vital importância para nos libertarmos de nossas próprias imperfeições. Foi uma dissertação linda, que tocou todos os presentes.

A mesa, composta de várias cadeiras, estava toda ocupada por médiuns que intermediariam as possíveis comunicações de entidades espirituais presentes, trazidas para também ouvir e aprender a urgência da necessidade de perdoar seu desafeto ou, como se referem, inimigos de outrora.

Quando ele finalizou a dissertação, uma das médiuns incorporou um espírito sofredor que relatou aos presentes seu drama. Iniciou um choro convulsivo e desesperado. De sua boca saíram palavras trêmulas; ele disse ser um infeliz traído por seu próprio irmão. À dor, uniu-se uma raiva incontida daquele que deveria tê-lo amado e respeitado, mas que o traíra. Do choro, passou para uma raiva controlada, dizendo que o dia dele também chegaria. Disse que só iria embora se o irmão lhe pedisse perdão por todo o mal causado. A médium ficou em silêncio alguns instantes, o suficiente para que Luciano se dirigisse à sofrida entidade:

— Irmão, você está certo em desejar ouvir um pedido de perdão, afinal, sofreu os piores tormentos no local onde foi jogado.

O espírito, ao se lembrar do local, passou a chorar convulsivamente, pedindo que tirassem de seu corpo todos aqueles bichos que lhe corroíam as entranhas. A senhora que dera a palestra inicial, Alice, aproximou-se da médium e aplicou passes em suas costas. Conforme a energia adentrava-lhe pelo corpo, a entidade espiritual começou a se acalmar, sentindo-se mais tranquila.

Luciano continuou a lhe falar, exaltando a necessidade de compreender os erros humanos, algo inerente a todos os que aqui se encontram nesse planeta de Provas e Expiações.[6]

— Somos falíveis e imperfeitos. Como não compreender o erro alheio se ainda cometemos tantos desatinos e tantos equívocos em nome de nosso ego? Se ainda erramos, como não tolerar o erro alheio?

O espírito começou a se acalmar, parando de chorar. Foi aí que Luciano lhe perguntou:

— Irmão, você sabe quem lhe retirou daquele local tenebroso?

— *Não sei. Apenas senti duas mãos vigorosas me levantando e me retirando daquele lugar.*

No mesmo instante, o espírito, na pessoa da médium, viu a figura de alguém se aproximando e, em seguida, se colocando de joelhos bem próximo dele, pedindo-lhe perdão. Era seu irmão, que se levantou e lhe

---

6. Ver nota 3. Mundos de expiações e de provas são aqueles em que o mal ainda predomina entre seus habitantes.

estendeu as mãos. Ao ver aqueles braços, a entidade começou a soluçar novamente, pois se lembrou de que foram eles que o salvaram daquele lugar de sofrimentos atrozes. Tudo havia sido obra do amor. O irmão da entidade sofredora mostrou-se profundamente arrependido, dizendo que sem seu perdão não poderia prosseguir seu caminho, e comprometeu-se a receber o irmão como um filho muito amado, dando-lhe de volta tudo o que lhe havia privado; faltava apenas que seu pedido de perdão fosse aceito. Como só o amor pode fazer essas coisas, permitindo o perdão sincero, ambos se abraçaram e, em silêncio, saíram do ambiente. Muitas coisas precisavam ser conversadas, mas em outro lugar.

Tudo foi narrado por Alice, que se postou atrás da médium. Uma cena comovente, que Luciano finalizou agradecendo a Deus por sua Infinita Bondade e Amor a todos os seus filhos.

Raul e Beatriz observaram tudo com olhar atento, procurando entender o que se passara entre os dois irmãos. Raul ainda duvidava se aquilo tudo não tinha sido invenção ou exagero da médium. Tentou bloquear esses pensamentos, mas não conseguia dominá-los. Começou a se sentir mal, questionando tudo e até duvidando se aquilo era real.

Beatriz, diferente de Raul, parecia compreender o que significava resgatar erros do passado. Foi uma lição aprendida, que a fez refletir sobre os possíveis débitos de seu irmão para que se encontrasse naquele estado. Ela passou a acreditar nas possibilidades de sucessivas encarnações e compreendeu que cada um carrega consigo tudo o que conquistou durante sua existência corporal, em uma bagagem constituída de virtudes e erros. Tudo segue conosco e forma nosso real patrimônio: as boas e as más ações. Ela entendeu que a dor é sinal de que nossa bagagem precisa ser melhor avaliada, retirando o peso do rancor, da mágoa, da revolta e do desejo de vingança que nos leva a cometer novamente as mesmas infrações de outrora.

Ali, tudo parecia tão simples, e, no entanto, quando aplicamos à nossa existência tudo parece tão complicado! Beatriz sempre refletiu sobre suas ações, da forma como seu pai lhe orientara. Quando assim agimos, corremos menos riscos de nos perder no emaranhado de emoções que é nossa vida. Ele dizia que era preciso agir com critério para se errar menos: "Errar todo mundo erra, mas é a quantidade de erros que nos direciona a conquistas ou derrotas". Beatriz se lembrou dele naquele momento, enviando-lhe, onde estivesse, seu intenso e eterno amor. Se não existem barreiras entre esses dois mundos, ele com certeza recebeu aquele gesto de carinho e amor.

Beatriz foi tirada de suas divagações com um grito estridente, que cessou após Luciano se aproximar do médium. Outro espírito acabava de ser incorporado, e Luciano, carinhosamente, disse-lhe que ele precisava se comportar de maneira adequada naquele recinto, pois estava sendo recebido com muito amor para que contasse o porquê de tanta raiva e descontrole. A entidade espiritual observou a todos na sala com desprezo e olhar de altivez e, fixando-se em Luciano, falou:

– *Eu sei de seus planos diabólicos contra mim e devo alertá-lo de que não existe possibilidade de sucesso. Você sabe que tenho parceiros do lado de cá que poderiam lhe derrubar de um só golpe. Portanto, afaste-se de Raul e não tente mais ajudá-lo. Ele não merece sua generosidade, merece apenas que o mal se apodere dele e o destrua. Se possível, espero que seu sofrimento dure toda a eternidade, pois só assim eu estarei vingado. Enquanto você insistir em ficar do lado dele, estará apenas retardando o inevitável. Esperei tanto, que posso esperar um pouco mais.*

– Meu amigo, não estou do lado de ninguém, apenas do lado de Deus, que me orienta o caminho e rege minha vida. Não tenho preferidos, portanto, não tenho lado a escolher. Prefiro o lado do bem e do amor, que não é o caminho que você escolheu trilhar. Sinto muito que você tenha sofrido nas mãos desse irmão, mas lembre-se de que existe uma lei infalível que rege todas as criaturas: a Lei de Ação e Reação. Tudo o que oferecemos ao nosso próximo retornará para nós algum dia.

– *Chega de tanta conversa inútil, pois você não vai me convencer de que meus planos não serão concretizados. Vou lutar com todas as minhas forças para conseguir o que pretendo e não vou tolerar intromissões. Nadine já foi avisada. Vou embora, e o aviso já foi dado. Não se intrometa mais se não quiser sentir o peso das minhas mãos sobre você.*

– Antes de ir embora, peço apenas que leve em consideração o pedido que lhe foi feito por alguém que muito lhe amou e que também já se encontra na espiritualidade. "Ela" deseja encontrá-lo, mas você não aceita; gostaria de conversar com você, de ajudá-lo, sabe que muitas coisas não foram esclarecidas e está sofrendo vendo você nas condições em que se encontra.

– *Não quero a ajuda dela nem de ninguém. Quando precisei de ajuda, todos viraram as costas para mim. Diga-lhe que já fez sua escolha, ficando ao lado desse*

crápula, traidor e egoísta. Não preciso da caridade dela nem tampouco da sua compaixão. Já vivi e morri sem isso. Agora pouco importa o que ela sente ou pretende.

– Você não acredita na justiça? Não na dos homens, mas na justiça de Deus?

– Acredito, sim, na justiça, seja a de seu Deus, seja a minha. E a justiça é implacável, dá a cada um o que merece. E ele está sofrendo já nesta vida com tudo o que já perdeu. Confesso que não foi obra minha, mas exultei quando fiquei sabendo de tudo o que lhe ocorreu. Só que isso foi pouco, quero a vingança completa, com ele aqui ao meu lado. Eu estava quase conseguindo, mas alguém estragou meus planos. Tentarei novamente até conseguir. Não pense que sou covarde, pois não sou. Quero-o aqui para que possa olhar nos meus olhos e dizer por que agiu daquela forma comigo.

– Se é isso apenas o que deseja, por que não aceita que se encontrem em terreno neutro quando estiverem em desdobramento pelo sono?

– *Eu conheço vocês, são ardilosos e não me deixarão chegar muito perto, quero do meu jeito!*

– É uma pena que não tenhamos encontrado uma maneira civilizada de resolver essa questão. Sinto muito por você, que está perdendo a oportunidade de se libertar dessa prisão em que se colocou. Espero conversar novamente com você em breve. Até lá, reflita sobre o que conversamos e dê uma oportunidade a "ela" de lhe falar. Será muito importante, pois redefinirá os rumos de suas existências.

– *Não tenho mais uma vida para refletir, sou apenas um fantasma atormentado em busca de vingança. Deixe-me em paz e pare de me buscar à força, pois da próxima vez usarei de todo meu poder. Se quiser medir forças, se prepare.*

– Não, meu irmão, não desejo medir forças com você nem com ninguém. Apenas quero ajudar a resolver esse impasse secular que o impediu de retornar ao mundo material desde então. Você merece nosso apoio e nosso amor. Não se esqueça disso.

Por um momento ele foi tocado nas fibras de seu coração, mas, logo em seguida, voltou com sua postura arrogante e impetuosa e retornou a seu lugar de origem.

Deixou a sala, não sem antes se aproximar de sua vítima, envolvendo seu pescoço em um aperto letal. Raul sentiu-se sufocado, como se alguém efetivamente estivesse exercendo aquele aperto. Durou apenas alguns segundos, mas o suficiente para Raul levantar e sair rapidamente daquele local, deixando Beatriz sem saber o que fazer.

Luciano pediu aos presentes que se mantivessem em prece Àquele que é todo amor, todo perdão, toda justiça. Saiu da sala e encontrou Raul encostado à parede, respirando pesadamente, ofegante e apavorado com tudo o que sentiu e presenciou.

– Respire fundo, meu jovem. Procure não pensar no que aconteceu e volte à sala. É imperioso que esteja presente até o fim da nossa reunião. Aceite meu conselho.

Raul ficou indeciso se saía correndo daquele lugar ou se retornava à sala onde sentiu tanto pavor. Luciano olhava-o com doçura e simpatia, tentando convencê-lo a retornar.

Raul não conseguiu se desvencilhar do magnetismo dele, que parecia dominar-lhe as ideias e o poder de decisão. Não conseguiu dizer não e, vencido, acompanhou Luciano de volta à sala.

A reunião estava apenas começando...

14
Explicações necessárias

Raul retornou à sala se sentindo ofegante, parecia que o ar lhe faltava e seu coração batia aceleradamente. Ainda sentia a pressão daquelas mãos invisíveis em seu pescoço. Lembrou-se de seus pesadelos, quando se sentia perseguido por alguém que não conseguia ver. Será que era mesmo tudo real e não apenas fruto de sua imaginação? Para ele estava tudo muito confuso. Existiria mesmo alguém querendo lhe ferir mortalmente? Como lidar com um inimigo que não se vê e não se sabe quando vai aparecer?

Raul sabia que aquela última entidade a se manifestar se referiu a ele. O que fizera de tão grave em outra vida para ser perseguido daquela maneira? Como pedir perdão a alguém se desconhecia o mal que havia praticado? Não achava justo ser perseguido sem poder se defender.

Mas e se fosse um equívoco? Não seria uma injustiça ser cobrado por algo indevido? Enquanto a criatura falava, um sentimento estranho apoderou-se de Raul, como se sentisse indignado pela cobrança. Experimentou sentimentos controversos, como pena e indignação, mas não culpa. Sentiu algo por aquele ser tão magoado, mas não conseguiu definir o quê. Não sentiu raiva nem se penalizou por ele estar naquela situação, tampouco sentiu medo naquele momento.

Enquanto isso, a reunião continuava.

Elenita ainda não havia sido chamada ao trabalho de intercâmbio quando percebeu a aproximação de uma entidade espiritual em corpo feminino, ainda fragilizada, amparada por outros companheiros espirituais. A jovem médium sentiu seu corpo entorpecer, entrou em transe e começou a falar, transmitindo as palavras da mulher espiritual:

– *Filho querido, quanta saudade! Quero lhe dizer que estou muito feliz por sua decisão de vir a esta casa. Deus atendeu às minhas preces! Sei que tenho um longo caminho a percorrer no sentido do aprendizado e da quitação das dívidas contraídas com você e com aqueles a quem fiz sofrer. Sei que foi escolha minha e não culpo ninguém, a não ser eu mesma. Já fui alertada de que a culpa é nossa maior inimiga, pois nos impede de prosseguir a jornada. Sei que minha tarefa não foi cumprida a contento, pois como mãe não correspondi ao que esperavam de mim. Estou aqui, filho querido, para lhe pedir perdão por tudo o que não pude lhe ofertar. Não fui a mãe que você merecia e necessitava. Fui ausente quando mais necessitou de mim, mas procure entender que era uma tarefa que eu não sabia desempenhar a contento. Cresceu sozinho, sem mesmo um pai, pois até disso privei você. Perdoe-me se não pude dar conta da tarefa. O medo me afastou de você, mas o amor verdadeiro se apossou de mim quando despertei e percebi quanto mal lhe causei. Percebi que a separação é apenas material, pois em nossos corações continuam a pulsar todas as emoções e sentimentos que nos acompanharam a trajetória terrena, agora sem as máscaras do egoísmo e da individualidade, que sempre me acompanharam a existência. Sei que não posso mudar o que já se encontra gravado, pois o passado não pode ser alterado, posso, no entanto, encontrar uma maneira de ajudá-lo neste momento, procurando desfazer todos os nós urdidos por minhas mãos inseguras e inexperientes. Escolheu a mesma profissão que a minha, mas de maneira coerente e responsável, jamais se esquecendo de sua vida pessoal e afetiva. Acompanhei seus passos durante todos esses anos a distância, orgulhosa de você. Tornou-se um homem de bem, que sempre sonhei. Fez tudo sozinho, meu filho, e disso é o que mais me orgulho. Não se recorda da programação que efetuou antes de aqui encarnar, mas está executando a contento, mesmo com tantas provas difíceis a vencer. Sinto apenas que necessita cuidar de seu coração, que é o responsável por tudo o que conquistará ao longo de sua existência. Tempos difíceis estão sendo necessários, para que se firme no caminho certo. Persevere no caminho do bem e encontrará apenas as boas sementes, que, se plantadas no tempo certo, germinarão frutos de sabor doce e agradável: os frutos provenientes das boas escolhas. Posso dizer que estou colhendo os frutos amargos das minhas escolhas equivocadas. Não trago mais em meu coração o medo e a angústia de não saber fazer as escolhas acertadas, pois só o tempo e a prática me fornecerão os subsídios para não errar mais, ou pelo menos errar menos. Está passando por forte prova cármica, que terá que exercitar muitas das suas virtudes já conquistadas. Não travará uma batalha com um inimigo invisível, como supõe, mas consigo mesmo, seu inimigo mais ferrenho e o maior causador dos sofrimentos que experimenta nesta existência terrena. Por ora, é o que posso lhe informar. Meu tempo está se esgotando e minhas forças estão reduzidas, por isso preciso ir, mas não sem antes saber se realmente me perdoa.*

Os presentes ficaram emocionados com o comovente relato de uma mãe que se sentia culpada por não ter cumprido suas atribuições. Luciano aproximou-se da médium e envolveu a entidade em um abraço espiritual, que a fortaleceu um pouco mais. E lhe falou:

– Minha irmã querida, somos nós os primeiros a aprender a nos perdoar. Se não perdoar as suas atitudes, como espera que o outro possa lhe perdoar? Primeiro aprenda a se perdoar, libertando-se da culpa que invariavelmente nos remete a vales sombrios e tristes. Qual de nós está isento de falhar contra si e contra seu próximo? Somos criaturas imperfeitas e precisamos aceitar nossas limitações, procurando saná-las no tempo certo. Perdoe-se, minha filha. Agradecemos sua sinceridade e sua confiança neste pequeno grupo de estudos e retorne quando desejar.

– *Agradeço a você e a todos os que permitiram minha presença nesta casa, eu que ainda sou uma devedora procurando resgatar minhas dívidas perante aqueles que muito magoei e fiz sofrer. Filho querido, peço que se lembre de mim como alguém que precisa muito da misericórdia divina. Ore por mim, perdoe minha insensatez e todos os erros cometidos pela minha ignorância das leis do amor. Cuide de sua segurança, mantenha seus pensamentos elevados, pratique todos os gestos de bondade e benevolência que puder, pois este será seu maior tesouro, que o livrará da dor e de arrependimento futuros. Liberte seu coração da angústia e da mágoa. Trabalhe em prol do bem e do perdão incondicional. Um beijo em seu coração.*

Um silêncio profundo envolveu todos os presentes. Beatriz enlaçou suas mãos nas de Raul quando percebeu a emoção do amigo, que chorava silenciosamente, em uma dor real e verdadeira. Era sua mãe que lá estivera? Seria possível? Eram emoções demais para uma só noite. Sua vontade era sair de lá e nunca mais voltar, mas sabia que não seria a solução. Ele era um homem coerente, e nada ficava sem respostas em sua vida. Não mudaria sua forma de viver, precisava de explicações plausíveis, que somente Luciano poderia lhe fornecer. Queria que todos saíssem, que aquela reunião se encerrasse para que pudesse conversar com ele.

A reunião foi encerrada com uma prece sincera de agradecimento ao Plano Espiritual pelo auxílio prestado naquela noite. As luzes se acenderam, os médiuns continuaram sentados em silêncio, aguardando que Luciano os dispensasse.

Luciano, observando o estado de Raul, despediu-se de todos, agradecendo amorosamente sua participação. Assim que todos saíram da sala, aproximou-se de Raul e segurou suas mãos ainda trêmulas com todas as emoções vivenciadas naquela noite.

– Creio que tenha muitas dúvidas. Quero apenas que se despoje de seu ceticismo e da racionalidade e tente absorver todas as emoções pelo canal das próprias emoções, só assim entenderá o que aqui sucedeu. O mentor espiritual já havia me informado do que iria acontecer, por isso insisti pela sua presença aqui nesta noite. Não sei o quanto você acredita, nem tampouco o quanto duvida, por isso precisamos ser honestos e objetivos em nossa conversa para que nada fique sem esclarecimento.

O jovem permanecia silencioso, procurando concatenar suas ideias e organizar seus pensamentos para que pudesse formular as perguntas certas.

– Foi minha mãe que esteve aqui hoje à noite?

– Sim, meu filho, ela se esforçou para manter o equilíbrio e conseguir que esse encontro fosse marcado. Desde que esteve aqui na primeira noite, acompanhou seus passos, implorando que seus mentores favorecessem esse encontro, que representaria para ela a sublime libertação da imensa culpa que traz em seu íntimo, fruto das escolhas equivocadas que realizou. Sei que ainda tem um longo caminho de aprendizado para que possa ampliar seu discernimento. Costumo dizer aos novatos que deixem de lado a razão e procurem exercitar suas reais percepções pelas vias da sensibilidade. Vou lhe perguntar e espero que seja sincero: Sentiu que a presença que aqui esteve estava ligada a você por laços afetivos? Foi tocado pela emoção?

Raul abaixou seus olhos, com as lágrimas já escorrendo por seu rosto.

– Sim, senti que era minha mãe, mas como isso foi possível? Ela já está morta há tanto tempo, como pode estar aqui falando comigo?

Dito isso desatou a chorar, deixando os sentimentos desabarem. Luciano esperou que o jovem se acalmasse.

– Era eu que tinha que lhe pedir perdão por não estar ao seu lado quando mais precisou de mim. Agi como um filho desnaturado e mimado, que queria puni-la por todas as suas ausências em minha vida. Fiquei sabendo de sua doença por terceiros, pois ela não quis me contar pessoalmente. Irritei-me com essa atitude e pensei que, se ela não confiava em mim, eu não era uma pessoa importante em sua vida. Sempre senti que nunca fui prioridade em sua vida. Ela não conseguiu estabelecer laços afetivos comigo como eu sempre sonhei. Sempre fomos estranhos um para o outro.

Raul fez uma pausa, suspirou profundamente e continuou:

– Após sua morte, uma assistente dela, famosa editora de moda de uma revista francesa, me procurou, dizendo ser portadora de alguns documentos que me pertenciam. Minha mãe lhe pedira que chegasse às minhas mãos assim que possível. Ela trazia uma pasta de couro, que mais parecia um álbum de fotografias. Quando abri, fiquei completamente desnorteado, pois toda a minha vida havia sido documentada, com fotos, vários trechos escritos com a caligrafia de minha mãe, alguns recortes de jornal. Estava tudo ali, toda a minha vida documentada pelas hábeis mãos de uma grande artista da moda. Ela não perdeu sequer uma data especial, mesmo que não estivesse pessoalmente em nenhuma delas. Tudo estava documentado para que eu pudesse consultar a qualquer momento que desejasse. Jamais poderia supor que fosse portadora de sentimentos tão amorosos por mim. Por que nunca me contara sobre aquele álbum? Eu nunca teria uma resposta, pois ela não estava mais lá para responder. Na última folha havia uma despedida simples e emocionante. Ela disse estar fechando um ciclo de vida, despediu-se de mim e me desejou toda a sorte deste mundo. E finalizou com a frase: "A você, querido, a única pessoa a quem realmente amei neste mundo. Mesmo que nunca tenha sentido esse amor, ele sempre norteou nossa relação, sentirei sua falta. Te amo".

Outra pausa, e Raul prosseguiu com seu relato: – Essa foi sua despedida. Peguei aquele livro em minhas mãos, sentindo o peso do remorso me consumir, confuso demais para dizer alguma coisa à portadora daquele pequeno tesouro. A mulher se despediu, dizendo que eu era exatamente como minha mãe descrevera. Com um sorriso carregado de carinho, despediu-se. Nunca mais a vi, mas sei que foi uma grande amiga de minha mãe. Tive medo de procurá-la. Senti-me culpado durante anos por nada ter feito para que essa relação se fortalecesse, apenas deixei a vida seguir seu rumo. A única pessoa que tomou conhecimento desse fato foi Elisa, minha namorada na época, depois esposa e que hoje já não está aqui entre nós. Quem sabe já se encontraram no mundo espiritual! Agora, como eu posso dizer a ela que nada me deve? Nem perdão, nem culpa, ambos falhamos nessa relação. Tudo ficou para trás e, como você mesmo disse, o passado não volta. Por que se lamentar por algo que não tem volta?

— Entenda uma coisa, Raul — falou Luciano com carinho —, as coisas parecem simples. Falamos frases que sabemos ser fundamentadas na razão, mas é nosso coração que impera, é ele que comanda nossos atos. O mais difícil é perceber o que poderíamos fazer e não fizemos. É a dor do remorso, da culpa, que carregamos conosco ao retornar ao Plano Espiritual. Todas as criaturas conscientes e lúcidas fazem essa autoanálise quando finalizam suas jornadas encarnatórias. Compreenda que, mesmo que você não sinta que ela precise de seu perdão, ela necessita fazer as pazes com a própria consciência, que ainda a pune pela vida que lhe proporcionou. É apenas isso que ela espera de você: seu perdão. Se você sente que também cometeu equívocos, diga isso a ela. Você deve estar pensando: mas como posso fazer isso? Com toda a verdade de seu coração para que ela possa receber pelas vias do pensamento e do sentimento seu pedido de perdão. Pense em sua mãe, e ela receberá seu pensamento e perceberá suas reais emoções e disposições.

— Por que ela ainda sente necessidade de que eu a perdoe, se, desde sua morte, eu me sinto culpado por minhas atitudes? Já não captou o que eu sinto?

— Tudo acontece no tempo certo. Talvez ela estivesse tão mergulhada na própria culpa, que não havia espaço para captar sua própria dor e angústia. Não sabemos exatamente como estava até o presente momento. Aprenda a compreender pela emoção e perceba que só hoje se sentiu em condições de encarar toda a bagagem de culpas e atitudes equivocadas que traz consigo. É assim que tratamos as questões do Plano Espiritual. Sei que tudo isso é confuso. Percebi que após tudo o que lhe aconteceu nesta noite, alguns pontos encontram ressonância em seu mundo íntimo e psíquico. Isso é positivo, pois demonstra que você decidiu deixar as reservas de lado e encarar a possibilidade da existência de vida após a morte. Pense nisso e futuramente conversaremos sobre o assunto.

— Aquela entidade que se manifestou, declarando seu desejo de vingança contra mim, é capaz de me ferir mortalmente? Percebi toda aquela fúria direcionada à minha pessoa, tanto que senti seus dedos, e seu ódio mortal, no meu pescoço. Ele seria capaz de concretizar seus planos se eu não estivesse aqui, protegido e amparado pelas equipes do bem? Se fosse lá fora, seria possível ele realmente me ferir?

Luciano pensou antes de responder à difícil questão, pois nem tudo era capaz de saber. Mas não poderia deixar aquele jovem pensando ser tão vulnerável às forças do mal.

– Não – respondeu –, isso não aconteceria, pois todos somos criaturas amparadas e protegidas pelas forças superiores, que nos auxiliam a cumprir nossas tarefas terrenas. Retornaremos à nossa pátria de origem, ou seja, à espiritualidade, quando nossas tarefas finalizarem, quando chegar o momento de retornar. Nem antes, nem depois da hora marcada. Nossa postura frente à nossa existência corporal pode definir possíveis alterações de rota, tanto favorável quanto desfavorável. O que significa que nossa conduta é que definirá nosso real destino. Daí a necessidade de avaliarmos nossos comportamentos a todo instante, verificando se estamos realizando nossas tarefas a contento, na busca de valores eternos para nossa bagagem espiritual, ou se estamos desperdiçando tempo precioso em busca de tesouros perecíveis e temporários.

Depois de uma breve pausa, como se esperasse que suas palavras tocassem o intelecto do rapaz, Luciano continuou:

– Raul, lembre-se de que você tem autonomia sobre sua vida. Você é responsável pelas suas posturas perante sua existência. Assim como também foi no passado, quando acertou ou quando se equivocou. Tudo fica gravado em sua consciência, que seria como um arquivo de memórias. Nada se apaga: as boas e as más escolhas. Isso o acompanha por todas as novas oportunidades de encarnação, se é que acredita nessa possibilidade. Se você magoou, feriu, desprezou, aquele que foi objeto de seu equívoco irá lhe procurar para o acerto de contas. As dívidas devem ser quitadas no tempo e no espaço, caso contrário, unirá as criaturas até o reajuste se efetuar. O direito de se vingar, de exigir a cobrança de seus débitos, é algo que ele julga ser de sua própria alçada. Ele age assim porque desconhece que o único com direito de nos julgar é Deus, e Deus não outorgou a ninguém esse direito. Desconhecemos toda a história que envolve vocês dois, mas seu "inimigo" se julga seu juiz implacável e deseja que a justiça seja feita. Ele já deve ter atentado contra sua vida outras vezes, sem sucesso, mas acredita que vai conseguir. Essa determinação é que se torna perigosa e exige de você todo o cuidado possível. Não sabemos como isso vai terminar, mas gostaria que você entendesse que a harmonia do universo depende de nossas ações positivas e construtivas. Faça a sua parte, aja no bem, e atrairá para si auxílio indispensável ao prosseguimento de suas tarefas. Nosso companheiro que ainda se sente preso ao passado terá também o auxílio da espiritualidade, pois nenhuma criatura de Deus fica desamparada. Aprendi uma lição muito importante em minha vida: devemos pedir perdão todos os dias de nossa existência. Muitas vezes adquirimos desafetos por atitudes tão pequenas, talvez por nossa invigilância em nosso falar ou agir, que poderiam ser evitadas. Podemos ofender, mesmo que não tenhamos a intenção, contraindo dívidas desnecessárias que não teríamos se tivéssemos sido mais vigilantes. Para nos preservar de futuros compromissos de resgate, aprendamos a pedir perdão todos os dias. Talvez não saibamos a quem pedir, mas aquele que se sentiu lesado irá receber nosso pedido sincero e retirará a mágoa de seu coração, evitando que nossas dívidas se eternizem no tempo. Respondi à sua questão?

– Não, mas entendi o recado. Ficarei mais atento. Mas não sei se consigo fazer o que você me orientou, pois não sinto o desejo sincero de me desculpar. Não sei o que fiz, não me lembro de nada, como posso pedir perdão por algo que nem sei se fui responsável? Quem garante que ele tem reais motivos para me perseguir?

Luciano olhou com preocupação para Raul, pensando que sua jornada expiatória estava apenas começando e que só ele definiria o tempo que iria durar. Se persistisse com essa postura inflexível, talvez o sofrimento ainda perdurasse, deixando seu algoz radiante com as possibilidades de realmente conseguir seu intento.

A vida tem dessas coisas. Temos tudo à nossa frente e, no entanto, fingimos não ver. Não queremos enfrentar o que está oculto em nós, porque a descoberta talvez denegrisse a imagem que idealizamos de nós mesmos, de criaturas perfeitas, dignas e corretas. Esquecemos que estamos ainda em processo de aprendizado. Encarar nossos erros, com coragem e honestidade nos garantirá que a correção se efetive em menor tempo.

Luciano achou melhor encerrar a conversa, pois Raul já estava de posse de informações suficientes para conseguir entender o quadro atual de sua vida. Dependeria apenas dele o rumo que as coisas tomariam.

– Raul, não se esqueça de comparecer para tomar seu passe. No momento, é primordial que você se fortaleça de boas energias.

– Estarei aqui para meu passe, sinto-me muito bem com ele.

Os dois se despediram após aquela intensa noite de emoções. Sozinho, Luciano fechou os olhos e entrou em sintonia com os mentores da reunião, que lhe trouxeram novas preocupações. Finalizou com uma sentida prece ao Pai, pedindo que amparasse aquele jovem e todos os que estavam a ele ligados. Ao sair da sala, estava com os olhos marejados, profundamente emocionado com o que lhe foi transmitido.

Teria muito trabalho pela frente!

Novos problemas a enfrentar

Na saída da sala, Beatriz lhe aguardava. Olhou o semblante fechado de Raul, que parecia distante, isolado em seu mundo particular. Ia lhe perguntar algo, mas mudou de ideia. Talvez ele necessitasse de tempo para assimilar as emoções que sentira naquela reunião. A impressão era a de que aquela noite havia sido destinada apenas a ele.

Beatriz sabia que ele não gostava de expor sua vida a estranhos, mas o relato de sua mãe comoveu a todos, inclusive o tocara profundamente. Talvez ele precisasse ficar sozinho e digerir toda a história. Queria muito conversar com ele, mas percebeu que não seria naquela noite.

Elenita lhe fazia companhia e, ao perceber o estado de Raul, decidiu intervir:

— Raul, você deve estar cansado de tantas emoções. Se você não se importar, deixe que eu mesma leve Beatriz para casa. É meu caminho, e preciso colocar as fofocas em dia.

Raul quase a beijou naquele instante, pois não iria conseguir sobreviver ao interrogatório que Beatriz iria fazer. Deu um sorriso amarelo para Beatriz, como se perguntasse se ela não se incomodaria de ir com a amiga.

— Ok, Raul. Dessa vez vou relevar, mas amanhã você não me escapa. Não pense que vai conseguir esconder algo de mim.

— Jamais faria isso com você. Você não desiste nunca, só que realmente estou exausto.

— Pode ir tranquilo, amanhã conversamos.

Despediram-se carinhosamente, e Raul seguiu seu rumo de volta para casa. As duas amigas tinham muito a conversar de fato.

— Você é médium e nunca me falou nada? Como pôde esconder esse segredo de mim?

– Pare de fazer tantas perguntas, amiga. Vou lhe contar minha história, e você vai entender como tudo começou, pois acompanhou meus problemas anos atrás.

Elenita recordou toda a sua história, das terapias ineficientes, dos medos crescentes que a acometia repentinamente, e nada resolvia seu problema. Contou como chegou ao centro, por indicação de uma amiga de sua mãe. Seu primeiro contato foi com Luciano. Narrou com detalhes tudo o que aconteceu nos últimos anos e o quanto ela se sentia uma mulher renovada após o estudo e o trabalho, agora companheiros indispensáveis em sua vida. Ela trabalhava com Luciano no grupo fazia dois anos, e confessou que foram os anos mais proveitosos, repletos de aprendizado. Só tinha que agradecer.

Beatriz pediu que a amiga entrasse um pouco para tomarem um lanche em sua casa. Apesar do horário, Elenita aceitou. Ao entrar em casa, Beatriz estranhou a presença da mãe na sala àquela hora, parecendo estar lhe esperando. Cecília ficou muito feliz com a visita de Elenita, uma amiga muito querida de sua filha. Conversavam sobre assuntos triviais, quando a senhora percebeu que as amigas gostariam de ficar sozinhas. Ela se despediu da jovem, não sem antes fazê-la prometer que viria com mais calma em outra ocasião.

Beatriz percebeu a mãe um pouco tensa, seus olhos se cruzaram e a jovem viu uma nuvem de preocupação em seu olhar.

– Tudo bem, mamãe? Alguma coisa aconteceu?

– Depois conversamos, minha querida. O assunto pode esperar até amanhã, boa noite e não se esqueçam do tempo. Já passa das dez, e ficarei preocupada com Elenita ir embora muito tarde. Você sabe como é preocupação de mãe.

Depois que Cecília se retirou, Elenita começou a explicar a finalidade daquele tipo de reunião, que não era apenas para estudo, mas também tinha caráter solidário.

– O foco das reuniões – explicou – é auxiliar companheiros que ignoram sua atual condição na espiritualidade e ajudá-los a resolver suas questões e pendências pessoais. É como um pronto-socorro, onde são ouvidas as queixas, são esclarecidos em suas dúvidas e orientados por qual caminho seguir, deixando para trás a vida de sofrimento que vivem.

Ela tentava simplificar o máximo possível e ser objetiva e cautelosa com as informações. Não iria sobrecarregar a amiga, ainda iniciante da doutrina, com informações que ainda não estava apta a absorver.

— Já passei a você muitas informações, e o conhecimento não se adquire de uma só vez. Deve ser passado de forma gradativa para que possa ser assimilado e compreendido.

Beatriz ouvia com toda a atenção as explicações da amiga. Entendeu o objetivo da reunião e ficou encantada com a forma como aqueles irmãos carentes recebiam ajuda. Elenita esclareceu que nem sempre eles chegam lá por livre e espontânea vontade. Alguns, retornam em outras ocasiões, quando seus corações se abrandam e se tornam mais receptivos ao auxílio.

As duas conversaram sobre a entidade rancorosa que lá compareceu, completamente refratária a qualquer tipo de auxílio ou modificação de suas intenções.

Beatriz ficou encantada com tantas informações. Entendeu as necessidades das encarnações problemáticas e repletas de dificuldades. A finalidade é para que possamos resgatar faltas, passar por experiências dolorosas e entender o sentimento daqueles a quem causamos tanta dor e que hoje se encontram como nossos verdugos, nos cobrando a quitação da dívida que contraímos com eles. Seus olhos se encheram de lágrimas. Ela entendeu o valor das palavras de seu pai, que sempre lhe dizia: "Antes de realizar algo contra alguém, coloque-se no lugar desse alguém e experimente o que sentiria". O que não queremos para nós não devemos jamais impingir a outro.

— Elenita, você me fez refletir sobre novos conceitos que eu jamais pensaria se não tivesse ido ao encontro dessa doutrina. Tenho muito o que aprender, mas sei que existem esperanças para todos, até aos mais endividados e culpados.

— Esse ponto é de fundamental importância: jamais perder a fé na sabedoria e na misericórdia do Pai, que nos ama e só deseja que sigamos em frente, nos libertando de nosso passado de erros e equívocos. Sempre resta a esperança, filha da confiança e do amor incondicional Desse que nos ama. Não existem casos perdidos para Deus, apenas casos mais demorados por força e ação de quem praticou tais delitos. Somos nós que retardamos a ajuda que um dia virá. É inevitável. O progresso irá acontecer para todos nós, mas precisamos fazer a nossa parte, colocando-nos receptivos a ele.

– Enquanto você participava daquela comunicação, sabia em algum momento quem ela era?

– Eu não conhecia Raul nem sabia de seu passado, mas quando ela chegou foi como se uma conexão se estabelecesse com ele, como se quisesse chegar perto dele, tocá-lo. A emoção foi imensa, e tive que me dominar para não comprometer a função que estava lá exercendo, a de intermediária entre os planos material e espiritual. Foi muito comovente sentir aquela mãe tão frágil ansiando pelo perdão de um filho. Percebi que a conexão se realizou de acordo com o proposto pelos dirigentes espirituais, senti que ele foi tocado, e essa era a finalidade maior. Ele precisava sair daquela zona de passividade e ceticismo e olhar a vida sob outro prisma, entendendo que o que presenciou não foi fruto de sua imaginação fértil. E os sentimentos que ele vivenciou, sentindo a presença de sua mãe, mexeram em seus conceitos abstratos e em suas crenças errôneas de que tudo acaba com a morte. Ele vai ficar confuso, talvez não queira falar sobre o que ocorreu, o que é natural. O tempo é fundamental nesses casos. Dê o tempo que ele necessitar e espere que ele fale sobre o ocorrido. Contenha sua impetuosidade e esteja disponível para conversar quando ele julgar conveniente.

– Ok, vou tentar, mas saiba que será um grande sacrifício para mim – falou Beatriz, dando uma risadinha. – Mas quero vê-lo bem, seguindo sua vida, se equilibrando. Quero muito que ele seja feliz.

– De preferência a seu lado, não é mesmo? Já entendi tudo, minha cara. Ele é muito mais que seu amigo, não é mesmo?

Beatriz narrou com detalhes a história de Raul nos últimos anos e, especificamente nos últimos meses, como sua amizade se fortaleceu nesse período, as perdas e reconquistas que ele vinha conseguindo dia após dia. Não escondeu nada, nem mesmo seu crescente afeto e o desejo de estar com ele a todo instante. Não sabia se era o caminho certo a seguir, mas seu coração a impulsionava a continuar. Em alguns momentos, sentia que ele desejava esse avanço, mas ficava receosa, com medo de se enganar novamente.

– Amiga, nosso coração sabe melhor do que nossa razão sobre o quesito amor – falou Elenita com carinho. – Ele não se engana jamais, e se você viveu experiências afetivas dolorosas, elas devem servir como aprendizado apenas. Eu já lhe disse que custamos a identificar o que é certo e o que é errado. Se ainda erramos, é porque não aprendemos ainda a lição. Deixe seu coração falar desta vez. O que lhe faz feliz? O que a atrai em um homem? Lembre-se de que todas as suas investidas no passado foram conscientes. Você sabia qual o futuro de cada história que viveu e assim mesmo prosseguiu. Por que agiu assim? Talvez ainda duvidasse de sua intuição, que sempre a alertou, mas você nunca a seguiu. Você sabia que não era o melhor caminho e, assim mesmo, continuou para ver no que dava. Teimosia? Insegurança? Quem sabe, mas chega de raciocinar tanto e deixe fluir seus reais sentimentos. Minha intuição diz que você deve investir nesse rapaz, talvez um pouco problemático para o meu gosto, mas você adora esse tipo.

– Não fale assim que eu fico mais confusa. Deixa o tempo dizer o que devo ou não fazer.

– Vou acreditar nisso, mesmo sabendo que você intimamente já sabe o que vai acontecer entre vocês.

Depois que a amiga foi embora, Beatriz custou a dormir naquela noite. Não conseguia parar de pensar em Raul, na sua história com a mãe e naquela entidade rancorosa e vingativa. Teve uma noite intranquila e acordou diversas vezes.

Enfim, o dia raiou. Tinha dormido pouco, estava cansada e tensa. Desceu para tomar café e encontrou sua mãe já sentada, à sua espera. Não era uma boa hora, mas não podia deixar sua mãe ainda mais aflita, sem poder dividir algo que a perturbava.

– Tudo bem, mamãe? Aconteceu alguma coisa com Julinho?

– Fique calma, Beatriz, não tire conclusões apressadas e me escute com atenção. É sobre Julinho, sim, e estou muito preocupada com as notícias de sua terapeuta sobre ele.

Beatriz já sentia um arrepio percorrer seu corpo, tentando adivinhar o que mais poderia estar ocorrendo.

– A terapeuta acredita que ele esteja com alucinações, provenientes de seu conturbado estado emocional. Ela acha que o médico deve aumentar a dosagem do remédio para que ele não tenha novamente um surto psicótico. Julinho disse a ela que o quarto está repleto de espíritos que o instigam a voltar ao vício e que não lhe deixam dormir. Diz ainda que ouve vozes, mandando-o fazer coisas que ele não quer, atormentando-o a maior parte do tempo. Falei com o médico, que sugeriu que fosse novamente internado para outra avaliação.

– Vamos ter muita calma, mamãe, você sabe o que ele pensa sobre internação. Nós lhe prometemos que ele ficaria conosco o tempo que fosse necessário. Não acho que ele esteja tendo alucinações. Creio que a terapeuta possa estar equivocada.

– O que você quer dizer como "não são alucinações"? Você tem uma explicação melhor?

– Eu não entendo mais do que ela, acho apenas que ela enxerga as coisas pela ótica da sua própria especialidade. Talvez ela veja como alucinação a possibilidade de que ele possa estar sendo vítima não dele mesmo, mas de entidades espirituais. Eu acredito que seu problema não seja apenas de ordem psíquica, mas também de ordem espiritual, coisas que eu sei que você não acredita, basta lembrar o que aconteceu na fazenda. Eu me lembro de você e papai conversando sobre isso, quando você dizia que ele tinha que tomar uma atitude rápida para que nós nos esquecêssemos do que realmente aconteceu. Simplesmente a atitude foi nunca mais retornar à fazenda. Por que você tem tanto medo de falar sobre isso? Por que não admite que o que aconteceu pode ter sido real e não invenção de duas crianças levadas? Jamais entendi por que você colocou a situação daquele jeito, sem ao menos nos escutar ou procurar entender o que possa ter acontecido. Aquela cozinheira me disse que Julinho ajudava os espíritos a encontrar um caminho de luz. Disse que ele tinha dons especiais. Tentei falar com você, mas nem quis me escutar, dizendo que aquilo era crendice de gente ignorante. Por que não pode ser a mesma coisa hoje? Por que ele não pode estar sendo vítima de uma obsessão? Não é assim que se chama quando um ser do mundo espiritual assedia um ser do mundo corpóreo?

A mãe olhou Beatriz com temor, procurando entender como ela sabia tanto sobre o assunto. Estava mais nervosa do que no início da conversa.

– Mamãe, estou frequentando um centro espírita que talvez possa nos ajudar com Julinho. Falei com ele sobre isso e percebi que ele se sentiu mais controlado e menos temeroso. Lembra-se daquela noite quando ele gritou feito louco? Eu sei que você estava lá ouvindo o que conversávamos. Do que você tem medo? Muita coisa mudou desde que comecei a tomar os passes, me senti renovada e com mais esperanças de poder ajudar Julinho. Tenho certeza de que podemos ajudá-lo a se livrar definitivamente de seu problema. Não tome nenhuma atitude precipitada. Dê-me mais tempo. Julinho não teve mais crise alguma depois que conversamos.

– E se ele fizer alguma loucura nesse período? Como acredita que alguém desse lugar possa ajudá-lo se nenhum médico conseguiu essa proeza? Eles não são capacitados a tratar de um caso tão sério e complexo como o dele. Como você, uma criatura culta, inteligente, capaz de discernir entre o certo e o errado, é capaz de confiar em criaturas que não entendem nada de problemas psiquiátricos? Não quero acreditar que você foi buscar ajuda logo com essas criaturas fanáticas, que tudo atribuem a espíritos malévolos, como se fossem os causadores de nossos infortúnios!

Beatriz permaneceu em silêncio, ouvindo o desabafo de sua mãe, que tentava demovê-la da ideia de buscar aquele tipo de auxílio. Não entendia por que ela oferecia tanta resistência a essa maravilhosa doutrina. A jovem se lembrou de que seu pai também ficava intrigado com o imenso pavor que a simples referência a espíritos causava em sua esposa. Tinha algo por trás desse pavor que talvez nunca saberiam.

– Não sei o motivo do medo incontrolável que você tem, mas pelo que me consta você nunca conheceu com exatidão o que essa doutrina é capaz de proporcionar aos que sofrem. Se um dia você me permitir, posso contar com mais detalhes o que já aprendi sobre sua origem e finalidade. Não é crendice, não é coisa do demônio, mas é uma doutrina séria, com propósitos elevados. É capaz, sim, de reverter quadros tidos como desesperadores ou perdidos, mas é preciso conhecer para poder argumentar. Não tire conclusões precipitadas por algo que supõe ou que ouviu falar da boca de criaturas que falam sobre o assunto com opiniões desprovidas de fundamentos. Cada caso é um caso, cada problema deve ser tratado com a seriedade que lhe compete. Não estou perdendo o juízo, confiando em criaturas pouco confiáveis a ponto de entregar meu amado irmão para ser cobaia de algum tratamento miraculoso, pois não acredito em milagres. Estou tentando entender por que tudo isso está acontecendo e como ajudá-lo. O que sei é que desde que comecei a tomar passes por ele percebi que está mais calmo, sereno e confiante. Ele não confiava em ninguém, mas decidiu dividir seus medos com a terapeuta, que acha que ele pode estar sendo vítima de alucinações. Não vou dizer que ela esteja errada, mas existe algo mais, e você também já percebeu.

Cecília se encolheu na cadeira, sentiu-se frágil, sem forças para contrariar a filha. Sabia em seu íntimo que ela poderia estar no caminho certo, mas tinha tanto medo. As lembranças ainda a atormentavam, muitas vezes não conseguia dormir, mas não podia dividir isso com ninguém, nem mesmo com sua filha. Olhou Beatriz com os olhos lacrimejantes, sentindo que precisava dar essa chance à filha.

– Vamos aguardar mais algumas semanas, se é assim que você deseja. Só espero não me lamentar dessa decisão. Ficarei mais atenta ao Julinho na sua ausência e pedirei à terapeuta para incentivá-lo a falar mais sobre o que está acontecendo. Acho que poderá ajudá-lo a se libertar de seus temores.

A filha envolveu a mãe num abraço amoroso, agradecendo a confiança. Já era tarde e seus compromissos profissionais a aguardavam. Despediu-se e rumou para o jornal, pois tinha muito trabalho a fazer na ausência de Paulo.

No caminho, foi pensando sobre o destempero de sua mãe e sua irritação sobre a Doutrina Espírita. Sentia que havia algo mais, que sua mãe talvez nunca tenha contado nem a seu pai. Havia muitos segredos entre eles. Uma vez seu pai lhe disse: "quem não tem segredos?". Beatriz sempre foi muito apegada ao pai, mais amoroso e próximo dela que a mãe. Já tinha se acostumado ao jeito distante e contido da mãe, sempre controlado e refinado. Pela maneira como ela reagiu naquela manhã, percebeu que algo a perturbava muito. Bem, não era hora de tocar no delicado assunto, pois sua prioridade era o irmão e precisava estar focada nele.

Pensou em Raul. Como ele estaria se sentindo após a noite repleta de emoções?

16

Notícias alarmantes

Raul também não teve uma noite tranquila. Custou a dormir após todas as sensações vividas no centro espírita. Algo estava acontecendo em sua vida, justamente quando começava a juntar os cacos em que ela havia se transformado.

Quando poderia imaginar ouvir novamente sua mãe? Aquilo realmente aconteceu? Como aceitar fatos que a própria razão não conseguia conceber? O que mais lhe intrigava era que seu coração lhe dizia que devia confiar em seus instintos e buscar as explicações possíveis. Mesmo ele, um crítico ferrenho das crenças religiosas que levam o homem a uma fé cega, não podia fingir que nada havia presenciado.

Era difícil para ele acreditar em algo que não se vê e que talvez não exista de fato, mas seu coração lhe dizia que precisava se acalmar, pois só assim conseguiria ordenar seu pensamento.

Dormiu pouco e não descansou o suficiente para encarar o novo dia à sua frente. Precisava se tranquilizar, pois toda a responsabilidade do jornal estava sobre ele.

Tentou desviar sua atenção focando apenas no trabalho, organizando mentalmente sua agenda diária e as tarefas mais urgentes. Não gostava da parte administrativa, burocrática demais. Paulo o incentivava a assumir outras responsabilidades, além de apenas escrever suas colunas, mas Raul sempre passava para alguém as tarefas desagradáveis. Em consideração ao querido amigo e chefe, procurava desempenhar suas funções com responsabilidade. O dia foi excessivamente longo, carregado de problemas. O encontro com Beatriz foi melhor que o esperado, pois ela apenas tratou de assuntos profissionais.

No final da tarde, Raul recebeu uma ligação de Paulo, dizendo que estava indo para fora do país e que ele continuaria assumindo interinamente a direção da redação. Não sabia exatamente quanto tempo ficaria ausente, mas contava com Raul.

Agora Raul tinha ficado realmente preocupado. O que estaria acontecendo com Paulo?

Quando Raul chegou ao apartamento do amigo, percebeu que tinha todos os motivos para se preocupar. Paulo o recebeu formalmente, bem diferente do amigo de sempre.

– O que está acontecendo com você? Não tente me esconder nada, confie em mim.

Paulo olhou o amigo com carinho. Não queria levar a ele mais problemas, além dos que já possuía. Mas sabia que não conseguiria esconder por mais tempo seu grave problema.

– Tudo aconteceu tão rápido que nem eu mesmo consigo acreditar no que vou lhe contar.

Contou que pouco antes de Elisa desencarnar, havia confidenciado a ela que estava sentindo fortes dores no peito. Ele seguiu o conselho de Elisa e procurou um cardiologista. Fez uma batelada de exames que nada acusaram. O médico lhe recomendou férias, talvez fosse estresse em função das atividades intensas no jornal. Só que Elisa piorou, e não foi possível pensar em sair de perto dela. Com tanto sofrimento naquela época, nem parou para pensar em seus próprios problemas. Como a dor tinha diminuído, decidiu deixar para lá.

Na semana passada, no entanto, a dor se agravou. Paulo voltou ao médico, que pediu novos exames. Os resultados, desta vez, não foram favoráveis. Foi diagnosticado que Paulo tinha um tipo de câncer no pulmão, em estado avançado e sem possibilidade de cirurgia, pelo menos inicialmente. O médico o orientou a procurar um especialista nos Estados Unidos.

– Raul, estou morrendo. Acho que vou encontrar Elisa antes de você.

– Pare de falar assim, você ainda não ouviu esse médico no exterior que pode lhe dar novas esperanças. Eu vou com você.

– E quem cuida da redação? Já decidi, vou sozinho e você fica aqui cuidando de tudo para mim. E isso é uma ordem. Acho que ainda tenho certo poder, não é?

– Eu não posso permitir que você vá num momento tão delicado, sem a companhia de um amigo. Vamos encontrar uma alternativa.

– Não tente resolver meus problemas, Raul. Sempre vivi sozinho e eu sabia que um dia isso seria um problema. Não se preocupe e faça o que é necessário no momento: cuide da redação como se fosse sua. Isso já me permite viajar em paz. Só não sei se já estou pronto para acertar minhas contas com Aquele lá em cima. Pensei que tivesse mais tempo para conseguir resolver algumas pendências do passado, que até hoje não tive coragem de enfrentar.

Talvez não conseguisse concluir as tarefas que se incumbira, mas teria que tentar. Sentia que precisava desabafar com alguém, e Raul era a pessoa certa. Apenas Elisa conhecia seus segredos, sua companheira de tantas histórias e tantas desgraças. A dor os conectara de uma forma tão intensa que não havia segredos entre eles, apenas companheirismo e cumplicidade. Como verdadeiramente um pai e uma filha.

Mas ela não estava mais presente. Precisava tanto da presença dela a seu lado, mesmo que fosse para lhe dar a mão e dizer que tudo ficaria bem.

Os dois amigos ficaram em silêncio, cada um tentando administrar as notícias alarmantes. Raul pegou uma bebida para tentar relaxar um pouco. Paulo se preocupou, pensando se foi uma ideia acertada contar a Raul sobre sua enfermidade. Será que ele se manteria equilibrado após essa nova notícia?

Junto com eles, porém, no mundo dos espíritos, Elisa a tudo assistia, acompanhada de seu fiel companheiro espiritual. Amava aqueles dois seres, cada qual de seu próprio jeito, e, se pudesse, tomaria para si suas dores, mas não é assim que a vida resolve suas questões. Cada um é responsável por suas escolhas, acertadas ou não, e tem que lidar com suas consequências. Ninguém pode viver a vida do outro, tampouco resgatar débitos que não lhe pertencem. A conta da vida deve ser paga por quem contraiu a dívida. Mesmo sabendo de tudo isso, ela estava muito triste com toda aquela situação. Sabia que Paulo tinha pendências a resolver antes de retornar ao Plano Espiritual, mas precisava assumir seus erros passados, enfrentando as consequências de suas ações mal avaliadas. Quanta dor já poderia ter sido resolvida se ele tivesse enfrentado seus fantasmas íntimos! Quanto sofrimento inútil ele próprio se impingiu pela culpa que carregava em seu coração.

Raul não estava em situação diferente. Tinha muito o que entender e aceitar para poder enfrentar seu passado delituoso, mas se recusava a olhar seu mundo íntimo, enfrentando suas limitações morais, fruto das imperfeições de que ainda era portador. Nem toda dor e sofrimento vivenciados nesta vida pareciam ter sido suficientes para abrandar seu coração. Todos os recursos possíveis estavam sendo empregados para que ele não falhasse mais uma vez. Até sua mãe havia sido convocada para que pudesse se sensibilizar e repensar suas atitudes. Só que ele ainda não estava preparado para enfrentar a responsabilidade dos seus atos praticados. Elisa não queria que esse novo problema pudesse torná-lo resistente ao auxílio, pois a revolta e a amargura são componentes que envenenam a alma. E, infelizmente, Raul não conseguia se esquivar desses terríveis e abomináveis sentimentos que o tornavam presa fácil de seu verdugo, que tudo faria para levá-lo a cometer atitudes comprometedoras.

Elisa envolveu ambos numa luz rosa, carregada de fluidos amorosos, tentando tocar seus corações aflitos. Seu mentor espiritual a auxiliou na doação de energias. Em seguida, ele lhe fez um sinal de que o tempo deles havia terminado e precisavam retornar à colônia espiritual. Elisa abraçou-os com todo o amor e seguiu seu companheiro de luz.

Raul permaneceu ao lado de Paulo, tentando lhe consolar com palavras de confiança, certo de que encontraria um diagnóstico mais favorável. Prometeu voltar antes que ele viajasse e se despediu do amigo com um forte abraço.

Enquanto dirigia para sua casa, percebeu que todo aquele controle era apenas aparente. Sentiu uma grande raiva dominá-lo, queria gritar para Deus o quanto Ele era injusto, tirando as pessoas que mais amava de sua vida apenas para demonstrar sua superioridade. O que teria feito de tão grave para passar por tantas perdas afetivas, pessoas que tanto amava? O que Deus esperava dele? Que se resignasse e aceitasse tudo de forma servil? Raul não era assim, faria tudo para auxiliar Paulo a se recuperar. Tinha alguns contatos na Europa e procuraria novos tratamentos, mas como faria tudo isso com a responsabilidade da redação em suas costas? Precisava se acalmar, analisar racionalmente as opções. Beatriz o ajudaria nessa empreitada, mas teria que lhe contar sobre Paulo. Sabia que podia confiar na discrição da amiga, sempre leal em todos os momentos.

Percebeu então que toda aquela fúria inicial tinha se dissipado, restando apenas um sentimento de tristeza pela notícia. No dia seguinte, ele e Beatriz iriam ao centro espírita para tomar passe e, no caminho, contaria tudo a ela, pedindo sigilo absoluto. Para todos os efeitos, Paulo estava cansado, e seu médico lhe recomendou uns dias de férias. Isso resolveria os possíveis questionamentos sobre sua ausência.

Chegou em casa mais sereno, sabendo que essa postura era a única indicada em um momento grave como aquele. Ao entrar, percebeu a casa tão vazia, que a solidão inundou seu coração mais uma vez. Sentia-se solitário, sem ninguém para recebê-lo, ninguém em quem pudesse confiar suas preocupações nem compartilhar as alegrias. Mais uma vez se lembrou de Elisa...

Lar, era isso o que Raul estava sentindo falta. Não tinha motivação para voltar para um lugar que não se parecia mais com um lar. Olhou a foto de Elisa, com aquele sorriso maravilhoso no porta-retratos, e sentiu uma angústia tão intensa, que desabou a chorar. Lágrimas escorriam sem que ele pudesse conter. A dor queria falar mais alto, e ele sempre impedia.

Mais uma vez, dormiu no sofá abraçado ao porta-retratos, como se pudesse manter Elisa bem pertinho dele. Desta vez, nenhum pesadelo o perturbou.

Durante o dia seguinte, em um dos intervalos das exaustivas reuniões, perguntou a Beatriz se estava de pé o "programa" da noite.

Ela riu da forma como ele falou.

– Quer dizer que nosso "programa" de hoje à noite está de pé? Vamos aonde? Ao cinema, jantar? Em que você pensou antes de me fazer esse convite?

Pela primeira vez no dia Raul se desarmou, retirando toda a tensão que o deixava com os nervos à flor da pele.

– Bem, não é esse o tipo de programa que havia pensado para nós dois. Poderia ser algo menos impessoal, que acha?

– Quem sabe!

– Mas, para começar esse relacionamento de maneira séria, que tal tomarmos um passe juntos hoje à noite?

Os dois estavam se divertindo com aquela conversa, que queria dizer algo, e não dizia, mas compreendiam exatamente aonde iria chegar.

– Creio que para começar um relacionamento sério o programa de hoje à noite será perfeito. No horário de sempre?

— Talvez um pouco mais cedo — falou Raul sério. — Precisamos conversar. No caminho eu conto.
— Quer falar sobre isso agora? — perguntou Beatriz intrigada.
— Agora é impossível, pois tenho outro assunto urgente a resolver. Depois nos falamos.

Que mais teria acontecido? Curiosa que era não sossegaria até saber o que Raul estava preparando para mais tarde.

No final do dia, Raul a chamou em seu escritório, e saíram juntos do jornal. Como era cedo, ele a convidou para tomarem um café e assim poderiam conversar. Enquanto se serviam, Raul foi contando as notícias que tanto lhe havia perturbado. Beatriz ficou chocada ao saber da gravidade da doença de Paulo.

— O que você pretende fazer com essa informação?
— Nada, pelo menos por enquanto. Paulo me pediu toda a discrição possível sobre sua doença, até que consiga informações mais definitivas. Até lá, pediu apenas que eu cuidasse da redação. Ele sabe ser persuasivo quando quer. Não me deu escolha.
— Ele confia em você. Sabe que é a pessoa ideal para substituí-lo em sua ausência. Como está lidando com essa notícia? Tem alguma ideia de como ajudá-lo?
— É isso que está me deixando louco. Não sei como, se não tenho sequer tempo para respirar. Pensei que pudesse me ajudar.
— Você sabe que pode contar comigo. Minha vida não está fácil, minha mãe quer internar Julinho. Disse que a terapeuta acredita que ele possa ter um surto psicótico a qualquer momento, pois está tendo alucinações. Tudo porque ele lhe contou sobre as vozes que ouve, das presenças que sente em seu quarto. Está difícil fazer minha mãe entender que Julinho apenas é vítima de obsessão.
— E se a terapeuta estiver certa em seu diagnóstico? — questionou Raul. — Se ele não for internado, não será um risco ainda maior para ele próprio?
— Você não acredita que ele está sendo vítima de espíritos que tentam lhe perturbar?
— Tudo isso é complicado. Creio que exista um componente espiritual nessa história, mas também existe um componente psíquico. Todos os anos que ele esteve ligado aos vícios e todos os remédios que tomou para mantê-lo distante do vício podem ter provocado alguma alteração cerebral

ou mesmo emocional. Ele está frágil. Creio que deva tomar todo o cuidado para não ter nenhuma surpresa desagradável.

– Confesso que tento não ver o lado sombrio, mesmo sabendo que ele está presente. Na realidade, estou confusa. Eu só quero uma chance para ajudá-lo. Gostaria que ele próprio fosse ao centro espírita, mas não sei quando ou se isso irá acontecer. Bem, voltando ao assunto Paulo, como posso ajudar?

– Não quero lhe dar mais encargos do que os que já possui. Pensei que pudesse contatar alguns especialistas sobre o assunto e saber como andam as pesquisas nesse sentido. Não sei como começar nem por onde. Achei que poderia me ajudar com essa pesquisa.

– Você sabe que farei o que estiver ao meu alcance. Preciso apenas de um tempo para elaborar as ideias e de informações básicas sobre o tipo de câncer, o estágio, essas coisas. Tem como saber sobre isso?

– Vou visitá-lo antes que ele viaje e verei esses dados. Não sei como agradecê-la.

– Creio que sei como pode me agradecer. Primeiro contando por que saiu correndo da sala àquela noite. Parecia que algo sinistro havia acontecido com você. Conte-me tudo e nem tente me esconder nada.

– Pensei que já soubesse de tudo por sua amiga.

– Elenita é muito discreta e não me contou os detalhes. Conversamos de uma maneira global sobre a reunião, mas não falou nada em particular. Foi uma experiência fantástica para mim. Essas histórias perdidas no tempo, os débitos contraídos, as vinganças que hoje são arquitetadas, que mais parecem coisas de livros de ficção, naquele noite pareceram muito reais. Alguma coisa o assustou para você sair daquele jeito. Vai ou não me contar?

– Nem com uma coisa séria dessas você deixa de brincar, hein? Para dizer a verdade, nem eu mesmo sei o que me aconteceu. Aliás, acho que sei, mas não quero admitir.

– O que você sentiu lá dentro que o fez sair tão apavorado?

– Eu sou um tanto cético, devo admitir. Não sei o que esperava ver naquela reunião. Senti que o tema era bastante delicado, perdão, mas não sabia o que viria depois.

Raul então contou com suas palavras a experiência presenciada na reunião.

– É claro, Raul. Foi a emoção querendo sobrepor à razão, o que dificilmente ocorre com você. Creio que é isso que mais está lhe incomodando: submeter-se à emoção. Ela ditando as regras. A razão não consegue combatê-la, o que o deixa furioso. Mas a vida andou ensinando muitas coisas a você nesses últimos meses, não? Você estava tentando lidar com a perda de Elisa, racionalizando a situação. Não conseguiu resultados favoráveis, pois nessas ocasiões a razão não tem argumentos. Tem que lidar com a emoção, que vai trabalhar cada sentimento, cada lembrança. O tempo está ajudando nesse sentido. O caminho é longo, até perceber que as lembranças não vão lhe ferir tanto. Tudo tem um tempo certo, mas, nessa viagem, quem mais o auxiliou não foi sua razão, mas sua emoção. Mesmo que não queira admitir.

Raul ficou em silêncio, tentando absorver o que amiga lhe dizia. Não havia pensado sobre tal ângulo. Na verdade queria apenas que a dor cessasse, mas, ao mesmo tempo, queria que as lembranças permanecessem para sempre. Só não sabia se isso seria possível.

– Bem, agora está satisfeita com a informação? – perguntou Raul.

– Não, pois você não me explicou o que foi aquilo.

– E você acha que eu sei? Luciano apenas me disse para tomar cuidado, estar vigilante com minhas posturas e palavras, mas ele não me disse claramente o que foi aquilo...

– Você sentiu mãos invisíveis o sufocando? Não seriam as mesmas daquele que o persegue em seus pesadelos?

– Já pensei sobre isso, mas será ele tão real a ponto de querer me ferir? Pensei que apenas habitasse meus sonhos. Não pensei que fosse real. Podemos estar nas mãos de criaturas invisíveis, sem proteção alguma? Como conseguem agir no nosso mundo? Se eu estivesse de olhos fechados, diria que alguém estava tentando me matar.

– Não fale assim, fiquei toda arrepiada! Imagino a confusão na sua cabeça. Você pretende voltar na próxima semana?

– Não sei ainda. Preciso refletir melhor. O que você acha?

– Acho que se ficarmos mais tempo aqui vamos perder o passe.

Raul olhou no relógio e percebeu que já era tarde. Precisavam se apressar. O passe os esperava para lhes fortalecer as energias, os ânimos e as esperanças.

Tantos problemas. Colhemos o que plantamos. Uma verdade absoluta, mas que custamos a compreender.

17
Caminhos tortuosos

Raul e Beatriz tiveram que se apressar para chegar a tempo do passe.

As mesmas emoções sentidas antes foram novamente experimentadas. Saíram de lá renovados, e, era isso que os fazia retornar. Não entendiam exatamente o que ocorria, mas os resultados os surpreendiam. Tinham um longo caminho a percorrer no sentido de compreender o que lá se passava.

A semana passou rapidamente. Paulo viajou não sem antes se encontrar com Raul, que pediu algumas informações sobre o diagnóstico recebido. Explicou que desejava fazer algumas pesquisas, e para isso precisava saber exatamente do que se tratava a sua doença. Paulo percebeu o que o jovem pretendia fazer e viajou cheio de esperanças.

No fim de semana, Raul e Beatriz se encontraram para conversar sobre o que descobriram, e as informações não eram nada boas. O médico lhes informou que as possibilidades de reverter esse tipo de quadro eram remotas. Beatriz sugeriu contatar as universidades que pesquisavam novos tratamentos.

Cecília convidou Raul para jantar, o que ele não pôde recusar. Foi um jantar agradável e tranquilo. Julinho desceu apenas para cumprimentá-lo. Beatriz insistiu para que ele permanecesse, mas não conseguiu convencer o rapaz, que voltou rapidamente para o quarto. A mãe, com lágrimas nos olhos, olhou o jovem subindo as escadas, imaginando que futuro teria seu querido filho.

– Não fique assim, mamãe, depois eu converso com ele.

– É difícil olhar esse jovem que tinha tantos planos e perceber que, talvez, eles não se cumpram. Tantos sonhos, tantos projetos. É difícil aceitar isso, minha filha.

– Não pense dessa forma – disse Raul, tentando consolar Cecília –, como se não existisse solução para esse problema. A senhora não deve perder as esperanças. Digo, por experiência, que nem tudo está perdido. Se pensamos assim, as chances de obtermos êxito ficam cada vez mais distantes. Minha esposa Elisa, já falecida após uma doença gravíssima, dizia que perder as esperanças é como sepultar nossos sonhos. Infelizmente, no caso dela, que nunca desanimou em momento algum, o desfecho não foi o que esperávamos, mas até em seus momentos finais era ela quem me fortalecia, me pedindo coragem para prosseguir. Quando faleceu, pensei que morreria com ela. Pensei muitas vezes em entregar os pontos, desistindo de viver, mas sempre voltava em meu pensamento as lições que ela me ensinou de como continuar a caminhada, pois a vida continua. Cada vez que eu desanimava, seu rosto aparecia à minha frente, sorrindo como a dizer: "Continue o caminho, não deve parar". Por ela, decidi continuar, pois sei que era o que esperava que fizesse. Ela sempre estará em meu coração, em minhas lembranças, mesmo que fisicamente não. Não perca as esperanças, pois esse é o pior caminho.

A mãe de Beatriz olhou o jovem com admiração, percebendo quanto sofrimento ele guardava em seu peito. Em seguida foi até Raul e lhe deu um afetuoso abraço, agradecendo seu carinho. Raul ficou comovido, pensando quanta dor ela retinha em seu coração.

– Bem, acho que o jantar deve estar delicioso e eu estou faminto. Vamos jantar? – falou Raul, tentando disfarçar a emoção.

Cecília se animou, sorriu para os jovens e saiu para providenciar o jantar.

– Você sempre me surpreende, obrigada. Minha mãe precisava ouvir tudo isso. Cada dia que passa você me surpreende e começo a ver a pessoa linda que você é.

Os dois se olharam fixamente, cada um sabendo o que estava por vir. Tudo aconteceria no tempo certo. Amizade, carinho, admiração, respeito, cumplicidade e afeto são os ingredientes necessários a um relacionamento estável e duradouro. Mas o receio ainda habitava os corações dos enamorados, cada um com suas dúvidas e temores. Beatriz foi até Raul e lhe deu um forte abraço, que tudo dizia, mesmo sem palavras.

A noite correu tranquila. Cecília permaneceu com os jovens até o fim do jantar e agradeceu a Raul a noite muito agradável que tiveram.

– Raul, venha com mais frequência. Adorei sua companhia. Há muito não ficava tão tranquila e descontraída. Espero não tê-lo amolado muito.

– O jantar estava maravilhoso. Se sua filha me convidar, prometo que volto.

– Se ela não convidar, eu convido. Boa noite, meu filho e obrigada por tudo.

Antes de Raul sair, Beatriz pediu que ele a acompanhasse até o quarto do irmão. Abriram a porta devagar, percebendo que o jovem estava adormecido. O quarto estava quase na penumbra. Quando entraram, perceberam algo como uma energia muito densa por todo o local. Julinho dormia um sono intranquilo. A jovem fez uma oração silenciosa, pedindo proteção ao irmão.

Raul sentiu uma tensão permanente naquele quarto, exatamente como na outra noite.

– Sentiu a mesma coisa que eu? – perguntou Beatriz. – Não sei, mas não parece coisa boa. Sinto que não estou conseguindo ajudá-lo. Meu medo é que ele possa piorar. Tenho pedido tanto para que ele consiga receber o auxílio de que necessita. Não sei mais o que fazer. Pensei em falar com Luciano, o que acha? Você me acompanha?

Saíram do quarto, fechando a porta com cuidado.

– Não sei. Foi tudo muito estranho, não sei se quero outra experiência semelhante. Aquilo quase me matou de susto. Estou confuso. Acredito, mas ao mesmo tempo tenho dúvidas.

– Acho que o que você está sentindo é natural, afinal, tudo está acontecendo rápido demais. Elenita me explicou alguns pontos que não havia entendido.

– O que foi que ela contou?

– Sobre o significado dessas reuniões. O foco é auxiliar companheiros não apenas endividados, mas ainda cristalizados no mal e no sofrimento. É um trabalho de caridade, pois se trata de irmãos carentes de amor e perdão. O que eles fazem é aliviar, um pouco, esse pesado fardo. Como ela disse, pode ser um inimigo nosso ou de qualquer um que lá se encontre, pois somos todos ainda devedores. Gostaria muito que viesse me fazer companhia. Posso contar com você?

– Pedindo assim, como posso recusar?

Beatriz se aproximou de Raul para dar um beijo em seu rosto, mas ele se virou e beijou suavemente os lábios da jovem, que se entregou àquele momento docilmente, correspondendo ao carinho. Olharam-se nos olhos, sem desviar o olhar, e o que havia ali era tranquilidade, paz, carinho, tudo de que necessitavam naquele momento.

Beatriz acompanhou Raul até a porta. Ele a beijou novamente, despedindo-se.

A jovem fechou a porta da casa e lá permaneceu, revivendo o beijo como uma adolescente em sua primeira experiência. Sentiu algo que há muito não sentia. Queria que ele ficasse, mas não sabia se era esse seu desejo. Depois de tudo o que tinha passado desde a morte de Elisa, será que estaria pronto para viver um novo relacionamento? Será que ele estaria tão envolvido como ela? Tinha tanto medo de se magoar. Às vezes pensava que nunca iria encontrar alguém com quem dividir o amor. Fazia tempo que não se entregava ao amor, e sentia falta disso, mas será que Raul seria o homem certo? Ele era tão complicado, tinha tantos problemas, será que estaria pronto para se entregar novamente ao amor?

Chegou a pensar se tinha sido uma boa ideia permitir aquele beijo, que tanto tinha desejado nos últimos dias. No fundo estava feliz. Tinha sido uma noite memorável.

Adormeceu rapidamente. Logo em seguida viu seu corpo deitado na cama e se sentiu livre. Não estava entendendo o que lhe acontecia. Estaria sonhando? Saiu de seu quarto e se dirigiu ao quarto do irmão. Abriu a porta e o que viu a encheu de medo e pavor. O irmão, também em desdobramento espiritual, estava encolhido num canto, e algumas entidades espirituais perversas o rodeavam. Ele estava tapando os ouvidos. Assim que ela entrou no quarto, as entidades se viraram e tentaram chegar até ela, porém, estranhamente, Beatriz não sentiu medo algum. As entidades não conseguiam chegar até ela, como se Beatriz estivesse protegida dentro de uma bolha. As entidades começaram então a lhe questionar.

– *Quem pensa que é para vir até aqui nos perturbar?*

– Creio que estão equivocados, pois são vocês que estão a perturbar meu irmão. O que querem com ele?

– *Nada que lhe diga respeito. E, se veio até aqui para nos ameaçar, pode esquecer. Não vamos dar trégua alguma a esse desgraçado. Viemos aqui para cobrar o que é nosso de direito. Ele nos enganou e nos traiu, fugiu com tudo o que nos pertence.*

Não queira defendê-lo. Sabemos que ele está aqui escondido nesse novo corpo. Não adianta querer fugir, pois nós o encontraremos sempre.

– O que esperam que ele faça? Ele está doente, sem forças para lutar. Tenho certeza de que mesmo que ele nada se lembre, sua consciência o persegue. Deixem-no em paz para que ele possa tentar se redimir dos seus erros. É o que eu peço a vocês.

O que parecia ser o chefe deu uma gargalhada estridente.

– *Você está brincando conosco. Nunca vamos deixá-lo em paz! O primeiro passo é trazê-lo de volta ao nosso mundo. Ele precisa de um corretivo para que nunca se esqueça de que não pode enganar e sair ileso, precisa pagar o que me deve. Tudo o que ele me roubou só pode estar escondido nesta casa, cheia de luxo. Era um desgraçado, não tinha nada e agora está aqui. Só pode estar usufruindo do que é meu!*

– Tudo isso não é dele, pertenceu a meu pai, que trabalhou honestamente para nos dar esse conforto. Tudo pertenceu a meu pai, que já se encontra no seu mundo.

– *Não sei quem ele é nem sei se o que você está falando é verdade, mas o que me pertence vai voltar para mim. Eu quero saber onde ele colocou o tesouro que me roubou. Ele diz que não foi ele, mas não acredito. Quer sim colocar a culpa em outra pessoa. Vou infernizá-lo tanto que vai se lamentar ter feito o que fez. E você, afaste-se dele e não tente mais ajudá-lo, esta praga só vai sair daqui depois que me contar o que quero saber.*

– Por favor, pare de importuná-lo. Vou conversar com ele e tentar descobrir o que quer saber, se souber de algo, vai me contar. Posso chegar até ele?

A entidade olhou desconfiada para aquela jovem intrometida, mas não impediu que ela se aproximasse do irmão. Beatriz estava acompanhada de entidades iluminadas, por isso a proteção que a envolvia e impedia a aproximação daqueles companheiros infelizes.

– Julinho, o que está acontecendo? Olhe para mim, o que você fez para que eles estejam agindo assim?

– Não sei do que eles estão falando, não sei de tesouro algum, não roubei nada. Ajude-me, mande eles embora daqui! Eles querem que eu mostre onde escondi esse maldito tesouro. Não sei, mas se soubesse não diria.

– *Você viu quem ele é?* – falou o que seria o chefe. – *Ele é um traidor desgraçado, mas não sabe do que sou capaz. Eu disse que iria persegui-lo até o fim dos meus dias. Não precisei de tanto tempo assim. Estou tentando trazê-lo para o* lado de cá, mas não estou conseguindo, vocês estão interferindo. Mas sou tinhoso, não desisto. Meu dia vai chegar.

— Por favor, não sei o que ele realmente fez. Se tudo o que me diz for verdade, quero ajudar, só que antes preciso saber desse tesouro. Que tipo de tesouro é?

— É o meu maior tesouro, minhas pedras preciosas, meus diamantes, meu ouro. Ele levou tudo. Pegou o carregamento e nunca mais soubemos dele. Estava encarregado de levar o tesouro para a colônia, onde iríamos vender. Depois dividiríamos o lucro da venda, mas no caminho fugiu com tudo e sumiu. Procurei por ele o resto da minha vida, mas ele desapareceu. Nunca mais ninguém soube notícias dele. Nem de Anita...

— Quem era Anita?

— Não quero falar dela, pois me deixou uma noite e nunca mais a vi. Mas ela não tem nada a ver com tudo isso. Era uma alma pura, não faria nada que desonrasse sua família. Não quero mais falar dela.

Enquanto dizia isso, seus olhos se entristeceram e o rancor deu lugar à mágoa e à tristeza, porém, logo retomou o controle:

— Não tente me enganar com essa fala mansa e doce. Quero o que me pertence. Não vou dar tréguas até conseguir o que desejo. Ou você me ajuda ou fica fora dessa história. Você parece ser uma boa pessoa e não quero lhe fazer mal, pois nada fez contra mim. Mas não tente me impedir de conseguir o que pretendo. Já dei o aviso!

— Peço apenas que me deixe ajudá-lo. Se ele souber de alguma coisa eu vou descobrir. Só lhe peço que o deixe em paz. Com você aqui ele não vai ajudar.

— Dou-lhe dois dias para encontrar a resposta que procuro. Nem mais, nem menos.

Todos saíram do local e deixaram os irmãos sozinhos para conversar.

— Julinho, estamos sozinhos. Confie em mim. Tudo o que ele disse é verdade?

O irmão parecia ter se livrado de um peso, olhou para a irmã e disse:

— Obrigado por tentar me ajudar. Ele não vai me perdoar quando souber a verdade. Se ele já estava furioso com o roubo, depois que descobrir o que fizemos nunca mais terei paz nesta ou em qualquer vida que eu tenha.

— Conte-me tudo, por favor. O que mais aconteceu? Do que você se lembra?

– Lembro-me de tudo quando estou dormindo, mas esqueço de tudo quando acordo. Pelas roupas que vestem, parece que aconteceu há muito tempo. Tem horas que penso estar enlouquecendo realmente. Só sei que quando adormeço, eles estão à minha espera, me ameaçando caso não conte onde está escondido o maldito tesouro. Você sabe o que eu faço para não dormir? Não tomo os remédios, pois eles me fazem adormecer rapidamente. Já cheguei a ficar três dias sem dormir, pois tenho medo do que eles podem fazer comigo. Você precisa me ajudar. Estou desesperado!

– Fique calmo, meu querido. Vamos encontrar uma saída juntos. Só quero que confie em mim. Existe realmente esse tesouro? Onde ele está? Quem é Anita?

O jovem fechou os olhos fortemente, procurando encontrar coragem para narrar tudo o que acontecera com ele naquela existência. Como ele conseguia se lembrar? Quando estava acordado era uma pessoa, quando dormia era outra, que sabia das duas vidas. Em alguns momentos, chegou a acreditar que as drogas o fizeram perder a razão. O pior aconteceu quando começou a ouvi-los, mesmo desperto. Sua irmã era a única que acreditava em tudo o que ele ouvia, mas como ela poderia ajudá-lo? De que adiantaria contar sua estarrecedora história?

Havia sido um traidor, uma criatura sem qualquer escrúpulo, que agira sem qualquer remorso. Beatriz iria odiá-lo por tudo o que ele havia sido e por tudo o que praticara. Não podia lhe contar. Era melhor deixar que o levassem para bem longe, pois só assim iria privá-la de toda a dor ao descobrir o que ele tivera coragem de fazer.

Enquanto isso, Beatriz só tinha olhos para seu irmão, aguardando que ele contasse a história que o havia prendido às teias da vingança e do ódio até a presente encarnação. Será que se lembraria depois da história que o irmão estava prestes a iniciar?

– Sinto muito, minha irmã, mas não posso lhe contar tudo o que aconteceu. Será doloroso demais! O que fiz está feito, não tem como eu voltar atrás e consertar. Vamos deixar as coisas como estão para seu próprio bem. Volte para seu quarto e acorde para que se esqueça de tudo o que ouviu nesta noite.

– Não, eu vou ficar aqui até me contar tudo e, quem sabe, possamos encontrar uma saída juntos. Esse tesouro realmente existe? O que ele deseja apenas é conhecer toda a história, assim como eu desejo. Fale-me de Anita, pois creio que ela seja a causadora de toda essa tragédia. Foi ela quem planejou esse golpe?

O jovem olhava estupefato para a irmã, tentando compreender como ela era capaz de saber daquele detalhe.

– Onde ela se encontra? Você sabe de seu paradeiro?

– Não sei mais nada a seu respeito. Apenas sei que ela também me enganou, traiu e fugiu com o tesouro, que eu próprio fui capaz de roubar de quem confiava plenamente em mim. Essa traição não tem misericórdia nem perdão. Mereço esse castigo. E tudo isso só vai cessar quando eu retornar ao mundo espiritual.

– Não diga bobagem. Você errou e deve pagar pelo seu erro, mas não com a morte nem com a prisão eterna que este companheiro quer lhe impor. Não aceito essa sua submissão absurda. Quero que pare de se culpar e tentemos encontrar uma saída.

– Não existe saída alguma e você sabe disso.

– Não sei de nada e não vou me dar por vencida sem ao menos tentar uma luta justa. Agora entendo a culpa que carrega nesta vida e o que o levou a cometer tantos desatinos. Queria morrer, pois acreditava que tudo acabaria?

O jovem passou a chorar convulsivamente, sentindo todo o remorso lhe corroendo as entranhas. Lembrara-se de seu pai e de todo o mal que lhe causara. Pensava em sua mãe e no desgosto que lhe impingira. Olhava a irmã, que nunca lhe cobrara nada, e pensava se ela merecia ter ao lado alguém tão inferior moralmente. Todos esses questionamentos o conduziam a um desfecho desfavorável, sentindo que a única saída possível seria se entregar a seus algozes.

Beatriz correu ao encontro de seu irmão, abraçando-o carinhosamente, procurando lhe incutir pensamentos mais dignos. Queria tanto ajudá-lo, mas se ele não quisesse ajuda nada poderia fazer.

– Acalme-se, querido, estou aqui para lhe ajudar e farei tudo o que estiver ao meu alcance. Primeiro, quero que pare de pensar bobagens, pois não será de ajuda alguma nesse momento. Nada de se culpar por algo que cometeu quando ainda ignorava determinadas leis. Somos cobrados pelo que sabemos e não realizamos. Sei que não agiu de acordo com as leis morais que nos regem, e sua punição virá no tempo certo, mas sei também que se arrepende de tudo o que cometeu no passado e, se pudesse retornar, mudaria tudo. O arrependimento e o remorso são cruciais ao nosso reajuste perante as leis divinas. Não tente ser mais rigoroso com você do que seria nosso Pai Maior, que conhece nossas limitações e não nos pede o impossível. Ele espera o tempo certo para nos reajustar perante suas leis. Aceite isso e se sinta livre dos caminhos tortuosos de tempos atrás. Reconcilie-se com esse companheiro ferido e sedento de vingança. Procure encontrar uma forma de se redimir perante seus débitos, mas não dessa forma covarde, entregando-se ao lobo para que ele possa dar o bote. Não é assim que resolveremos essa pendência. Temos dois dias pela frente. Temos tempo para pensar e encontrar uma saída para todos esses questionamentos.

Julinho, ou quem quer que se chamasse naquela encarnação, começou a respirar pausadamente, sentindo a paz invadir-lhe o coração atormentado. Talvez ela estivesse certa e existisse uma saída para todos os problemas. Ainda não sabia o que fazer, mas sentiu uma força nova alimentando seu coração. Talvez nem tudo estivesse perdido.

Julinho dormiu abraçado à irmã. Quando despertou de seu sono físico, olhou ao redor e percebeu que estava novamente sozinho.

Beatriz ainda dormia, um sono agora mais tranquilo, repleto de esperanças. Talvez não se recordaria de nada quando despertasse. Quem sabe o que o destino nos prepara? Tempo de aprender a confiar. Essa era a lição que ambos deveriam se recordar.

Sempre há esperança.

Novas revelações

Pela manhã, na segunda-feira, Beatriz acordou tensa. Sentia uma angústia inexplicável. Sabia que tinha sonhado com seu irmão, mas não conseguia se lembrar da situação. Preocupava-se demais com Julinho, mas já percebera que cada um só pode realizar as tarefas de sua competência. Lembrou-se de seu pai dizendo: "Cada um semeia as sementes que desejar, mas colherá aquilo que plantou; a semeadura é livre, porém a colheita é obrigatória".

Sabia que não tinha tempo para se lamentar e precisava agir. Tomou uma decisão: falaria com Luciano sobre seu irmão.

Desceu para tomar seu café, mas não encontrou sua mãe. Queria lhe agradecer pelo carinho com que tratara Raul. Havia sido uma noite muito agradável. Lembrou-se do beijo e sorriu, estava feliz com o que tinha acontecido e só dependia dela o rumo que as coisas iriam tomar. Raul era muito especial, entretanto, precavida como era, sabia que o momento era complexo demais para investir em um romance.

O dia foi intenso com muitas tarefas a fazer. Havia seu trabalho, a pesquisa sobre a enfermidade de Paulo, a preocupação com seu irmão. Quando olhou o relógio, percebeu que seu dia já havia se finalizado. Foi até a sala de Raul, que, atolado em papéis, nem percebeu a presença de Beatriz.

– Raul, já está na hora. Você prometeu me acompanhar. Não podemos nos atrasar.

– Atrasado para que, minha querida? Como posso sair deixando tudo isso para resolver?

A jovem já ia dar uma resposta, mas percebeu que ele estava apenas brincando com ela.

– Larga esses papéis, sei que não são urgentes. Tudo está sob controle. Fiquei sabendo que todos morrem de saudade do Paulo, não veem a hora de ele retornar. Você poderia ser menos intransigente e crítico.

– Não pense que é fácil assumir as tarefas do Paulo. Eu espero que ele retorne logo, não gosto de gerenciar, tampouco de lidar com jornalistas, uma raça difícil de aturar.

– Concordo plenamente com você, são vaidosos, prepotentes, donos da verdade, não suportam crítica e nunca se enganam. Conheço bem essa raça também, mas você vem ou não? – disse ela, carregando na ironia.

– Se prometer vir logo cedo me ajudar a despachar toda essa papelada, vou pensar.

– Não foi isso que me falou ontem à noite, disse que não conseguia me negar nada, lembra?

– Claro que lembro, mas isso foi ontem, hoje estou atolado nesta mesa, esperando que uma alma caridosa venha me socorrer. Uma mão lava a outra, não é esse o ditado?

– Amanhã venho ajudar você, agora se apresse, pois não podemos nos atrasar.

Os dois se olharam com carinho. Estavam gostando daquele joguinho amoroso, dos olhares penetrantes, das conversas insinuantes, da cumplicidade que percebiam cada dia mais presente. Seguiram para a reunião conversando sobre os mais diversos assuntos. Quando chegaram, encontraram Luciano recepcionando as pessoas na entrada.

– Boa noite, meus jovens – disse Luciano, com seu largo sorriso. – Fico feliz com a decisão de retornarem, fui informado de que precisam conversar antes da reunião iniciar; em que posso ajudar?

Os dois se entreolharam surpresos. Como sabia que Beatriz queria conversar com ele?

– Que cara de espanto é essa? Eu já não lhes falei que tenho alguns informantes espalhados por aí? Do que se trata?

Beatriz contou suas preocupações com o irmão, da luta para sair do vício, o que estava sendo extremamente difícil. Falou das vozes, das presenças indesejadas, dos sonhos incompreensíveis, carregados de preocupação e urgência.

Luciano escutou atentamente a jovem, ficou em silêncio por alguns instantes e falou em seguida:

– Minha filha, sei que suas intenções são as melhores. Sei que faria tudo ao seu alcance, mas não podemos resolver pendências que não são nossas. Saiba que somos os únicos responsáveis pelos sofrimentos que experimentamos. Se infringirmos as leis divinas, somos punidos primeiramente pela nossa consciência, que nos cobra as ações praticadas, depois temos que arcar com o ônus perante aqueles a quem fizemos sofrer. Essa lei é implacável e ninguém foge a ela. Se deseja ajudar, se ajude primeiro; ligue-se a seus protetores, ore por seu irmão para que ele possa entender que o mal deve ser corrigido e o reajuste é condição para a própria libertação. A situação é bastante delicada, mas jamais nos esqueçamos da misericórdia de nosso Pai Maior, que ama incondicionalmente a cada filho, esteja ele na luz ou na sombra. A correção é necessária para que tudo possa voltar ao normal, e cada um siga seu caminho de aperfeiçoamento moral. Por ora, siga confiante que o bem sempre prevalece, pois é luz que ilumina e esclarece. Nosso grupo tentará ajudar no que for necessário e possível. Confie em Deus, que tudo sabe e tudo vê.

A jovem olhou Luciano com preocupação. Sabia da gravidade da situação, e ele apenas lhe confirmara a suspeita, mas não podia desanimar.

– E você – falou Luciano, dirigindo-se a Raul –, como se sentiu depois da reunião? Gostaria de perguntar alguma coisa?

– Ainda não, creio que não tive tempo suficiente para organizar as ideias. Necessito de tempo para entender coisas tão complexas e inusitadas. Agradeço sua atenção. Estou aqui hoje para acompanhar Beatriz. Se não fosse a insistência dela, talvez eu não viesse.

Luciano sorriu, pensando no quanto aquele jovem necessitava aprender com a vida ou com as decisões que faria ao longo da existência. Sabia que ele tinha muito a oferecer, mas também muito a aceitar e entender. Tudo viria no tempo certo. Gostava de Raul e agora entendia por quê. Faria todo o possível para ajudá-lo. O mentor de Luciano lhe esclarecera sobre certos pontos que até então desconhecia. Certos laços jamais se rompem, apenas são fortalecidos pelas sucessivas encarnações. O que pudesse fazer para que a paz tivesse morada naqueles corações atormentados ele faria, assim se comprometera com seus amigos de luz. Essa era sua tarefa nesta vida: semear a paz nos corações dos que a buscam, paz esta que negou no passado, comprometendo vidas e tarefas de aperfeiçoamento. Tinha um grande caminho a percorrer, mas fizera a coisa certa.

– Você será sempre bem-vindo a esta casa, Raul. Sempre que necessitar de esclarecimento sabe a quem recorrer. Bem, mas nos apressemos para a reunião.

A reunião se iniciou como na vez anterior. Luciano fez a preparação e, em seguida, Alice deu início a uma explanação evangélica. O tema da noite era semelhante ao da noite anterior, mas com ênfase na importância de seguir em frente, com esperanças de uma nova oportunidade que será oferecida a todos que estiverem receptivos. Foi uma mensagem de esperança, tanto para os do mundo material como para os do mundo espiritual. Afinal, não nos modificamos apenas porque mudamos de um local para outro. Somos os mesmos, até decidirmos iniciar o caminho da transformação íntima, tentando eliminar defeitos, vícios e comprometimentos morais.

Ao fim da explanação, o silêncio foi quebrado com uma voz que pedia auxílio, em total desespero. Era Elenita a responsável por intermediar a comunicação com o mundo invisível e, naquele momento, incorporava por meio da sua mediunidade um espírito em sofrimento.

– *Por favor, me ajudem* – falava o espírito, utilizando as cordas vocais da médium –, *eu preciso sair desta prisão. Eles me prenderam neste calabouço escuro, sem água e sem comida e querem que eu conte onde escondi o tesouro, mas ele é meu, jamais vou contar onde o escondi. Tirem-me daqui, que eu retribuo com minhas esmeraldas.*

Enquanto ouvia o lamento daquela mulher, Beatriz lembrou-se do sonho. Quem seria ela? Seria a mesma a quem se referiam no seu sonho? A mulher estava em total loucura, acreditando ainda estar viva e aprisionada. Luciano esperou que ela desabafasse toda sua dor e desespero para iniciar o diálogo esclarecedor.

– Minha filha, peço que se acalme primeiro para que possamos conversar com equilíbrio e serenidade. De que mais se recorda além da prisão em que foi colocada?

– *Tudo é confuso. Só me lembro de estar escondendo meu tesouro e depois sentir uma dor inexplicável no peito. Quando acordei já estava nesta cela imunda e fedorenta, sem alimento e sem água. Não sei quem me colocou aqui. Você pode me ajudar?*

– Creio que posso, mas preciso que você entenda algumas coisas antes de receber ajuda. A que tesouro você se refere? É sua herança?

— *É meu tesouro, roubei daqueles idiotas que queriam me enganar. Como se eu não soubesse de seus planos... Arquitetei todo o roubo, o que não foi difícil, pois eram fáceis de serem enganados. Pensavam que eu era aquela donzela fútil que não sabia nada sobre o carregamento. Meu pai perdeu toda a fortuna no jogo, e eu decidi que não iria morrer na pobreza. Sabia exatamente o que precisava fazer para enganar todos eles e fugir daquela terra miserável. E consegui! Levei tudo comigo, deixando todos para trás. Uns tolos que ainda acreditavam no amor. O que o amor traz além de sofrimento? Nada. Arquitetei um plano fantástico. E consegui! Deixei todos de mãos vazias.*

Deu uma nova gargalhada mais estridente ainda. Luciano esperou que ela parasse de gargalhar para fazê-la entender o que havia se passado com ela. Encontrava-se prisioneira de sua própria história.

— Minha filha, fique calma e escute. Isso já aconteceu há muito tempo. Esse tesouro permaneceu no local que você colocou, mas no mundo material, o qual você não mais pertence e, portanto, não tem mais acesso.

— *Não é possível! Você também querer roubar o tesouro de mim?*

— Não quero seu tesouro, pois já sou muito rico. Tenho saúde, emprego, família e muito amor para distribuir a quem precisar. Do que mais eu preciso além do que já possuo?

— *Você é tão tolo quanto aqueles que acreditavam que o amor era capaz de trazer felicidade. O que traz felicidade é o dinheiro, e não vou dizer a ninguém onde ele está.*

— Eu já disse que não quero tesouro algum. Você não pertence mais a este mundo material. Você se encontra em outro plano...

— *Eu não morri! Agora percebo que alguém me tirou daquela prisão por algum motivo. Deve ser para que eu dê as informações, mas você não vai me convencer.*

— Minha filha, saiba que os tesouros que se encontram à nossa disposição enquanto encarnados não nos pertencem. Se assim fosse, seguiriam conosco além-túmulo. O que você leva após deixar o corpo físico são as ações que realizou enquanto vivia na matéria. As boas ações, as virtudes, a prática do bem e do amor, isso segue conosco eternidade afora. Tudo que é da matéria, aqui permanece. Tudo o que é do espírito, segue conosco, como nosso real e imperecível tesouro. Os bens materiais, efêmeros, aqui ficarão. Você se lembra como tudo sucedeu antes do seu desencarne?

— *Já lhe disse que não morri, pois se assim fosse não estaria falando com você. Estou viva, sedenta e faminta. Você viu como eu sou bonita?*

Algo aconteceu no mesmo instante, pois o que se ouviu foi um grito cheio de dor e desespero.

— *Não quero olhar para este espelho. Tire-o de perto de mim, não sou esta figura, sou jovem e bonita, não tenho estas rugas.*

— Minha filha, esta é você após todos os sofrimentos que vivenciou na prisão. Você não tinha espelho algum para ver. Foram décadas de tortura e dor, mas estamos aqui para ajudá-la. Você será tratada de suas feridas em local adequado em um hospital. Aceite este convite, e a equipe médica se fará presente, iniciando seu tratamento.

— *Mas não tenho como pagar, pois você disse que meu tesouro não mais existe. Como farei? Ninguém faz nada sem querer algo em troca. O que querem de mim?*

— Nada, minha filha. Queremos apenas que acorde para as verdades que estão à sua frente. Tudo o que lhe aconteceu ficou no passado, e nada podemos fazer quanto a isso. Seu corpo material aqui ficou, mas você continua como espírito imortal e não perece jamais. Cuide dele e prossiga sua jornada evolutiva, começando a quitar os débitos que contraiu em seu passado delituoso. As oportunidades de reajuste batem à sua porta, esperando que se conscientize da urgência em iniciar o caminho da reformulação de suas ações.

A mulher iniciou um pranto doloroso que a todos comoveu naquela sala. E então o ambiente resplandeceu em luzes que envolveram aquela triste figura, inundando-a de amor. Mais um socorro realizado, mais uma alma carente de entendimento e perdão havia sido beneficiada naquela noite.

Luciano se comovera com aquele relato doloroso, sentindo-se agradecido pela oportunidade de auxílio que lhe fora concedida. Sabia que a história estava longe de ser finalizada, mas sentia que o início do reajuste havia sido o resgate de Anita, a personagem infame daquele relato. A mesma personagem que dera início a toda a traição e comprometimento de Julinho e seus algozes. Muitas vidas foram ceifadas, outras destruídas, tudo por um capricho de mulher. Uma criatura calculista que apenas se preocupava com seu próprio destino. A história de Anita havia sido narrada a Luciano para que ele tivesse argumentos na difícil conscientização, mas o sofrimento era tão intenso, que nenhuma exposição maior foi necessária, e Luciano guardou as informações recebidas para outra ocasião, que ocorreria mais cedo do que esperava.

Em seguida, outras entidades espirituais deram comunicação e foram atendidas com a mesma destreza e amor. Outros intermediários, outras histórias, todas versando sobre a esperança que se deve ter em tempos melhores e mais auspiciosos.

Antes de finalizar os trabalhos, Luciano percebeu que uma entidade de luz se aproximou junto com outra menos iluminada. O dirigente pediu aos presentes na mesa que se mantivessem em prece, pois ainda havia uma comunicação. Reconheceu o irmão de luz, que lhe sorriu e pediu permissão para que seu acompanhante desse uma mensagem a alguém especial que lá se encontrava.

Luciano não poderia negar nenhum pedido daquele estimado trabalhador do bem, que tanto os auxiliava no trabalho de amor. Luciano assentiu com a cabeça, permitindo a mensagem.

O espírito menos iluminado aproximou-se mais de Elenita, criando o vínculo mediúnico propício ao intercâmbio entre as duas realidades, e falou com voz pausada e amorosa:

– *O que vimos nesta noite é a presença de Deus presente em tudo e em todos. Somos apenas humildes e despretensiosos trabalhadores, mas a tarefa maior está em Suas mãos amorosas e sábias. Infelizmente, nossa ignorância nos impulsiona a cometer tantos desatinos, comprometendo nossas possibilidades de ficarmos quite com suas leis. Erramos com aqueles que nos seguem os passos, falhamos com aqueles que amamos, deturpamos ideias e ideais, fugindo às nossas responsabilidades. O relato comovente da mulher que tivemos a oportunidade de presenciar reflete o que muitos ainda escolhem por seus ideais de vida, esquecendo-se totalmente de que o próximo tem as mesmas necessidades de ser feliz. Falhou com aqueles que nela confiaram, falhou principalmente consigo mesma ao se colocar num caminho de dor e sofrimento. Nossa irmã assim permaneceria se Deus a tivesse esquecido e a relegado à sua própria sorte, mas Sua misericórdia é infinita e faz recair Seu amor sobre todos seus filhos, os que caminham de maneira acertada e os que ainda preferem a escuridão, pois sabe que a esses também o Sol do amor irá, um dia, resplandecer. Não precisamos saber os detalhes dessa triste história, apenas conhecer o infinito amor que sempre cobrirá a multidão de pecados e fará despertar nos corações atormentados a chama da esperança e a certeza de que poderá, um dia, ajustar-se novamente às leis divinas, quitando seus débitos. Cada um caminha de conformidade com suas condições morais, e o Pai é consciente das limitações de seus filhos amados. Cada um tem seu tempo de despertar para as verdades eternas.*

Não podemos determinar quando esse tempo irá chegar. Se desejarmos apressar, poderemos colher frutos impróprios para o consumo. Não queira impor seu ritmo a ninguém, assim nos solicita o Pai, pois Ele não age assim conosco, dando-nos liberdade de escolher nosso tempo. Por que queremos assim agir com aqueles que amamos? Saibamos agir com cautela com aqueles que conosco caminham, respeitando suas limitações e seu tempo de aprender.

A médium silenciou por alguns segundos e em seguida deu continuidade ao intercâmbio espiritual, sem antes olhar nos olhos de Beatriz, como que se aquele momento fosse apenas para ela.

– *Esta mensagem cabe a todos os presentes, mas em especial à minha filha querida, meu sustentáculo nesses difíceis e dolorosos momentos. Aprendeu as lições que tentei lhe ensinar, pois já trazia toda a capacidade de compreensão e assimilação dentro de si. Quando diz que aprendeu comigo, saiba que me sinto gratificado, mas nada ensinei que já não soubesse. Sinto-me honrado de ter sido seu pai, pois pude compartilhar amor, alegria, sabedoria, tudo em abundância. Siga confiante o caminho que escolheu. Não se perturbe nem se culpe por algo que não está em suas mãos solucionar. Seu irmão, a quem muito amo, tem um caminho difícil e tortuoso a percorrer. Você pode apenas acompanhar seus passos, mas compete a ele se reajustar com seus desafetos e com seu passado. Jamais se esqueça de que alguns comprometimentos de vidas anteriores podem persistir se a culpa permanecer como companheira acusadora, minando toda a capacidade de superar os obstáculos da jornada. Não se compadeça nem se apiede pelas provas que ele terá que vencer. Apenas acompanhe seu caminhar, oferecendo a proteção e a segurança de seu amor, que será fator decisivo na resolução dos reajustes. Meu coração estará sempre com você, tentando lhe auxiliar quando possível. Nem tudo ainda consigo realizar pelos meus comprometimentos e pela culpa que ainda, infelizmente, carrego. Continue orando por mim, não se esqueça de que tudo voltará ao seu rumo certo quando todas as peças desse imenso quebra-cabeça novamente se encaixarem. Para você, filha querida, todo meu amor. Se achar conveniente falar de tudo isso com sua mãe, fale. Sei que um dia ela entenderá. Dê o tempo que ela necessita para assimilar tudo o que está ocorrendo em sua vida. Ela é mãe, e as mães acabam sempre se rendendo a seus filhos. Ao meu filho, peço que continue a lembrá-lo do meu amor incondicional e que ele não se sinta responsável pelo meu desencarne. Meu tempo expirou, e tive que retornar. Nem antes nem depois, mas no tempo certo. Diga isso a ele incessantes vezes para que essa verdade se instale definitivamente em seu coração. Confio que será capaz de resolver cada problema intrincado que aparecer, porque possui a força maior que sempre será imbatível: seu imenso amor. Fique em paz e um beijo em seu coração. Agradeço infinitamente a oportunidade a mim concedida e me despeço de todos na paz e no amor maior. Que Deus abençoe a todos!*

Dessa vez foi Beatriz quem se rendeu à emoção, derramando lágrimas de alegria pela mensagem recebida de seu pai. Ela tinha certeza de que ele lá estivera, falando verdades que guardaria para sempre em seu coração.

Quando a reunião terminou, Beatriz ainda estava chorando e Raul segurava suas mãos carinhosamente, entendendo o que ela estava sentindo naquele momento. Luciano se aproximou da jovem, envolvendo-a em um forte abraço.

– Assim seu pai gostaria de lhe abraçar, minha querida. Fiz-me portador de seu desejo e espero que se sinta agradecida por tudo o que hoje ocorreu. Um dia entenderá.

Todos se despediram e saíram silenciosamente da sala. Apenas Luciano ficou em sua conversa habitual com os demais que participaram da reunião.

Ele permaneceu por alguns minutos e depois também deixou a sala. Desta vez estava mais otimista, pois os resultados foram mais animadores. Nada como um dia após o outro.

Uma grande e infalível verdade.

19
Entendendo para ajudar

No trajeto de volta para casa, Raul queria conversar com Beatriz, mas ela se mostrava introspectiva, por causa da grande emoção que havia passado.

Ele respeitou o silêncio da amiga. Sabia que havia sido o pai dela a se manifestar no final da reunião. Enquanto dirigia, tentava entender o porquê das visitas de sua mãe e do pai de Beatriz. Queriam lhes avisar de algo? Quem sabe alertá-los sobre possíveis dificuldades? Se Deus auxilia dessa forma, talvez fosse o momento de repensar alguns conceitos. Depois que Elisa partiu, ele se distanciou do Pai Maior. Entrou em uma guerra silenciosa com Deus. Sentia-se injustiçado e órfão Dele. Era assim que Raul pensava quando a saudade o dominava e se sentia solitário e abandonado.

Mas os novos acontecimentos levaram-no a repensar alguns conceitos que tinha acerca de Deus. Rever conceitos é algo difícil, mas extremamente necessário quando se estão em jogo nosso equilíbrio e nossas chances de ser feliz. Mesmo Raul, sempre tão inflexível e resistente a mudanças, sentia que era hora de oferecer um novo olhar a tudo o que se descortinava à sua frente. Temos receio de mudar porque tememos o desconhecido, mesmo que ele nos aponte melhores possibilidades.

Raul estacionou o carro em frente à casa de Beatriz.

– Você está bem? Nunca a vi tão introspectiva! No que está pensando?

– Não tive a intenção de ser indelicada com você. Estava pensando em tudo o que meu pai me falou, da saudade imensa que tenho de nossas conversas. Estava lembrando cada palavra que ele falou para não mais esquecer. Sei que ele está contando comigo para interceder sobre o problema de Julinho.

– Beatriz, você não pode carregar o mundo em suas costas, pois mesmo que conseguisse não seria a melhor escolha a fazer. Somos responsáveis por nossas escolhas, e, se foram equivocadas, comprometendo nossa vida e de nossos semelhantes, temos que arcar com o prejuízo. Se pudermos auxiliar, lá estaremos, mas não podemos resolver o que não cabe a nós. Essa lição aprendi com Paulo há muito tempo. Você pensa que pode resolver os problemas do mundo? Quem resolverá seus problemas se perde tempo precioso olhando à sua volta quando deveria olhar para dentro de si?

Beatriz olhava surpresa Raul, ouvindo-o falar daquela maneira. Era surpreendente como ele se modificava a cada dia. Sabia que não estava errado, mas sabia, também, que não poderia deixar uma criatura tão querida sem auxílio algum. Ela não conseguia deixar de se sentir responsável por Julinho e ajudá-lo a resolver seus problemas. Só não sabia, ainda, como encontrar um caminho novo, menos tortuoso e menos doloroso que aquele que enfrentava com Julinho.

– Eu sei que você não está errado. Foi contundente e direto, mas quando se trata de uma vida que está em jogo, não posso oferecer um olhar puramente racional, desprovido de sentimentos. A vida espera que compartilhemos emoções, que possamos ajudar aqueles que dependem de nós, que nos solidarizemos com quem sofre e nos pede auxílio. Entendo que não posso resolver um problema que não criei, mas posso estar ao lado como sustentação e apoio quando for solicitada.

Foi o momento de Raul ficar pensativo, procurando digerir o que a amiga lhe falava. Lembrou-se de Elisa e de todo o martírio que percorreu com ela. Lembrou-se de quantas vezes pedira a Deus que transferisse para os ombros dele o pesado fardo que ela carregava. Quando amamos verdadeiramente, não queremos que o outro sofra. Preferimos sofrer a permitir que aquele que amamos seja infeliz, mas esquecemos de que nada depende unicamente de nós. Conhecemos uma parcela ínfima da nossa história, o que dirá da história alheia. Sabemos apenas o que podemos conhecer.

– Entendo seu ponto de vista e não quero que se sinta assim. Você tem seus motivos para estar preocupada. Se estivesse em seu lugar, faria o mesmo. Desculpe minha maneira de falar, como se fosse o dono da verdade. Bem, isso quase sempre ocorre.

– Sabe que não sei o que faço com você? Acha que sabe tudo sobre tudo. Então me diga: o que eu estou pensando agora?

– Que você está louca para eu lhe beijar!
Raul se aproximou de Beatriz, pegou-a nos braços e a beijou, sem que ela oferecesse resistência. Entregaram-se àquele momento com ternura.
– Desta vez você acertou, mas não pense que é para virar uma constante, hein?
Os dois ficaram juntinhos, apenas abraçados, deixando que o tempo levasse todas as inquietações embora. Beatriz deu uma pausa às preocupações e se permitiu um momento de paz e felicidade. Raul, por sua vez, sentia-se tão bem ao lado de Beatriz, que queria estar com ela todo o tempo. Ela era a única criatura que o fazia esquecer a amargura que ainda habitava seu enclausurado coração.
Ela não queria chamá-lo para entrar, pois sabia que não seria uma boa ideia. Só que não queria que ele fosse embora. Sentia-se protegida ao seu lado, como se todos os problemas fossem passíveis de solução. Sentia-se confiante, amparada, e, nos últimos dias, feliz e desejada. Não sabia onde tudo iria terminar...
– Raul, querido, chamaria você para entrar, mas já é tarde. Combinamos algo outro dia.
O jovem fez cara de desapontamento, mas sabia que ela estava certa. Tinham todo o tempo do mundo para desvendarem seus sentimentos. Tudo aconteceria no seu tempo.
– Bem, já que você está me mandando embora, que posso fazer? Vou sozinho para minha casa, ficarei solitário e abandonado naquela casa imensa e vazia. Tudo bem...
– Pare de me chatear. Não fui eu quem mandou você ficar lá naquele fim de mundo. Quantas vezes não falei para se mudar mais perto do seu trabalho? Vá direto para casa. Amanhã quero ver você descansado, com toda a energia. Esqueceu-se de quem irá nos visitar?
Raul bateu a mão na testa e se lembrou da visita: o acionista majoritário que de tempos em tempos fazia uma visita para acompanhar o andamento do jornal. Visita de rotina, porém daquelas que tomavam o dia inteiro. Doutor Vitório era um senhor de 80 anos, muito simpático, mas muito minucioso. Queria sempre todas as informações disponíveis. Raul teria um dia extremamente exaustivo.
– Já tinha me esquecido do compromisso.
– Durma bem. Tenha cuidado com a estrada a essa hora.

Raul roubou mais um beijo e só depois decidiu ir embora. Beatriz entrou na casa silenciosa, sentindo-se estranhamente bem e feliz, renovada em suas energias. Decidiu ir direto para a cama, sem ler antes, como era de hábito. Dormiu rapidamente. E o mesmo fato aconteceu como na noite anterior: viu-se saindo do seu corpo, adormecido na cama, e caminhou em direção ao quarto de Julinho. Encontrou-o também liberto do corpo, sentado na cama, esperando por ela. Beatriz aproximou-se dele, envolvendo-o num abraço carinhoso.

– Acalme-se, querido. Vamos encontrar uma solução juntos. Tenha fé.

O jovem tentou se desvencilhar da irmã, que o mantinha em seus braços fraternos. Beatriz sentia-se responsável por ele. Talvez, algum dia, entendesse por quê. Até lá, faria tudo o que estivesse a seu alcance para ajudá-lo.

– Afaste-se de mim, Beatriz, não quero que nenhum mal lhe aconteça. Eu não mereço sua ajuda. Agi por ganância naquela vida, destruindo a confiança que em mim depositaram. Sei que também fui enganado, mas mereci pela forma vil como agi com aqueles que me trataram com respeito e amizade. Não mereço compaixão, prefiro me entregar a meus algozes. Deixe-me encontrar com eles e me entregar. Será um favor que me fará. Se me ama, deixe-me ir com eles.

A emoção tomou conta daquele momento. Ambos choravam abraçados, temendo um destino trágico àquela história. Beatriz permanecia unida a Julinho, apertando-o fortemente em seus braços. Ainda abraçados, a jovem iniciou uma prece sentida a Deus, Pai de amor e misericórdia, rogando que os ajudasse a encontrar uma saída para tudo o que vivenciavam. As palavras se uniram às lágrimas que ambos derramavam, em um momento fiel de entrega Àquele que poderia lhes ajudar.

Enquanto oravam, o ambiente ficou iluminado, com raios brilhantes e amorosos, inundando-os do amor maior. Algumas entidades espirituais se aproximaram, compadecidos com aqueles seres imperfeitos que procuravam uma forma de se reajustar perante aqueles a quem fizeram sofrer. Lá permaneceram e deixaram suas energias renovadoras saturar o ambiente, fortalecendo-os para as tarefas que se seguiriam. Os jovens abriram os olhos, deslumbrados com aquela luz intensa que até os ofuscava. Não conseguiram visualizar nenhuma entidade em especial, até que surgiram duas, amparando uma outra, que quase não se sustentava em pé.

Uma delas, que parecia liderar aquele reduzido grupo, aproximou-se dos dois irmãos e disse:

– *A prece é infalível quando os propósitos são sinceros e nobres. Vocês rogaram a Deus que os ajudasse a decifrar esse intrincado problema. Saibam que nada irá mudar o que já foi feito. As infrações às leis divinas serão cobradas de cada devedor quando ele estiver apto a pagar. Este é o momento em que a misericórdia divina os favorece, esperando apenas que cumpram as resoluções tomadas. Como sabe, Júlio, muitos destinos foram alterados com a decisão que tomou naquela existência. O mal cometido acarretou mortes prematuras, desvios, fazendo com que permanecessem acorrentados ao erro, impedindo que a evolução de cada ser seguisse a rota estabelecida na programação reencarnatória. Negou a amizade, traiu aqueles que confiavam em você, e foi traído igualmente, resgatando já naquela existência parte do compromisso assumido quando cometeu grave equívoco. Só que naquela ocasião apenas parte foi resgatada. Agora busca auxílio da Providência, que nada nega àqueles que lhe solicitam amparo, desde que sejam sinceros em suas rogativas. Podemos, e devemos, oferecer um novo olhar a esse problema, procurando encontrar um meio de auxiliar a todos os envolvidos sem impor a nenhum deles nada além do que acreditamos ser justo. Cada um possui seu livre-arbítrio, escolhendo o que julga ser merecedor. Aceitarão a ajuda se assim desejarem, mas para que isso aconteça é necessário que abram seus corações a toda a verdade, sem esconder nada que possa comprometer o rumo da história. O arrependimento, quando sincero, abre as portas dos corações amargurados e rancorosos, indicando a prática do perdão verdadeiro. Uma das envolvidas, talvez a mais comprometida, já está sendo auxiliada. Pelo alto grau de comprometimento necessita de longo tratamento em hospital adequado. Não será possível a presença dela neste encontro, mas trouxemos aqui um dos envolvidos. Ele participou ativamente de todo o enredo, ajudando Anita em seus planos. Este companheiro foi quem tirou sua vida, Júlio, após a emboscada planejada por Anita. Ele estava cumprindo pena numa região umbralina por causa de seus atos vis e amorais. Nós o resgatamos de lá, após seu arrependimento, remorso e todo o sofrimento vivido.*

A criatura que foi trazida amparada se encontrava em condições lastimáveis. Confusa, repetia sem parar a palavra "perdão", em um choro convulsivo. Era digno de piedade e comoveu a todos os presentes com sua atitude de total arrependimento.

Julinho olhou aquele ser tão miserável, pensando que poderia ser ele a estar naquele estado, não fosse o amor incondicional de seus familiares, que permitiram sua encarnação dolorosa, mas com apoio de todos. Olhou com compaixão aquele que tirara sua vida de maneira tão traiçoeira, mas, de certa forma, providencial para que sua vida de erros se encerrasse antes que outros comprometimentos fossem adquiridos. Não tinha como não perdoar aquele ser que fora instrumento de sua salvação – ele encurtara sua vida material, sim, mas em contrapartida o havia auxiliado a reduzir sua pena. Lembrara-se da cena final, quando fora emboscado em um vale, semelhante ao que havia feito com seus companheiros. Também cometera grave delito ao roubar a carga dos companheiros que haviam trabalhado exaustivamente durante meses no garimpo em condições inóspitas. Aqueles eram períodos difíceis, quando nosso país ainda era colônia de Portugal. Carga que lhes havia possibilitado relativa fortuna. Só que ninguém age impunemente aos olhos Daquele que tudo vê. Podemos enganar nossos irmãos, mas jamais enganaremos ao Pai. Agir com decência deveria ser a meta de todos. Mas, como cada um só dá aquilo que tem, infelizmente ainda espalhamos ódio, inimizade, mágoa e rancor aos que compartilham conosco a existência. Ainda trazemos esses sentimentos inferiores em nosso coração, fruto da imperfeição que domina nossa existência.

Julinho se aproximou daquele ser tão desesperado, carente de perdão, profundamente arrependido pelos atos indevidos de seu passado, e o chamou pelo nome. Havia sido companheiro de garimpo, tão ganancioso quanto ele, tão devedor quanto ele, tão traidor quanto ele, que não poderia recriminá-lo por agir como ele próprio agira naquela vida. Ambos haviam cometido graves infrações que teriam que ser quitadas para que pudessem seguir em frente. Como não perdoá-lo se ele agira exatamente igual com seus algozes de hoje? Ele também não esperava que o perdoassem?

O ser que lá estava, ao ouvir seu nome, olhou à sua frente e se deparou com aquele a quem subtraíra a vida. Ajoelhou-se aos pés de Julinho, que o levantou e o aninhou em seus braços, amparando-o amorosamente como gostaria que um dia fizessem com ele. Seu coração palpitava de emoção verdadeira, sentindo que o perdão àquele ser já habitava seu mundo íntimo, perdão que Julinho nunca ofereceu a si mesmo. Quem sabe um dia se perdoaria por tudo o que fizera a seu pai nesta existência? Sincero em seus sentimentos, percebeu que estava diferente, mais leve, confiante de que talvez não precisasse entregar sua vida àqueles que assim impunham.

Talvez existisse uma alternativa, e contaria com Beatriz e com todos os que lá se encontravam para lhe auxiliar.

A entidade permaneceu nos braços de Julinho sob o olhar de aprovação de todos os presentes naquele quarto. Muita coisa seria diferente a partir daquela noite.

Beatriz via tudo silenciosamente, agradecendo intimamente a ajuda recebida. O que lá ocorreu não necessitava de explicações, não existiam palavras para expressar o que sentia.

Antes de se despedir, o grupo permaneceu por mais alguns instantes, e aquele que liderava pronunciou com satisfação e alegria:

– Meus jovens, continuem firmes no propósito de se auxiliarem mutuamente, pois assim estarão dando suporte a todos os que se encontram envolvidos nas teias da vingança e do ódio. Tenham calma e serenidade, pois a situação assim exige. Estaremos cuidando desse companheiro, preparando-o para o encontro e para as revelações necessárias. Não podemos antecipar resoluções que ainda não se encontram amadurecidas, pois corremos o risco de perder definitivamente os frutos da colheita. Tudo virá no tempo certo, exigindo de cada um a participação que lhe compete. Júlio, meu filho, tenha em seu coração a garantia de que todos merecem o perdão pelas suas faltas, sejam elas quais forem. Se pedimos ao Pai perdão pelos nossos atos indevidos, como podemos não perdoar um irmão devedor quando ele se compromete a quitar suas dívidas? Essa é a dinâmica da vida, que nos impulsiona ao progresso e à evolução moral. Você não está sozinho nesta caminhada, conta com irmãos abnegados que conquistou ao longo das sucessivas encarnações, aptos a auxiliarem-no nessa dura prova. Não desanime e seja forte e compassivo com aqueles que lhe perturbam a jornada e contigo próprio, perdoando-se pelas faltas cometidas quando ainda se encontrava na ignorância das leis eternas. Seu arrependimento é sincero, nós sabemos. Esperamos que nossos companheiros invigilantes também se compadeçam de ti, dando-lhe chances de se redimir das faltas cometidas. Não podemos lhe antecipar o que irá acontecer nos momentos seguintes, pois não depende de nós, apenas de você. Seja forte e firme em seus propósitos de se redimir perante aqueles que o procuram, mas não entregue sua vida sem antes lutar com todas as forças. Encontrará as respostas a todas as dúvidas que o atormentam, saberá os rumos que deve tomar. Esse é o significado das provas em cada existência, para que possamos provar que as lições foram assimiladas e devidamente registradas em nosso acervo moral. Se puder, acompanhe sua irmã ao centro espírita que ela tem frequentado e onde muitas revelações lhe foram endereçadas. Será o suporte momentâneo

de grande valia, restabelecendo suas energias. Ajude-se, e a Providência também lhe auxiliará, ofertando o que necessita para seguir sua jornada evolutiva, aprendendo com os erros e reconquistando seus desafetos, que ora julga perdidos. Confie e siga. Busque o conforto da oração quando se sentir com as energias consumidas. Enfrente com coragem o embate que se aproxima, certo de que a vitória pertence primeiramente àqueles que contam com o apoio do Alto, desde que seus propósitos sejam justos e nobres. Perdoe-se para que o perdão seja oferecido àqueles que dele necessitam e saberá que só aprendemos a pedir perdão quando aprendermos antes de tudo a nos perdoar, aceitando nossas limitações momentâneas, que o tempo e o trabalho constante serão capazes de sanar. Fiquem em paz, e que Deus abençoe esse lar e a todos que aqui se encontram.

Todos estavam profundamente emocionados com aquelas sábias palavras, carregadas de amor intenso e de uma paz sem limites.

A entidade abraçou novamente Julinho, prometendo auxiliá-lo quando fosse possível e permitido. Seu coração ficou leve e em paz.

Todos partiram, mas deixaram energias revigorantes e um doce perfume de amor que a todos envolvia.

Beatriz olhou comovida para seu irmão, abraçando-o também com todo seu amor e a certeza de que a partir daquele dia tudo seria diferente. Estavam todos de ânimos renovados, prontos para as consequências inevitáveis que se seguiriam. Estavam juntos nessa caminhada, acompanhados de irmãos de luz, o que já era de grande monta naqueles difíceis momentos. O que os aguardava na noite seguinte ainda era um incógnita, mas não sentiam mais o mesmo temor de antes.

Ficaram abraçados noite adentro, conversando sobre as estratégias que iriam utilizar com seus algozes na noite seguinte, quando o prazo se finalizaria.

Sabiam que seria uma batalha sem tréguas, mas com Deus nada seria impossível.

Foi a primeira noite tranquila após tantas em total descrença e temor.

Uma noite após a outra.

Estavam confiantes, isso era o que mais importava.

20
Buscando respostas

Beatriz despertou confiante pela manhã. Lembrava-se de ter tido um interessante sonho, no qual a única presença familiar era seu irmão, mas não conseguia se lembrar do conteúdo completo, apenas lembranças esparsas. No entanto, sentia-se diferente naquela manhã, como se os problemas não tivessem o peso que ela colocara sobre eles. Tomou seu café rapidamente e já estava na porta, quando sua mãe a chamou um tanto aflita.

– O que aconteceu, mamãe? É sobre Julinho? Nós já conversamos, e você concordou em esperar mais alguns dias para tomar sua decisão.

– Não, minha filha, não é sobre Julinho, mas não deixa de ter relação com ele. Aconteceu algo muito estranho esta noite, e preciso lhe contar.

Beatriz retornou e sentaram-se no sofá. Sua mãe lhe disse que teve uma noite muito agitada. Estava quase dormindo, quando ouviu a porta de seu quarto se abrir. Não sabia se estava sonhando, mas percebeu um vulto parado à porta, dizendo coisas que não conseguia entender. Num impulso, quase automático, ela se levantou e caminhou em direção àquele ser. Quando se aproximou, ele desapareceu instantaneamente. Voltou para a cama apavorada, e só depois de muita oração conseguiu adormecer. Foi nesse momento que presenciou algo muito perturbador: a presença de algumas criaturas andando pelo seu quarto. O que parecia ser o chefe estava muito enfurecido, falando que não tinham nada contra ela, mas contra o filho dela. E passou a relatar coisas abomináveis sobre Julinho, que ele não era quem ela pensava, que era um assassino cruel, que traíra a confiança de todos os que estavam naquele quarto e não merecia clemência.

A mãe de Beatriz, em prantos, disse que em seguida uma luz intensa entrou no quarto, assustando as criaturas, que fugiram apressadamente. A mãe se lembrou de ouvir a voz que tanto conhecia, tentando lhe acalmar:

"Durma, minha querida, é só um sonho, não tenha medo, pois nada de mal irá acontecer com nosso filho".

Beatriz olhou a mãe com lágrimas nos olhos, sabendo de quem era aquela voz tão conhecida e amada: seu pai, e a abraçou com carinho.

- Mamãe, não sei se você acredita, mas tenho certeza de que papai esteve aqui para visitá-la, preocupado, como sempre foi com você. Acredito que aqueles que amamos e que nos amam também estarão sempre nos acompanhando os passos, nos auxiliando quando possível. Ele, certamente, tem observado os momentos difíceis que estamos passando, e, como você sempre foi a maior preocupação dele, está tentando confortá-la. Você não acredita que nossos entes queridos continuam se preocupando com nossa felicidade?

A mãe, ainda em lágrimas, evitando o olhar da filha sobre ela, que poderia denunciar toda a fragilidade que sentia naquele momento, não respondeu.

– O que você sentiu quando ouviu essas palavras? – perguntou Beatriz. – Seja franca comigo e não tente sair pela tangente como sempre faz. Eu sei que não é o momento, mas tem muita coisa oculta sobre sua resistência em falar sobre isso. Quando você vai confiar seu segredo?

– Não tem segredo algum, minha filha. Você insiste nesse assunto...

– Mas você ainda não respondeu à minha pergunta.

Ela relutou em responder, mas precisava dar uma resposta à filha.

– Não posso afirmar com certeza se era seu pai, mas me senti tão calma e em paz que voltei a dormir um sono profundo e tranquilo. O que pode ter sido realmente? Seria verdade tudo o que disseram de seu irmão? Ele não é essa pessoa que dizem?

– É óbvio que Julinho não seria capaz de tirar a vida de quem quer que seja. Esse Julinho que conhecemos não seria capaz, mas e em suas outras vidas? Seria ele capaz de cometer tais desatinos? Eu não sei quem ele foi, quais as suas imperfeições morais e do que ele seria capaz, mas de uma coisa você pode estar certa: hoje ele é uma criatura diferente. É um ser pacífico, amoroso, emocionalmente comprometido por causa de todos os erros que já cometeu nesta vida. Você conhece seu filho melhor do que ninguém.

As duas mulheres se olharam firmemente, e Cecília pode perceber a força que Beatriz trazia em suas palavras, sentindo muito orgulho pela sua coragem e determinação: era realmente especial, assim seu marido dizia.

A mãe pensou no quanto o marido conhecia sua integridade e energia, por isso sentia tanto orgulho da jovem. Era uma criatura dotada de uma força incomum, não aceitava derrotas sem lutar exaustivamente. Em contrapartida, era dotada de uma capacidade infinita de amar, compreender e perdoar, auxiliando sempre. Olhou a filha com a mesma admiração que ele sempre demonstrou, pensando que já era hora de confiar a ela seus segredos retidos há tanto tempo em seu coração, e que apenas provocava insegurança e temor constantes.

Precisava contar a ela sobre seu passado, quando ainda era uma jovem imatura, que se deixara dominar pelo medo, fechando com fortes correntes seu coração. Só que, com tantos problemas a serem resolvidos, aquele não era o momento adequado. O momento agora era de ajudar, e precisava estar com todas as suas energias equilibradas. Beatriz poderia esperar para ver que tudo seria esclarecido, mas não seria naquele momento.

– Você acredita nas coisas que falei? Tem alguma dúvida de quem seja seu filho? – perguntou Beatriz.

– É claro que sei quem é meu filho. É uma criatura que amo intensamente, incapaz de fazer mal a alguém, que não a ele mesmo. Não tenho dúvida alguma, mas, depois que você disse aquelas coisas sobre ele poder ver e ouvir o que ocorre no mundo invisível, pensei que talvez fosse uma boa ideia ele procurar ajuda espiritual. Você disse que conhece um local sério que poderia ajudar Julinho.

– Fico feliz por você ter aceitado meu conselho. Agora só peço que se acalme e não pense mais no sonho. Deixe o resto comigo, certo?

Cecília abraçou-a carinhosamente, e se sentiu pela primeira vez em tantos anos realmente protegida. Sabia que a filha cuidaria de tudo. Confiava nela.

A filha sentiu-se apoiada em suas convicções e sabia que sua mãe seria muito útil dali para a frente. Beijou-a e se despediu, partindo direto para o jornal.

Encontrou Raul perto do almoço e percebeu que ele estava atolado até o pescoço, sem tempo nem sequer para respirar, olhando para ela com aquele olhar de súplica, que a conquistava. Precisava aprender a não cair na sua lábia, pois ele sempre conseguia tudo o que queria dela.

Quando o dia estava chegando ao fim, Raul recebeu um telefonema de Paulo. Pensava nele todos os dias, preocupado com a ausência de notícias do amigo. A conversa foi curta e dolorosa. Raul não esperava ouvir o que o amigo tinha para lhe dizer. Paulo havia consultado os melhores especialistas sobre o assunto e as opiniões não divergiram, seu caso era extremamente grave e poucas eram as chances de cura. Paulo decidira retornar ao Brasil e tentar os recursos aqui existentes, pelo menos ficaria perto dos amigos, que poderiam compartilhar com ele os momentos decisivos do tratamento. Existia uma chance muito remota, mas iria tentar. Avisou que retornaria na próxima semana, aproveitando aqueles dias para descansar. Tentava demonstrar naturalidade, mas Raul sabia que o amigo estava frustrado com as notícias pouco animadoras. Era inevitável não se entregar às dolorosas lembranças da enfermidade de Elisa e como sofreram em busca da cura. Como ele se comportaria quando tivesse que se defrontar com essa cruel inimiga, que luta sem tréguas para vencer seu oponente? Sabia que seu pesadelo continuaria, pois não poderia deixar seu grande amigo caminhar sozinho neste momento!

Sentiu-se estranhamente só, pedindo que Beatriz ouvisse seu chamado silencioso e lhe apoiasse. Ficou em seu escritório, refletindo sobre tudo. Percebeu que já era tarde, quando a porta foi aberta delicadamente, dando passagem à Beatriz.

– Como foi seu dia? Tudo sob controle?

– De certa forma, sim...

Ela percebeu Raul um tanto lacônico, distante.

– Falou com Paulo hoje? Alguma novidade?

– Falei com ele, e as notícias não foram as mais animadoras. Ele decidiu retornar para iniciar um tratamento aqui mesmo. Foi uma viagem inútil, que não correspondeu às expectativas dele. Não sei se vou conseguir passar por tudo aquilo novamente.

Ele falava com lágrimas nos olhos, olhando pela janela as luzes da cidade e sentindo a dor novamente eclodindo. Em tão pouco tempo, duas criaturas tão amadas sofrendo infinitamente. O que ele precisaria aprender com lições tão dolorosas?

Beatriz sentiu uma tristeza imensa, não desejava estar em seu lugar. Poderia acompanhá-lo na caminhada, mas não seria a mesma coisa que passar por todo o sofrimento mais uma vez. Foi ao encontro de Raul e o abraçou com todo seu amor, como a lhe dizer que desta vez ele não estaria sozinho. O rapaz não precisou de palavras, apenas de sua energia de amor que o envolveu plenamente. Esse abraço representava força, confiança, cumplicidade, companheirismo, afeto, tudo o que ele mais necessitava naquele momento. Entregou-se ao abraço confiante de que tudo seria diferente, pois ele não estava mais sozinho. Não mais!

Afastou-se depois de um longo suspiro, olhou-a com todo o carinho e deu-lhe um beijo, carregado de emoção e paz – aquela paz que tanto sentira falta nos momentos delicados ao lado da amada. Uma paz necessária, esperada e que tanto se empenhara em conquistar, mas sabia que não teria conquistado sozinho. Beatriz era a responsável por esse sentimento e devia isso a ela, de quem a cada dia se sentia mais próximo e dependente. Não sabia se conseguiria mais viver sem ela.

– Sei do que você está precisando e vou providenciar agora. Vamos, pegue seu casaco e vamos jantar. Tem um restaurante novo que ainda não conheço, mas as referências são as melhores, e não quero ouvir nenhuma recusa.

O jantar foi delicioso e relaxante, tudo de que eles precisavam naquela noite.

Na saída do restaurante, Beatriz mudou a fisionomia ao se deparar com o antigo namorado, o mesmo que já haviam encontrado semanas atrás.

Raul sentiu que ela ficou tensa e apertou fortemente sua mão, sentiu que deveria deixá-la segura e a envolveu nos braços para que o outro tivesse certeza de que ela estava acompanhada.

Raul o encarou com firmeza, o qual não desviou o olhar, enfrentando-o com certa agressividade. Beatriz apertou mais ainda a mão de Raul. Ao passar pelo antigo namorado, deu apenas um aceno, de forma distante e discreta.

– Beatriz, não fala mais com os amigos? Tenho saudades suas.

A jovem empalideceu e sentiu vontade de correr dali para bem longe daquele louco. Como ousava falar assim com ela! Sentiu o sangue subir pelo seu rosto, decidindo enfrentar mais uma vez aquele perturbado.

– Escute de uma vez por todas: não quero mais ter o desprazer de olhar para você, entendeu bem? Não quero mais ter nenhum tipo de contato com você, acho que já deixei isso bem claro. Deixe-me em paz de uma vez por todas! Da próxima vez finja que não me conhece e passe bem longe de mim.

O rapaz ficou furioso e pegou o braço de Beatriz com força, olhando com raiva e dizendo:

– Não pense que isso vai ficar assim; vai se arrepender por ter me desprezado.

Raul, que até então mantinha-se apartado da discussão, não suportou a forma como o rapaz segurou Beatriz e decidiu intervir.

– Largue o braço de minha namorada, você já foi longe demais! Vamos embora, Beatriz.

O outro não se conteve e, além de não largar a jovem, investiu sobre Raul. A confusão já estava armada, mas Raul não era homem de perder a serenidade por tão pouco. Afastou-se, e o outro investiu sobre o vazio, caindo no chão.

Já no carro, Beatriz, tremendo muito, chorou convulsivamente. Raul só parou o carro quando estava bem distante.

– Já acabou, ele não vai mais perturbar você, não fique assim, pare de chorar.

– Você não entende, custei tanto para me livrar dele, e agora em cada lugar que eu vou tenho que encontrá-lo! Ele é esquizofrênico, só me fez sofrer com suas atitudes, com seu ciúme doentio, e agora quer continuar me infernizando a vida!

– Fazemos tantas escolhas equivocadas, sofremos por nossas atitudes impensadas, mas não podemos nos culpar por não conhecer àqueles em quem confiamos nossos sentimentos. Você não sabia que tipo de pessoa ele era, como vai ficar se remoendo de culpa? Esqueça isso, não pode ficar fugindo e se escondendo, pois você não tem nada do que se envergonhar. Levante essa cabeça e siga em frente. Mal começamos a namorar e você já me faz brigar por você. Que namorada geniosa fui conquistar!

– Quem disse que eu aceitei ser sua namorada? Não me lembro de ter sido consultada sobre a questão. Você decidiu isso sozinho?

– Com certeza, se fosse esperar você se decidir, levaria tempo demais. Como é que eu vou jantar novamente em sua casa sem poder lhe roubar uns beijos, sem ser seu namorado? O que sua mãe pensaria de mim?

– Mamãe já o adorou desde que o conheceu. Você é capaz de conquistar com seu charme todo tipo de mulher.

– Meu charme é direcionado apenas para quem eu quero, não se esqueça.

Raul olhou o relógio, preocupado com o horário, e decidiu levar a jovem até sua casa.

Quando o carro parou na frente da casa de Beatriz, resolveram conversar um pouco mais. Ela comentou que iria convidar Julinho para que os acompanhasse no dia seguinte ao centro espírita. Contou rapidamente a conversa que teve com sua mãe pela manhã, e a decisão dela de aceitar esse tipo de auxílio para seu irmão. Combinaram de ir juntos ao jornal na manhã seguinte. Com um beijo carinhoso se despediram.

Perdido em seus pensamentos, Raul não percebeu a presença de um carro que os seguira até lá nem a figura macabra atrás do volante.

Era o ex-namorado de Beatriz, que nunca aceitou ser rejeitado por ela. Havia seguido o casal com a intenção de saber quem era aquele homem que o humilhara publicamente. Ele não aceitava derrotas, rejeição nem humilhação. Faria com que pagassem caro o insulto sofrido, mas na hora certa.

Pôde comprovar com seus próprios olhos os dois se beijando. Revoltado, pensou: "Ela não podia ter feito isso comigo! Ela me pertence e ninguém vai mudar essa verdade. Como pode desprezar meu amor? Ela será minha para sempre, e ninguém vai impedir!".

Renato, assim se chamava aquele tresloucado jovem, acreditava que poderia ter a posse de alguém a qualquer custo. Seus pensamentos eram incentivados por entidades de padrão vibratório inferior, o que alimentava sua loucura e inevitável infelicidade.

Seus pensamentos eram todos voltados para o mal. O que se pode esperar de pessoas que ainda alimentam em seu coração sentimentos contrários à prática do bem e do amor? Apenas o sofrimento e a dor.

O jovem ficou observando o casal até que se despedissem e decidiu seguir Raul até sua casa. Seguiu até determinado ponto, quando precisou pegar a estrada secundária para sair da cidade. Desistiu. Teria tempo para cuidar do intruso, mas não era o momento. Fez meia-volta e voltou.

Raul nem sequer desconfiava das intenções daquele jovem perturbado. Se soubesse, teria sido mais cuidadoso e não o teria enfrentado. A viagem até sua chácara foi tranquila, num misto de alegria, com Beatriz, e de tristeza, com as notícias do amigo.

A vida tem dessas coisas. Muitas vezes nos impulsiona por caminhos tortuosos, visando um aprendizado. Nem sempre compreendemos os desígnios de Deus, que são infalíveis e têm por finalidade nos conduzir ao entendimento das leis divinas. Custamos a entender essas lições; pendemos sempre para a incompreensão e a revolta, não aceitamos as corrigendas do Pai, pois acreditamos que sejam apenas castigo.

Durante o trajeto, por um breve momento, Raul se lembrou de Elisa, pensando se ela aprovaria que ele retomasse sua vida, entregando-se a um novo amor. Lembrou-se de seu último desejo antes de partir: que ele não se entregasse ao isolamento, tornando-se um homem amargo e endurecido. Não era isso que ela esperava dele, mas que continuasse sua vida, seguindo em frente, deixando o passado para trás, levando a certeza de que o amor que viveram duraria toda a eternidade. Foram essas as suas últimas palavras, carregadas de intenso amor e de saudade, eternamente unidos pelos laços do amor verdadeiro, que jamais se rompem, mesmo que a distância os separe. Lembrou-se dos momentos maravilhosos que puderam vivenciar. Lembrou-se do seu sorriso constantemente carregado de luz e vida.

Sentiu saudade de tudo isso, mas sabia que ela não esperava que ele permanecesse passivo, vendo a vida se diluir entre os dedos. Ela esperava que ele se entregasse a um novo amor, esperava que ele amasse alguém e que fosse muito amado. Se ela soubesse que Beatriz fosse sua eleita, certamente aprovaria sua decisão. Será que estaria acompanhando sua vida? Onde estaria? Raul pensou que gostaria de ter notícias, apenas para saber se ela estaria bem. Será que já aceitava a nova verdade? Dois mundos tão próximos e tão distantes. Separados por vibrações apenas. Raul percebia que sua relutância em aceitar a eternidade do espírito, as sucessivas encarnações, decrescia, dando lugar a novos conceitos.

Sentiu-se em paz, feliz e pronto para viver uma nova experiência afetiva, sentindo que Elisa estaria a seu lado, aprovando sua decisão. Enviou-lhe mentalmente todo seu amor, pedindo a ela que o mantivesse até o momento de se encontrarem novamente. Ela assim lhe prometera. Ele assim confiava que fosse acontecer.

Raul entrou em seu lar e, pela primeira vez, depois de tanto tempo, sentiu uma paz infinita envolvendo aquele lugar. Sentiu que, finalmente, seria hora de recomeçar sua vida. Chorou mais uma vez, mas agora um choro de despedida e saudade. Tinha que deixar Elisa ir embora, pois só assim poderia amar de novo, e já era tempo de recomeçar.

Deitou-se novamente no sofá da sala, como sempre fazia nos momentos de total desespero e infelicidade, mas desta vez estava em paz. Mais uma vez, despediu-se de Elisa, não dizendo adeus, mas até breve.

Ela entenderia essa despedida. Raul adormeceu e teve uma noite tranquila e em paz.

Precisava recarregar suas energias para dar continuidade à sua programação.

Tinha ainda muito o que realizar.

21
Recomeçando

Raul dormiu serenamente, sentindo-se renovado pela manhã. Sabia que tomara decisões importantes e inadiáveis na noite anterior ao assumir posturas essenciais em sua nova vida. Hora de recomeçar.

Lúcia precisava saber de sua decisão. Esperava que ela o apoiasse, mas se sentia inseguro de tocar no assunto.

– Bom dia, Lúcia. Adoro quando você me recebe com esse perfume na cozinha.

Ela riu e percebeu que o jovem acordara de bom humor. Bom sinal! Fazia alguns dias que o via apenas rapidamente. Percebeu um brilho novo em seu olhar e ficou pensativa. Será que ele já se conformara com a separação definitiva de seu grande amor? Ela sabia que em muitos momentos precisamos apenas de coragem para suportar o peso das dificuldades, pois não está em nossas mãos a solução do problema.

– Lúcia, sei o quanto você gostava de Elisa e sei, também, que ainda está aqui por ela. Não sei se outra pessoa suportaria meu destempero, meu mau humor. Sei que você a considerava e sente que precisa estar aqui para me ajudar. Eu já lhe disse que nem minha mãe toleraria as coisas que eu fiz, mas você sempre permaneceu fiel.

– Raul, eu faço isso porque gosto muito de você. É verdade que Elisa era uma pessoa adorável e foi como uma filha, mas se permaneço aqui é porque sei que ainda precisa de mim. Quando perceber que não sou mais útil, vou embora. Meus antigos patrões, os pais de Elisa, me deixaram em uma situação confortável até o fim dos meus dias, mas gosto do que faço, gosto de cuidar de você. Faço isso por você, como faria a um filho. Aliás, eu já me sinto um pouquinho sua mãe, sabia? Fico preocupada com você, se está se alimentando direito, se está voltando tarde, dormindo pouco.

Vou confessar que gosto dessa vida e torço por você continuar precisando de mim.

Raul ficou emocionado com o depoimento de Lúcia. Foi ao seu encontro e a abraçou carinhosamente. Era uma boa amiga, em quem sempre poderia confiar.

– Lúcia, vou lhe contar uma coisa e espero que entenda.

Os dois sentaram e se serviram de uma xícara de café ainda fumegante. Raul falou sobre seus sentimentos quando Elisa foi embora, o sofrimento que parecia não ter fim, a angústia, os pesadelos, e, por fim, a visita a um centro espírita com uma amiga. Disse que finalmente tomara a decisão de modificar o rumo da sua vida.

Lúcia já estava sorrindo quando ele lhe contou que estava interessado em outra mulher, mas queria saber se ela achava que ainda era cedo para isso.

– Não precisa dizer quem foi a eleita. Está interessado em Beatriz, sua amiga do jornal?

– Como você pode saber se nunca disse nada sobre ela?

– Tenho certeza de que foi uma boa escolha. Gostei dela assim que a conheci. Achei-a muito determinada, pois conseguiu algo inusitado: tirar você desta casa.

– Foi uma época difícil, que eu não queria ver ninguém, mas a insistência dela me fez retomar minha vida e minhas funções no jornal. Paulo deve ser grato a ela até hoje.

Quando falou o nome dele, uma sombra pairou em seu semblante. Lúcia percebeu e perguntou se o amigo estava bem.

– Não, Lúcia, infelizmente não está.

Contou, então, sobre a doença do amigo e as notícias frustrantes sobre a cura. Lúcia se entristeceu com a notícia, pois gostava muito de Paulo, figura presente na vida de Elisa. Eram muito unidos, e ela sabia que Paulo cuidara da jovem como um pai faria.

– Bem, voltando ao assunto que me deixou muito feliz – disse Lúcia, voltando ao assunto Beatriz para dissipar o véu de tristeza do ambiente –, ela já sabe dessa sua decisão?

– Assim, com todas as letras, não, mas ela está receptiva, o que já é favorável.

– Meu querido, as mulheres gostam de clareza e objetividade. Não gostam de meias palavras. Se você está gostando dela, diga isso com todas as letras. Não espere que ela adivinhe que você está interessado nela. Se quiser iniciar um relacionamento, prepare-se. Acha que ainda é cedo para sair do seu luto? Você que determina quando deve retomar sua vida afetiva, pois só você conhece o tempo de seguir sua vida.

Era isso que Raul esperava ouvir da querida amiga.

– Lúcia, você é muito especial para mim. Não sei o que teria feito se você não estivesse aqui. Saiba que não vou deixá-la ir embora daqui nunca. Nem pense em me abandonar.

Os dois sorriram afetuosamente. Uma energia luminosa pairava entre os dois. Havia uma outra presença no ambiente, invisível e que a tudo acompanhava, feliz com as decisões que Raul decidira empreender. Elisa a tudo observava, radiante de alegria com as decisões do amado em retomar sua vida, seguir em frente.

Elisa orou em silêncio a Deus. Suas preces haviam sido ouvidas. Enfim, Raul sairia daquele padrão doentio e depressivo, que aumentaria suas chances de se equilibrar e se fortalecer para os novos embates que teriam lugar em breve. Foi ao encontro dos dois, envolvendo-os com todo o seu amor, deixando fluidos salutares por todo o ambiente. Em seguida, saiu de lá acompanhada de seu mentor espiritual. Tinham outras tarefas a realizar.

Lúcia serviu um lanche para Raul enquanto conversavam. Ela o intimou a levar Beatriz para almoçar lá para que pudesse conhecer melhor a eleita de seu coração.

Raul estava em paz. Isso era uma grande conquista, fruto de seu próprio esforço e trabalho. Lembrou-se das suas tarefas no jornal e se apressou.

O dia passou rapidamente. Raul e Beatriz se encontraram apenas no meio da tarde. Ela lhe confidenciou que precisava sair mais cedo, pois iria até sua casa. Perguntou se ele poderia ir até lá, pois gostaria que fossem juntos para o centro espírita.

– Você está me convidando para sair? Pena que você só me convida para esse tipo de programa. Acho que já estava na hora de marcarmos um encontro menos espiritual e mais profano, não acha?

Beatriz se divertia com seu senso de humor, adorando o rumo que a relação estava tomando. Foi até ele e lhe deu um beijo.

– Pare de reclamar de mim. O encontro está de pé?

O jovem assumiu um ar de resignação e disse que passaria lá mais tarde. Ela lhe mandou um beijo já na porta e saiu. Rumou para sua casa, com a esperança de ver seus propósitos realizados. Quando chegou, encontrou sua mãe apreensiva, pois Julinho não quis ir à terapia e permaneceu trancado em seu quarto.

Preocupada, subiu até lá. Encontrou a porta trancada. Bateu insistentemente, pedindo que ele abrisse, pois tinha um assunto sério para conversarem.

– Julinho, abra essa porta e fale comigo. Quero ajudar você, sei o que pode acontecer se não estiver preparado. Estarei com você todo o tempo, acredite.

Julinho resistiu alguns minutos, até que abriu a porta e fitou a irmã com interesse.

– O que você sabe sobre o que vai acontecer? Como pode me ajudar? Estou apavorado. Eles disseram que o tempo se acabou, mas não sei o que significa isso. Será que estou enlouquecendo?

– Calma, querido, só quero ajudar, não sei por que falei aquilo, mas sei que juntos podemos resolver isso de maneira mais eficaz. Não sei se o tempo já acabou, só sei que, se existe uma chance de resolvermos essa questão, ela será muito melhor conduzida se estivermos mais fortalecidos. Por isso estou aqui: para lhe fazer um convite. Gostaria que me acompanhasse a um centro espírita que tenho frequentado nessas últimas semanas. Hoje é dia de assistência e gostaria que fosse comigo.

– Você quer que eu lhe acompanhe a um centro espírita? Você ficou louca? Imagine se a mamãe descobre isso! Não conte comigo, não quero mais problemas com ela. Além do mais, se eu sair de casa não sei o que pode acontecer.

– Do que você tem medo? De ver as entidades que o atormentam? Querido, quando dormimos nosso corpo permanece adormecido, mas em espírito ficamos livres e vamos até onde nossa mente deseja ir. Podemos permanecer no nosso quarto, como podemos ir a qualquer lugar. Pensando assim, não tenha medo de sair daqui. Nossos fantasmas nos acompanham aonde formos, aqui ou qualquer lugar que nos dirigirmos. O que precisamos fazer é não estarmos vulneráveis a eles quando nos procurarem para quitação de nossas dívidas. Somos criaturas muito imperfeitas e já cometemos muitos erros, nesta e em vidas anteriores. Aqueles a quem magoamos hoje nos procuram para que nos reajustemos perante eles. Somos hoje muito diferentes. Não somos mais aquelas criaturas ignorantes das leis divinas e precisamos que eles acreditem que não teríamos coragem de fazer a eles o que fizemos no passado. Simplesmente porque não somos mais os mesmos. Mas é preciso que você acredite nisso, meu querido, e pare de se culpar pelos seus erros. Seus inimigos, se é que podemos chamá-los assim, precisam tanto de ajuda como você. Daí pensei se não seria uma boa ideia levá-lo para tomar um passe. Você não precisa falar com ninguém, pois eu já contei seu problema. Desde então, tenho tomado meu passe regularmente por você. Mas sei que seria muito mais eficiente se você comparecesse pessoalmente. Sei que vai se sentir muito melhor, Julinho, por isso insisto. Quanto à mamãe, pode ficar tranquilo, pois foi ela mesma quem deu a ideia.

– Tem certeza de que será uma boa ideia? Se descobrirem minhas intenções, o que farão?

– Julinho, escute uma coisa de uma vez por todas. Eles não mandam em você. Ninguém pode nos dominar se não permitirmos. Você está fragilizado, por isso eles encontram acesso em seu mundo íntimo e mental. Se mudar de atitude e se sentir mais forte, eles deixarão de perturbá-lo. Acredite em mim e venha comigo.

O jovem ficou pensativo, andando de um lado a outro, indeciso sobre o que deveria fazer. Naquele momento, sentia que eles não estavam presentes, mas voltariam a qualquer momento. Receava o que poderiam fazer se sentissem mais raiva ainda.

Enquanto ele refletia sobre qual decisão deveria tomar, Beatriz entrou em prece, pedindo ajuda a Deus. Lembrou-se das palavras de seu pai e da força que tem uma oração quando sincera e com elevados propósitos. No mesmo instante, uma luz tênue surgiu no aposento, que ia gradativamente aumentando quanto mais Beatriz orava. Foi um momento mágico, em que espíritos iluminados entraram naquele local, derramando suas bênçãos de paz e de equilíbrio, atingindo os dois.

Beatriz sentiu uma paz imensa em seu coração, e a confiança passou a guiar suas ações. Sentiu-se segura e controladora da situação. Olhava para o irmão, que parecia mais receptivo a ela. Seu semblante estava menos apreensivo e seu olhar mais brando. Ambos haviam sido banhados com a luz do amor maior.

Aquele momento durou apenas alguns minutos, mas foi o suficiente para higienizar o quarto, retirando as negatividades presentes, fruto da invigilância e falta de fé. Precisamos aprender a confiar mais e a duvidar menos.

Quando Beatriz encerrou suas súplicas, abriu seus olhos e se deparou com seu irmão bem à sua frente, dizendo:

– Acho que você tem razão, não posso temer tanto os companheiros que me atormentam. Se eu errei, terei que acertar minhas contas. Eles não podem me dominar a ponto de me prender em meu quarto, em minha própria casa, como se eu fosse um prisioneiro. Eu me sinto como se tivesse sido julgado e condenado, sem poder exercer meu direito de defesa. É o que você tem me tentado dizer todo esse tempo.

– Exatamente isso, meu querido. Todos nós temos o direito de nos defender, de nos explicar perante aqueles a quem ferimos, traímos, ou o que tenhamos feito. O único que pode julgar nossos atos é Deus, que sabe exatamente quem somos e do que somos capazes de realizar contra ou a favor de nós próprios. E creio que Ele não outorgou esse direito a outro, portanto, vamos ter calma, pedir perdão e assumir nossos erros, pois só assim conseguiremos quitar nossos débitos. Tudo pode ser corrigido! O primeiro passo você já deu, arrependendo-se de seus erros. O próximo passo é se libertar da culpa que o impede de seguir em frente. Não se sinta culpado, pois a culpa apenas paralisa e nos impede de encontrar uma resposta aos nossos anseios de libertação. Nosso pai nunca lhe culpou por nada, você sabe disso. Ele apenas quis ajudá-lo, possibilitando sua recuperação para que pudesse retomar sua vida. Você não teve culpa alguma sobre o que aconteceu a ele. Nosso pai foi embora quando sua tarefa se encerrou. Eu acredito tanto nisso que não consigo conceber que você se atormente tanto. Foi a culpa que o aprisionou, e já é hora de se libertar dela.

O jovem respirou aliviado, mais sereno. Sabia que a irmã estava certa em alguns pontos, mas sentia que a culpa estava tão impregnada em seu ser, que sentia dificuldade de extraí-la de seu mundo íntimo. Será que existiria um remédio eficaz que retirasse de vez esse sentimento de seu coração? Convivia há tanto tempo com a culpa, que não conseguia se imaginar sem ela norteando suas ações.

Mas sabia que se assim continuasse o único desfecho seria a internação em uma clínica de doentes mentais ou, quem sabe, não faria uma loucura antes disso! Não podia continuar com essa postura. Em alguns momentos, sentia-se um velho sem forças para prosseguir, como se já tivesse vivido exaustivamente uma vida inteira.

Sua irmã tinha razão de insistir em ajudá-lo a sair desse padrão. Confiava nela e sabia que ela não iria enganá-lo, permitindo que ele alimentasse falsas ilusões. Ela tinha razão em estar preocupada com seu destino, pois, se assim continuasse, o desfecho poderia ser trágico.

– Eu vou com você a esse lugar. Você me promete que não vai me deixar sozinho? Estará o tempo todo do meu lado?

– Fique tranquilo, Julinho. Ficarei com você todo o tempo. Quando chegarmos lá, você irá falar com Luciano, que já conhece nossos problemas e tem me orientado sobre o que fazer. Foi ele quem insistiu para que você comparecesse pessoalmente, pois a ajuda seria mais eficaz. Fico muito feliz com sua decisão. Agora vá tomar um banho e se aprontar. Espero você lá embaixo.

O jovem se sentiu estranhamente confiante com as palavras da irmã.

Depois do banho revigorante, desceu e tomaram um rápido lanche, que a mãe preparara. Ela estava sorridente e também confiante com as resoluções tomadas. Era a última alternativa que tinham em mãos. Precisava dar certo! E se Deus permitisse, daria!

Assim que terminaram o lanche, Raul chegou para buscá-los. Ele entrou apenas para cumprimentar Cecília.

O clima estava mais leve, contagiando a todos, que ficaram otimistas com a situação. Nada parecia denunciar a complexidade do momento que enfrentavam, pois agora estavam confiantes. O primeiro passo para o sucesso de nossas ações é acreditarmos nos resultados positivos, confiar sem duvidar. Nossa fé é fator decisivo para o sucesso de qualquer empreitada.

Eles estavam confiantes que essa alternativa teria uma resposta positiva. Todas as demais opções já haviam sido utilizadas sem respostas favoráveis. Beatriz tinha uma fé sincera na nova doutrina que abraçara. Raul também se sentia confiante quanto aos resultados. Julinho queria muito acreditar que essa seria a solução para todos os impasses que vinha enfrentando ao longo da sua existência. Cecília, a mãe zelosa e protetora, confiava na filha, depositando nela todas as expectativas de sucesso. Todos empenhados em um só propósito, todos se entregando confiantes aos desígnios do Pai.

Obteriam ou não o sucesso? Quem poderia garantir? O tempo, senhor soberano, diria.

Os três rumaram para o centro espírita, e no trajeto conversaram sobre amenidades, nada que pudesse comprometer o clima harmonioso que se instalara. Julinho tentava ser cordial com Raul, conversando sobre o jornal e sobre a irmã. Raul, por sua vez, tentava ser o mais simpático possível com o jovem, afastando qualquer referência ao seu problema. Beatriz a tudo assistia, divertindo-se com ambos, seus grandes amores desta existência. Olhava com carinho para eles, desejando em seu íntimo que fossem muito felizes e que resolvessem os entraves do momento. Queria que soubessem que estaria ao lado deles em qualquer situação e que tudo faria para que encontrassem um caminho de luz para seguir. Ela estaria sempre por perto, acompanhando seus passos. Sentia-se responsável por eles, coisa que ainda não tinha compreendido. Encontraria as respostas no tempo certo. Tudo tinha uma explicação.

Chegaram ao centro espírita na hora marcada. Assim que entraram, Luciano veio ao encontro deles com um belo sorriso.

– Sejam bem-vindos, meus filhos! É o irmão de Beatriz, não? – perguntou, olhando para Julinho.

O jovem assentiu, cumprimentando aquele simpático senhor com um forte aperto de mãos. Luciano nada perguntou ao jovem, pois já conhecia sua história, apenas o acompanhou até a sala de passes. Julinho olhou apreensivo à irmã, que ficara do lado de fora. Mas recebeu a explicação de Luciano:

– Não fique preocupado, eu lhe acompanharei até a sala de assistência, pois você ainda não tem uma ficha conosco. Beatriz irá em seguida, não fique apreensivo. Estarei ao seu lado durante todo o passe. Depois, se quiser falar comigo, iremos até minha sala, combinado?

O jovem ainda temeroso acompanhou Luciano até a sala para receber a assistência.

Julinho sentou-se no centro de um grupo, e uma jovem sorridente lhe pediu que ficasse calmo e pensasse em Jesus. O jovem fechou os olhos, entregando-se àquele momento, com o coração cheio de esperança. Sentiu uma energia intensa adentrando-lhe o corpo em forma de ondas de calor que pareciam lhe fortalecer. Sentiu-se revigorado e em paz, como há muito tempo não sentia. Lágrimas de gratidão rolaram por seu rosto, fazendo-o acordar para a verdade maior que sua irmã tentava lhe mostrar: ele estava vivo e assim precisava se manter.

Quando abriu seus olhos, a jovem o fitava com um lindo sorriso. Disse que ele já podia ir e que fosse em paz. O jovem agradeceu e saiu, acompanhado de Luciano, que a tudo observava, mantendo-se num diálogo mental com o dirigente espiritual daquele grupo. Algumas informações lhe foram passadas, e agradeceu pela confiança nele depositada. De posse delas, saberia como orientar melhor aquele jovem, tão necessitado de esperança e fé. Saiu com Julinho e lhe perguntou se ele tinha alguma pergunta a fazer.

O rapaz olhou timidamente e perguntou se poderiam conversar um pouco. Luciano sorriu com a receptividade do jovem, entendendo o quanto ele necessitava de explicações. O jovem avisou a irmã que iria conversar com Luciano e que depois poderiam ir.

Beatriz estava radiante, seu plano parecia estar dando certo. Olhou Raul com ar de satisfação. Agora era só aguardar.

22
Enfrentando o passado

Luciano e Julinho conversaram por algum tempo a portas fechadas. Beatriz ficou do lado de fora tentando controlar sua ansiedade.

– Fique calma, está tudo bem – falou Raul. – Se ele encontrar você desse jeito, vai achar que alguma coisa mais séria está acontecendo.

Quando Julinho saiu acompanhado de Luciano, suas feições estavam calmas e serenas. Tanto Beatriz quanto Raul estavam curiosíssimos para saber sobre o que conversaram. Mas Luciano, captando esses pensamentos, decretou:

– Já está ficando tarde, tenho ainda que participar do encerramento de um trabalho e nosso amigo Julinho está cansado. Seria conveniente que fossem para seus lares e descansassem. Eu o convidei para a reunião da próxima semana.

Julinho olhou com carinho para aquele homem que parecia seu pai e sentiu-se protegido ao seu lado.

– Vou pensar – disse Julinho. – De qualquer forma, muito obrigado pelas explicações, foram muito úteis.

Beatriz estava curiosa para saber o que tinham conversado, mas respeitou a privacidade do irmão, que parecia estar sereno e em paz.

Raul iniciou uma conversação leve, tudo de que necessitavam. Quando chegaram em casa já era tarde, e Beatriz se despediu de Raul com um apaixonado beijo, que fez Julinho dar um sorriso maroto. Gostava de Raul. Viu o quanto sua irmã estava feliz com aquele relacionamento, e isso lhe bastava. Seus antigos relacionamentos foram tumultuados e complicados, e sua irmã merecia mais.

Depois que Raul foi embora, Beatriz tentou puxar a tão esperada conversa que estava aguardando.

– Como foi lá, Julinho? Sentiu-se melhor após o passe?

– Como você é curiosa! Agora entendo por que decidiu ser jornalista. Você quer saber tudo! É claro que vou contar todos os detalhes para você. Vamos fazer um lanche, pois estou faminto, aí conto tudo.

Beatriz havia tempos não via seu irmão ter uma atitude normal, conversando com espontaneidade e leveza, sem introspecção e sentimentos inferiores. Não parava de agradecer mentalmente a inspiração de levá-lo ao centro. Uma vez tinha lido algo como "o universo conspira a seu favor quando seus objetivos são nobres". Agora entendia! Sentia que não estava sozinha e que forças superiores a acompanhavam.

Julinho contou sobre o passe e o quanto se sentiu protegido naquele momento. Disse a ela que parecia que uma poderosa luz o envolvera, libertando-o de seus medos. Sentiu-se em paz como há muito não acontecia. Percebeu-se acolhido por mãos amorosas, que o fez se convencer de que era uma criatura normal, com imperfeições e defeitos, como todos os que lá estavam. Foi isso que mais lhe chamou a atenção.

Beatriz ouvia seu irmão com lágrimas.

– O que Luciano tanto conversou com você? Invado sua privacidade perguntando isso?

– Claro que não, nunca tive segredos com você. Esse senhor foi um anjo que apareceu em minha vida. Primeiro, ele me perguntou o que eu sentira lá dentro. Enquanto eu falava, parecia que ele já sabia o que eu iria dizer. Em seguida, me disse que precisamos deixar nosso fardo mais leve se desejamos seguir em frente. Não é possível caminhar com peso excessivo, porque nos deixa lentos ou nos faz parar no meio do caminho. E, se assim permanecemos, estacionamos em nossa evolução e nos tornamos alvo certo de todos que magoamos em vidas anteriores. Disse que a culpa acompanha o culpado, e só nos libertamos dela quando reavaliamos nossas condutas, entendendo a gravidade de nossos atos e tentando nos reajustar perante nossos ofensores. A única prisão que existe é de nossa consciência culposa. Mesmo que a sombra insista em nos acompanhar, necessitamos querer a luz em nossas vidas. Ele me perguntou o que eu esperava da vida ao me manter carregado de culpas. Nessa hora me lembrei do papai e senti uma saudade intensa dele. Nesse momento percebi sua presença ao meu lado. Chorei intensamente por alguns momentos. Aí ele me falou coisas sobre papai. Disse que ninguém é perfeito, nem papai era. Que ele, onde estivesse, também se sentia culpado por não ter conseguido ajudar-me como desejava. Disse que meu sofrimento pela culpa era também sentido por ele. A única solução para esse impasse seria me libertar da culpa, pois só assim nosso pai também se sentiria livre para seguir sua própria evolução. No final, senti como se papai me abraçasse. Foi como se ouvisse algo assim: "Fique em paz, estarei ao seu lado, não tenha medo, pois Deus estará conosco". Luciano me perguntou se eu havia entendido o recado, e eu disse que sim. Foi quando ele me convidou para uma reunião em que vocês dois já compareceram. Agora é você quem vai me explicar o que pode acontecer nessa reunião.

Beatriz estava radiante com tudo o que ele lhe narrara. Contou-lhe como a reunião se desenvolvia, do intercâmbio que lá acontecia entre as realidades física e extrafísica. Que ele nada deveria temer, pois não havia risco algum.

– Você acha que esses que me perseguem estarão lá? Eu poderei falar com eles?

– Não sei. Não tenha medo e confie. Se ele o convidou para essa reunião, é porque sua presença lá será de grande utilidade.

– Bem, se for realmente importante para o desfecho desse enigma, lá estarei.

– Decisão inteligente. Acredito que estamos a um passo de solucionar esse problema, mas você precisa estar confiante, sem receio desses irmãos. Sabe que eu tenho sonhado coisas de que não me recordo plenamente. Lembro-me de falar com alguém que não conheço, mas que o conhece e o culpa por algo que você cometeu. Tento conversar com ele, mas parece que está irredutível em sua vingança. Bem, já é tarde e precisamos dormir. Terei um dia atarefado no jornal amanhã. Desde que Paulo se afastou, Raul está ficando doido com tanta responsabilidade e delega funções para dar conta de tudo.

– Agora entendo o excesso de tarefas. Aliás, estou muito triste por não ter me contado sobre seu novo romance. Não confia mais em mim?

– Não fale assim, estamos apenas aprofundando nossa amizade, nos conhecendo melhor. Só posso dizer que estou adorando essa experiência e espero que vá adiante. Ele já passou por tantos problemas, tantas perdas, que nem sei se esse seria o melhor momento para iniciar um relacionamento. Se o romance evoluir, vou ficar muito feliz.

– O que espero é que ele não seja mais um dos seus complicados casos. Não quero que você sofra como da última vez. Espero que Raul seja diferente e a faça a mulher mais feliz do mundo, pois você é minha irmã querida e maravilhosa e merece a felicidade!

Os dois jovens se abraçaram, cheios de esperança de que suas vidas tomassem um rumo mais favorável e feliz. Pela primeira vez, em meses, Julinho entrou em seu quarto sem receio do que iria encontrar, pois se sentia fortalecido e preparado para o que a vida colocasse à sua frente. Luciano conversara sobre isso, sobre o que o aguardava, e que ele estaria ao seu lado, auxiliando-o a encarar todos os desafios. Julinho sabia que poderia contar com o novo amigo. Deitou-se em sua cama e não teve medo de dormir. Seu quarto nunca lhe pareceu tão tranquilo.

O que ele não pôde perceber era a intensa luz que envolvia seu quarto. Parecia que uma rede magnética cobria todo o local, isolando-o de possíveis intromissões indesejadas. As entidades, mantidas afastadas, não se continham de raiva e indignação por terem sua entrada barrada. Permaneciam do lado de fora da casa, pois sua entrada não lhes era mais permitida. Queriam encontrar o responsável por essa proeza.

Os amorosos companheiros da luz a tudo assistiam, satisfeitos com o rumo dos acontecimentos, conscientes de que aquela família merecia uma trégua para que suas energias fossem reequilibradas. Antes de partir, deixaram alguns protetores para cuidar daquele lar.

Enquanto isso, outro drama se desenrolava sem que seu envolvido tivesse a percepção do perigo. Após deixar os dois irmãos, Raul retornou à sua distante e isolada residência. Perdido em seus pensamentos, não percebeu que um carro o acompanhava durante todo o trajeto até seu lar. O motorista havia sido cauteloso, mantendo uma distância segura para não ser percebido. Raul entrou em sua casa, enquanto o motorista do carro, estacionado a certa distância com os faróis apagados, tudo observava.

O jovem que dirigia aquele carro era Renato, o antigo namorado de Beatriz, que queria a todo custo reatar seu relacionamento. Em nenhum instante, Raul percebeu as intenções daquele jovem. Enquanto arquitetava seu plano macabro, buscando uma forma de afastar de vez aquele homem de seu caminho, deu guarida a outro ser, este do mundo espiritual, que compactuava com suas cruéis intenções: ver Raul retornar ao mundo dos derrotados. Juntos, potencializavam seus ideais para que fossem concretizados no menor tempo possível.

Jean Paul, o inimigo ferrenho de Raul, ou de Vincent, jamais desistira de causar dor naquele que julgava ser dela merecedor por causa do sofrimento que lhe causara em vidas passadas. Jean Paul não se conformava com o fato de sua vida ter acabado daquele jeito! Nada daquilo deveria ter ocorrido! Por que seu grande amigo Vincent o traíra de maneira tão sórdida? A essas e outras questões ele não obtinha uma resposta plausível, fazendo com que seu ódio apenas crescesse.

– *Vincent experimentará todo o sofrimento que eu próprio vivenciei, farei companhia a ele por toda a eternidade* – pensava Jean Paul o tempo todo.

Como é triste observar alguém tão convicto em seus ideais de destruição, quando já tivemos provas mais que suficientes de que Deus é amor, é luz, é crescimento! Por que custamos tanto a entender essa simples e profunda verdade? Quantas vidas mais serão necessárias para que nossa consciência se amplie e nos mostre a direção certa a seguir?

Enquanto isso ainda não ocorre, verificamos a infinidade de espíritos que se empenham em se destruir, esquecendo que somente o amor é capaz de vencer as barreiras da impunidade e do sofrimento, mostrando que a luz é capaz de vencer todas as trevas.

Quando Raul entrou em sua casa, com os dois seres maquiavélicos, um do Plano Espiritual e um do plano terrestre, Jean Paul e Renato, tramando contra a sua vida, Elisa acompanhava o desenrolar daquele episódio, tentando se aproximar de Jean Paul, que a repelia de todas as formas possíveis. Ele sentia que ela também era culpada pela angústia que parecia nunca ter fim. Elisa enviava-lhe as melhores vibrações, que não encontravam receptividade. O mentor que sempre estava ao seu lado tentava de alguma forma consolar seu coração aflito.

– Tenha calma e serenidade, nada ainda foi definido, não esmoreça. Há muito caminho a ser percorrido antes que seja determinado seu desfecho. As leis do Pai são soberanas, você sabe disso. Nada acontece que não esteja determinado por Ele. Apascente seu coração, arme-se de coragem e confiança para que possa ser útil nos propósitos do Pai Celestial. Não deixe que as emoções e os sentimentos maculem a obra maior pertencente Àquele que tudo sabe e tudo pode. Confie em Seu amor, capaz de atingir a esse ser tão carente e tão desesperado. Não desanime nem permita que a dúvida impere. O ser que hoje encontramos nessa precária situação já esteve na Terra, vivendo uma vida normal, cheio de planos de felicidade, amando e sendo amado, mas se sentiu traído por quem mais confiava. Amou demais e não foi retribuído em seu amor. As pessoas em quem mais confiou foram as que proporcionaram seu maior sofrimento. Coloque-se em seu lugar, minha irmã querida. Procure sentir o que ele sentiu durante todas essas tragédias pessoais. É natural que não queira lhe dar ouvidos nem ser receptivo às suas intenções. Na visão desse companheiro, você novamente quer ajudar a Vincent, relegando-o a segundo plano. Ele se sente mais uma vez desprezado, e é natural que procure repeli-la. Dê tempo ao tempo, que tudo tomará um novo direcionamento. Contamos com o auxílio de muitos irmãos que conhecem toda a história, que participaram dela e sofreram por todos os incidentes que ocorreram. Procure uma forma de chegar até seu coração. O Pai irá lhe inspirar a melhor maneira para isso acontecer. Confie sempre!

Elisa sorriu, apertando as mãos do companheiro tão sábio e leal. Não podia duvidar dos propósitos divinos. Tudo aconteceria no tempo certo. Cada participante deveria encontrar uma forma de ressarcir suas dívidas contraídas, inclusive ela, que já estava se reajustando de seu próprio erro ao aceitar a curta encarnação a que se propôs, partindo tão precocemente e deixando seu grande amor para que pudesse ficar quite com a justiça divina. Não havia sido uma escolha fácil, mas foi a maneira encontrada de iniciar seu reajuste e jamais se arrependera de ter aceitado a tarefa. Seu coração ainda se encontrava em cacos, muitas vezes entrava em desespero ao ver seu amado tão frágil, desejando a saída mais fácil e conveniente. Mas seu amigo e protetor estava sempre ao seu lado, amparando-a nos difíceis momentos, mostrando-lhe que o melhor caminho a seguir era o da retidão e serenidade. Sempre o melhor e mais sábio caminho a percorrer...

Sabia que não conseguiria demover Jean Paul de seus planos macabros contra Raul, mas poderia estar por perto acompanhando o desenrolar dos fatos, irradiando todo seu amor a esses que lhe foram tão caros naquela encarnação. Seu amor era a ferramenta que poderia dar um novo rumo aos acontecimentos. Raul já estava mais receptivo a ele, retirando de seu íntimo os piores sentimentos que até bem pouco tempo habitavam seu coração. Ele já se encontrava em um outro padrão de vibração, principalmente depois que passou a frequentar o centro espírita. Sua crença ainda era pouco sedimentada, mas já acreditava na essência dessa doutrina esclarecedora, que o motivou a estudar mais, a crer mais, a confiar mais. Beatriz era sua grande motivação, e Elisa agradeceu intimamente por isso. Seria eternamente grata a essa que tanto estava oferecendo a seu amado. Já sabia o que estava por vir, pois tinha esse conhecimento antes mesmo de reencarnar, mas não sabia como iria se comportar quando isso ocorresse. Pensou que sentiria ciúmes, mas isso não ocorreu. Suas vidas haviam tomado novo rumo depois que ela retornou ao mundo espiritual. Não poderia prendê-lo eternamente, não detinha a posse dele, apenas possuía um amor intenso, que a eternidade seria testemunha. Desejava que ele seguisse com sua vida enquanto aqui estivesse. Não poderia interferir em suas decisões e sabia que Beatriz era a companheira certa para viver com ele uma nova experiência afetiva. Juntos poderiam, por sua vez, também ressarcir parte dos débitos contraídos naquela fatídica existência, dando oportunidade para que Jean Paul retornasse ao mundo material. Isso já estava previsto, muito antes de reencarnar. Sabia que Beatriz era a única que possibilitaria esse retorno pela grande afinidade afetiva existente entre eles. Ela seria a mãe perfeita a esse ser tão carente de amor e respeito.

Mas tudo seria reajustado, tinha muita confiança. Elisa, mais uma vez, observou Raul, que já se deitara com a cabeça repleta de preocupações, aproximou-se dele e o envolveu em uma luz intensa, a luz do seu sincero e eterno amor.

– Durma em paz, querido. Estarei sempre ao seu lado. Não tenha medo e confie em Deus, que sabe exatamente o que precisamos para crescer e evoluir. Não desanime com as recentes notícias sobre Paulo. Ele ficará bem, como sempre. É um espírito forte e determinado. Saberá administrar esse problema muito bem. Estaremos com ele no que for permitido. O que ele espera de você é que lhe dê o apoio no momento certo. O jornal é sua grande preocupação, e ele confia apenas em você para administrar e cuidar de sua grande paixão. Cuide-se bem, esteja atento, e as sombras não conseguirão atingi-lo. Fique em paz, meu amor. Estarei lhe esperando quando for a hora, mas saiba que esse tempo ainda vai demorar. Amo você.

Raul já estava adormecendo, mas pôde sentir essas palavras ressoando em seus ouvidos. Sentiu uma paz infinita em seu coração. E repetiu:

– Também amo você.

Do lado de fora, os dois ainda tramavam a forma como poderiam atingi-lo. O desencarnado colocou a mão sobre a nuca de Renato, que sentiu um arrepio percorrer-lhe o corpo e um desejo incontido de ferir aquele homem. "Ele não vai ficar com Beatriz porque ela me pertence", repetiu isso inúmeras vezes. Os dois, mancomunados em seus projetos infames, lá permaneceram por mais alguns instantes, observados atentamente por companheiros protetores.

– Agora já sei onde mora. Já sei o que fazer – falou Renato convicto.

Em seus devaneios, o jovem arquitetou um plano que julgou infalível. Contrataria alguém para assaltar a casa, e o assaltante atiraria no morador durante o assalto. Deu uma gargalhada estridente, fruto de sua loucura, já imaginando a cena se desenrolar. Era um plano infalível, com poucas chances de não dar o resultado esperado. Tinha alguns contatos que saberiam como executar fielmente o plano macabro.

Saiu de lá acompanhado de Jean Paul, radiante por ter encontrado o companheiro certo para resolver seus problemas com Vincent. Queria urgência, por isso decidiu acompanhar aquele louco e dar sequência à sua vingança. Ele sabia que tinha que ser paciente para que o plano fosse concretizado com sucesso, mas aquele jovem parecia ter sérios problemas mentais, o que poderia atrapalhar seu plano. Decidiu que seria mais conveniente estar por perto.

A casa permanecia silenciosa. Raul dormia profundamente. Durante seu desdobramento pelo sono, os amigos espirituais decidiram alertá-lo sobre os possíveis incidentes que poderiam ocorrer e o perigo iminente a que ele estava exposto. Sentiu que foi levado a algum local onde irmãos conversaram com ele sobre o que poderia lhe acontecer.

No dia seguinte, Raul lembrou-se parcialmente do sonho. A visão do antigo namorado de Beatriz, aquele com que entrara numa discussão um tanto agressiva, não lhe saiu do pensamento. Sentiu que deveria saber mais sobre o rapaz e acautelar-se contra ele. Lembrava-se de ter ouvido uma mensagem de alerta, como se sua vida estivesse em perigo. Guardou a mensagem mentalmente, prontificando-se a adquirir mais informações sobre ele com Beatriz.

A mensagem era clara: cuidado com ele! Mas por que essa orientação? Ele nem o conhecia, que mal poderia lhe causar? Sentiu certa urgência nessa questão e decidiu cuidar disso assim que chegasse ao jornal.

Lúcia ainda nem tinha chegado. Ainda era bem cedo, mas havia deixado pendências a resolver pela manhã.

Não via a hora que Paulo reassumisse seu cargo. Já estava ficando estressado demais com tudo o que tinha que pensar e executar. Paulo chegaria no final da semana. Como estaria?

É o que ele constataria em breve.

23
Resolvendo pendências

O dia foi intenso, e Raul não conseguiu falar sobre o assunto que o preocupara. No final do dia chamou Beatriz à sua sala.

– Tem um assunto que não me sai da cabeça. Talvez seja excesso de zelo, mas gostaria de fazer algumas perguntas sobre aquele seu antigo namorado.

– O que você quer saber sobre ele? Foi um antigo namorado que quase me enlouqueceu com seus ciúmes. Ficamos pouco tempo juntos. Por que o interesse?

– Ele me pareceu descontrolado naquela noite. Tive que interferir, mas creio que ganhei um desafeto. Tive um sonho pouco compreensível, que parecia ser um alerta contra possíveis problemas que ele possa me causar. Devo me preocupar?

Beatriz ficou curiosa com o súbito interesse por Renato. Seria ele capaz de atentar contra Raul? Lembrou-se da cena no restaurante, com Raul enfrentando-o. Havia sido humilhado, o que era inadmissível para ele. Começou a se preocupar com o que Raul lhe dizia, pois poderia ser mais que um alerta.

– Você ainda não respondeu. Devo me preocupar com ele ou devo esquecer o incidente? – insistiu Raul.

– Não tenho uma resposta precisa, mas não creio que tenha se tornado tão demente a ponto de cometer algum desatino. No entanto, como ele sempre me surpreende, é melhor ficar atento. Eu tinha planos de levá-lo a um restaurante maravilhoso...

– Quer dizer que tem planos para hoje à noite comigo? Aonde vai me levar?

– Vamos jantar em qualquer lugar que você escolher, combinado?

– Vamos pensar num local bem gostoso que possa matar essa minha fome.

Dizendo isso, agarrou Beatriz e a beijou apaixonadamente, esquecendo-se do lugar onde estavam. Foi ela quem se afastou e, sorrindo, disse:

– Aqui não é o local mais adequado, você sabe disso. Sempre foi contra misturar trabalho com romance. Vamos sair para jantar, depois podemos ir para casa.

– Você não quer ir até minha casa? Você avisa sua mãe que vai fazer uma matéria fora da cidade e que volta amanhã. Que acha da ideia?

Raul olhava Beatriz com aquele olhar que era impossível lhe negar algo. Ela também gostaria de ficar sozinha com ele. Será que não estaria apressando as coisas? A vida de ambos estava tão tumultuada que talvez não fosse a hora certa. E não gostava de mentir para sua mãe. Decidiu ligar para a mãe e dizer parte da verdade: que iria até a casa de Raul para terminarem uma matéria.

– Mamãe acabou de convidá-lo para almoçar conosco no sábado. Então, vamos? Podemos passar e comprar uma comidinha gostosa para nosso jantar.

Beatriz parecia ansiosa durante a pequena viagem, pensando se estava preparada para o que pudesse acontecer. Sentia uma forte atração por Raul, acompanhada de muito carinho e um desejo imenso de fazê-lo feliz.

A casa estava silenciosa e tranquila.

O mundo parecia distante, os problemas pareciam pequenos e de fácil solução, nada poderia abalar o momento pleno de paz.

O mesmo desejo os impulsionou a que caminhassem em direção um do outro, beijando-se com toda a paixão represada em seus corações. Aquele momento parecia não terminar jamais. A comunhão era plena, a entrega era total. Duas almas carentes de afeto e segurança, compreensão e amor, cumplicidade e respeito. Um momento inesquecível para ambos.

O tempo pareceu parar, como se nada mais existisse além daquelas duas criaturas apaixonadas e entregues ao amor puro e verdadeiro. Tudo aconteceu naquela sala, um lugar que antes tanto atormentava Raul, mas que agora parecia se transformar no lugar da sua redenção. Foi intenso e apaixonante.

Quando, finalmente, aquele momento se findou, olharam-se e perceberam uma luz intensa em seus olhares. A luz da certeza e da plenitude, da paixão e da serenidade, do amor e da paz. Foi um momento de que jamais de esqueceriam. Beatriz sorriu para Raul, celebrando a vida, que muito ainda tinha a lhes oferecer. Decidiram comer alguma coisa.

Nenhum constrangimento, nada que abalasse aquela relação que se iniciara tempos atrás. A intimidade era tão intensa entre eles, que dava a impressão de que se conheciam desde sempre. Enquanto comiam o lanche, conversavam sobre a vida, a profissão, seus sonhos, seus problemas, sobre tudo o que sentiam vontade de falar. Conversaram durante horas.

Já passava das duas horas da manhã quando Beatriz começou a bocejar, desejando acabar aquela noite nos braços do amado. Ele sorriu e pegou sua mão, levando-a para seu quarto. A jovem olhou para Raul, questionando-o se ele não via problema algum na presença dela ali. Ele então a abraçou carinhosamente.

– Quero que fique aqui comigo. Não diga nada, não questione nada, apenas me abrace e fique comigo. Preciso muito de você.

Beijou-a mais uma vez e se deitou. Ela se aninhou em seus braços e adormeceu tranquilamente. Que mais ela poderia desejar? Foi tudo tão maravilhoso que ambos sentiram receio de que pudesse terminar quando o dia raiasse.

Acordaram, pela manhã, com a sensação de que tudo havia sido um sonho. Beatriz despertou naquela cama sozinha e se levantou apressada. Chegou à cozinha e viu Raul preparando o café.

– Você e seu café, é sempre assim todas as manhãs?

– Não acordo sem tomar uma xícara de café. Venha que eu lhe sirvo. Gostaria de ficar com você a manhã toda, mas o dever me chama.

– Já deixou de ser meu amor para voltar a ser meu chefe. Prefiro você como meu amor.

– Aqui serei seu amor sempre! Agora, apresse-se, pois o caminho até o jornal tem um trânsito razoável. Foi uma noite maravilhosa. Vou me acostumar.

Beatriz deu um longo suspiro e concordou com ele: realmente a noite havia sido a melhor dos últimos anos. Ele era um amante carinhoso, um homem sensacional, um amigo incomparável. Que mais ela esperaria de um relacionamento que se iniciava?

Lúcia chegou quando eles se preparavam para sair. Beatriz olhou Lúcia com aquele olhar maroto, que foi compreendido por ela. Observou a alegria estampada nos olhos dos jovens e, intimamente, agradeceu a

Deus pela reviravolta na vida de Raul. Mas não queria que ele tivesse uma decepção amorosa.

Beatriz a beijou com carinho, e se despediram.

O dia foi intenso, e o tempo pareceu curto demais para o que tinham que realizar.

No final da tarde, Paulo ligou dizendo que chegaria no domingo, e Raul se prontificou a buscá-lo no aeroporto. O jornalista parecia bem. Contou, animado, sobre os espetáculos que viu em sua estadia na cidade americana. Conversaram sobre assuntos de trabalho. Ele parecia ter recobrado o ânimo e a energia habituais. Teria alguma novidade sobre um possível tratamento?

No sábado, Raul cuidou do apartamento do amigo para que nada faltasse ao seu retorno. Como ia almoçar na casa de Beatriz, apressou a arrumação e saiu logo. A saudade da jovem o fez aparecer antes do combinado.

Ela ainda não estava pronta, e Cecília lhe fez companhia. A mãe estava mais tranquila, mostrando ser uma companhia muito agradável. Conversaram sobre trivialidades, sobre o jornal, sobre o filho, que parecia estar mais calmo e dormindo melhor. Parecia que as coisas estavam entrando no prumo, mas ainda não era momento de comemorações, pois o caminho a ser percorrido era longo. Raul concordara com ela, mas incentivou-a a manter os ânimos elevados. Cecília concordou com Raul. Depois de lhe oferecer um aperitivo antes do almoço, ela se lembrou de que sua filha lhe falara sobre o período em que excedera na bebida. Olhou para Raul e, meio constrangida, lhe perguntou se seria uma boa ideia que ele bebesse.

– Dona Cecília, sei da sua preocupação com relação à bebida, mas fique tranquila, aquela foi apenas uma fase ruim. Aquilo é passado e não pretendo ter uma recaída.

– Fico feliz que tenha sido apenas um período difícil e que passou. Uma nova paixão conquistou seu coração?

– Mãe sabe sempre tudo, não é mesmo? – brincou Raul. - Eu estou me envolvendo com uma jovem incrível, talentosa, companheira, espirituosa e creio que a senhora conheça essa jovem muito bem.

– Fico feliz que seja Breatriz a eleita. Não preciso dizer o quanto é especial e maravilhosa, mas cuidado com ela. Devo alertá-lo de que minha filha também tem defeitos, e o maior deles é querer resolver a vida de todos que ela ama. Às vezes não sobra muito tempo nem para ela mesma.

– Esse defeito eu já conheço e sinto que ela não vai se corrigir tão cedo. Tenho que me acostumar e torcer para que ela resolva os meus problemas antes dos outros.

Os dois estavam num clima bem leve e descontraído quando Beatriz desceu as escadas.

– Chegou cedo, Raul. Não me lembro de tê-lo convidado para o café da manhã.

– Sempre espirituosa, não tinha nada para fazer e decidi chegar antes do combinado.

– Beatriz, não seja inconveniente. Desculpe minha filha, Raul. Beatriz, Julinho vai descer logo?

– Passei em seu quarto, e ele prometeu descer logo.

Como prometera à irmã, Julinho desceu logo em seguida. Parecia outra pessoa, mais sorridente e extrovertido. Todos estavam descontraídos, tentando deixar os problemas de fora daquele ambiente cheio de paz e alegria.

O dia transcorreu sem problemas. O almoço foi magnífico. Raul se sentia tão aconchegado àquele lar, que não fez esforço algum para sair de lá.

No final do dia, Cecília pediu licença para se recolher a seus aposentos e descansar, pensando em deixar os dois jovens sozinhos. Julinho fez o mesmo.

– Enfim sós. Está tudo bem? Sinto que algo o preocupa. O motivo é a chegada de Paulo? – perguntou Beatriz.

– Eu não consigo lhe enganar nunca. Foi um dia maravilhoso, como há muito não vivia. Acho que não sei o que é um almoço em família há tempos. Agradeça à sua mãe por esse dia incrível, mas não consigo parar de pensar como será o retorno de Paulo ao Brasil. Não sei se ele está bem ou se apenas quer ostentar essa tranquilidade. A única pessoa que o conhecia profundamente e de quem ele nunca conseguiu esconder absolutamente nada era Elisa. Ela tinha o dom de nos fazer transparentes aos seus olhos. Era uma pessoa incomum. Se ela estivesse aqui, tudo seria diferente.

Ao dizer isso, permitiu que uma sombra tomasse conta de seu coração. Um misto de saudade e amargura, tudo o que ele estava procurando eliminar de vez da sua vida. Principalmente agora, que estava iniciando um relacionamento com uma pessoa tão intensa e amorosa como Beatriz. Sabia que ela compreendia esse seu descompasso, mas já era tempo de superá-lo. Olhou a jovem com carinho, dizendo:

– Você tem sido a razão de meu viver. Estou tentando retomar minha vida por você, não esqueça. Peço que me perdoe esses retornos ao passado, lembrando-me de Elisa. Ela não está mais aqui, mas você está. A última coisa que desejo é vê-la triste.

– Não pense mais nisso, querido. Sei dos seus esforços para abandonar o passado, mas ele ainda é presente para você. É impossível viver à sombra de tudo o que aconteceu, mas é fundamental que entenda que tudo vai se acertar quando for a hora. Querer esquecer é fator de extrema importância, mas isso só não basta, é necessário que você aprenda a depurar essa dor, até que ela desapareça de vez. No seu tempo! É impossível controlar o que sentimos em nosso íntimo, mas podemos modificar nossos pensamentos, lutando para não permitir que eles nos levem para baixo. Eu não estou lhe cobrando nada. Vamos com calma, vivendo um dia após o outro, aproveitando cada momento de alegria. É assim que eu quero viver esse relacionamento com você.

– Você me surpreende a cada momento, Beatriz.

– Espero que para melhor, Raul.

– Você vem comigo até o aeroporto amanhã?

– Ele não vai se importar?

– Ele sabe que você está a par de tudo. Não tenho segredos com ele. Disse que você estava me ajudando na pesquisa de novos tratamentos. Pena que tenha sido em vão.

– O caso de Paulo é grave e talvez ele não tenha muito tempo de vida. Não adianta fingirmos que essa possibilidade não existe. Não sabemos exatamente se está debilitado, se está sofrendo dores. Você precisa ser forte para incentivá-lo a lutar.

– Agradeço sua ajuda, não queria reviver todo o sofrimento de Elisa sozinho. Preciso que você esteja ao meu lado.

Os dois sabiam o que estava por vir. Tempos difíceis os aguardavam.

Próximo ao jantar, Raul sugeriu que pedissem algumas pizzas para não precisar sair. Aprovada a ideia, por alguns momentos se esqueceram de todos os intricados problemas e aproveitaram os momentos de paz.

Quando nos tornamos receptivos ao auxílio espiritual, ele sempre estará presente. A pausa para recomposição das energias era essencial naquele momento.

Raul era um contador de histórias excepcional. Um mestre na arte de tornar divertidos os assuntos da maior seriedade, descontraindo o ambiente.

No fim da noite, ninguém queria que ele fosse embora. Queriam ouvir mais histórias, rir, liberar as emoções, ser feliz um pouco mais.

Beatriz disse que ele voltaria na semana seguinte e, se contasse todo seu repertório, não teria mais o que falar no próximo encontro. Cecília não se divertia tanto desde que seu marido ainda estava vivo, um companheiro cheio de energia e bom humor. Julinho parecia ter remoçado alguns anos, mais parecendo aquele jovem sonhador que tinha toda uma vida pela frente. Ele estava feliz, um sentimento que há muito recusara viver pela culpa que o atormentava. Beatriz estava cada dia mais apaixonada por Raul. E ele precisava daqueles raros momentos para deixar de lado os problemas.

Todos estavam felizes, cada um por seu motivo pessoal. Cecília sugeriu que ele se acomodasse no quarto de hóspedes para não precisar sair mais cedo ainda. Beatriz insistiu, e Raul decidiu aceitar o convite.

No dia seguinte saíram bem cedo, rumando para o aeroporto. Paulo chegou no horário.

Raul percebeu o esforço que ele fazia para aparentar serenidade e confiança, mas sua aparência já estava um tanto abatida. Estava mais magro, mais pálido, com um olhar mais cansado que de costume. Abraçaram-se carinhosamente e rumaram para o apartamento dele. No caminho, Beatriz perguntou se poderiam deixá-la em casa. Certamente ela queria que ficassem sozinhos; a presença dela poderia inibir Paulo.

Paulo sorriu para Beatriz, que retribuiu com um longo e caloroso abraço.

Raul deixou Beatriz em casa e se despediu com um beijo, que fez Paulo dar um sorriso de satisfação. A sós, não pôde deixar de fazer seu comentário:

– Até que enfim, meu amigo, parece que voltou à vida. Sabe há quanto tempo essa jovem olha para você de forma diferente? Só você não percebia! Mais um motivo para estar tranquilo se eu morrer amanhã. Sei que ela vai cuidar de você.

– Quer parar de falar tanta besteira? Ninguém vai morrer. Temos muita coisa para fazer ainda. O jornal precisa de você e eu também. Aliás, você faz uma falta danada. Ninguém me quer mais como chefe. Dizem que sou autoritário demais, que mando demais, que delego de menos e outras reclamações infundadas.

Paulo deu uma gostosa gargalhada, divertindo-se com Raul. Seu tutelado precisava aprender algumas importantes lições na arte de comandar. Esperava ter tempo suficiente para lhe passar tais lições, pois ele seria seu sucessor no jornal. Já havia conversado com os acionistas, falando de seu afastamento temporário para um tratamento de saúde. Quiseram que ele falasse da gravidade da sua doença, o que ele não pôde omitir. Paulo era o sustentáculo daquele jornal, admirado e respeitado por todos os acionistas e funcionários. Faria muita falta, mas sua saúde era a prioridade no momento, e decidiu pelo seu afastamento. Não sabia se seria temporário ou definitivo. Os acionistas tinham acatado sua indicação, o que deixaria Raul extremamente incomodado. Mas teria tempo para conversar com ele.

Paulo estava radiante por estar de volta a seu lar, seu reduto de paz e equilíbrio

– Estou curioso para saber as novidades – falou Raul.

– Não tenho novidades além das que já lhe relatei. Não pense que não fui atrás de toda e qualquer possibilidade de cura, mas sinto decepcioná-lo. É um caso raro, assim definiram, e as pesquisas ainda se encontram em fase embrionária. Isso significa que não tenho tempo suficiente para esperar que algo milagroso aconteça. O mais engraçado nisso tudo é perceber como a vida passou rápido e não tive tempo suficiente para realizar tudo o que precisava. Ficarão pendências que nesse momento eu transfiro para a única pessoa que confio neste mundo. Você, Raul.

Raul não estava entendendo aonde Paulo queria chegar com aquela conversa. Que pendências seriam essas que ele nunca mencionara?

Paulo foi até um armário e de lá retirou uma pasta que Raul jamais tinha visto. Junto com a pasta, Paulo pegou um envelope de aspecto envelhecido e entregou o material a Raul.

– Espero que você aceite essa incumbência, meu amigo. Ninguém sabe do conteúdo desta pasta, mas ela é nitroglicerina pura. Em mãos erradas, seria destruída e ninguém mais tomaria conhecimento de toda essa sujeira. Tenho investigado há alguns anos e sei que falta pouco para que tudo seja esclarecido. Mas agora sei que não terei mais tempo para encontrar a resposta que tenho procurado. Confio em você, em seu senso apurado para descobrir até o impossível. Veja com calma, preciso lhe explicar como tudo começou.

Raul abriu, primeiramente, o envelope envelhecido, e retirou algumas fotos antigas de pessoas que nunca tinha visto ou conhecido. Uma das fotos era de uma jovem que lhe chamara a atenção, mas não sabia por quê. As demais eram desconhecidas. A sequência de fotos era chocante, pois se tratavam de pessoas torturadas e mortas.

Olhou para Paulo com aquela expressão que ele tanto conhecia. Paulo já fisgara o interesse de Raul, e isso era o que importava no momento.

– Vou começar do início.

24
Um novo problema

Contou sobre as amizades que mantinha após graduar-se em jornalismo em um momento delicado que o país enfrentava. Seus amigos eram militantes de partidos que lutavam contra a ditadura militar.[7] Usavam métodos muitas vezes violentos para tentar impor suas ideias de democracia, sendo perseguidos, presos e alguns mortos ou exilados. Uma sombra que até hoje perdura pelos excessos cometidos. Entre seus amigos mais próximos estava Mirela, uma jovem advogada militante que havia sido presa, torturada e morta, sem confessar suas atividades nem denunciar seus chefes.

As prisões e mortes só foram apuradas muito tempo após o fato consumado, fruto do trabalho investigativo de Paulo e de alguns informantes. Raul conhecia tudo o que tinha ocorrido naquele período e continuou atento.

– Não entendi, ainda, o seu interesse. O que falta contar?

– Ainda não cheguei nem ao meio desse dossiê. Você poderá ler com mais atenção depois que eu finalizar meu relato.

E continuou a narrativa.

– O grupo a que Mirela pertencia era composto de jovens abastados. A jovem era proveniente de uma família de fazendeiros do centro do país. Os demais componentes desse seleto grupo também pertenciam a famílias tradicionais. O maior mistério, que eu ainda não consegui solucionar, era que as contas bancárias de todos os componentes foram limpas e ficaram desaparecidas até a presente data. Suspeitava-se que o dinheiro tinha sido roubado por membros do próprio grupo após a prisão de quase todos. Mas esse fato ainda não fora solucionado.

---

7. A ditadura militar no Brasil durou 21 anos, do período de 1º de abril de 1964 a 15 de março de 1985.

Raul ainda estava confuso e curioso para ouvir a história até o fim.

– Paulo, você está me deixando tenso com esse relato. Aonde vai dar?

– Calma, esperei quase trinta anos para montar este relatório e você já quer saber tudo em apenas alguns minutos? O pior ainda está por vir. Tive acesso ao relatório das prisões efetuadas na época, das pessoas envolvidas no interrogatório, e acompanhei a trajetória de alguns deles, hoje envolvidos na política e em cargos de alto escalão. Descobri que entre os presos políticos havia um delator que, em troca da liberdade, denunciou seus próprios companheiros. Ele ficou desaparecido até alguns anos atrás, quando o descobri e o obriguei a contar quem estava envolvido nas mortes de todos os presos, inclusive na de Mirela. Na realidade, essas mortes nunca foram explicadas, pois seus corpos nunca foram encontrados. Tidos como desaparecidos, deixaram seus familiares até hoje sem resposta sobre seus paradeiros. O desaparecimento do dinheiro de suas contas também era um grande mistério, até hoje sem solução.

– Era uma soma considerável? De quanto estamos falando?

– De muito dinheiro, pode acreditar. O suficiente para financiar campanhas eleitorais de grande envergadura. Leia o nome dos envolvidos, você vai entender meu interesse.

Paulo pegou a pasta e mostrou a Raul, que arregalou os olhos. Os nomes eram de políticos de destaque, conhecidos no cenário nacional. Raul deu um assobio.

– É uma denúncia muito grave, envolvendo pessoas que estão acima do bem e do mal. O que falta descobrir?

– Qual deles foi o mandante ou o próprio executor desses crimes, apoderando-se da fortuna que ninguém deu queixa? E o motivo era simples: se assim o fizessem, estariam atestando a participação de seus filhos em todas as ações terroristas.

– Você não disse ainda onde está seu interesse em tudo isso.

Paulo esboçou um sorriso triste, deixando seu olhar vagar por toda a sala. Ficou em silêncio alguns minutos, procurando reavivar todas as cenas vividas.

– Eu não cheguei a participar dessas ações terroristas, mas sabia de todas, pois Mirela era minha namorada na época. Eu era jovem, cheio de ideais de uma vida de liberdade na qual pudéssemos nos expressar livremente. Meu pai estava fora do país na época, como vice-presidente de uma multinacional, e não poderia manchar sua reputação, me expondo como eles. Tentei alertá-la sobre o perigo que corria, mas ela nunca me atendeu. O grupo todo foi delatado por um covarde, que os vendeu em troca de liberdade e total isenção dos crimes. Quando tomei conhecimento da prisão, falei com meu pai, pensando que ele poderia intervir, mas ele foi taxativo, disse que poderia ser incriminado com os envolvidos e não era conveniente. Orientou-me a sair do foco, viajando para o exterior. Tentei que ele mudasse de ideia, mas tudo foi em vão. Eu poderia ter me rebelado, mas faltou-me coragem. Mandei uma carta para ela, dizendo sobre as orientações firmes de meu pai, mas nunca obtive resposta. Anos depois, recebi uma carta pelo correio, de uma amiga de Mirela. Ela havia guardado uma carta endereçada a mim, pedindo que somente enviasse quando ela tivesse certeza de sua morte. Quando a situação se acalmou, tentei saber notícias dela e de seus companheiros. Resumindo a história: todos desaparecidos, todo o dinheiro também e nenhuma notícia que pudesse trazer alguma luz ao caso.

– Devo deduzir que seu interesse na busca por notícias seja pessoal. Sua motivação maior é descobrir quem matou Mirela?

– Não me perdoo por ter sido tão covarde e fraco!

– Não se culpe por não ter feito mais. Não poderia ter feito diferente.

– Quando recebi a carta de Mirela, fiquei sabendo de uma notícia que me abalou profundamente. Ela havia descoberto dias antes que estava esperando um filho meu. Ao ler a carta, ela já estaria morta e nada mais importava. Disse que esperava que eu pudesse tirá-la de lá, mas constatara a minha fraqueza. Era uma carta de despedida, simplesmente. Em nenhum momento se referiu a mim como seu grande amor.

Enquanto Paulo falava da carta, a emoção se apoderou dele, deixando as lágrimas caírem lentamente. Pensou o quanto ele se sentira solitário todos esses anos.

Raul queria muito ajudá-lo, pois sentia o quão importante era para o amigo concluir este relatório, encontrar os culpados e resolver de vez o enigma.

– Paulo, conte comigo para desvendar este mistério e fazer com que a justiça seja feita. Deixe comigo, e encontrarei os responsáveis por essa barbaridade.

– Tome todo o cuidado com este dossiê, pois contém informações de máxima importância. Conto com seu sigilo e discrição. Sei que falta pouco para encontrar o fio que falta da meada. Não sei se terei tempo para ver tudo concluído, Raul.

– Não fale como se fosse morrer amanhã. Confio que será você quem irá encontrar o fio que falta. Toda a história será resolvida, você verá. Onde foi que você parou?

A conversa só foi concluída no fim do domingo, quando decidiram as estratégias que seriam utilizadas.

O dia seguinte começara cedo para Raul, com as funções ainda sob sua tutela. Paulo pedira que ainda permanecesse por alguns dias, até que visitasse seu médico. Se suas condições físicas favorecessem, ele reassumiria suas funções no jornal.

Beatriz o encontrou bem cedo, querendo saber notícias sobre Paulo. Raul nada lhe escondeu, com exceção do relatório secreto do amigo. Sabia que não conseguiria esconder nada dela. Mas contaria no momento certo. Tentando dar novo rumo à conversação, perguntou se Julinho os acompanharia na reunião daquela noite.

– Tenho ainda minhas dúvidas, mas não quero ser insistente, pois deve ser uma escolha dele. Sei o quanto será importante ele estar presente à reunião.

– Luciano não teria feito o convite se não fosse importante para resolver os problemas de seu irmão, mas não se pode obrigar ninguém a fazer algo que não quer. Agora me diga sobre sua intuição: o que ela lhe diz que vai acontecer conosco?

– E você acha que preciso de meu sexto sentido para lhe responder a essa pergunta? Não, querido, os meus outros cinco sentidos podem lhe responder.

Disse isso com aquele sorriso sedutor nos lábios, beijando-o apaixonadamente.

– Já respondi à sua pergunta?

– Já.

Raul deu um longo suspiro e, olhando a jovem com aquele olhar sonhador, disse:

– Agora me deixe concentrar no trabalho. Adoraria ficar conversando com você o dia todo, mas não será possível. Vemo-nos no fim do dia. Caso eu fique preso em alguma tarefa, venha me resgatar para não nos atrasar.

Ao final do expediente, o casal passou na casa de Beatriz para buscar Julinho. Quando chegaram, Beatriz subiu até o quarto do irmão e, para sua surpresa, encontrou-o se vestindo para o encontro. Ela deu um suspiro de satisfação.

– Estava preocupada que você desistisse na última hora.

– Confesso que só decidi há poucos instantes. Luciano me orientou a entrar em prece quando não sabemos que decisão tomar. Foi o que fiz e senti como se alguém me dissesse o que deveria fazer. Foi algo estranho, mas convincente. Vamos!

Ao chegarem ao centro espírita, encontraram com Luciano, que os aguardava na entrada. A reunião iniciara exatamente como nas demais semanas, com uma prece de abertura. Na sequência, Luciano fez uma explanação evangélica sobre o tema reencarnação, abordando-o como uma nova oportunidade de reajuste de nossos débitos do passado. Falou ainda sobre o reencontro de almas em desarmonia e das infinitas possibilidades de redenção que Deus nos proporciona. Foi uma palestra motivadora e sensível, levando os presentes à reflexão de seus atos. Podia se notar em alguns companheiros as lágrimas. Era o que o Plano Maior tentava incutir nos corações de todos, pois cada um traz em si todo o potencial transformador para modificar posturas e condutas.

Em seguida à explanação, deu-se início ao intercâmbio mediúnico em atendimentos aos espíritos em necessidade. Todos os que se manifestaram por meio da mediunidade de Elenita foram recebidos com respeito, amor, compreensão e generosidade, que mereciam como filhos desgarrados do Pai, carentes de Seu perdão. Já quase no término da reunião, uma entidade espiritual se apresentou em extrema revolta, com palavras ríspidas e cheias de indignação.

– *Não pensem que podem me obrigar a vir aqui e resolver essa pendência em alguns instantes. Vocês nada conhecem, mas já tomaram um partido. Vocês têm consciência do que esse crápula fez? E ainda querem defendê-lo, como se fosse um pobre coitado, incapaz de cometer as barbáries que praticou. Querem que eu conte toda a verdade?*

– Acalme-se, meu filho – falou Luciano, em tom sereno. – Aqui nesta casa não cometemos injustiças nem tampouco colocamos uma venda em nossos olhos, impedindo-nos de ver a verdade. Você tem todos os motivos do mundo para estar indignado com tudo o que lhe aconteceu, mas não pode permanecer nessas condições indefinidamente. Precisa se libertar desse passado que o atormenta e seguir em frente, pois a vida assim exige.

– *Como posso seguir, deixando para trás tudo o que aconteceu? E tudo o que ele me causou? Fica por isso mesmo? Não posso deixá-lo impune enquanto eu aqui ainda me encontro. Ele me roubou, me traiu, tirou a vida de pessoas inocentes, roubou nosso tesouro que tanto nos empenhamos em conquistar. Agora vocês o protegem e não permitem que eu me aproxime dele. Vocês já escolheram um lado e, infelizmente, não é o meu.*

– Companheiro querido, não escolhemos lado algum. Não estamos aqui para julgar os atos dele ou o seu. Você não tem o direito de fazer justiça com as próprias mãos. Você não pode julgar e condenar alguém, pois desconhece todos os ângulos do problema.

– *Você está querendo me confundir, mas devo lhe dizer que conheço toda a história. Se ele não teve escrúpulos em ferir e matar, por que eu teria compaixão com ele? Eu o quero aqui, sofrendo como sofri desde que aqui cheguei. Não tenho nada contra vocês, apenas contra ele. Eu esperei tanto tempo para encontrá-lo. Não me custa esperar um pouco mais. Desamarre-me para que eu possa sair daqui.*

– Você não está amarrado. É livre para ir aonde desejar, mas lembre-se de que toda semente plantada será colhida no tempo certo. Colheremos conforme a nossa semeadura, seja ela de boas sementes ou não. Gostaria que antes de sair daqui você escutasse alguém que veio para lhe contar uma história.

– *Eu sei toda a história, não tente me confundir. Não entendo como vocês não conseguem ver a verdade. Mais uma vez peço que me soltem e me deixem ir.*

Enquanto Luciano tentava controlar os ânimos exaltados daquela criatura, falando-lhe acerca do perdão que ele deveria oferecer a seu desafeto para que ele também se libertasse da prisão que o impedia de seguir adiante, uma entidade foi trazida, amparada por outros companheiros do Plano Espiritual.

– *Estou aqui com o coração em prantos, tentando encontrar forças para enfrentar minha punição merecida. Preciso que me escute com atenção.*

A entidade logo reconheceu a presença feminina, mudando completamente a maneira de se expressar, tornando-se mais sereno e bem menos agressivo.

— Anita, quanto tempo tenho lhe procurado. Por que me abandonou? Não lhe prometi meu amor eterno? Não lhe ofereceria uma vida de rainha? Que mais desejou que eu não pude lhe oferecer?

— Não diga mais nada. Não me atormente mais com essas palavras como se eu merecesse seu amor. O que fiz não tem perdão, mas aqui estou tentando encarar meu passado e contar-lhe como tudo realmente aconteceu. Eu sou a única culpada pelo sofrimento que lhe causei, fruto do meu egoísmo e ganância.

— Não faça isso, meu amor. Que mal poderia ter feito? Sei da grandeza de seu coração, mas não tente aliviar o peso desse que eu persigo. Ele é o único responsável por toda a tragédia. Você é um anjo que tenta minimizar a culpa que a ele pertence.

— Pare, não me atormente mais. Não sou essa criatura que você idealizou. Não sou boa, não tenho bom coração, não quero mais esconder quem realmente sou. Eu sou a mentora do ataque àquele carregamento. Fui eu quem seduzi Juliano, prometendo-lhe meu amor eterno. Ele não queria traí-lo, mas eu insisti, fazendo-lhe promessas que depois não cumpri. Aliciei-o para que cometesse aquele hediondo crime, matando aqueles que tentavam defendê-lo, mas fui muito mais vil do que imagina. Após o roubo, quando estávamos de posse de toda aquela fortuna em ouro e pedras preciosas, eu mandei matá-lo. Juliano era um jovem idealista, cheio de dúvidas, que fez tudo aquilo apenas para poder ficar comigo. Acreditava que ele não era confiável e não podia deixar rastros, então preparei uma emboscada e ele foi morto, assim como fez a você. Depois disso, fugi para a Europa e lá permaneci até o fim dos meus dias, carregando por toda a vida o remorso pelos atos hediondos que fui capaz de cometer.

— Anita, não fale assim, não tente me enganar. Você disse que me amava, não pode ser verdade que tenha sido capaz de arquitetar tudo isso. Eu lhe disse que a tornaria a mulher mais feliz do mundo. Não acreditou em mim? Você não me amava realmente?

— Eu amava apenas a mim mesma. Perdoe-me, mas é tudo verdade. Eu sou a criatura que merece seu desprezo e sua perseguição. Deixe Juliano em paz. Deixe de persegui-lo, se quer fazer justiça. Serei sua prisioneira por toda a eternidade se assim desejar.

Luciano permaneceu silencioso, atento ao diálogo que se iniciara com vistas ao acerto de contas. Decidiu não intervir, permitindo que aqueles dois sofredores pudessem enfrentar o passado que não volta, mas que ainda irradiava toda a energia funesta sobre os participantes daquele evento. Quantos seres não carregavam, até o presente momento, o pesado fardo de seus erros? Quanta dor ainda insistia em permanecer, comandando e definindo os rumos a seguir? Seria possível deixar o passado para trás e iniciar uma nova caminhada? Seria possível perdoar e esquecer para seguir em frente?

Anita chorava intensamente, repetindo as palavras que custou a assimilar e que só agora eram verdadeiras pelos seus sentimentos modificados. Precisava do perdão daquele ser que tanto enganara com promessas que nunca se cumpriram.

Josué, assim se chamava naquela existência, permanecia em silêncio, refletindo em tudo o que acabara de conhecer. Estava surpreso, confuso, com seus sentimentos em ebulição. Não sabia como proceder, precisava refletir sobre tudo.

Luciano percebeu a dúvida e a insegurança naquele espírito, comprometido com as leis divinas, assim como todos os envolvidos naquele episódio. Não podemos tomar decisões quando a incerteza assume o controle de nossos atos. O melhor a fazer, nesses momentos, é não fazer nada. Parar, refletir, analisar cada ângulo da questão com muito critério, para não incorrermos em erros, dos quais podemos nos arrepender futuramente.

– Meu companheiro querido, agora já sabe todo o conteúdo desta triste história. Já tem elementos suficientes para fazer suas escolhas, mas, se ainda tem dúvidas, não tome atitude alguma antes de refletir sobre tudo o que aqui presenciou. Nossa companheira Anita encontra-se num hospital em tratamento, não podendo mais permanecer aqui. Peço-lhe que a deixe ir. Terá acesso a ela se assim desejar. Se não sabe o que fazer, acalme seu coração e peça amparo a Deus, que nada nos nega. Confie Nele uma vez. Entregue suas dúvidas, seus ressentimentos, sua revolta a Ele. Encontrará a resposta que procura, que aliviará seu coração e definirá novo rumo à sua existência. Se permitir que o auxiliemos, será encaminhado a lugar neutro, onde terá tempo para refletir e decidir o que fazer. Essa escolha é sua, meu filho. Ninguém pode decidir por nós o caminho que escolhemos seguir. Juliano, o que conhecemos por Julinho, está numa encarnação difícil, escolhida para iniciar seu reajuste perante as leis divinas. Você sabe de tudo, pois tem perturbado seu lar e a ele próprio desde que o descobriu. Hoje conheceu parte da história que lhe era oculta e agora tem argumentos novos a analisar. Aceite nosso convite.

Josué, ainda confuso e perturbado com tudo o que acabara de conhecer, viu sua Anita ser encaminhada para o hospital, já sem forças. Queria acompanhá-la, mas sabia que ainda não seria possível. Olhou Juliano na sala, nosso Julinho de hoje, percebeu que ele também havia sido enganado e já não sentiu mais o mesmo desejo de se vingar. Viu que o jovem não parava de soluçar porque tudo o que ali presenciava dizia respeito à sua existência passada, por isso não conteve a emoção pelas revelações que lhe foram feitas. Josué não sabia mais nada, seu mundo havia sido demolido e precisava se reconstruir. Percebeu que entidades de luz dele se aproximaram, envolvendo-o em muito amor. A emoção se apoderou dele, deixando-se levar pelas mãos amorosas daqueles companheiros.

Luciano despediu-se dele com todo o carinho, prometendo ajudá-lo quando possível. Fez uma prece sincera a Deus, pedindo que recebesse de volta aquela ovelha desgarrada que ora retornava aos seus braços amorosos, sedento de Seu perdão e de Seu amor incondicional. Todos estavam emocionados com tudo o que presenciaram, confiantes de que a justiça de Deus é sempre soberana e infalível. Nada fica sem resposta.

Luciano conduziu o encerramento da reunião profundamente emocionado, sentindo que o Plano Espiritual lá estava derramando seu amor em profusão, inundando os corações de todos os presentes com a luz da esperança e do perdão, essenciais à retomada de caminhos mais iluminados e seguros. Agradeceu intimamente a oportunidade de poder reconduzir aquele ser tão cheio de revolta ao caminho do amor e da paz.

25
Novas oportunidades

Quando a reunião se encerrou, parecia que todos estavam presos em seus lugares. A maioria se encontrava reflexiva, analisando suas próprias vidas e no que poderiam se transformar se agissem de forma equivocada.

Julinho permanecia estático, sentindo a emoção daqueles relatos trágicos. Não sabia exatamente como tudo acontecera, mas se sentia responsável pelo sofrimento daquela entidade enquanto encarnada. Lembrou-se das vozes cobrando dele algo que não conseguia identificar. Sentir-se culpado desde sempre era um sentimento que nunca lhe abandonava, uma dor profunda, uma tristeza que jamais cessava. As poucas pessoas que lhe faziam se sentir em paz e feliz eram Beatriz e seus pais. Quando seu pai morreu, foi a primeira tragédia pessoal a enfrentar, e assumiu toda a responsabilidade por essa morte.

O relato da noite lhe mostrou que comprometimentos do passado acompanham as novas existências, obrigando o reajuste dos erros cometidos. Só isso poderia explicar todos os sofrimentos e perturbações por ele vividos.

Beatriz, por sua vez, lembrou-se de seu sonho, percebendo que aquilo tudo fazia sentido para ela. Era Julinho quem ela defendia em seu sonho, a quem tudo fazia para levar à espiritualidade, a quem pedia que lhe mostrasse onde escondera o tal tesouro. Seu irmão acabara de ganhar uma nova oportunidade de refazer seu caminho e sua vida, libertando-se de um passado que sempre o colocou em posição de desvantagem. Enfim, a luz parecia brilhar no fim do túnel. Dependeria apenas dele as mudanças necessárias que precisariam ser colocadas em ação.

– Meu filho – disse Luciano se aproximando de Julinho –, agradeça a Deus a vitória desta noite, fruto do trabalho exaustivo de companheiros que lhe querem bem e de você, que manteve firme a proposta de aceitar a ajuda que lhe ofereceram. Sei que se sente cansado, mas tudo é passível de resolução. Peço que continue com os passes, pois eles lhe trarão de volta as energias perdidas. Amanhã já se sentirá renovado após uma boa noite de sono e alimentação adequada.

O jovem deu um sorriso e assentiu. Queria muito poder saber em detalhes o que havia feito naquela encarnação que transformara de maneira tão significativa aquele ser.

– Meu jovem – falou Luciano como que se ouvisse os pensamentos do rapaz –, o que vai mudar sua vida saber o quanto era imperfeito e quanto mal foi capaz de cometer? Esqueça o passado e siga em frente, tentando não incorrer em novos erros. Desligue-se dessa faixa mental para que os outros possam, por sua vez, também se libertar do sofrimento que ainda vivem. O erro nos remete a refazer a lição, procurando acertar e aprender. Por isso a frase de Jesus àqueles que Ele curava: "Vá e não peques mais". Ou seja, agora que já sabe que errou, já corrigiu seu erro, aprenda a lição e não erre mais. Entendeu o ensinamento sublime do Mestre? Não podemos nos fixar no erro, mas na lição aprendida, pois só assim conseguiremos nos libertar da culpa aceitando nossa imperfeição e, também, o quanto somos capazes de efetuar novas e acertadas escolhas.

Julinho ouvia com admiração aquele homem tão sábio e bondoso que lhe mostrara que a esperança nunca pode ser submersa na culpa e na dor. Temos que acreditar que a luz pode ser companheira de todos, dos que erram e dos que acertam. Agora precisava seguir um novo caminho. Procurou Beatriz com o olhar e encontrou-a com aquele sorriso cheio de vida e de luz, como a lhe dizer que estaria sempre ao seu lado. Sentiu uma paz que há muito não experimentava, retribuindo-lhe, também, o sorriso.

Luciano, por sua vez, observava a cena que se desenrolava à sua frente, satisfeito com os resultados alcançados naquela noite. Sabia que teriam um longo caminho a percorrer, mas já tinham dado o primeiro passo em busca da renovação de suas ações.

Os comprometimentos morais afetam nossa jornada evolutiva, atingindo nosso corpo físico, lesando-o tanto quanto foi lesado o perispírito.[8]

---

8. Perispírito é o envoltório semimaterial do espírito. Considerado o elo entre o espírito e o corpo físico.

Saneando a mente, já conseguimos grande progresso para a cura definitiva do espírito. Tudo se processará de maneira lenta e gradual. Tudo tem seu ritmo. Tudo tem seu tempo de correção.

Raul também experimentou uma sensação diferente, como se aquilo que ouvira o remetesse a um passado remoto e misterioso, clamando por libertação e resolução. Algo o deixara deprimido e confuso. Olhou para Luciano, que o observava com preocupação. Pensou em lhe perguntar o motivo do olhar, pressentindo que não gostaria da resposta. Sentiu um arrepio. Parecia que o perigo o rondava, mas não sabia de onde ele vinha. Pensou em conversar com Beatriz sobre aquela sensação.

Luciano o acompanhou com o olhar, pedindo que seus companheiros de luz protegessem aquele rapaz do perigo eminente. Ele precisava ser muito cauteloso, mas até que ponto podemos interferir nos caminhos que cada um deve seguir? Se o Pai não interfere, quem somos nós para assim agir? Muitas vezes precisamos de certos acontecimentos para poder exercitar nosso discernimento, nossa capacidade de lidar com o certo e o errado. Precisamos viver determinados problemas e situações para exercitar nossa capacidade criadora e transformadora. Assim se processa a evolução de cada criatura.

Talvez apenas entendamos e assimilamos uma lição quando a vivenciamos com nossos recursos íntimos.

Quando chegaram, Cecília aguardava ansiosa o retorno dos filhos. Julinho foi ao seu encontro e a abraçou com toda a força, chorando nos seus braços protetores e carinhosos. Ambos choravam cada um por seus motivos, mas conscientes de que uma pedra havia sido retirada do caminho. Ela sabia que teria que conversar com os filhos e lhes contar seu passado, mas teria tempo para isso.

– Julinho, meu filho, que alegria tê-lo de volta. Sonhei com esse momento todos os dias nesses últimos anos. Tenho certeza de que seu pai ficaria muito satisfeito e feliz com tudo o que está acontecendo. Vamos para a sala de jantar que preparei um lanche para vocês.

Ficaram conversando sobre assuntos triviais até altas horas. Quando Raul se propôs a ir embora, foi contido pelos três, que o impediram de sair àquele horário, convidando-o a dormir lá. Ele não conseguiu recusar o convite, pois estava muito cansado e sem vontade alguma de deixar aquela família.

– Dona Cecília, qualquer hora vou me mudar para esta casa. Se eu fosse a senhora, não me convidaria mais.

– Seria um imenso prazer tê-lo sempre por perto, meu jovem. Gosto muito de você.

– A recíproca é verdadeira. Sentia falta de uma família, mas só me dei conta depois que passei a frequentar sua casa. Só não sei até quando suportarão minha presença.

A descontração era total. Todos estavam felizes, e isso era o que importava naquele momento. Ficaram mais um tempo conversando, até que Cecília pediu licença para se recolher. Julinho a acompanhou.

– Raul, já pensou em se mudar para mais perto do jornal? Fico preocupada quando você tem que voltar, tarde da noite, àquele fim de mundo. Você não tinha um apartamento onde morava antes de se casar?

– Vendi assim que casei. Elisa queria morar naquela casa, herança de seus pais. E ela tinha um apartamento onde ficávamos quando precisávamos. Hoje ele está fechado. Não tenho coragem de entrar nele desde que ela se foi. Não consigo vender, mas também não consigo ficar lá. Pensei em alugar, mas não sei se é uma boa ideia.

– Sei o quanto é difícil para você pensar racionalmente sobre essa questão, mas você tem que fazer algo. Vender, alugar ou até morar lá se achar que é possível. É importante para retomar as rédeas de sua vida. E Paulo, como está?

– Como você já sabe, a viagem foi totalmente improdutiva. Nenhuma mudança de diagnóstico ou possibilidade de tratamentos alternativos viáveis. Creio que ele desistiu de lutar e não sei o que eu posso fazer para mudar sua ideia.

– Como assim, desistiu? Não posso acreditar que ele se sente vencido.

Raul não sabia se devia ou não contar seu segredo e sobre a incumbência que Paulo lhe dera. Queria dividir com Beatriz, pois sabia que ela lhe ajudaria. A jovem percebeu o olhar preocupado de Raul. Havia algo mais, e ela pressentia.

– Ele está cansado e sem forças. Pediu-me que permanecesse mais alguns dias em seu lugar no jornal, até se decidir se vai poder ou não conciliar o trabalho com o tratamento. Bem, deixemos isso para amanhã, agora quero namorar um pouco.

Beatriz se entregou a um beijo cheio de paixão e carinho, sentindo que a cada dia se apaixonava mais. Queria muito fazê-lo feliz. Queria viver uma vida plena de amor com ele, na qual ele se sentisse vivo novamente.

Do lado de fora da casa, o antigo namorado de Beatriz não se continha de revolta ao perceber que Raul iria dormir em sua casa. Sentiu que seu tempo se esgotava e, se desejava tê-la de volta, teria que afastar definitivamente os dois enamorados. Tinha que colocar seu plano em ação o mais rápido possível, só assim teria chance de que ela voltasse a seus braços. Em sua loucura e revolta incontidas, era acompanhado por seu comparsa espiritual que tinha as mesmas ideias sobre Raul, desejando-lhe todo o mal possível e seu retorno ao mundo espiritual. Precisavam agir rápido, assim pensavam.

Na sexta-feira, Raul ainda não havia contado a Beatriz sobre o relatório secreto de Paulo, mas não conseguia mais parar de pensar sobre o fato. Precisava dividir isso com a namorada. Paulo mantinha contato com Raul, mas ainda não tinha novas informações sobre seu retorno. A vida seguia.

No final do expediente, Raul foi até a redação e pediu para Beatriz ir até seu escritório, pois tinha um assunto urgente a tratar.

– Pois não, chefinho. Qual o problema?

– Que vai fazer hoje à noite? Tem algum compromisso?

– Bem, pensei em sequestrá-lo e mantê-lo prisioneiro durante todo o fim de semana.

– A ideia é sugestiva, tenho que concordar. Já pensou num lugar para meu cativeiro?

– Já. Pensei numa chácara distante da cidade, que não vai chamar atenção alguma. Ninguém vai nos incomodar e teremos todo o tempo para nós. Que acha da ideia?

– Ideia aprovada, minha querida. Vamos jantar primeiro e depois deixo você me sequestrar. Preciso conversar com você um assunto muito sério, e não pode ser aqui.

– Já estou liberada, podemos ir. O que tanto o preocupa?

– Depois conversamos. Vamos?

Durante o jantar, Raul iniciou o assunto:

– Preciso lhe contar algo de extrema complexidade e da sua total discrição.

– Você está me deixando preocupada, meu querido. O que está acontecendo?

– Algo muito sério, posso afirmar. Bem, a história é o seguinte...

Iniciou o relato falando sobre a pasta secreta que Paulo lhe entregara. Falou sobre o conteúdo revelador e instigante dos documentos naquele relatório e a história de Paulo e seu envolvimento com uma jovem participante de um grupo revolucionário. Beatriz ouvia atentamente o relato. Entendeu a necessidade de manter sigilo e discrição, pois o caso era realmente comprometedor. Se fosse divulgado, poderia abalar a vida política dos envolvidos. Faltava ainda encontrar o mandante de toda aquela barbaridade, e essa era a incumbência que Paulo designara a Raul.

A jovem estava indignada com as informações recebidas. Ela faria de tudo para ajudar a encontrar os culpados dessa triste história para que fossem punidos pela justiça dos homens, mesmo que tardia. As vítimas teriam suas histórias reveladas e seus familiares tomariam conhecimento de seu triste destino.

Raul sabia que ela reagiria com indignação, conhecendo a índole e os princípios da namorada. Paulo não poderia saber que ele dividira seu segredo, mas ela era hábil o suficiente para desvendar esse mistério e seria de grande ajuda pelos contatos dentro da polícia. Era uma repórter investigativa bastante respeitada, ainda que tivesse pouca experiência na área.

Raul ficou mais aliviado ao dividir a responsabilidade que o amigo lhe incumbira. Queria muito resolver essa história. Ele merecia que tudo fosse esclarecido para que a paz voltasse ao seu coração.

– Imagino o quanto Paulo sofreu guardando esse segredo. Por que ele nunca lhe contou?

– Era uma pendência pessoal que ele esperava resolver sozinho. Ele devia isso em memória dessa jovem que tanto amou e decepcionou. Ele só me deu essa incumbência porque acha que não terá tempo suficiente para desvendar esse mistério. Se ele não estivesse doente, dificilmente repassaria essa tarefa.

Continuaram o jantar conversando sobre amenidades, sobre o jornal, sobre Julinho e sua transformação e, é claro, sobre eles.

Ao término do jantar, rumaram em direção à chácara sem perceber que estavam sendo seguidos. Ambos estavam enamorados, só tendo olhos um para o outro. Nem sequer cogitaram a ideia de perigo rondando suas vidas.

Ao chegarem, permaneceram na varanda observando as estrelas da noite, visíveis apenas longe da cidade grande. Era um espetáculo de rara beleza. As estrelas brilhavam intensamente, e a lua, ainda crescente, parecia querer impor seu brilho, mas não conseguia superar a luminosidade que as estrelas irradiavam. Era uma noite agradável, apesar de ser inverno. Ficaram lá apreciando o espetáculo, até que Beatriz sentiu frio e decidiram entrar.

Raul ia fechar a porta, quando ouviu um barulho estranho vindo de fora da casa, como se alguém estivesse andando sobre as folhagens do jardim. Foi até a janela e não viu nada. Pensou que poderia ser apenas o vento balançando as folhagens. Sentaram-se na sala, e Raul colocou uma música tranquila para deixar o ambiente mais aconchegante. Sentia-se como um jovem apaixonado, e estava gostando de viver esse papel. Beatriz era uma mulher maravilhosa, por quem cada dia estava mais apaixonado.

Estavam tão descontraídos, que nem perceberam que a porta tinha sido destrancada e dois homens encapuzados entraram, gritando, pedindo dinheiro e joias. Nervosos, cada um portava uma arma.

– Calma, podem levar o que quiser. Não tenho muito dinheiro, mas podem pegar – disse Raul.

Imediatamente ele tirou o relógio e o entregou aos bandidos, pedindo a Beatriz que assim também fizesse.

– Quero os dólares e as joias. Vamos, abra o cofre, tem muito dinheiro escondido lá dentro. Rápido ou os dois morrem.

– Não tem nada guardado no cofre. Não sei quem lhe deu essa informação. Tudo o que tenho está aqui.

Ao fazer o movimento de pegar a carteira, o homem que estava à sua frente pensou que ele iria atacá-lo e, sem pensar, disparou a arma em direção a Raul, que sentiu uma pinçada na têmpora. Beatriz começou a gritar, tomada pelo desespero, acudindo Raul, que permanecia caído ao chão sem qualquer movimento.

Os dois homens se olharam assustados e decidiram sair correndo. Haviam recebido uma soma volumosa para realizar o trabalho.

Beatriz ligou para a emergência, pedindo socorro e uma ambulância. Contou sobre o assalto e o ferimento de Raul. Ela estava em pânico. Raul não se mexia, e ela não sabia se ele estava vivo ou não.

Tomou seu pulso e percebeu que havia batimentos fracos. Com uma toalha, pressionou o ferimento, que sangrava muito. Sozinha naquela casa, Beatriz começou a chorar, pedindo a Raul que não a deixasse, que permanecesse vivo. Ao mesmo tempo, suplicava a Deus que não permitisse que ele se fosse.

Não tinha ideia de quanto tempo ficou em prece, implorando ajuda, quando ouviu uma sirene ao longe. A ambulância vinha acompanhada de um carro policial. Os paramédicos desceram rapidamente para assistir Raul, que permanecia inconsciente.

– Como ele está? Ele vai ficar bem? Por favor, cuidem dele, ele não pode morrer.

Ela estava desesperada. Um dos enfermeiros precisou pedir para que ela se afastasse para que pudessem cuidar da vítima. Raul foi imediatamente removido e recebeu os cuidados necessários durante o trajeto até o hospital. Os policiais queriam conversar com a jovem, mas Beatriz não queria falar nada, apenas acompanhar Raul na ambulância. Ela prometeu falar com eles assim que Raul fosse atendido no hospital. A polícia acompanhou a ambulância, deixando os peritos na casa cuidando dos detalhes.

Todo o acontecimento, desde a chegada dos invasores, foi acompanhado de perto por companheiros do Plano Espiritual, que a tudo observavam sem poder interferir. Elisa estava atenta, tentando envolver a cena em muita luz, mas tudo parecia inútil. Ela sabia das intenções daqueles homens e nada podia fazer para mudar o destino de Raul. Jean Paul estava em êxtase, com a perspectiva de ver Raul retornando ao mundo dos mortos. Estava bem próximo de tê-lo nas mãos e se felicitava com a possibilidade.

Não podemos derrogar as leis do Pai, apenas aceitar o que nos é imposto. Aqueles companheiros da luz ali estavam para dar sustentação a Raul, auxiliando-o na medida das suas possibilidades, sem, entretanto, interferir nos desígnios do Pai. Nada poderiam fazer para impedir a ação daqueles marginais, mas poderiam amenizar a situação, derramando suas energias sobre o ambiente, impedindo que algo mais grave ocorresse. Elisa a tudo assistia, envolvendo o amado em seu amor eterno, suprindo-o das energias necessárias para que ele lutasse contra as forças do mal que insistiam em lhe ferir.

Raul fora ferido superficialmente, sem gravidade. Ainda não tinha chegado seu momento de partir. O auxílio divino nos ampara sempre, nas dificuldades e nas lutas que temos que enfrentar.

Quando percebeu que Raul não fora morto, Jean Paul entrou em desespero total, tentando atingi-lo sem sucesso. Começou a gritar feito um louco, deixando Elisa profundamente triste por sentir que era tão responsável quanto Raul por vê-lo naquele estado lastimável. Tentou falar com ele, mas não obteve sucesso.

Sabia que o momento da reconciliação chegaria, mas ainda não era hora. Elisa deixou-o ir, em sua loucura e seu desamor.

26

Correndo perigo

Beatriz andava de um lado a outro na pequena sala de espera. Ninguém lhe dava informações, e não sabia a quem recorrer. Lembrou-se de um amigo de seu pai que trabalhava naquele hospital e tentou entrar em contato com ele. Sabia que era madrugada e talvez não conseguisse falar com ele, mas tinha que tentar. Foi até o atendimento e perguntou pelo médico.

A recepcionista lhe informou que o doutor Sales viria a seu encontro assim que finalizasse a cirurgia de emergência que estava realizando. Ele se lembrou de Beatriz e se prontificou a lhe ajudar.

Beatriz relaxou um pouco e deixou que as lágrimas corressem livremente. A polícia lhe pediu esclarecimentos sobre o assalto, e ela contou como tudo ocorreu e que, inclusive, não fizeram nenhum movimento para provocar o disparo. Quando ela disse o nome completo de Raul, sua profissão e onde trabalhava, os oficiais ficaram mais cautelosos. Sabiam que tinham um caso complicado em mãos, que teria que ser esclarecido no menor tempo possível para evitar possíveis repercussões.

Beatriz pensou em ligar para sua mãe, mas a deixaria nervosa àquela hora da noite. Seria conveniente esperar notícias do estado de saúde de Raul. O dia estava nascendo quando doutor Sales, ainda vestindo a roupa cirúrgica, veio ao seu encontro com as notícias tão esperadas. Era um senhor de meia-idade, muito distinto. Cumprimentou-a com carinho.

– Beatriz, quanto tempo não nos víamos! Você está bem? Fiquei sabendo do assalto de que foram vítimas e fiquei preocupado com você.

– Eu estou bem, mas e Raul? Soube alguma informação sobre ele?

– Seu estado inspira cuidados, mas está fora de perigo. A bala passou de raspão, produziu um ferimento profundo, mas sem gravidade. Ele vai permanecer no CTI, mas seu estado é satisfatório. Pensei que você gostaria de estar ao seu lado assim que ele acordar. Ele é seu namorado?

– É, e estávamos na casa dele quando fomos surpreendidos pelos dois assaltantes. Raul tentou acalmá-los, não fez nenhum movimento involuntário, daí ouvi o tiro e vi Raul caído, entrei em desespero e eles fugiram.

– Não podemos saber o que se passa na mente dessas criaturas, só que desprezam a vida alheia. Mas agora se acalme, pois nada de mais grave aconteceu. Seu namorado vai ficar bem. Venha comigo, você vai ficar tranquila depois de constatar que ele está bem.

Beatriz abraçou carinhosamente o médico, em seguida, foram até o local onde Raul se encontrava. Ele estava pálido por causa da perda de sangue excessiva e respirava pausadamente. No lado esquerdo da cabeça, na têmpora, Beatriz viu o pequeno curativo. Ele ainda dormia quando a jovem se aproximou e pegou em sua mão. Foi o suficiente para que se virasse e se deparasse com aquele olhar. Tentou sorrir, mas sentiu a cabeça latejar e emitiu um gemido.

– Fique quieto, meu querido, tente dormir um pouco. Você precisa descansar.

– Você está bem? Não lhe fizeram nada, não é mesmo?

– Estou bem, nada me aconteceu. Agora procure descansar. Eu vou ficar aqui com você.

Raul apertou a mão de Beatriz, tentando sorrir mais uma vez, e seus olhos se fecharam. A jovem permaneceu olhando para aquela criatura tão amada, com uma forte vontade de chorar, imaginando o que poderia ter acontecido. Ficou ainda alguns instantes ao lado do namorado quando uma enfermeira lhe pediu que deixasse Raul descansar, informando que até o fim do dia ele já estaria no quarto, onde ela poderia permanecer junto. Já mais calma, deu um beijo no rosto dele e saiu. Já tinha amanhecido e passava das oito horas da manhã.

Pensou em ligar para a mãe, mas decidiu falar com ela pessoalmente. Chegou em casa e a encontrou apreensiva na sala.

– O que aconteceu? Tive uma noite péssima. Você está bem? Eu não gosto quando tenho esses pressentimentos. Onde está Raul?

– Fique calma, mamãe, agora está tudo bem, sente-se que eu lhe conto tudo.

Quando iniciou o relato, parecia que a mãe já sabia o desfecho.

– Por que você não me avisou? Eu ficaria com você. Imagino o seu desespero, sozinha naquele hospital, sem saber o que estava acontecendo.

– Sabe quem me ajudou? Doutor Sales, aquele amigo que papai conhecia desde a infância.

A mãe sorriu, lembrando-se do médico. Durante algum tempo sua lembrança lhe causava tristeza, talvez por ter sido ele a lhe dar a mais triste notícia de sua vida: a morte de seu esposo. Tiveram pouco contato, desde então.

– Como está Raul?

– Ele está bem, a bala passou de raspão, produzindo apenas um corte sem gravidade. Como ele perdeu muito sangue, vai ficar no CTI até o fim do dia. Decidi vir para casa, tomar um banho, comer algo e depois voltar para lá.

– Vou com você, minha filha, não quero que fique sozinha. Você não quer descansar um pouco? Tome o seu banho e deite-se por alguns momentos, o descanso lhe fará bem.

Beatriz estava muito cansada, seu corpo estava tenso e ela precisava de algumas horas de repouso. Tomou um banho relaxante, aproveitando para descarregar toda a tensão. Sentiu uma vontade forte de chorar, aliviando seu coração. Sabia que Raul ficaria bem, mas só de pensar no que poderia ter ocorrido a deixava em pânico.

Mas agradeceu a Deus por nada de mais grave ter ocorrido. Sabia que no momento do tiro uma mão invisível evitou o que poderia ser pior. Seu corpo doía da tensão represada. Deitou-se na cama para relaxar um pouco.

Assim que adormeceu, viu-se fora do corpo e percebeu uma presença doce e amorosa se aproximando. Reconheceu Elisa, que a observava com toda ternura.

– *Obrigada, Beatriz, por estar ao lado de Raul naquele incidente. O plano de Jean Paul era que ele estivesse só, e tudo poderia ser mais desfavorável. Ele corre perigo e precisa estar mais atento. Conto com você para protegê-lo desses companheiros infelizes. Continue a recorrer da oração sincera e da vigilância ostensiva. Saiba que muita alegria me proporciona saber que foi a escolhida para continuarem suas encarnações retificadoras. Estamos todos envolvidos nesta história, cujo desfecho ainda é uma incógnita. Se nos mantivermos unidos nos propósitos de quitar os débitos contraídos naquela existência, obteremos o tão esperado sucesso, trazendo a paz de volta a esse companheiro tão revoltado e reconstruindo seu caminho, hoje envolto em sombras. Cuide-se, minha querida, continue com essa fé inabalável nos desígnios do Pai Eterno. Todo o auxílio que proporciona retornará em forma de bênçãos de paz. Fique com Deus! Cuide de Raul! Faça-o feliz, dando a Jean Paul a oportunidade de uma encarnação com vistas a reencontrar a alegria e o amor! Por ora, continue a realizar o que tem feito de melhor: ame aos seus, que Deus também a cobrirá com todo o seu amor! Deus abençoe seus propósitos e siga na paz e na luz!*

Beatriz ouviu as palavras daquele anjo profundamente emocionada. Sentiu uma paz infinita a envolvê-la. Queria falar algo, mas não conseguiu, tamanha a emoção que sentia. Pensamos muitas vezes que nossos desafetos nos perseguem no afã de obter vingança pelo que fizemos, mas nos esquecemos de que esse processo é bilateral. Aquele que nos persegue tem seus motivos, e como tudo começou? O mal que fizemos ao outro é o mal que nos foi oferecido em algum momento do passado, criando as algemas que unem vítima e algoz, cada um se alternando nos papéis.

As provas escolhidas são as oportunidades de colocar uma pedra definitiva no passado, unindo algoz e vítima nos laços do amor eterno e do perdão. Essas oportunidades, no entanto, não são sempre aproveitadas, e acabamos adquirindo mais débitos além dos que já somos portadores. Cabe a um deles, em sua caminhada retificadora, eliminar as algemas do ódio e do ressentimento, entendendo que todos ainda somos criaturas imperfeitas. Se um deles entender essa verdade, será capaz de colocar em ação os verbos: compreender, aceitar, perdoar, amar.

Beatriz retornou ao seu corpo físico com a sensação de ter recebido um alerta em potencial. Percebeu que dormiu apenas duas horas, mas já se sentia refeita e preparada para retornar ao hospital. Encontrou a mãe conversando com Julinho, que ficou muito nervoso com as notícias.

Infelizmente sofremos demais por coisas que não aconteceram e, possivelmente, nunca acontecerão, em vez de ficarmos felizes por termos nos liberado de um problema maior.

– Vou com vocês até o hospital – falou Julinho decidido.

– Fique aqui, meu filho. Acho que será melhor.

– Deixe que ele nos acompanhe mamãe, será um programa muito divertido, não acha?

Ambos sorriram, percebendo que o bom humor retornara à jovem, o que significava que ela já estava de posse de seu controle habitual.

Ligou para Paulo diversas vezes, mas ninguém atendeu. Deixou um recado na secretária eletrônica, pedindo que entrasse em contato com ela assim que possível.

Quando estavam prontos para sair, o telefone tocou. Era Paulo, querendo saber o que havia acontecido. Ele tinha amigos na polícia e tomou conhecimento que um jornalista havia sido ferido após uma tentativa frustrada de roubo. Beatriz primeiro tranquilizou o amigo sobre o estado de saúde de Raul, depois contou como tudo aconteceu.

Assim que desligou, os três saíram para o hospital. Eles não perceberam um carro estacionado bem próximo a casa. Renato estava ao volante e se abaixou quando o carro deles passou. O jovem soubera pelos seus comparsas o que tinha acontecido e que o namorado de Beatriz fora apenas ferido. "Tudo deu errado", praguejava Renato, "o infeliz ainda está vivo." Teria ele mesmo que se incumbir dessa tarefa? Decidiu dar uma trégua e depois cuidaria disso pessoalmente.

Quando chegaram ao hospital, Raul havia sido transferido para o quarto e já estava desperto. Beatriz deu um sorriso de felicidade e correu para abraçá-lo.

– Quero sair daqui, fale com o médico ou com quem mandar mais, mas me tire daqui.

– Calma, querido. É impossível sair daqui nessas condições. O corte não foi profundo, mas você perdeu muito sangue, está ainda em observação, pare de reclamar e aproveite para descansar. Não estava precisando de férias, então, o que me diz?

– Não era isso que eu estava planejando como férias.

Ao tentar se mexer mais bruscamente, soltou um gemido de dor.

– Você precisa ficar quieto, ainda não é hora de sair daqui. Confie em mim!

No fim da tarde, o médico amigo da família entrou no quarto para visitar Raul. Cecília cumprimentou carinhosamente Sales, que a abraçou, querendo saber como todos estavam. Eles não se viam desde a morte de Eduardo, pai de Beatriz.

– Fiquei um pouco reclusa depois da morte de meu marido. Fico sabendo notícias pelos jornais e por amigos mais próximos, que ainda insistem em querer que eu volte às minhas atividades.

– E todos estão cobertos de razão. Você ainda é jovem, Cecília, precisa retomar sua vida. Sair com amigos, se divertir, fazer algo por você, além de cuidar de seus filhos, que já estão bem crescidos para tanto mimo, não acha?

– Os filhos serão sempre crianças para os pais. Lembro muito bem de sua esposa e de seus cuidados com os filhos. E Simone, como está? Faz tempo não tenho notícias dela.

Sales sorriu com certa amargura no olhar, dizendo que estavam separados havia dois anos. Cecília não sabia o que dizer. Sales pegou as mãos dela e disse:

– Cecília, não fique constrangida, você não podia adivinhar que eu estivesse separado, mas já superei esse baque. Foi ela quem pediu a separação, alegando negligência de minha parte. Muitas cirurgias, muitos congressos, muito trabalho no hospital, pouco tempo destinado a ela. Bem, isso já é passado e, por incrível que possa parecer, somos bons amigos, nos vemos tanto quanto antes e sem ressentimentos. Coisa de gente civilizada. E já sei como tirar você de sua reclusão. Sei o quanto gosta de arte. Tenho um convite a lhe fazer. Temos uma entidade que arrecada fundos para uma instituição e faremos uma exposição na próxima semana, cuja verba será destinada ao orfanato. Você é minha convidada. Não vai recusar meu convite, vai?

– Uma causa como essa sempre terá meu apoio. Certamente que aceito o convite. E, se me permitir, venderei outros convites a minhas amigas.

Beatriz estava se divertindo com a situação criada, olhando para Julinho e Raul, que perceberam que os dois estavam se entendendo. Foi Raul que interrompeu a conversação, inquirindo o médico sobre quando poderia deixar o hospital.

– Bem, Raul, vamos ao que interessa. Seu ferimento foi realmente profundo, mas não comprometeu nenhuma função cerebral. Foi por muito pouco. Queremos que fique em observação por mais vinte e quatro horas. Se o seu quadro se mantiver estável até lá, eu o libero. Tenha um pouco de paciência, mas é para seu próprio bem. Mesmo saindo daqui, espero que permaneça alguns dias em repouso. Já sei em quem confiar a tarefa de mantê-lo quieto. Beatriz, a tarefa é sua.

O médico ficou mais alguns minutos e, antes de sair, convidou Cecília para um café.

Assim que Sales e Cecília deixaram o quarto, Paulo entrou com aquele olhar preocupado.

– Raul, que você fez para que isso acontecesse? Não pensou no perigo que estavam correndo? Beatriz estava com você, não poderia ter sido mais cauteloso?

– Pare de me dar bronca, não fiz absolutamente nada, não tive nenhuma reação imprudente, Beatriz pode lhe confirmar. Não entendi por que atiraram. Ficaram falando de um cofre e que tinha muito dinheiro, mas, felizmente, nada de mais grave aconteceu. O médico disse que logo serei liberado.

– Não estou gostando de você ficar naquele local isolado. Fique em casa, porque vou ficar mais tranquilo. Até que tudo seja esclarecido, não quero que volte para lá, está me entendendo? Tenho uns amigos na polícia que estão investigando o caso. Qualquer fato que descobrirem, serei informado. Quero você longe do jornal pelos próximos dias.

– E como faremos? Você vai para lá?

– Não seja pretensioso. Acha-se insubstituível? Eu posso estar morrendo, mas ainda posso comandar o jornal. Fico até você melhorar. Posso adiar meu tratamento por alguns dias. Além do mais, minha jornalista preferida está em excelentes condições e pode ser o reforço de que eu preciso.

– Pensei que meu amigo viria me visitar, mas quem veio foi meu chefe. Fique tranquilo que eu sei me virar muito bem sozinho. Pode ficar com Beatriz.

– Você vai ficar em minha casa – falou Beatriz. – Lá pelo menos terá companhia durante todo o tempo. Mamãe e Julinho cuidarão de você na minha ausência.

Julinho sorriu com a perspectiva de ser útil, achando a ideia interessante.

– Pode contar comigo, querida irmãzinha. Ele será muito bem tratado, pode confiar.

Ficaram mais algum tempo até serem intimados pela enfermeira para que deixassem Raul descansar. Beatriz acompanhou Paulo, que pediu para conversarem.

– Minha querida, meu faro está me dizendo que existe algo escuso nesta história, algo que não está muito claro. Quero ouvir sua opinião sensata sobre o que aconteceu. Pode ter sido apenas um assalto frustrado ou algo intencional.

– Admito que causou estranheza a forma como eles nos interpelaram. O fato de terem ferido Raul contrariou as intenções deles, já que disseram estar interessados em dinheiro e joias. Por que atirar sem ao menos olhar o cofre? Sem dúvida, foi estranho.

– Estou aguardando notícias da perícia. Talvez eles tenham deixado impressões digitais ou alguma pista que possa nos levar até eles. Vamos esperar que concluam a investigação e tomaremos as providências cabíveis. Se for algo intencional, vamos descobrir. Enquanto isso, não vamos alertá-lo sobre essa possibilidade. Raul precisa repousar e não necessita de mais problemas. Eu estarei em casa se precisar de algo.

– Fique tranquilo, Paulo. Se alguém tinha a intenção de lhe ferir, seja qual o motivo, iremos descobrir. Pode contar comigo.

Quando retornou ao quarto, encontrou Raul dormindo e Julinho conversando com a enfermeira, que lhe explicava sobre os cuidados que Raul necessitaria quando deixasse o hospital.

Beatriz olhava Raul dormindo, tranquilo, sem cogitar a ideia que alguém pudesse desejar sua morte. Quem poderia desejar seu mal? Não conseguia imaginar que alguém pudesse atentar contra sua vida, mas Paulo achava a ideia possível.

Ficou ao lado do amado, velando por seu sono, e lá ficaria até ser expulsa. Era sábado ainda, e teriam o domingo pela frente.

Cecília retornou ao quarto com aquele ar misterioso no olhar. Os dois irmãos se entreolharam e iam dizer alguma coisa quando foram interrompidos pela mãe:

– Pensem bem no que vão falar, meus queridos, não se esqueçam de que eu sou sua mãe e espero respeito de vocês. Antes que façam algum comentário, devo dizer que sou uma criatura livre, adulta, responsável e não faria nada que maculasse minha imagem.

– Ninguém ia dizer nada, mamãe, mas agora você já se entregou o suficiente. Fique tranquila, nós dois aprovamos sua atitude, seja ela qual for.

Os dois caíram na risada, deixando a mãe corada de vergonha. O que eles sempre desejaram era que sua mãe voltasse a ter uma vida normal, saindo da vida de reclusão a que ela se entregara após a morte do marido.

Sair com um amigo para uma exposição de arte era a oportunidade ideal para retomar sua vida social.

Cecília e Julinho decidiram ir para casa, deixando Beatriz sozinha com Raul, que dormiria por horas. Ficaria esperando que ele despertasse com fome, reclamando, querendo ir embora. Ela não via a hora que isso acontecesse, pois significaria que ele já estaria bem.

Quando todos saíram, a jovem entrou em prece pedindo a Deus que cuidasse de seu amado, protegendo-o contra qualquer ação prejudicial ou maléfica que pudesse lhe atingir. Que seus amigos espirituais cuidassem de Raul com todo o carinho. Que Deus iluminasse seu caminho.

Fechou os olhos e agradeceu intimamente na esperança de que suas preces seriam atendidas.

27
Uma descoberta providencial

Raul ficou o fim de semana todo no hospital. Seu estado era estável, e foi liberado na segunda-feira de manhã. Seu destino foi a casa de Beatriz.

A jovem deixou o namorado em casa e seguiu para o jornal. Muito trabalho a aguardava com a ausência de Raul na redação. Ao chegar, percebeu o quanto Paulo estava abatido.

Em casa, sua mãe não sabia mais o que fazer para agradar Raul, que estava adorando os cuidados. Já era noite quando Beatriz chegou cheia de saudade.

– Eles o trataram bem, meu amor?

– Acho que vou me mudar de vez para esta casa. Nunca tive a vida de rei que sua mãe me concedeu neste único dia de acolhida. Não sei se eu mereço tantos cuidados.

– Sei bem do que você precisa, meu querido, uma comida saudável e muito descanso, só assim você vai se restabelecer o mais rápido possível. Precisamos de você no jornal. Falei que estava aqui em minha casa. Achei melhor evitar comentários infames e afirmei, com todas as letras, que estamos juntos. Fiz mal?

– Dona Cecília, quem pode com sua filha? Ela faz, desfaz e depois me comunica.

No fim do jantar, Beatriz lembrou-se de que era segunda-feira, dia das reuniões do centro espírita. Como já era tarde, não poderia comparecer.

Julinho tinha incorporado o cargo de enfermeiro, cuidando das medicações de Raul. Como tal, exigiu que ele se recolhesse para descansar após o jantar.

– Pois não, doutor! – falou Raul em tom de brincadeira. – Esta família tem a arte de comandar. Cada momento é um dando ordens. Acho que é a única alma generosa e de bom coração aqui é dona Cecília.

Cecília estava muito feliz com tudo o que estava vivendo. Estava se sentindo viva novamente e útil. O encontro com Sales despertara nela uma nova e inusitada emoção. A presença de Raul em sua casa a mantinha ocupada parte do dia, mas teria todo o tempo do mundo para perscrutar seu coração e ouvir a mensagem que ele lhe enviava.

Até a próxima semana, quando iria à exposição com o amigo, teria tempo suficiente para analisar toda a situação.

Do lado de fora da casa, já não fazendo questão de se ocultar, Renato ficava à espreita, observando os movimentos da casa. A família estava abrigando o homem que estava tentando lhe roubar sua Beatriz. Teria que tomar providências, mas dessa vez contrataria pessoas mais gabaritadas para o trabalho.

Beatriz subiu com Raul até o quarto e lá ficaram por horas conversando. Adorava conversar com ela, estar com ela, beijá-la, amá-la, enfim, isso era definitivamente a resposta que a vida estava lhe oferecendo. Um novo amor para tornar sua vida plena de alegrias.

Beatriz deitou ao seu lado, até que o cansaço o venceu e se entregou ao sono reparador e renovador, tão necessário ao seu restabelecimento. Na manhã seguinte, a jovem saiu bem cedo, prometendo almoçar com ele.

Raul não tolerava ficar preso dentro de uma casa e pediu que Julinho lhe acompanhasse num breve passeio pelas ruas próximas. Estava um dia ensolarado, e prometeram retornar no máximo em meia hora. Deram uma volta rápida pelas ruas laterais e voltaram logo. Quando se aproximaram da casa, um carro estacionado próximo à residência chamou a atenção de Julinho.

– Você reparou que quando chegamos ontem de manhã havia um carro estacionado no mesmo local? Não é estranho?

– Não reparei em carro algum. De qualquer forma, peça à segurança que passe a observar melhor. Depois do que me aconteceu, tudo é possível.

– Esta rua é sempre muito tranquila, talvez por isso tenha chamado minha atenção. Pelo sim ou pelo não, falarei com Beatriz.

Assim que Beatriz chegou ao jornal, Paulo lhe chamou em sua sala.

– Sente-se, minha jovem, tenho novas informações sobre o caso de Raul.

Contou que a perícia encontrou as digitais para chegar aos responsáveis pelo frustrado assalto. Os dois já haviam cumprido pena por assalto à mão armada e estavam sendo procurados por outros delitos. Era questão de horas serem presos. A polícia descobriu que foram pagos por uma morte encomendada.

Beatriz empalideceu após constatar que a suspeita estava se tornando um fato real.

– Quem poderia encomendar a morte de Raul? Quem ele estaria incomodando a esse ponto? Ele ainda está correndo perigo, Paulo.

– Fique calma, está tudo sob controle. A polícia já colocou uma viatura à disposição para cuidar da proteção de Raul, até que se descubra o mandante. Até lá, é bom que ele permaneça em sua casa. Creio que em algumas horas já teremos as respostas que procuramos. Passarei mais tarde em sua casa e conversarei pessoalmente com Raul. Essas notícias só podem ser dadas pessoalmente.

– Não quer almoçar conosco e aproveitar para contar como andam as investigações?

– Acho mais produtivo falar quando tiver as informações completas, pois só o deixarei preocupado. Não fale nada por enquanto. Enquanto isso tenha cautela e se cuide.

Beatriz queria não pensar sobre o assunto, mas era impossível. Não conseguia se concentrar no trabalho, pensando no perigo que haviam corrido naquela noite. Então, recebeu uma ligação de Elenita, preocupada, pois Cecília lhe contara toda a história.

Beatriz narrou à amiga como tudo acontecera e as suspeitas de que era morte encomendada. Elenita ficou calada por alguns instantes, pensando se deveria falar ou não o que acontecera na noite anterior no centro espírita, quando uma comunicação a deixara muito preocupada. Por fim, decidiu que não era um bom no momento.

Beatriz continuou falando sobre as descobertas da polícia e na prisão que provavelmente seria efetuada nas próximas horas, dando por concluído o mistério. Elenita disse que Luciano ficara preocupado com a ausência deles. Conversaram sobre Raul, e a jovem amiga prometeu visitá-lo assim que possível.

Beatriz tentou sair para almoçar com Raul, mas o trabalho a impediu.

No fim da tarde, ainda entretida com a pauta, nem se deu conta de que já estava anoitecendo. Foi até a sala de Paulo, que estava ao telefone. Ele parecia muito abalado com as notícias que tinha acabado de receber. Ficou em silêncio alguns momentos, sem saber como falar à jovem à sua frente tudo o que acabara de ouvir. Pediu que ela se sentasse.

– Era meu amigo da polícia, me contando sobre a prisão dos marginais responsáveis pelo assalto. Pressionados, acabaram de dar o nome que tanto queríamos. Eles confessaram que não tinham a intenção de roubar, mas sim de matar Raul. Era uma morte encomendada, conforme as suspeitas.

– Você está falando sério? Quem seria capaz disso?

– Ainda bem que você está sentada, pois o mandante é alguém do seu rol de amigos.

– Fale logo, Paulo, não me mate de tanta angústia. Eu conheço essa criatura?

– Infelizmente, sim. O mandante desse crime chama-se Renato Vieira da Costa.

A jovem ficou completamente inerte, sentindo o sangue lhe fugir do rosto, suas pernas bambearam e só não aconteceu nada mais grave porque estava sentada.

Paulo ficou preocupado com a reação da jovem e lhe ofereceu um copo de água. As mãos dela tremiam tanto que quase não conseguiu segurar o copo. Ficou atordoada com as notícias que incriminavam o ex-namorado. Ela se separara dele por vários motivos, dentre eles, por ser uma pessoa desequilibrada e desprovida de valores morais. Mas tirar a vida de alguém? Ele havia ido longe demais. Alguém teria que pará-lo antes que cometesse mais atrocidades.

– Fique tranquila que ele já está sendo procurado como mandante dessa tentativa de assassinato. Mesmo com toda a sua influência, ele não vai ficar impune.

– Como fui capaz de me ligar a um tipo tão amoral! Por minha culpa coloquei Raul em perigo. Não me perdoaria se algo pior tivesse acontecido.

– Não se culpe por isso, minha filha. Como você poderia adivinhar que ele seria capaz de tramar a morte de alguém?

– Eu me afastei dele por causa das suas atitudes violentas, da sua índole doentia e cruel. Decidi me afastar dele antes que o pior acontecesse. Chegar a uma atitude vil como essa, só me faz pensar que ele deve ser um psicopata.

– Bem, minha filha, não está no nosso âmbito decidir. Cabe a polícia reunir provas para que sua prisão seja decretada e a justiça decida sobre sua punição. O que mais me preocupa agora é contar essa notícia a Raul.

– Creio que seja melhor ele saber essa notícia por mim. Vá para casa, Paulo, eu finalizo aqui e amanhã você revisa.

– Você vai ficar bem? Tem certeza de que posso ir tranquilo? Eu estou realmente cansado e preciso urgentemente de descanso, mas não posso exigir que fique e conclua as pautas.

Beatriz olhou com carinho seu chefe e amigo, sentindo a fragilidade dele em função da sua doença.

– Vou ligar para casa e dizer que chegarei mais tarde. Raul vai entender. Vou encontrar um jeito de contar todas essas novidades a ele. Vá para casa e descanse.

Foi até ele e deu-lhe um sonoro beijo no rosto, demonstrando todo o carinho que sentia. Um amigo em todas as horas, um confidente nos momentos delicados, um profissional enérgico, mas amoroso quando necessário. Ela queria muito lhe dizer que tudo ficaria bem, que ele venceria mais essa batalha.

Será que Deus se compadeceria e lhe concederia mais tempo para finalizar a tarefa de toda uma vida? Ele queria ter esse tempo, como uma moratória para o acerto final das dívidas. Ele merecia.

Paulo se despediu, retribuindo o carinho da jovem, e prometeu estar bem cedo na redação para a revisão final.

Assim que Beatriz chegou em casa, percebeu a viatura passando pela sua rua e se sentiu mais tranquila.

– Já é tarde, Beatriz. Paulo lhe segurou até agora na redação? – perguntou Raul assim que ela entrou.

– Eu sei que é tarde, mas não pude deixar de terminar o que Paulo me incumbiu. Ele estava muito cansado, e o mandei para casa. Ele tem passado momentos muito difíceis, e sua ausência comprometeu-o ainda mais. O que fez hoje?

– Eu e Julinho demos uma caminhada pela redondeza. Eu não suportava mais me sentir prisioneiro. Bem, uma prisão especial, mas não deixa de ser uma prisão, e a vigilância é ostensiva todo o tempo. Não tiram os olhos de mim um instante sequer!

Beatriz sorria percebendo que seu bom humor já retornara. Pena que isso duraria tão pouco, o tempo de contar as últimas descobertas. Ele ficaria furioso!

Conversaram sobre o jornal, enquanto a jovem procurava uma brecha para contar a notícia. Raul percebeu que a jovem estava tensa demais. Será que acontecera mais alguma coisa? Preocupado, inquiriu a jovem, que não pôde mais esconder:

– Você quer me contar alguma coisa? Vamos, pare de me enrolar e diga logo o que aconteceu. Descobriram algo sobre o assalto?

– Bem, Raul, quero que me ouça sem interromper. Tenha calma que lhe conto tudo.

Começou narrando a descoberta da polícia que o assalto foi apenas para tirar o foco das intenções verdadeiras dos bandidos. Contou que pelas digitais a polícia já sabia a identidade dos assaltantes. Investigaram seus contatos mais próximos e receberam a informação de que alguém tinha lhes contratado para matar um homem. Os assaltantes foram presos e deduraram o mandante do crime encomendado.

– Quem poderia querer a minha morte? Você já sabe de quem se trata?

– Você jamais poderia imaginar quem foi o mandante do atentado, Raul. Lembra-se daquele rapaz que encontramos no restaurante? Meu ex-namorado, Renato? Foi ele que contratou aqueles homens para entrar em sua casa, fingindo que eram assaltantes; mas na verdade seus planos eram outros.

Raul ficou atônito com a notícia, tentando aceitar racionalmente tudo o que acabara de ouvir. Mas era algo tão irreal, tão sem propósito, que não conseguia compreender.

– Já o prenderam?

– Ainda não, pelo menos, até quando saí do jornal. Paulo ficou de nos comunicar assim que soubesse de algo. Não queira entender o que não tem explicação. Os atos de Renato jamais serão justificáveis ou coerentes. Ele é uma criatura atormentada.

– É algo completamente fora de propósito. É inconcebível uma criatura cogitar desejar a morte de outra pessoa, imagine então chegar às vias de fato, contratando pessoas para colocar em ação seus desvarios. Imagine o perigo que você correu, enquanto esteve ao lado dele! Foi inspiração divina você ter se afastado desse destemperado. Se for preso mesmo, vai negar tudo isso. Precisamos cuidar para que ele não saia impune depois de tudo o que arquitetou.

Raul passou a mão no ferimento da cabeça, imaginando que, se dependesse da mente daquele psicopata, ele não estaria ali conversando com Beatriz. Lembrou-se de que ainda não pensara nisso nem tampouco o quanto foi protegido naquele instante em que o tiro foi disparado. Havia sido por muito pouco. Certamente a mão de um anjo protetor havia interferido, e ainda não agradecera formalmente.

Pensou em Luciano, que talvez lhe desse mais explicações sobre o ocorrido. Aquele homem havia aberto um compartimento secreto de seu mundo íntimo, que dizia respeito às coisas espirituais. Foi a única pessoa que lhe explicou, de forma clara e objetiva, as questões da vida e da morte, da Lei de Ação e Reação e, principalmente, abriu seu coração para as questões que nunca cogitara: a importância do perdão, da paz da consciência, das potencialidades que todos trazemos em nosso íntimo. Podia dizer que era outra pessoa após conhecê-lo e, por isso, tinha tanto a agradecer. Sentiu uma emoção se apoderar dele, e seus olhos se encheram de lágrimas.

Percebeu que era um momento de se reconciliar definitivamente com Deus. Não era mais aquele Ser que tanto combatera no desespero pela morte da amada, mas um Pai que conhece cada filho e do que ele necessita para crescer e ser feliz. Seus desígnios são infalíveis e Sua vontade é soberana, mas sempre será um Pai de amor e misericórdia!

Lágrimas de libertação foram derramadas. Raul sentiu uma paz infinita lhe invadir o coração. Foi ao encontro de Beatriz e a abraçou cheio de ternura e de amor. Sentiu-se dominado por uma emoção incontrolável e se deixou embalar por essa sensação de paz e de equilíbrio. Beatriz o envolveu em seu abraço, compartilhando as mesmas sensações. Sem palavras que explicasse aquele momento, mas que falavam de maneira intensa aos seus corações enamorados.

O mais importante é que ele estava vivo e bem! Tinha muito o que agradecer e teria todo o tempo do mundo para realizar as tarefas que lhe competiam, no âmbito pessoal, afetivo e profissional. Raul se desvencilhou do abraço e, olhando Beatriz, concluiu:

— Não vamos mais pensar no que passou. Sabemos que tudo acaba esclarecido e cada ser recebe a punição que merece. Cada ação corresponde a uma reação, e só agora entendi. Sinto-me liberado para seguir em frente.

O mesmo não posso dizer desse jovem louco, que só seguirá seu caminho após quitar seus débitos. Creio que isso aconteceu para que eu pudesse redescobrir meu caminho. E não quero trilhar sozinho esse caminho. Quero que você esteja ao meu lado, compartilhando meus sonhos refeitos, minha vontade e alegria de viver, meu desejo de ter uma família, filhos, tudo o que eu não tive tempo de realizar com Elisa. Quero viver tudo isso com você, Beatriz. Só agora me dei conta do quanto você é importante para mim. No instante que quase perdi minha vida, constatei que não posso perder você. Preciso de você!

Beatriz estava com lágrimas nos olhos pela declaração sincera que acabara de receber.

– Jamais esperei ouvir essa linda declaração de um tipo como você.

– Como assim um tipo como eu? Que tipo eu sou considerado?

– Um espírito indomável, cheio de marra, que só faz o que quer, independentemente das convenções. Estou comprovando uma mudança e tanto. Confesso que prefiro mais esse novo Raul, cheio de sensibilidade e com as emoções à flor da pele.

– Devo admitir que esse tiro mudou muita coisa em minha vida. Acho que fiquei mais emotivo ou, quem sabe, mais apaixonado.

– Prefiro esse seu novo lado, meu querido. Espero que permaneça assim. Bem, mas voltando ao assunto, creio que teremos notícias em breve sobre sua prisão. Paulo disse que a polícia iria mandar uma viatura para nossa casa, dando cobertura e vigiando os carros que passam por aqui. Não sabemos do que aquele louco ainda é capaz. Aliás, assim que cheguei, vi um carro de polícia rondando nossa casa. Já fiquei mais tranquila. E não quero você saindo por aí até que tudo se resolva. Vou falar com Julinho, alertando-o sobre Renato.

– Aliás, quando saímos hoje de manhã, seu irmão reparou que havia um carro suspeito parado no mesmo local desde o dia anterior. Ele achou estranho e vai pedir para você conversar com o segurança do bairro. Vamos dormir, foram emoções demais e estou cansado. Fica no meu quarto esta noite?

– Só se você se comportar, pois eu quero dormir.

Muitas emoções, muitas descobertas, muitas certezas.

A vida se renova a cada dia.

Tudo se resolveria, no tempo certo, como sempre.

28
Retomando sua vida

Quarta-feira, quando Raul desceu, deparou com a presença angustiada de Lúcia, nervosa, andando de um lado a outro. Correu ao encontro dela e a abraçou fortemente. Raul esquecera-se totalmente de avisá-la, nem sequer dando um telefonema para acalmá-la. Certamente ela já sabia tudo o que ocorrera.

– Raul, você está bem? Quando cheguei em sua casa ontem encontrei um carro de polícia parado em frente e alguns homens investigando o local. Perguntei o que tinha acontecido e aí que tomei o maior susto de minha vida. Meu Deus, como isso foi acontecer? Como eles puderam atirar em você? Meu filho, você está bem de verdade?

– Calma, Lúcia, estou aqui à sua frente, e muito bem, não está vendo? Peço apenas que desculpe essa criatura desnaturada que nem se lembrou de falar com você. Fiquei no hospital até segunda-feira e vim direto para cá. Como ficou sabendo que eu estava aqui?

– Tenho meus informantes, meu querido. Liguei para o jornal e falei com Paulo.

– Será que eu mereço seu perdão por tanta falta de consideração?

– Não fiquei chateada por você não ter me contado. Fiquei muito preocupada com você, sem saber se estava bem ou não. Decidi vir para ver com meus próprios olhos. Agora já estou tranquila. Está com uma aparência ótima, meu filho. Dona Cecília, esse jovem não está abusando de seus cuidados? – perguntou para a dona da casa.

– Não, Lúcia, não está. Você parece minha filha falando o quanto ele é mimado. Estou percebendo que são vocês duas que o acostumaram mal, tratando-o com tantos mimos. Amanhã ele deve retornar ao médico e, talvez, retire os pontos. Se tudo estiver bem, creio que Raul retornará à vida normal e às suas atividades o mais breve possível.

— Bem, a viagem de volta é longa e já estou indo — falou Lúcia, fazendo menção de ir embora.

— Fique e almoce conosco. Raul ficará muito feliz em ter você por perto.

— Fique, Lúcia. Depois peço para alguém do jornal levá-la de volta.

— Vou aceitar com muito prazer, mas voltarei como vim. De ônibus. Ainda sei andar nesta cidade, meu filho. Não se preocupe comigo.

O dia transcorreu com muita harmonia. No final da tarde, Lúcia se despediu de Raul, dizendo que aguardava seu retorno à chácara assim que possível.

Beatriz conseguiu sair mais cedo do jornal, pois queria ir ao centro espírita com Julinho para tomar o passe semanal. O irmão já a aguardava. Raul lhe perguntou se tinha alguma notícia sobre a prisão de Renato. A jovem demonstrou desconforto com o assunto, pois isso a incomodava sobremaneira, mas não sabia nada a respeito.

Raul gostaria de acompanhá-los ao centro espírita, mas Beatriz aconselhou que ficasse. Na semana seguinte ele estaria em melhores condições e poderia acompanhá-los.

Quando chegaram ao centro, Luciano os aguardava ansioso por notícias de Raul. Pediu para lhe falar em particular, enquanto Julinho era encaminhado para o passe.

— Minha filha, fiquei muito preocupado com tudo o que aconteceu com vocês. Elenita me contou sobre o ocorrido. Raul está se recuperando bem?

— Agradeço a preocupação, Luciano. Raul está bem, mas ainda em repouso. Está em minha casa. Todos estão empenhados em ajudar Raul a se recuperar. Sinto que ele está diferente após esse incidente, parece que algo mudou em sua maneira de olhar a vida. Está mais compenetrado, mais emotivo, mais consciente. Talvez o fato de ter estado tão próximo da morte o fez reavaliar a forma como conduzia sua vida. As mudanças são positivas, devo confessar. Ele se tornou um homem mais sensato, coerente e, principalmente, mais sensível.

— Tudo o que nos acontece tem uma só finalidade: o aprendizado. Muitas vezes, uma situação perturbadora é capaz de fazer com que potencialidades adormecidas venham à tona. Por isso o velho ditado "há males que vêm para bem". O mal faz despertar na criatura humana vários sentimentos. Bendito aquele que utiliza uma situação de conflito para efetuar um aprendizado. Fico feliz com as notícias, mas devo confessar que Raul ainda se encontra em perigo. O mal não é proveniente apenas desse infeliz companheiro encarnado. Raul tem recebido inúmeros avisos, por meio dos sonhos, para que ele tenha cuidado em sua vida diária. O inimigo se encontra à espreita, observando seus passos, e a única atitude a oferecer é redobrar a vigilância e se cuidar para que nenhum mal possa lhe atingir. Seria importante que Raul comparecesse à próxima reunião. Beatriz, querida, o recado a você é que não se culpe pelo ocorrido e ore por esse irmão que tanto necessita de orientação e de preces. Siga sua vida em paz, mas com o coração liberto de ressentimentos e mágoas por esse companheiro invigilante e ainda ignorante sobre as leis divinas. Faça a parte que lhe compete nesta existência: ame e perdoe. Com sinceridade de propósitos e grandeza do coração. Sei que é capaz disso. Vá tomar seu passe. Lembranças a Raul. Espero vocês na próxima semana, se assim Deus o permitir.

Beatriz ouviu a recomendação, entendendo o quanto ele estava certo. Quem sabe um dia conseguiria amar Renato como a um irmão necessitado de amparo e perdão por todos os equívocos que ele vinha praticando nesta existência. Saiu da sala de passes com seu coração em paz, muito antes do passe que iria receber. As palavras sábias de Luciano conseguiram modificar seu mundo íntimo, aliviando a mágoa que ainda sentia por Renato. Ele era um ser carente de ensinamentos, ignorante das leis que regem a vida, infeliz pelas escolhas realizadas. Ele realmente precisava de muita ajuda.

Encontrou seu irmão muito entretido, conversando com uma jovem trabalhadora da casa.

– Beatriz, esta é Sílvia, trabalhadora da casa. Sílvia, esta é Beatriz, minha irmã.

As duas sorriram e trocaram algumas palavras. Até que Luciano se aproximou e disse:

– Sílvia, existem alguns irmãos que ainda não foram atendidos, faça o que aprendeu.

Luciano repreendeu a jovem e saiu para outra sala. A jovem fez cara de quem acabou de levar uma bronca e, sorrindo, se despediu dos irmãos:

- Desculpem, mas tenho trabalho a fazer. Encontro vocês na próxima semana.
- Luciano parece ser um chefe muito exigente.
- Além de chefe aqui no centro, é meu pai fora dele. Sou duplamente avaliada. Bem, até a próxima semana. Gostei de conhecê-lo, Julinho. Espero encontrá-lo novamente.
- Pode contar com isso. Na semana que vem estarei aqui.

Assim que ela se distanciou, Beatriz não perdeu a oportunidade de brincar.

- Voltarei na próxima semana, com certeza. Você não perde tempo, hein?
- Qual o problema de estar aqui todas as semanas? Voltarei para acompanhar você.
- Cuidado que o pai dela é bravo. Deixe a menina trabalhar, vamos embora.

Enquanto isso, Cecília e Raul conversavam tranquilamente em casa, quando ouviram a campainha. Os empregados já haviam se recolhido, e ela se adiantou para atender. Ao sair para o jardim, ela se assustou com a presença que se encaminhava à sua porta.

- Boa noite, dona Cecília, tudo bem com a senhora?
- Boa noite, Renato. Não acha que a hora é um pouco imprópria para uma visita?
- Acredito que sempre seja hora de rever os amigos. Podemos conversar lá dentro? Tenho um assunto importante a tratar.
- Desculpe-me a falta de educação, mas já estava me recolhendo e não pretendo conversar com ninguém numa hora dessas.

O jovem, até então cordial, aproximou-se da senhora e a empurrou para dentro da casa.

- Eu falei que precisamos conversar. Não gosto de ser ignorado, sabe disso.

Cecília não teve como impedir a entrada intempestiva de Renato na residência, dando de cara com Raul.

- É com você mesmo que eu pretendia falar - disse, dirigindo-se a Raul. - Não vamos fazer alarde. A vizinhança pode desconfiar e não gosto de surpresas.

Com o olhar, Cecília pediu a Raul que nada fizesse. Ela percebeu que o visitante estava muito agitado e descontrolado. A aparência dele era a de uma pessoa completamente fora de seu juízo, e poderia ser perigoso discutir com alguém nessas condições. Achou por bem acatar o que ele pedia para evitar surpresas, mas sabia que Raul era um tanto impulsivo.

Olhando para Raul, Renato disse:

– Pena você estar aqui ainda. Eu digo aqui neste mundo, pois era para estar em outro lugar: no inferno. Quem você pensa que é para me tratar como tratou naquela noite? E ainda roubar minha mulher? Isso eu não tolero.

Raul queria ganhar tempo, pois já percebera que ele escondia uma arma. Era perigoso enfrentá-lo nas condições em que se encontrava. Precisava encontrar um meio de distraí-lo até que alguma ajuda chegasse. Beatriz e Julinho estavam para chegar e talvez percebessem que algo estava acontecendo. Sua mãe deixara a porta entreaberta. A luz da varanda também ficara acesa. Se os dois irmãos conseguissem fazer a leitura correta, chamariam ajuda.

Enquanto isso, Raul pensou em conversar com o jovem para ganhar tempo.

– Eu não roubei mulher alguma. Conheço Beatriz há muito tempo, éramos só amigos até então, mas pelo que sei ela estava sozinha, sem compromisso com ninguém.

– Mentira! Você a fez se afastar de mim. Amávamo-nos e tínhamos tantos planos, mas você apareceu e a roubou de mim. Você fez tudo para que ela terminasse comigo. O que você prometeu a ela?

– Não prometi nada a ela, simplesmente ofereci o meu amor. Era somente isso o que ela desejava de mim. Não roubei a sua mulher, porque ela nunca lhe pertenceu!

Quando Raul disse isso, o rapaz foi acometido por uma fúria incontrolável e tirou um revólver do bolso.

– Você quer mesmo morrer, não tem medo da morte?

– Não, você tem?

– Pare de me afrontar e fique quieto. Preciso pensar como fazer o que pretendo.

Raul percebeu que ele se descontrolara e não sabia mais o que fazer. O jovem estava desnorteado. Raul precisava ser cauteloso para que nada saísse desfavorável.

– Você sabe que está sendo procurado por tentativa de assassinato? Seus capangas já foram presos e já contaram tudo. Não seria melhor você se entregar para a polícia e responder por seu crime? Se você me matar, o que vai fazer com dona Cecília, que presenciou tudo? Vai matá-la também? Teria coragem de tirar a vida de uma pessoa que já lhe acolheu com carinho neste lar?

– Pare de falar, já disse! Eu quero pensar. Eu sei que estou sendo procurado, mas não vou ser preso. Vou fugir deste país, mas antes preciso acabar com você!

– Por que quer me matar? O que vai ganhar com isso? Jamais terá Beatriz novamente nos braços, porque ela não vai lhe perdoar por você agir dessa maneira.

– Pare de falar! Ela sabe que eu a amo mais do que ninguém a amou. Ela vai comigo para onde eu for! Ela pensa que o ama, mas a única pessoa que ela amou na vida fui eu.

O jovem foi até o bar e se serviu de uma bebida forte para ganhar coragem. Se aqueles ladrões de meia tigela não conseguiram dar cabo de Raul, ele tinha que fazer o trabalho sozinho. Algo, porém, o estava tolhendo. Olhou para Cecília, que estava com as mãos entrelaçadas, olhos fechados, fazendo uma prece fervorosa a Deus.

Renato percebeu que era ela que o tolhia com suas rezas. Pegou-a pelo braço e a levou ao banheiro. Enquanto ele a conduzia, ela lhe implorava para que não fizesse nenhuma loucura, pois seria punido por Deus.

– Deus não perde tempo comigo nem com a senhora. Ele deve ter mais o que fazer. Fique quieta, assim que concluir meu serviço eu vou embora. E, você, fique quieto aí se não deseja que ela veja eu matá-lo aqui mesmo, na frente dela – falou, dirigindo-se a Raul.

Raul começou a se preocupar, pois percebeu que o jovem não iria arredar pé de lá até que conseguisse seu intento. Não sabia mais o que fazer para distraí-lo. Beatriz e Julinho estavam demorando a chegar.

– Agora ficamos nós dois apenas. Só um de nós vai sobreviver, e serei eu. Você não vai ficar com Beatriz. Nem hoje nem nunca!

Quando ele falou aquilo, Raul sentiu um arrepio percorrer-lhe a espinha e um frio intenso pareceu se instalar naquele ambiente. Raul sentiu uma tontura, suas pernas bambearam. Colocou a mão no sofá e se sentou, parecia que ia perder os sentidos. Sentiu que o sangue lhe fugira do rosto.

– *Você está com medo! Eu sabia que era um covarde. Tem medo de quê? Não pense que quando chegar aqui experimentará o descanso eterno. A morte vai lhe trazer todo o remorso e toda a dor que você impingiu a mim, a quem traiu sem pudor algum.*

Raul não estava entendendo nada, pois aquela voz não parecia ser do jovem. Era profunda, fúnebre, cheia de ressentimento e ódio. Renato havia enlouquecido, estava falando coisas sem sentido algum, como se o conhecesse há longa data. Raul sentia suas mãos dormentes, seu corpo não respondia a seus impulsos.

Renato, por sua vez, parecia estar perdendo definitivamente a razão. Balançava a arma, apontando na direção de Raul. Só um milagre poderia demover o rapaz.

Enquanto tudo isso acontecia dentro da casa, os dois irmãos chegaram e acharam estranho a luz acesa e a porta entreaberta. No mesmo instante, uma viatura estava se aproximando da casa, e os dois foram pedir ajuda. Os policiais pediram que os dois ficassem do lado de fora e entraram pelas laterais. Olharam pela janela da sala e constataram que Renato estava dentro da casa, apontando uma arma para Raul.

Um deles decidiu entrar sozinho e conversar com o rapaz armado. O policial entrou lentamente na casa e chamou o rapaz pelo nome, dizendo que precisavam conversar. O jovem não reagiu num primeiro momento, dando ao policial tempo suficiente para se aproximar e lhe tirar a arma. A ação foi rápida e não houve troca de tiros.

O jovem, já algemado, chorava, chamando por Beatriz. Raul ainda se encontrava sentado no sofá, sem conseguir esboçar qualquer reação. Quando os irmãos entraram, Cecília estava abraçada a Raul, chorando convulsivamente. Ele, por sua vez, já sentia o corpo retornando a seu comando.

Beatriz teve uma vontade louca de gritar, ofender e até bater em Renato, algemado no chão da sala. Naquele momento, lembrou-se das palavras de Luciano sobre "tirar do coração sentimentos inferiores". Renato era um doente da alma, precisava de ajuda, não de acusações. Compadeceu-se dele. Foi ao encontro de Raul e de sua mãe, abraçando-os vigorosamente. Julinho a acompanhou nesse abraço fraterno e cheio de amor. Uma família que se unira pelos fortes laços do amor, reencontrando cada qual um novo caminho a seguir, confiante que a união entre eles era a luz que faltava para guiar-lhes os passos.

Uma cena bonita de se ver, observada por Elisa e por seus amigos espirituais que acompanhavam o desenrolar da história. Pouco podiam fazer, a não ser envolver aquele lar numa corrente de amor e de luz.

Elisa tentava chamar a atenção de Jean, que assediava o rapaz encarnado, incitando-o a cometer um bárbaro crime. Mas seus esforços foram em vão, pois Jean não a ouvia. Conforme Renato se exaltava e perdia o controle, a entidade parecia se apoderar dele, falando tudo aquilo que desejava que Raul escutasse. Era Jean que confrontava Raul, falando aquilo que trazia em seu amargurado coração. Raul sentiu sua presença hostil pelas energias inferiores que ele irradiava, causando-lhe profundo mal estar. Jean não queria acreditar que mais uma vez não conseguiria concretizar seu plano fatal. Parecia que todos estavam contra ele, todos queriam proteger Vincent, aquele ser desprezível que tanto mal lhe causara. Por que ninguém o ajudava? Estava enfurecido e completamente descontrolado e saiu da casa com a sensação de frustração e dor. Quando conseguiria fazer justiça com suas próprias mãos?

Por que deveria ele perdoar se havia sido a maior vítima nessa história?

Esses pensamentos funestos apenas o deprimiram mais, fazendo com que ele desejasse morrer novamente, se isso fosse possível. Ou quem sabe dormir e não acordar jamais. Sentia-se enfraquecer a cada fracasso, não sabia até quando conseguiria manter acesa a chama da vingança, mas continuaria tentando trazer Vincent para perto dele. Só assim se sentiria vingado.

A polícia permaneceu na residência de Beatriz por mais algumas horas, procurando conversar com cada um. Renato foi conduzido até a delegacia que o investigava para prestar os depoimentos necessários. Estava em estado de total descontrole, penalizando a todos os que ouviam seus gritos dramáticos. Beatriz não conseguia entender como as coisas evoluíram a ponto de quase se tornar uma tragédia envolvendo sua família.

Raul mais uma vez correra perigo e quase perdera a vida. O que faria se Renato conseguisse concretizar seu plano mortal? Lembrou-se das palavras de Luciano, prevenindo Raul contra possíveis perigos. Será que isso já se tornara passado, com a prisão de Renato? Por que ele insistiu tanto para que eles comparecessem na próxima reunião? A vida de Raul ainda estaria em perigo?

Quantas perguntas sem respostas. Talvez essa seja a dinâmica da vida, em que tudo possa se transformar num simples piscar de olhos. Talvez a lição mais difícil de aprender seja a de compreender a vida em seus múltiplos aspectos.

Já passava das duas horas da manhã quando conseguiram, finalmente, subir para o tão merecido descanso. Estavam ainda tensos pela experiência vivida, mas sabiam que aquele problema fora resolvido. Raul sentia-se estranhamente triste, muito abalado com tudo o que vivera, como se muito mais tivesse lá ocorrido, algo que o seu coração captara, mas sua mente não fora capaz. Estava calado, melancólico, sentindo-se extremamente cansado de toda aquela perseguição infundada. Queria dormir e acordar como se aquele dia não tivesse existido. Tinha tanta coisa a resolver! Precisava voltar ao trabalho, cuidar da misteriosa pasta de Paulo e das investigações necessárias, precisava se recuperar com certa urgência, mas os problemas não cansavam de visitá-lo, comprometendo suas ações. Sentiu o peso do mundo em suas costas. Novamente, sentiu-se desanimado. Mas nunca aceitou uma derrota em sua vida, por isso precisava reagir. Precisava de Beatriz mais do que tudo na vida, olhou-a com profundo carinho e foi retribuído no olhar com a mesma intensidade e amor.

Ela era seu porto seguro.

Sabia que Elisa aprovaria sua escolha.

Um encontro revelador

O dia raiou, trazendo novas esperanças. A noite, repleta de emoções, deixou todos com a sensação de que a vida é nosso maior patrimônio, mesmo que para alguns não tenha valor algum. A meta das criaturas conscientes será sempre a valorização da vida, instrumento essencial à evolução. Aproveitar cada oportunidade que ela oferece é valorizar um importante instrumento de crescimento.

Beatriz despertou melancólica, sentindo uma tristeza inexplicável. Raul acordou com a sensação de que seu tempo estava se esgotando, mas o que necessitava fazer? Precisava se organizar, reassumir suas tarefas, retornar às suas atividades e dar continuidade à sua vida, deixando para trás aquela experiência dolorosa.

Estavam todos silenciosos no café. Foi Cecília quem quebrou o silêncio:

– Minha filha, a que horas está marcado o médico de Raul?

– Às 16 horas. Quem sabe não encontra o doutor Sales por lá? – respondeu Beatriz brincando.

– Beatriz, eu vou acompanhar Raul porque você não pode se ausentar do jornal. Ofereci-me para acompanhá-lo, sem outras intenções, mesmo porque não preciso de subterfúgio para encontrar meu amigo.

– Mamãe, era apenas uma forma de lembrar que você é jovem e atraente. Por que não ficar receptiva a novas oportunidades de ser feliz e viver um novo amor?

A mãe olhou os filhos com carinho, percebendo que Julinho era solidário às ideias da irmã. Ele tinha sido sua preocupação constante nos últimos anos. Como pensar em ser feliz se seus filhos passavam por tantos problemas? Mas os últimos dias pareciam lhe trazer novas esperanças. Percebera que algo estava diferente em seu filho. Seu olhar estava mais límpido, seu semblante mais leve, seu sorriso retornara. Tudo isso eram fatores que prenunciavam novos tempos, e queria muito acreditar que desta vez seriam mais favoráveis.

– Entendo a preocupação de vocês dois e devo dizer que aprecio o que estão tentando fazer por mim. Acredito que viver um grande amor já é difícil. Já tive minha chance com seu pai e fui muito amada e feliz. O amor não bate na porta mais de uma vez.

– Tenho que discordar da senhora. O amor pode bater à porta mais de uma vez.

Olhando com amor àquela que trouxera alegria à sua vida, disse:

– O amor pode aparecer em nossa vida quando menos se espera, trazendo esperança, confiança e um desejo imenso de viver novamente. Sua filha pode confirmar o quanto isso pode ser possível e real. Jamais podemos antecipar o que a vida irá nos oferecer. Talvez a única alternativa que nos resta seja viver cada dia o seu momento, com plenitude e verdade. O que merecermos, iremos receber.

– Concordo com você, meu querido – falou Cecília. – Você é uma criatura muito especial. Vocês dois terão um futuro lindo, posso garantir. Para finalizar, quero apenas dizer que agradeço imensamente a Deus por não permitir que uma fatalidade ocorresse ontem à noite.

Beatriz olhou o relógio e deu um salto, estava atrasada.

Paulo ligara para Raul quando soubera do ocorrido. Estava muito preocupado com tudo o que ele estava passando nos últimos dias, mas conhecia sua fibra e sua capacidade de superar os obstáculos. Prometeu visitá-lo no dia seguinte para lhe contar uma novidade sobre o dossiê. Tinha conseguido uma informação que esperava havia meses.

Assim que Beatriz saiu, Julinho comunicou que gostaria de ir à terapia sozinho. Disse que estava se sentindo muito bem e precisava gerenciar sua vida. Disse à mãe que ela precisava confiar nele uma vez na vida.

– Você tem razão, meu filho, cada um precisa aprender a caminhar com seus próprios pés. Você tem todo o direito de seguir seu caminho da forma que escolher.

Para Julinho, esse seria o maior teste: sair sozinho, contando apenas consigo mesmo. Estava eufórico para contar à sua terapeuta sobre suas conquistas. Estava radiante e feliz com o que estava se esforçando para conquistar. Como Luciano o orientara: viver um dia de cada vez...

No fim da tarde, Raul, acompanhado de Cecília, foi ao hospital para uma avaliação. O médico ficou satisfeito com a excelente cicatrização, o que permitiu que os pontos fossem retirados. Apenas recomendou que permanecesse até o final da semana em repouso.

Assim que saiu do hospital, Raul perguntou a Cecília se não poderia deixá-lo no jornal. Ela tentou demovê-lo da ideia, lembrando a orientação do médico para continuar em repouso até domingo, mas a insistência de Raul a convenceu.

Ao chegar ao jornal, teve toda a atenção voltada para si. Raul sentiu-se feliz com a acolhida de todos, jamais esperava tratamento tão afetuoso. Passou por Beatriz rapidamente, deu-lhe uma piscadinha e foi até a sala de Paulo, que abriu um largo sorriso ao vê-lo com um aspecto tão saudável.

– Você deveria estar em casa em repouso conforme as orientações médicas. O que faz aqui? Não vai me dizer que estava morrendo de saudade do seu trabalho!

Paulo ficou satisfeito com as notícias e decidiu lhe contar as novidades.

– Lembra-se de que eu estava no aguardo de uma importante informação? Faltava saber quem era o líder dessa corja. Veja com seus próprios olhos!

Paulo lhe mostrou um documento com aspecto antigo, envelhecido com o tempo, onde constava a assinatura daquele que ordenara a morte do grupo. O documento estava assinado pelo então investigador-chefe daquele escritório.

O nome causou enorme surpresa a Raul, mas o que mais lhe chocou foi o documento seguinte. Numa folha ainda mais amarelada, a mesma assinatura atestava que quatro corpos não identificados haviam sido encontrados sem as impressões digitais.

– Pensei que ele fosse apenas coadjuvante dessa história, mas pelo que consta era o personagem principal. Você tinha ideia de que era ele o mandante?

– Confesso que jamais poderia imaginar. Também me surpreendeu e me deixou um tanto decepcionado. É muito difícil ligá-lo a esses acontecimentos. Não posso utilizar esses documentos, pois podem dizer que são forjados. Você conhece bem aquela criatura. Ele é ardiloso, dissimulado, hipócrita, mas tem carisma e todos se rendem a ele. Infelizmente, não sei como concluir tudo isso!

– Deve haver um meio de conectá-lo aos eventos daquela época e ao dinheiro surrupiado. Você chegou a investigar os demais participantes? O esquema criado tinha como foco se apossar do dinheiro da conta bancária dos presos. Como eles descobriram as contas você já sabe, pois já conversou com o delator. Onde ele está?

– Tive apenas um encontro, que foi rápido e revelador, mas ele desapareceu sem deixar rastro. Não consegui mais saber notícias, parece que nunca existiu! Viveu escondido com nome falso numa cidade pequena de Minas. Tentei encontrá-lo depois de nosso encontro, mas não tive êxito.

– Pelo que conhecemos dessa turma, nós nunca mais iremos vê-lo vivo. Certamente descobriram que ele contatou você. É a palavra dele contra a de todos os envolvidos. Já será difícil comprovar a verdade dessas revelações contando com o depoimento do delator, sem ele, então, ficará muito difícil. Creio que temos que dar outro direcionamento. Vou precisar de ajuda. Quero que saiba que Beatriz já sabe deste dossiê. Contei a ela, pois pode nos ajudar. Ela conhece uma pessoa na polícia que lhe deve alguns favores e gostaria de ler os documentos, se não se incomodar.

– Sabia que você lhe mostraria a pasta. Só quero que saibam que este dossiê é altamente comprometedor e perigoso. Não quero que nada lhes aconteça.

– Pode ficar tranquilo. Não vamos dar nenhum tiro no escuro. Tenho uma pessoa que poderá também nos ajudar. Não envolveremos mais ninguém.

– Raul, não tenho palavras para agradecer tudo o que está fazendo por mim. Gostaria muito de partir com tudo solucionado.

– Pare de falar como se seus dias estivessem contados. Você não sabe de nada, meu caro. Ninguém pode saber efetivamente quando será seu momento de deixar esta vida. Pode esperar, que tudo se resolverá.

– Confio em vocês. Agora vá embora e deixe sua namorada trabalhar.

Os dois se despediram cordialmente. Paulo ficou reflexivo, após a saída de Raul. Pensava em Mirela e se um dia ela o perdoaria por sua falta de coragem. Talvez ainda estivessem juntos, talvez não. Suas vidas teriam um novo rumo se ele tivesse enfrentado seu pai, mas não o fez. Essa lembrança o torturava todos os dias de sua existência. Não se perdoava, então como esperar que Mirela assim o fizesse?

Sentiu-se profundamente cansado e pensou em deixar de lutar. Seria fácil e indolor. Não tinha mais vontade de viver e lutar. Sentia-se derrotado. A doença progredira, e ele sabia que tinha responsabilidade sobre isso. Quando não nos empenhamos em solucionar nossos problemas, quando sentimos nossas forças se esgotar e nada fazemos para mudar o panorama que estamos vivendo, é o mesmo que se entregar à morte. Deixar de lutar, quando ainda temos alguma chance, é o mesmo que nos entregar covardemente às nossas fraquezas, permitindo que o desânimo e a falta de fé dominem nossa mente e nos conduzam a um estado de passividade perante a morte.

Na realidade, para cada problema existe uma solução viável e satisfatória, mesmo que nossos olhos não consigam divisar. Se não enxergamos o que está bem à nossa frente, é porque não queremos ver o que nos espera.

Para Paulo, a melhor alternativa seria ficar esperando a morte chegar para aliviar a carga que carregava. Infelizmente, essa carga o acompanharia mesmo após a morte de seu corpo físico, torturando-o assim como o fez ao longo de sua existência. Tudo nos acompanha quando retornamos à vida espiritual. Levamos nossos problemas não resolvidos, nossas angústias não tratadas, e retornamos ao mundo espiritual com todos os sentimentos que carregávamos quando encarnados. A morte não modifica ninguém.

Paulo ainda não aprendera essa lição. Acreditava que a morte o libertaria do fardo pesado que carregou durante sua existência.

Elisa a tudo assistia, com o coração cheio de tristeza, sem nada poder fazer para ajudá-lo. Paulo estava se entregando ao desalento. Antes de saber de sua doença, a luta o mantinha vivo e cheio de expectativas. Agora, com receio de não finalizar o que iniciou tempos atrás, delegou a Raul a tarefa de dar prosseguimento à solução do dossiê. Raul era jovem, com energia suficiente para prosseguir com sucesso esse caminho. Elisa queria lhe falar o quanto estava equivocado, que importava que ele mantivesse a chama da esperança acesa.

Seu mentor, vendo o sofrimento que Elisa experimentava, a orientou:

– *Não fique assim. Se não sabe como ajudar, retire-se da faixa vibratória deste companheiro para não lhe comprometer com suas energias de tristeza e desalento. Ele consegue captar seus sentimentos e abriga-os em seu coração como sendo seus. O amor não pode modificar a situação do outro, mas pode induzir a mudanças de comportamento. Permita que a fé e a esperança possam acompanhar primeiramente seus passos. Só poderá ajudar se tiver algo a dar. Se ainda se sente destituída dessa fé, busque primeiro para seu próprio coração. Quando a fé se instalar definitivamente em seu mundo íntimo, será capaz de se expandir a todos os corações que partilham suas vibrações. Paulo precisa buscar por si só a chama da esperança viva, que nasce nos corações que se perdoam e que não abrigam a culpa. Ele ainda tem muito o que aprender, pois é descrente do poder do Pai. Mirela se encontra em fase de recuperação até o momento, pois se sente atraída pela culpa que esse companheiro ainda carrega. A duração da vida dessa jovem já havia sido decretada antes mesmo da sua chegada aqui na Terra, mas, infelizmente, as criaturas encarnadas desconhecem essa programação e a tudo atribuem como morte antecipada. Deus não antecipa o retorno de cada filho à Pátria Espiritual. Cada filho retorna quando seu tempo se expira. Mirela alterna momentos de consciência e sensatez, com momentos de desânimo e revolta. Por sua vez, Paulo sofre com sua culpa, acreditando-se o único responsável pela morte da mulher que muito amava. O ciclo se fecha unindo as duas criaturas faltosas, conectando-as a todo instante pela dor, ressentimento e culpa, impedindo ambos de dar seguimento à sua caminhada evolutiva. O ciclo precisa se quebrar, e isso só depende deles. O que você pode fazer é o que já tem feito: envolvendo-o em seu amor. Não permita que o desânimo se abrigue em seu coração, impedindo-a de doar livremente o que tem em abundância. O tempo do retorno dele se aproxima, minha filha, mas ele pode retornar em melhores condições caso se perdoe por suas ações indébitas. Tente falar com ele durante o desdobramento pelo sono físico, alertando-o sobre o que conversamos. Talvez ele seja receptivo aos seus conselhos. Depende apenas dele a condição em que irá deixar seu corpo físico e retornar à vida espiritual. Sua ajuda será providencial pelos laços que os unem. Vale sempre tentar, minha filha.*

Elisa modificou o padrão de seus sentimentos, buscando seguir a sábia orientação de seu amigo. Raios luminosos saíam de seu coração envolvendo Paulo, que, receptivo, assimilava essas energias, modificando seu padrão mental. Pensou em procurar seu médico pela manhã para iniciar o tratamento. Não podia entregar-se assim à morte.

Movido pelo impulso, pegou o telefone e conversou com o médico. Percebeu que estava mais calmo, mais centrado em seus objetivos, e decidiu que não desistiria de encontrar respostas ao mistério da morte de Mirela. Ele tinha que encontrar forças para prosseguir.

Já passava das oito horas da noite quando Beatriz passou em sua sala.

– Paulo, ainda vai precisar de mim?

– Não, minha querida. Pode ir para casa cuidar de Raul. Ele já me contou que está ciente do dossiê. Vou lhe pedir o mesmo que pedi a ele: tenha muito cuidado. Discrição é fundamental. Estamos lidando com pessoas perigosas. Muito cuidado! Eu já não tenho muito a perder, mas vocês são jovens e têm um futuro brilhante para viver.

– Fique tranquilo, Paulo. Tudo será investigado com todo sigilo. Pode contar comigo.

Os dois se despediram com um afetuoso abraço. Eram criaturas unidas pelos mesmos ideais de justiça e verdade. Nada os deteria nesse caminho.

Chegou em casa e se deparou com toda a família sentada à mesa para jantar. O clima parecia tranquilo. Julinho contou a grande aventura do dia: ir sozinho à terapeuta. Todos pegaram o copo e decidiram brindar pela conquista.

O jantar transcorreu em paz e harmonia. Parecia realmente que a nuvem negra tinha se afastado daquele lar, e era momento de comemorar.

– Raul, o que estava fazendo no jornal se ainda está de repouso?

– Beatriz, não precisa me dar bronca. Sua mãe foi comigo ao médico e sabe que estou pronto para retomar meu trabalho. Mas, como ele ainda não me liberou para minhas atividades profissionais, decidi dar apenas uma passada e ver como estão as coisas no jornal. Apenas isso.

– Eu não sei como fui me apaixonar por um cara tão cheio de marra, pretensioso, mimado como você. Bem, tenho que admitir que tem algumas qualidades. Mas cada dia eu estou mais preocupada com o rumo que minha vida vai tomar.

– Bem, minha querida, agora é tarde. Você já caiu na minha teia e está mais enrolada e apaixonada por mim.

Quando estavam finalizando o jantar, a campainha tocou. Um homem de nome Nélson queria falar com Raul.

– Com licença, é importante. Beatriz, venha comigo. Isso vai lhe interessar.

Os dois saíram rapidamente para atender o homem, um antigo informante de Raul em suas reportagens investigativas. Era um detetive experiente, que conhecia profundamente o submundo da política.

Cumprimentaram-se amigavelmente. Nélson era um homem beirando os 50 anos, de porte atlético e cabelos precocemente grisalhos.

– Que andou aprontando, meu amigo? É só eu tirar umas férias e você já entra em confusão! Será que terei que ser seu guarda-costas para lhe tirar das confusões?

– Nélson, cada dia mais grisalho? E esses cabelos brancos, quem leva a culpa? Esta é Beatriz, de quem lhe falei. Ela sabe do dossiê e irá nos ajudar. Assim que você nos contar o que conseguiu, veremos qual caminho seguir.

– Bem, devo avisar que seu chefe tinha razão. O assunto é delicado e perigoso, e vocês terão que ter muito cuidado e discrição. Cautela é fundamental. Principalmente quando eu contar o que descobri.

Raul e Beatriz ficaram atentos à narração de Nélson. As informações eram comprometedoras e deixaram os ouvintes admirados e confusos ao mesmo tempo. Estava cada vez mais difícil encontrar a resposta que buscavam. Conheciam os nomes dos envolvidos, mas não conseguiam conectá-los ao dinheiro roubado. Deveria, certamente, haver um envolvido na fraude bancária. O delator apenas falara sobre as informações das contas, mas desconhecia o mecanismo utilizado para a apreensão do dinheiro.

Nélson conseguira um dado importante, mas que ainda precisaria ser analisado com muito critério antes de ser utilizado por eles.

– Bem, deixei uma informação bombástica para o final. Tenho certeza de que vocês vão gostar de saber. Paulo vai ficar estupefato com o que vou lhe contar. Imaginem quem é a mulher que está bem viva, casada com o político que vocês acreditam ser o mandante de toda aquela sórdida tragédia?

Os dois jovens se entreolharam, confusos, não entendendo aonde ele queria chegar.

– Olhem com atenção e vejam quem é essa mulher. Essa descoberta por si só encerra grande parte do mistério. Bem, pelo menos para Paulo. Vejam essas duas fotos e depois tirem suas próprias conclusões.

Os jovens olharam atônitos para a semelhança das fotos, uma já envelhecida pela idade, mas mantendo os mesmos traços da juventude.

Beatriz foi a primeira a entender, dando um grito surpreso:

– Não pode ser o que estou pensando.

Raul olhava chocado para as fotos, já compreendendo aonde ele queria chegar.

30
Novos rumos

Beatriz e Raul estavam atônitos, sem entender o que Nélson estava revelando. As fotos eram muito semelhantes.

– Nélson, essa pessoa é Mirela, que acreditávamos estar morta há quase trinta anos?

– Gostaria de responder afirmativamente, mas essa não é Mirela, e sim Sofia, sua irmã mais nova, cuja semelhança sempre foi extraordinária. Quando você me pediu que investigasse a família de Mirela, descobri a existência de Sofia, que passou a juventude em um colégio interno e pouco conviveu com a irmã ativista política. Após o desaparecimento de Mirela, a família preferiu permanecer reclusa. Estranho Paulo não ter conhecido a irmã de Mirela. Pesquisei a vida de Sofia e descobri que hoje ela está casada com o político em questão. Parece que alguns anos da vida dela foram completamente apagados, pois não encontrei rastro algum sobre ela por um grande período. Descobri que eles têm apenas uma filha, Gabriela, de aproximadamente 30 anos, que saiu de casa muito jovem para estudar medicina e mantém um relacionamento superficial com os pais. Está casada, mora aqui em São Paulo e tem um filho de 4 anos. O marido tem a mesma profissão que ela. Vivem em um pequeno apartamento na zona sul. É uma jovem simples, idealista e de poucas ambições. Uma criatura interessante de se conhecer. Não consigo imaginá-la filha de quem é. Devo dizer que tem muito mais nessa história, algo muito mais sórdido do que um roubo precedido por vários assassinatos. Minha intuição me diz que devo persistir nesse caminho. Por ora é o que eu tenho para vocês. Infelizmente, não é a notícia que vocês esperavam. Peço que esperem mais novidades antes de contar a Paulo sobre Sofia e sua ligação com aquele político. Até lá, sejam cautelosos. Não sabemos com quem estamos lidando.

– Por que você disse que pode ser algo mais sórdido? Sabe de algo mais?

– Raul, quando vai aprender a esperar a notícia completa? Deixe a ansiedade de lado.

Raul e Beatriz estavam perplexos com as notícias. Como a irmã de Mirela pôde se unir a esse criminoso? Era um grande mistério.

Cecília e Julinho queriam saber quem era aquele misterioso visitante. Raul disse que era um detetive muito amigo que soubera do atentado contra ele e fora saber notícias.

As histórias seriam esclarecidas no tempo certo.

Pela manhã, Beatriz decidiu telefonar para Meireles, seu informante na polícia que lhe devia favores. A jovem solicitou que investigasse um caso ocorrido quase trinta anos atrás. Ele antecipou que os arquivos estavam lacrados.

– Sei de sua influência, é só você solicitar que a autorização para reabertura do arquivo virá de imediato.

– Existem segredos invioláveis, confissões forjadas, mortes suspeitas, uma infinidade de situações que deveriam ser sepultadas definitivamente. Estou com a impressão de que você deseja exatamente que eu verifique algum arquivo que dizem ter sido perdido.

– Você jamais me decepcionou. Por isso que eu sempre o procuro quando desejo algo incerto e duvidoso, perdido nas areias do tempo.

O homem deu uma sonora gargalhada. Ele apreciava por demais aquela jovem corajosa. Ela sabia o que queria e onde buscar. Gostava de ajudá-la, principalmente porque tinha uma imensa gratidão pelo que ela lhe fizera no passado. Na realidade, eles se conheciam havia muitos anos, pois tinha sido amigo de seu pai. Quando ela o procurou para uma reportagem, ele estava encrencado com um grupo corrupto. Beatriz conseguiu reverter o processo por meio de uma reportagem na qual denunciava os envolvidos no esquema de corrupção. Conseguiu livrá-lo de toda a sujeira, por isso seria grato a ela até o fim dos seus dias. Faria tudo para ajudá-la.

Beatriz decidiu contar o nome principal a ser investigado. O homem ficou mudo do outro lado, deixando Beatriz temerosa.

– Você sabe que esse nome é quase uma lenda. Manchar sua reputação pode trazer consequências graves. Ele é muito perigoso. Qual seu real interesse nele?

– Meu interesse é sobre alguns presos políticos desaparecidos após interrogatórios suspeitos, cujas contas bancárias foram esvaziadas. Sabemos que havia um grupo, mas ele era o líder ou o mandante. Bem, acho melhor contar a história toda.

Beatriz contou a versão de Paulo, falou de Mirela e de outros componentes do grupo, todos desaparecidos após serem interrogados pelo homem que integrava os quadros da polícia. Contou também sobre as contas bancárias roubadas, uma incógnita ainda.

Meireles ficou atento às informações, concluindo que o objetivo maior era esclarecer o que ocorrera quase trinta anos atrás.

– Beatriz, você vai divulgar o que descobrir?

– Inicialmente é um favor que estou fazendo a um grande amigo. Não sei se ele vai querer que isso venha à tona. Quero apenas encontrar a solução desse mistério. Raul pediu a um detetive que investigasse Mirela. Encontramos algumas informações muito suspeitas. Parece que a sujeira é maior do que prevíamos.

– Fiquei sabendo do suposto assalto e que ele foi ferido. Ele está bem?

– Ele está se recuperando bem e estará de volta ao trabalho na semana que vem.

– O rapaz está sempre atrás do perigo... Também fiquei sabendo de vocês dois e fiquei feliz por você. Raul é um cara de sorte. É meio topetudo, pretensioso, mas gosto dele.

– E seus filhos, Meireles, estão bem?

– Eles sempre me deram muito trabalho, mas encontrei uma maneira de colocá-los na linha. Os dois estão trabalhando com o tio, no supermercado dele. Começaram de baixo, no estoque, carregando peso durante todo o dia. À noite estão tão cansados que o máximo que querem é dormir. Devo dizer que estou tendo noites mais tranquilas. Quando decidirem voltar a estudar, darei o maior apoio, mas não vou ficar pagando uma faculdade para que fiquem me enganando. Em compensação, Deus me deu uma filha de ouro. Você sabia que ela ganhou uma bolsa para fazer um mestrado em Londres? Ela sempre foi estudiosa e dedicada. Quem sabe um dia eles tomam jeito.

– O tempo deles ainda não chegou, mas com você segurando as rédeas firmemente, posso afirmar que tomarão jeito. Fiquei feliz por Marina. Mande lembranças a ela.

— Julinho, como está?
— Parece que dessa vez ele decidiu enfrentar com coragem seu vício. Espero que continue com essa firmeza de propósitos, pois só depende dele.
— Bem, farei todo o possível para ter essas informações que você deseja. Aguarde notícias. Mande lembranças a Cecília.
Conversaram sobre mais alguns detalhes e se despediram.
O fim de semana estava chegando, Beatriz agradeceu intimamente a semana estar finalizando, pois tinha sido repleta de fortes emoções. Queria muito ficar em casa sem fazer nada. Raul iria embora no final de semana, e já estava sentindo sua falta. Precisava pensar numa ideia para mantê-lo em sua casa por mais tempo.
Durante o dia, Raul ligou para Lúcia, avisando que pretendia retornar no final de semana. Ela pediu que ele ficasse mais alguns dias com Beatriz, pois não seria conveniente que se deslocasse todos os dias por grandes distâncias.
— Foi Beatriz quem lhe pediu isso? Só pode ser coisa dessa garota...
— Não, meu querido. É coisa de mãe que se preocupa com o bem-estar do filho.
— Tudo bem, Lúcia, falarei com Beatriz se ela concorda que eu fique mais tempo por aqui.
— Tenho certeza de que ela não vai se opor. Peça a Beatriz que venha com você durante o dia. Deixarei uma mala com algumas roupas.
— Você pensa em tudo, Lúcia. Devo muito a você e talvez nunca seja capaz de lhe retribuir todo esse cuidado e amor. Amo você, minha amiga.
Lúcia, do outro lado, sentiu uma emoção imensa e ficou com os olhos marejados, em uma expressão de profundo afeto pelo filho do coração.
— Meu querido, sou eu quem tenho que agradecer a oportunidade de estar ao lado de vocês todo este tempo, como minha família verdadeira. Sou grata a Deus por ter me concedido a oportunidade de ser tão feliz todos estes anos. Agora chega de tanto falatório que eu tenho muito a fazer.
— Sinto não poder ajudá-la, mas ainda estou me recuperando.
— Sei disso, agora vou desligar. Um beijo e fique com Deus.
— Você também, Lúcia.
Depois que desligou o telefone, tinha que fazer alguma coisa, pois a ociosidade o deixava irritado. Pensou em analisar com mais atenção a pasta que Paulo lhe entregara. Queria conhecer todos os detalhes a fundo. Passou

o dia lendo e analisando as informações. Paulo tinha feito uma investigação muito cuidadosa, embora com alguns pontos obscuros.

Beatriz chegou tarde na sexta-feira, e encontrou Raul já dormindo sobre os papéis em seu quarto. No dia seguinte ela lhe pediria para ficar o tempo que quisesse lá, pois percebeu que não conseguiria ficar longe dele.

Amar é querer ficar junto o tempo todo.

Tirou delicadamente os papéis, cobriu-o carinhosamente e deitou-se ao seu lado, procurando não acordá-lo. Sorriu e adormeceu rápida e profundamente.

Teve um sonho estranho, estava numa sala muito clara, onde havia algumas pessoas sentadas ao redor de uma mesa, mas eram todos desconhecidos. À cabeceira da mesa havia um senhor de aspecto bondoso, que, sorrindo, a cumprimentou:

– *Temos muito que agradecê-la, Beatriz, e aproveitar para dizer que tudo está caminhando conforme deve ser. Seus cuidados com sua família demonstram que suas lições foram devidamente aprendidas e conseguiu reorganizar algumas programações que pareciam insolúveis. Sua força e coragem tem sido motivo de muita satisfação por parte daqueles que acompanham seus passos. Talvez quando despertar de nada se recordará. Continue nesse caminho de lutas e dificuldades, que se faz necessário para que sua fibra espiritual se fortaleça cada vez mais. Terá muito trabalho pela frente, muitas barreiras a vencer, muitas almas extraviadas a reconduzir ao caminho da luz e do bem. Precisamos de sua energia doce e amorosa, da sua franqueza e sinceridade de propósitos, de sua garra e determinação, que a torna mais resistente aos assédios de forças inferiores, que não desejam que o bem prevaleça. Precisamos de seu amor e de sua alegria de viver para reconquistar os corações sofridos e desprovidos de esperança. Precisamos que cuide de seu aprimoramento intelectual e espiritual, mas que continue a praticar os ensinamentos que nosso Mestre Jesus nos legou. Queremos, enfim, que resolva cada pendência que povoa seus pensamentos para que possa abraçar a tarefa maior que lhe foi confiada, que é servir com amor Àquele que é o caminho, a verdade e a vida. Aqui nesta sala estão reunidos seus companheiros das futuras tarefas. Eles aqui vieram para abençoar seus propósitos e lhe desejar que a paz e o amor, a doçura e a compreensão, a ternura e o perdão, a aceitação e a doação incondicional sejam companheiras inseparáveis de sua jornada. Não permita que a ansiedade e o temor participem e causem perturbações no seu pensar e sentir. Seu companheiro*

a cada dia efetua o aprendizado necessário para acompanhá-la na jornada. Terá a felicidade de receber como filhos companheiros de outrora, que pacificarão suas existências e que aprenderam a pacificar seus próprios corações. A casa espírita que escolheu para que a tarefa se desenvolva tem a nossa aprovação, pois lá encontrará o amparo, as respostas a todas as dúvidas, o conforto nas horas difíceis, a alegria das conquistas espirituais, as amizades necessárias ao cumprimento das tarefas. No tempo certo terá a ventura de ter seu companheiro compartilhando seus ideais, levando para a família que irá edificar toda a sustentação e a firmeza, pois as bases serão sólidas para poderem receber seus tutelados na figura de filhos. Queríamos apenas que levasse consigo o sentimento da paz e da certeza de que seu caminhar se encontra sob as bênçãos do Alto. E que jamais estará só, seja qual for o momento que tiver que enfrentar. Eu acompanho de perto sua luta, pois é a minha tutelada espiritual, ou como gosta de se referir, seu anjo da guarda. Estou e estarei sempre ao seu lado, pois foi isso o que combinamos antes de reencarnar. Não se lembra, mas sei que sempre sentiu minha presença ao seu lado. Sou a sua voz interior que a orienta quando necessário, que a consola ou que a repreende, mas que acima de tudo a ama intensamente e só lhe deseja o melhor para que seja feliz e faça todos ao seu redor compartilhar esse sentimento puro. Fique em paz, minha irmã de coração, e leve com você toda a luz e todas as bênçãos de Deus!

Nossos companheiros espirituais acompanham nossos passos atentamente, mas não podem interferir na forma como conduzimos nossas existências. Depois de todas as experiências vivenciadas, Beatriz precisava saber que estava sob a proteção e o amparo dos benfeitores.

Beatriz não tinha palavras para expressar tudo o que acabara de ouvir, apenas olhou com carinho àquele que lhe falava e, indo ao seu encontro, abraçou-o afetuosamente, sentindo que as lágrimas escorriam em seu rosto. Queria falar algo, mas não conseguiu.

Quando acordou, nada se lembrou, mas sentiu uma paz profunda em seu coração. Percebeu-se mais calma, menos ansiosa, mais focada. Olhou Raul a seu lado, que dormia placidamente, sentindo que ele era realmente o homem certo para acompanhá-la em sua trajetória nesta vida. Queria ser sua companheira, dar-lhe filhos, riu dos próprios pensamentos, pois teve uma ideia que talvez parecesse absurda: iria pedir Raul em casamento. Ela tinha certeza de que ele era o homem da sua vida e sentia que a recíproca seria verdadeira. Sentiu-se feliz e em paz.

Tinha muitas decisões a tomar.

– Bom dia, Raul.

– Bom dia, Beatriz. O que esse olhar pretende dizer?

– Bem, inicialmente, quero lhe comunicar que você vai ficar aqui mais uma semana, depois eu vou pensar se prolongo ou não o prazo de sua permanência.

– Você está de complô com Lúcia? Ela me pediu a mesma coisa ontem. Disse que estou ainda me convalescendo, que não devo abusar da sorte...

– Eu sabia que podia contar com ela. Isso é coisa de mãe preocupada. Fico só imaginando quando você estiver casado comigo como será.

Raul olhou para a jovem ainda sorridente, tentando decifrar o que lhe passava na cabeça, mas, no quesito perspicácia, ele era professor e, obviamente, entendeu o que ela estava insinuando.

– Sabe, Beatriz, existem algumas atitudes estritamente masculinas e você gosta de invadir terrenos alheios, tomando decisões que cabem a nós, como pedir a mão da donzela em casamento. Quando você vai ter um pouco de paciência e esperar o tempo certo de cada coisa? Você não pode esperar, quer sempre antecipar as coisas.

Beatriz ficou desconcertada, pois estava apenas brincando com ele. E pensou que talvez devesse conter um pouco mais seu gênio empreendedor. Será que era hora de mudar? Ficou pensativa por alguns momentos, levantou-se da cama e foi em direção ao banheiro fazer a higiene.

Raul também ficou desconcertado porque também tinha brincado com ela. Ele desejava muito viver com Beatriz todo o tempo que a vida pudesse lhe ofertar, até quando Deus lhe permitisse, queria que ela soubesse de suas intenções, mas ela era assim mesmo, e foi justamente esse seu jeito que fez com que se apaixonasse.

Bateu à porta, chamando por ela. Ela saiu com o semblante sério, mas não se conteve quando ele a agarrou e se declarou:

– Minha querida, amo você com esse seu jeito. Não mude nada, pois deixaria de ser a pessoa por quem me apaixonei. Quero formar uma família com você, ter filhos, mas quero você assim como você é. Quer casar comigo?

– Mas eu que iria lhe pedir em casamento!

– Pode pedir, não me incomodo, mas só se for lá embaixo, perante dona Cecília e Julinho.

– Não, na frente deles não tenho coragem.

– Então, vamos descer e comunicar o que decidimos.

Os dois desceram de mãos dadas, felizes com a novidade que seria comunicada.

Cecília e Julinho conversavam tranquilamente na sala. O jovem manifestou o desejo de fazer algum tipo de trabalho, mas não sabia o quê. A mãe estava radiante com a transformação, desejando fazer algo por ele.

– Bom dia a todos! Desculpem-me a ausência no jantar, mas como nosso querido Raul retorna ao trabalho semana que vem, vou estar liberada todos os dias mais cedo.

– Bem, tenho um comunicado a fazer, aliás, é um pedido. Dona Cecília e Julinho, gostaria de dizer que eu e Beatriz decidimos nos casar. Espero que nenhum de vocês se oponha à minha entrada na família. Devo confessar que tenho vivido momentos muito felizes, apesar dos infindáveis problemas. Vocês me fazem sentir parte integrante desta família, portanto, nada mais justo que oficializar nossa união.

Cecília correu a abraçar a filha, e Julinho a Raul. Todos estavam radiantes com a notícia. Beatriz não se continha de tanta felicidade.

– Você vai aceitar este jornalista que adora se meter em confusão como seu marido?

– Vou, o pior é que nessa última encrenca a responsabilidade foi exclusivamente minha, mas deixemos essas coisas no passado. Estou muito feliz por saber o quanto Raul é bem-vindo nesta família. Amo vocês demais!

– Bem, como vou fazer parte da família em breve, vou mais uma vez abusar da hospitalidade e pedir a dona Cecília que continue alugando aquele quarto por mais alguns dias. Essa solicitação foi de sua filha e de Lúcia, que acha um tanto exaustivo me deslocar da minha casa para o jornal todos os dias.

– Raul querido, já lhe disse que minha casa é sua casa. Fique o tempo que for necessário, aliás, as duas estão com a razão.

– Beatriz e eu vamos até minha casa buscar algumas roupas que Lúcia deixou separadas, pensando no meu retorno ao jornal. Falando em jornal, como está Paulo? Você não falou nada sobre ele.

– Ontem ele chegou mais tarde, pois teve a tal consulta médica para iniciar o tratamento. Chegou otimista, cheio de energia, trabalhando até tarde. Ele me confidenciou que a partir de segunda-feira trabalhará apenas algumas horas por dia. Recomendação médica. Bem, querido, o seu tempo de escravidão se inicia. Só pedi a ele que não lhe prenda no jornal na segunda, pois temos um compromisso.

– Você comentou que tipo de compromisso era?

– Falei o que era. Algum problema?

– Por mim, não. Paulo sempre foi comedido sobre tais assuntos, nunca expôs sua opinião sobre isso.

– Quem sabe um dia ele não nos acompanha?

– Pode ser, mas vamos ao que interessa, estou faminto.

– Venham, vou pedir para servir o café.

Uma família unida pelos laços do afeto, da compreensão, da solidariedade e, principalmente, de muito amor. Uma conquista a ser obtida à custa de trabalho e dedicação intensos.

Mas vale a pena!

Esclarecendo o passado

O final de semana foi intenso e descontraído. Saíram apenas no sábado, à casa de Raul. Os dois sentiram um arrepio ao entrar na sala, palco dos acontecimentos funestos. A sala estava toda arrumada, sem qualquer vestígio do que lá acontecera. Os dois jovens se abraçaram fortemente.

– Poderia ter acontecido algo mais trágico.

– Poderia, mas não aconteceu, minha querida, pois temos muito ainda para viver. Pensando bem, creio que não me quiseram por lá.

– Não fale assim, querido. Você tem muita coisa ainda por fazer e precisa de tempo para isso. Com relação ao que aconteceu aqui, no início não parava de me lamentar e me culpar, sentindo-me responsável. Tudo que vivemos apenas serviu para nos aproximar mais, a ponto de eu não deixá-lo mais longe dos meus olhos.

Raul ficou pensativo, sentindo o quanto aquele lar lhe proporcionara os mais controversos sentimentos. Vivera tantas emoções diferentes e intensas, muitas delas jamais retornariam. Olhou para Beatriz, que lhe sorria cheia de esperança. Não se conteve e foi até ela, abraçando-a com toda a energia que lhe invadira o ser.

Ela representava o futuro a viver. As novas oportunidades de ser feliz.

Percebeu que aquele lugar já não lhe proporcionava a paz tão desejada. Talvez tivesse que tomar as decisões que tanto relutava e finalizar um ciclo em sua vida. Só assim teria condições de iniciar outro. Aquela casa sempre o remeteria ao passado, às lembranças dolorosas, aos sofrimentos. Isso não mais poderia fazer parte de sua nova vida. Pegaram as coisas que Lúcia havia separado e retornaram à casa de Beatriz para o longo e prazeroso fim de semana que os aguardava.

No fim do domingo, estavam todos refastelados na sala de estar quando o telefone tocou. Beatriz atendeu e conversou por instantes com alguém. Em seguida, olhou para Raul com seriedade e avisou que precisavam ir ao jornal para tratar de um assunto pendente. Raul percebeu que o motivo era só um pretexto.

Saíram com a promessa de retornar o mais breve possível.

– Quem era ao telefone? Por que a urgência?

– Era Meireles. Ele descobriu algo estranho. Não entrou em detalhes, mas disse que traria um documento para comprovar a gravidade da descoberta.

O local era próximo ao centro da cidade, ainda lotado àquela hora, o que não chamaria muita atenção. Assim que entraram, notaram Meireles sentado em uma mesa num canto, local propício para quem se acostumara a estar sempre observando tudo.

– Desculpem-me o horário, mas senti que deveria lhes contar tudo o que já descobri. Raul, você parece ótimo! Beatriz, querida, o que você viu neste rapaz?

– Meireles, pare de me elogiar. Ela está apaixonada por mim, e você sabe que o amor não escolhe seus eleitos. Bom lhe encontrar, meu amigo! O que nos conta?

– Sentem-se. Vou pedir um café para nós. Vamos ao que interessa. A notícia é quente!

Meireles começou a contar sobre uma certa pasta que ele encontrou após uma pista dada por um informante. Passou um sábado inteiro analisando documentos confidenciais arquivados e ficou surpreso com a quantidade de informações que a tal pasta trazia. Imaginou o quanto aquele político temeria se imaginasse a existência dela. Alguém, em algum momento, decidira guardar aquelas informações. Talvez como troca de favores.

Meireles mostrou-lhes o documento que conseguiu copiar. Era um laudo de autópsia datado de quase um ano depois da prisão de Mirela. O laudo constava morte em decorrência de problemas durante o parto.

Os dois jovens se entreolharam.

– O que isso significa? Onde Mirela se encontrava durante todo esse tempo? Isso quer dizer que ela permaneceu viva? Mas por quê?

– São informações desencontradas. Em uma pasta, um documento trazia informações sobre a prisão dela e de seus companheiros, indicando o local onde permaneceram detidos para interrogatório. Tentei acompanhar o caminho percorrido por eles e me deparei com um paredão, como se tudo tivesse evaporado de repente. Mas continuei, porque achei aquilo suspeito demais. Queria encontrar respostas para aquele impasse. Tentei descobrir para onde tinham sido levados após o interrogatório, se de volta à prisão ou a um hospital. Foi aí que encontrei em outra pasta uma ficha, com nome provavelmente falso, constando a entrada no hospital de uma mulher com gravidez de risco. Sobre os demais componentes do grupo não achei nada. Descobri que um deles era realmente proveniente de uma família de muitas posses, assim como Mirela, e muito influente na sociedade de um estado nordestino. Devem ter ocultado o corpo para afastar futuras investigações. As vítimas nunca tiveram seus nomes estampados nos jornais. Foram vítimas de um sistema cruel e autoritário. Seus corpos devem estar enterrados em algum cemitério clandestino. Com relação à mulher que vocês procuram nada também foi encontrado, nenhum vestígio do corpo. Só que esse laudo do legista, que foi arquivado e jamais divulgado, permaneceu arquivado com a anuência de alguém. Quem sabe para ser usado em um processo algum dia. O que acham de tudo isso?

– Se Mirela ficou viva, teriam algum motivo para isso. As informações são corretas acerca da gravidez, pois Paulo também teve conhecimento disso. Ele recebeu uma carta, supostamente de autoria da vítima, contando sobre a gravidez e anunciando sua própria morte quando ele tivesse acesso à carta. Era tudo o que Paulo sabia sobre isso. Tentou descobrir se ela efetivamente morrera, onde estaria enterrado seu corpo, sobre seu dinheiro, mas nunca obteve sucesso. Conseguiu montar um arquivo com tudo o que descobriu e o entregou a mim. Ele merece conhecer a verdade, Meireles. Você acha que a pessoa internada naquele hospital pode ser a nossa Mirela?

– As informações da ficha conferem com os dados dela. Mas não consigo entender por que ela foi mantida viva por todo esse tempo. Por estar grávida? Não acredito que ele fosse misericordioso a esse ponto. Não consigo enxergar nele um mínimo de sensibilidade ou piedade. Existe um motivo escuso que deve esclarecer esse enigma.

– Podemos descobrir se a criança sobreviveu, mesmo com a morte da mãe no parto?

– Talvez, mas isso envolverá outros órgãos e preciso saber se desejam que eu vá adiante com essa investigação. Se a criança sobreviveu, deve ter sido enviada para adoção e talvez jamais encontremos a família. Vocês sabem que em casos de adoção se procura manter em total anonimato as informações sobre os pais biológicos e as circunstâncias do nascimento. Terei dificuldade, mas se essa criança sobreviveu, vou descobrir.

– Essa criança estaria hoje com aproximadamente 30 anos pelas contas que eu fiz.

– Mas não sabemos se ela sobreviveu, se era menino ou menina...

– Se essa informação existir, eu chegarei até ela. Ah, um detalhe importante! Meu informante me confidenciou que outra pessoa está solicitando essas informações, mas não quis me dizer quem. Pelo que senti, alguém do alto escalão também deseja conhecer o final dessa história.

– Uma história que parece não ter fim.

– Mas que um dia a verdade irá aparecer, colocando cada coisa em seu devido lugar. Vamos seguir investigando, com cautela e sigilo para não nos envolvermos com pessoas indesejadas. Não se exponha demais. Não quero perder meu maior colaborador.

– Fique tranquilo, pois sei exatamente com quem falar. Vou me preservar, afinal, tenho muito ainda para viver. Assim que souber notícias, eu comunico. Boa noite e, mais uma vez, tomem cuidado.

– O mesmo digo a você, meu querido amigo. Não sei como agradecê-lo.

– Fique tranquila, Beatriz, que eu arrumo um jeito. Lembranças à sua mãe.

Meireles saiu rapidamente, acompanhado dos dois jornalistas intrigados com as descobertas. Faltava ligar algum ponto perdido. Certamente, Nélson encontraria o fio da meada. Eram excelentes colaboradores, Meireles e Nélson.

– Raul, acho que devemos contar ao Nélson o resultado do trabalho de Meireles. Um precisa conhecer o que o outro já descobriu. Você fala com ele amanhã?

– Certamente. Enquanto ele nos contava sobre Mirela e sua entrada ao hospital com nome falso, fiquei pensando na jovem, filha de Sofia. Não é muita coincidência ela ter a mesma idade do provável filho de Mirela?

– O que você está insinuando, querido?

– Estava apenas pensando coisas absurdas, pois seria inconcebível isso ter acontecido. A tia ficar com a sobrinha e a adotar? Seria isso possível?

– É possível, só não tem lógica alguma. Deve haver uma explicação para esses fatos. Mas se essa criança estiver viva, vamos descobrir. E Paulo vai ganhar um filho ou uma filha que jamais supôs existir.

– Se isso for verdade, Paulo vai ganhar um incentivo inesperado na luta contra a doença. Amanhã cedo falo com Nélson sobre o que já sabemos.

Na manhã seguinte, Raul acordou cheio de energia para reassumir suas funções.

No jornal, Paulo comandava a recepção e o recebeu com um efusivo abraço.

– Seja bem-vindo, Raul. Sentimos sua falta. Não havia ninguém para reclamar, para criticar, para dizer que poderia ser feito "melhor".

Todos riram da declaração de Paulo, que era uma grande verdade. Só que justamente essa era a característica que o tornava um profissional tão admirado e respeitado por seus companheiros.

– Bem, chega de festa e vamos ao trabalho.

E logo começou a dar ordens e a marcar reuniões com as equipes. Paulo olhava com orgulho seu tutelado. Ele tinha certeza de que escolhera seu sucessor corretamente. Raul era o mais competente naquele jornal. Treinara-o muito bem! Sabia que Raul não apreciava ainda essas funções, mas aos poucos iria tomando gosto pela coisa. Ele era seu escolhido e aprovado pela diretoria como seu sucessor. E, assim como ele, construiria uma vida de conquistas e sucesso.

No final do dia, Beatriz foi até a sala de Raul, pronta para sair.

– Vamos, Raul. Temos que passar em casa; Julinho irá nos acompanhar ao centro.

– Vamos.

Em casa, Julinho os aguardava com uma grande surpresa.

– Mamãe irá conosco. Ela quer saber se não haveria algum inconveniente.

– Será um imenso prazer tê-la em nossa companhia, dona Cecília.

– Sabia que esse dia iria chegar mais cedo do que esperava. Temos muito o que conversar, mamãe, mas vou aguardar o momento certo. Estou muito feliz!

– Eu gostaria de conversar com vocês e contar alguns segredos que mantenho guardados há muito tempo. Mas por ora vou apenas observar o trabalho, é possível?

– Com certeza, mamãe. É uma reunião bonita e repleta de ensinamentos. Você não apenas vai gostar como vai querer repetir a experiência.

Assim que chegaram, foram recepcionados por Luciano, que os aguardava.

– Raul, que bom vê-lo recuperado. Oramos por você durante esse período, pedindo que fosse amparado e protegido. Agradeça a Deus por estar aqui, meu filho.

– É o que tenho feito todos os dias. Se cada coisa acontece com um propósito, creio que eu precisava fazer uma análise de minhas condutas e corrigir o que estava inadequado. Tudo o que me aconteceu me fez ver o quanto a vida é preciosa. Um bem que nem sempre cuidamos de forma perfeita, acreditando que podemos corrigir mais tarde. Mas nem sempre temos tempo para corrigir o que foi feito de errado.

– Raul, fico feliz com sua iniciativa em tratar desse bem de valor incomensurável, que é sua vida. A vida ainda é um grande mistério, mas se soubermos encará-la com discernimento, realizaremos a finalidade maior que é o aprendizado. Essa visita é quem eu penso ser?

– É Cecília, minha mãe, que pediu para nos acompanhar.

– Esta casa de Deus acolhe a todos que desejam conhecer os postulados da Doutrina Espírita, e pelo que me consta já os conhece, não é mesmo, Cecília?

A mãe sorriu timidamente, sem negar as palavras de Luciano:

– Muito prazer, Luciano. Você está correto no que disse acerca do meu conhecimento. Passei por um longo período de negação porque me recusava a enfrentar meu passado. Mas sei que nunca é tarde para revisar meus conceitos e crenças. Agradeço a acolhida e algum dia contarei minha história.

– O mais importante é retomar o caminho de onde parou. O trabalho continua esperando o trabalhador dedicado e leal. Agora é tempo de abraçar as tarefas e recuperar o tempo perdido. O tempo é nosso aliado se cuidamos dele com respeito.

Todos se dirigiram à sala onde se daria a reunião daquela noite. O trabalho se iniciou com a prece de ligação com os companheiros do Plano

Espiritual, como sempre se fazia. Em seguida, a palestra evangélica, que acalmava os corações de todos os presentes, e na sequência o intercâmbio com a espiritualidade.

No centro, tudo obedecia a uma programação preestabelecida, cujo objetivo maior era reconduzir os companheiros a um caminho de luz e de aprendizado, libertando-se da dor e da prisão a que eles mesmos se submetiam. Semanalmente, eram levados àquela reunião companheiros desarmonizados e descrentes do amor divino.

Beatriz e Raul estavam tranquilos, e Julinho, estranhamente em paz, coisa que há muito tempo não experimentava. Cecília estava ansiosa para o que iria acontecer naquela sala. Sentiu sua sensibilidade se expandir, permitiu-se visualizar o local com um novo olhar. Desde criança tinha a faculdade da vidência, o que sempre a deixara em situações delicadas perante sua família. Seu irmão, desde cedo, manifestava a mesma faculdade, mas de maneira mais sofrida, pois ele não aceitava. Instável emocionalmente, frágil psiquicamente, tudo isso o deixava vulnerável. Após um surto psicótico, entrou em profundo desequilíbrio, obrigando os pais a interná-lo. Comprometeu-se emocionalmente e psiquicamente grande parte de sua adolescência e início da maturidade por causa das constantes internações. Aos 23 anos, decidiu dar um fim a seu sofrimento, tomando uma overdose de medicamentos, que o levou ao desencarne precoce. Cecília jamais se perdoou por não ter ajudado seu irmão na compreensão dos fenômenos, que secretamente fez questão de conhecer e estudar.

Quando seu irmão desencarnou, Cecília decidiu enterrar com ele qualquer possibilidade de levar adiante seu estudo, encerrando uma etapa que mal se iniciara. Sentia-se culpada, e ninguém seria capaz de aliviar o peso de seu coração. Enquanto pensava em seu irmão, bateu-lhe uma imensa saudade e, intimamente, desejou que ele estivesse bem e em paz. Sentiu as lágrimas fluírem, lavando sua alma sofrida e ainda em culpa. Enviou-lhe toda a paz e todo o amor, desejando-lhe uma nova oportunidade de aprendizado.

As entidades se revezavam em suas comunicações, algumas dramáticas, outras carregadas de ironia e ressentimento. Uma a uma eram atendidas com amor e paciência por Luciano, que tinha um dom especial para se fazer compreender, para que reformulassem suas existências, com novas propostas de condutas e ações.

Elenita ainda não havia dado nenhuma comunicação, até que sentiu uma emoção imensa a lhe envolver. Luciano percebeu e se aproximou da médium.

– Seja bem-vindo, meu irmão. Sinto que está profundamente triste e desejoso de falar.

A entidade profundamente emocionada desatou a chorar. Durante alguns instantes, Luciano aguardou que ela se acalmasse, libertando toda a angústia represada. Ela foi se tranquilizando aos poucos e conseguiu falar:

– *Quero pedir perdão a Deus pela minha ignorância e desconhecimento de suas leis. Mas creio que meu ato invalida qualquer intenção de obter o perdão. Sou um espírito fracassado, incapaz de discernir o que me traria a felicidade e a conquista de meus ideais. Fui fraco e incapaz de prosseguir e, perante o peso da minha dor, decidi abandonar o barco da encarnação, tirando minha vida de maneira brutal e de forma leviana. Aqui cheguei abatido com minha incapacidade de viver uma encarnação difícil, sentindo-me cada dia mais fracassado e incapaz de receber o perdão do Pai. Tenho vivido momentos de profundo abatimento, sem disposição de prosseguir com minha recuperação, não restando mais nada a não ser permanecer passivo e inútil. Considero-me um ser desprezível, fraco e incapaz de ser perdoado pelos meus erros. Não sei por que aqui estou e agradeço sua bondade, mas não sou digno dela.*

– Irmão querido, todos somos dignos do perdão do Pai, pois Ele ama intensamente cada filho, conhecendo as potencialidades de cada um, inclusive nossas limitações. Ele não cobra de nós o que não estamos prontos para dar. Essa é a grande verdade que você veio aqui conhecer, a misericórdia infinita do Pai. Ele perdoa nossas faltas, se nós aprendermos a nos perdoar primeiramente. O que lhe falta aprender é o autoperdão, assumindo que ainda é imperfeito, necessitando de aprendizado naquilo que falhou. Todos nós temos algo a aprender e, se ainda não aprendemos, retornamos em outra oportunidade para que isso se efetive. Não se julgue um ser desprezível, pois está assumindo que o Pai criaria seres assim, o que não é verdade.

– Mas e todos aqueles a quem magoei com minha atitude tão leviana?

– Meu filho, é um juiz muito impiedoso de si mesmo. Os que o amam sempre irão estar ao seu lado. Ainda que não compactuem com você, enviarão todo o amor que seja capaz de receber. Ninguém o julgou, apenas se entristeceram com sua lamentável atitude, ao tirar a própria vida, e continuaram ainda mais a orar por você.

A entidade ia se acalmando, conforme as palavras tocavam e sensibilizavam seu coração, induzindo-o a refletir sobre as mudanças que se faziam urgentes e necessárias para que sua vida tomasse rumo novo.

Agradeceu a Luciano e, em seguida, sentiu-se acolhido por mãos fraternas que o conduziram a um recanto de paz e refazimento, preparando-se para o aprendizado.

Cecília ouviu o relato emocionada, lembrando-se mais ainda de Marcos, seu irmão que tinha partido tão prematuramente. Esperava que ele tivesse a mesma sorte desse companheiro que acabara de se pronunciar, recebendo ajuda tão necessária. Orou a Deus com toda a fé que sentia em seu coração. Pôde ver as entidades de luz que acolheram aquele ser e o encaminharam para um hospital. Toda a sala se iluminou, o que bem poucos puderam perceber.

Como a reunião ainda não tinha terminado, ficaram no aguardo de futuras comunicações.

Era o que Luciano estava esperando.

32
Vivendo um dia de cada vez

A reunião estava já prestes a se encerrar, e Luciano aguardava uma entidade indecisa para falar naquela noite.

Jean Paul relutava, sentia a raiva crescer ao perceber a presença de Raul, ou Vincent, naquele local, sentia o ódio se apoderar dele, desejando encontrar um meio de acabar com seu desafeto, mas seu oponente continuava vivo. Por que não o ajudavam a conseguir seus propósitos? Por que o defendiam? Custou tanto a encontrar Vincent e agora teria que ter muita cautela. Precisava manter um pouco de lucidez e não se deixar enganar por aqueles companheiros que lutavam com armas superiores às dele. Ainda por cima era assombrado por Nadine, que insistia em querer lhe falar a todo instante. Ela o perseguia onde quer que fosse, tentando demovê-lo de sua vingança. Mas não entendia como conseguiram trazê-lo até aquela casa. Estava em seus domínios quando uma força irresistível o trouxe até aquele local! Conhecia um grupo poderoso que vivia nas trevas e era capaz desse tipo de mágica, mas estranhou que tudo tivesse sido sutil e sem violência. A luz era o grande diferencial desses grupos. Não podia negar que se sentia bem naquele local. O importante agora era vencer essa força irresistível que o mantinha ali e fugir rapidamente.

Foi a partir desse pensamento, captado por Luciano, que o diálogo se iniciou.

– O que está acontecendo contigo, meu amigo? Deseja fugir daqui? Não temos a intenção de lhe fazer mal algum. Queremos apenas conversar com você.

A entidade relutava em falar. Passaram-se alguns instantes, e os amigos da luz se fizeram presentes com o intuito de forçar uma reação daquela sofrida criatura.

– Meu amigo, fique calmo e fale o que julgar importante, estamos aqui para ouvi-lo – insistiu Luciano.

– *O que mais você vai fazer para me intimidar? Devo dizer que não tenho medo de vocês. Não quero sua ajuda, quero apenas sair daqui e continuar meus planos. Não adianta me prender aqui. Eu vou ouvir o que desejam de mim, depois irei embora.*

– Não temos a intenção de lhe prender aqui. Queremos apenas que fale o que se passa em seu coração. Se sente tanto desejo de se vingar, isso significa que seu coração ainda se encontra imerso em raiva e ressentimento. Quando vai perceber que é o maior sofredor dessa triste história? Todos seguiram suas vidas, arrependendo-se e solicitando novas oportunidades! Mas você preferiu remoer a dor, viver com ela e por ela! Irmão querido, não queremos prendê-lo, apenas o trouxemos aqui para que possa ouvir o outro lado da história, que ainda não foi capaz de compreender!

– *O que ainda querem de mim? Que eu esqueça o passado, a vida que desperdicei, a traição que sofri, o duro golpe da calúnia que armaram contra mim e me fizeram perder meu bem mais precioso? Querem que esse ser insensível seja perdoado por seus pecados e siga sua vida feliz? Pensam que eu sou tão desprezível quanto ele, capaz de fazer tudo o que ele foi capaz? Sou muito melhor do que ele!*

– Meu filho, quando pagamos na mesma moeda as ofensas recebidas, somos exatamente iguais aos nossos ofensores. Isso não nos traz nenhum benefício, apenas nos torna criaturas tão imperfeitas como eles.

– *Mas é isso exatamente o que eu pretendo fazer. Que ele pague na mesma moeda, que ele sofra tanto quanto eu sofri, que ele perca todas as esperanças na vida e tome uma decisão radical, retornando ao mundo dos mortos onde lá estarei para recepcioná-lo. Mas quero que volte sozinho, sem suas defensoras leais. Não tente mudar aquilo que sinto e que pretendo realizar. Falta apenas encontrar a oportunidade certa e, desta vez, ninguém estará lá para salvá-lo.*

– Sinto muito que pense assim, pois está desperdiçando a oportunidade de retomar o rumo da sua evolução. Sinto que seu coração ainda esteja tão endurecido pelos golpes perpetrados no passado. A tristeza que seu coração carrega é superior à raiva que pensa abrigar nele, talvez por isso não tenha conseguido finalizar seus planos. Já pensou que a dor pela traição sofrida supera a vontade de se vingar? Porque não é uma criatura do mal, traz em seu âmago sentimentos puros, mesmo que maculados a partir daquele infeliz evento. Sinto lhe dizer, meu filho, que ambos necessitam aprender a lição mais importante legada pelo nosso Mestre Jesus: perdoar nossos ofensores, assim como esperamos ser por eles perdoados. A razão de tantos impasses e tantos sofrimentos teve início muito antes desse evento, mesmo que não mais se recorde. Tudo começou há muito tempo, entre idas e vindas, entre acertos e desacertos, quando as algemas do ódio e do ressentimento uniram definitivamente vocês dois. Nós o trouxemos aqui não para obrigá-lo a atitudes de perdão, pois sabemos que ainda não é capaz. Nós o trouxemos aqui para despertá-lo para a realidade que insiste em não observar. Foge de todos aqueles que desejam que retorne ao caminho da compreensão. Foge de seus próprios sentimentos, recusando-se a reavaliar suas reais intenções perante seu próprio coração. Não vamos lhe impor nada, apenas pedir que acompanhe os companheiros esclarecidos e que ouça o que eles têm a dizer sobre tudo isso. Estamos lhe pedindo algo tão impossível, meu filho?

A entidade estava calada e confusa. O que ele dissera acerca de seus sentimentos era verdade. Em alguns momentos se lamentava, sentindo uma profunda tristeza por ter sido traído. Em outros, sentia que seu coração queria explodir de tanta raiva. Vincent e Nadine não podiam ter feito o que fizeram! Ele os amava tanto! Como foram capazes? Eles não mereciam ser felizes juntos! Nadine já estava no Plano Espiritual, sem que ele tivesse qualquer participação nesse evento. Vincent quase a acompanhou. Eles não conseguiram ser felizes, assim como naquela vida. Se havia uma justiça divina, ela se encarregou de colocar cada coisa em seu lugar. Mas agora sua própria irmã se colocava como defensora implacável do responsável por tantas crueldades. Francine era também uma traidora, pois escolhera um lado, e esse lado não era o dele.

Nadine, nossa Elisa, e Francine, nossa Beatriz, estavam empenhadas em auxiliar esse ente tão querido, mesmo que perdido nas teias do orgulho ferido e da incompreensão.

Luciano aguardava que a entidade se manifestasse novamente, mas ela permanecia calada. Ele sabia que os comprometimentos de todos eram excessivos para serem ignorados. Pediu a seus amigos espirituais que o auxiliasse, inspirando-o.

– Meu irmão querido, percebo que está pensativo e não deve tomar qualquer decisão. Pedimos que permaneça aqui até o fim da nossa reunião, mas antes sua irmã deseja lhe falar. Peço que a escute, pois ela tem algo importante a dizer.

Nesse momento, Luciano se aproximou de Beatriz. A jovem sentiu que aquela criatura precisava de ajuda e sentiu um imenso carinho por ela. Algumas lágrimas brotaram de seus olhos. Foi nesse momento que Luciano colocou suas mãos na fronte de Beatriz, que visualizou um local desconhecido, mas familiar. Pôde ver vários rostos passando por sua mente e, entre eles, o de Jean Paul, o de Vincent, o de Nadine e o dela própria. Todos estavam felizes e se amavam. Em seguida, a paisagem se alterou, e sentiu uma imensa tristeza. Nesse momento, viu-se tentando abraçar Jean Paul, que escapava e fugia pela floresta, correndo desesperadamente em busca de seu trágico destino. Até que o encontrou caído, já sem vida, no meio do vinhedo de sua propriedade. Francine nada mais pôde fazer. Sua família não mais existia, e teria que contar com ela apenas. Sentiu muita tristeza, mas sabia que não poderia culpar ninguém pelas atitudes do irmão. Nem mesmo Vincent e Nadine. Tudo passou rapidamente pela mente de Beatriz, que teve certeza de que seu irmão Jean Paul estava ali. Precisava que ele soubesse que o amava profundamente e queria vê-lo em paz novamente, seguindo sua vida, sem o peso da raiva e do ressentimento.

Beatriz abriu os olhos e viu Luciano a seu lado, apoiando sua iniciativa.

– Querido irmão, me perdoe – disse Beatriz. – Erramos porque somos imperfeitos, ainda erramos, magoamos, confundimos nossos sentimentos, cometemos muitos equívocos. Você, eu e todos que lá estivemos trazemos em nossos corações a dor de nossos deslizes, mas também trazemos a esperança de poder refazer nosso caminho. Hoje sabemos que temos que nos desfazer da culpa, da mágoa, da raiva, da incompreensão, da inflexibilidade, da vaidade, do orgulho e de outras imperfeições das quais ainda somos portadores. Reavalie o que aconteceu e perceberá que é necessário analisar todos os fatos sob todos os ângulos disponíveis, não apenas olhando a nossa versão tendenciosa, desprovida muitas vezes da razão. Vemos o que queremos, não a visão real dos fatos. Querido, não peço que me perdoe agora, mas peço que me dê uma chance de ajudá-lo. Ainda não sei o que fazer nem como fazer, mas Deus irá me inspirar. Não posso ser feliz, sabendo que você se encontra nesse patamar tão desolador. Quero que me perdoe e entenda que todos somos imperfeitos, e por isso ainda falhamos demais.

Limpe seu coração de todo ódio e sentirá a paz que há muito desconhece. Não adianta buscar culpados, pois nossas ações são nossa responsabilidade e de mais ninguém. Foi você quem puxou o gatilho e tomou a decisão de partir. Essa é a mais pura verdade, e você sabe disso, pois se arrepende de seu ato tão infame. Ninguém tem o direito de decidir o momento de partir, apenas Deus, nosso Pai. E você não precisa permanecer no sofrimento eternamente. Deus já o perdoou, e você, meu querido, já se perdoou? A vida é seu patrimônio e ninguém pode efetuar as escolhas que lhe são pertinentes. Pense em você e decida o que for melhor. Estarei aqui quando precisar. Amo você, querido.

A entidade desatou a chorar. Assim permaneceu, até que entidades de luz, entre elas, Elisa, se aproximaram e o ampararam, conduzindo-o a um local de repouso e reflexão.

Beatriz estava estranhamente serena, sentindo-se como num transe, que só foi encerrado quando Luciano pediu que abrisse seus olhos e respirasse profundamente.

Luciano agradeceu aos amigos de luz pela presença. Iniciou, em seguida, uma sentida prece de encerramento, dando por encerrada a reunião da noite.

Todos os presentes estavam emocionados com tudo o que puderam vivenciar naquela noite. Raul segurava as mãos de Beatriz, que parecia distante de lá, com o olhar vago e triste. Isso nunca lhe acontecera e ela se sentiu insegura com seus sentimentos. Queria conversar com Luciano para entender o que se passou com ela. Queria entender quem era aquela criatura que chamara de irmão. Aquelas lembranças seriam reais, fruto de vidas passadas? Enquanto falava, percebeu um sentimento estranho com relação a Raul, como se ele fosse o responsável por todo o sofrimento que seu irmão daquela existência vivenciara. Teriam ligações em outras vidas? Seria Raul o responsável por todo o mal perpetrado?

Olhou para Raul, e todos aqueles contraditórios sentimentos desapareceram. Viu em seu semblante um ponto de interrogação imenso, pois ele também tinha achado tudo muito confuso. Raul também experimentou sentimentos controversos, passando da piedade ao total desprezo por aquele ser. No início se sensibilizou com seu sofrimento, mas, conforme ele falava, destilando toda sua raiva, Raul sentia que compartilhava daquele inexplicável sentimento, desejando que o outro permanecesse no sofrimento. Tudo confuso e estranho. Quando Beatriz começou a falar com a entidade, seus sentimentos se confundiram mais ainda, em um misto de emoções. Uma dor surgiu no peito, a cabeça começou a latejar, suas mãos ficaram frias e suadas, uma sensação de medo e insegurança passou a dominá-lo. Sentia que precisava perdoar, mas quem?

Ao término da reunião, Raul chegou a pensar que não deveria ter ido àquela noite, pois se sentiu extremamente cansado. Queria ir embora rapidamente, mas sabia que Beatriz não iria sem antes conversar com Luciano.

Cecília se surpreendeu com tudo o que viu, com tudo o que ouviu dos companheiros infelizes e com o jeito esclarecedor, atento e caridoso de Luciano. Foi uma noite fascinante! Nunca sentiu o Plano Espiritual tão próximo e tão acolhedor, como sempre imaginou que fosse. Tinha muito o que aprender e desejava ser útil com as ferramentas que lhe foram concedidas nesta encarnação. A vida nos ensina a todo instante, e esta era a oportunidade que ela esperava. Falaria com Luciano e perguntaria qual o caminho que ela deveria trilhar para se tornar uma trabalhadora daquele centro. Queria muito trabalhar e servir. Estava em paz e feliz.

Julinho se emocionou com o depoimento daquele companheiro que tirou a própria vida. Poderia ter sido assim com ele também, pois por muitas vezes tentou largar tudo e retornar ao mundo espiritual. Agradeceu a Deus por não ter dado prosseguimento ao seu plano de tirar a própria vida, pois estaria nas mesmas condições de arrependimento e sofrimento que aquele irmão se encontrava. Tinha muita coisa para viver. Tinha muito a aprender.

Quando todos os visitantes e trabalhadores deixaram a sala, Beatriz foi ao encontro de Luciano, carente de explicações pelo ocorrido.

– Beatriz querida, fique calma. Para tudo nesta vida existem explicações coerentes, mas nem sempre temos condições de entender tudo o que a vida nos oferece. Não posso explicar coisas que você talvez não entenda nem aceite ser possível.

– Quero entender apenas o básico, Luciano. Sou uma pessoa prática e objetiva, mas, por outro lado, sou sensível às energias que me rodeiam. Minha razão e minha emoção se confundem. Meu coração me diz que aquela criatura foi meu irmão numa vida passada, pois senti um imenso carinho por ele, mas minha razão insiste em me colocar no mundo real com explicações palpáveis.

– Bem, para qual delas você está tendendo? À razão ou à emoção? O que mais lhe parece real e verdadeiro? Você sabe a resposta, basta perscrutar seu coração e sua razão. Existem respostas certas a todas nossas indagações íntimas, mas depende de nossa maturidade encontrar a resposta. Se buscarmos antes do tempo, encontraremos um imenso vazio, pois nada encontraremos que nos satisfaça. O caminho a seguir é único: o que a sua consciência indicar. Ela nunca falha, pois representa nosso patrimônio de experiências já adquiridas, que nos conferem sabedoria e discernimento. Foram muitas emoções vividas hoje, e não deve se perturbar com o que presenciou. Posso apenas lhe antecipar sobre seu potencial que ainda desconhece, por isso foi capaz de ser útil a esse companheiro. Alguém a quem amou, respeitou, magoou e não ofereceu a compreensão que ele esperava. Não percebeu que foi instrumento do Plano Maior para que esse irmão fosse despertado para as verdades que ele insistia em não observar? Talvez esses pontos de interrogação que carrega só o tempo e o amadurecimento dessas potencialidades poderão eliminar. Por isso lhe disse que cada coisa deve vir a seu tempo. Não seja ansiosa, não tente controlar tudo a seu redor. Não temos essa competência e sofremos quando acreditamos possuir. Saiba viver um dia de cada vez, em toda a plenitude. O aprendizado se faz assim, de forma gradativa. Nem a natureza dá saltos! Sei de sua mente analítica e de sua racionalidade, mas conheço também sua sensibilidade e suas potencialidades para se desenvolver de maneira equilibrada e para ser bem utilizada. O caminho é esse, minha jovem. Seguirá se quiser e quando quiser. Pode ser de muita valia, mas apenas se seus propósitos forem nobres e sua disposição ao bem for inabalável. É uma decisão que só você poderá tomar. Respeitarei suas escolhas. Você tem algumas tarefas pela frente, mas a decisão é sua e de mais ninguém. Espero ter respondido às suas dúvidas e a espero na próxima semana.

Olhando para Raul, com o semblante sério, disse:

– Talvez tenhamos novidades sobre esse caso, que diz respeito a você também, Raul. Espero que tudo que presenciou possa ter tocado seu íntimo. Se você já percebeu, essa é também sua história, que precisa ser resolvida para que a vida atual possa prosseguir. As amarras os mantêm conectados e aprisionados no passado, pois o perdão de ambas as partes não está sendo exercitado como deveria. Pense nisso! Lembre-se de tudo que tem lhe ocorrido, inclusive o atentado contra sua vida. Perceberá que precisa reavaliar seus sentimentos mais íntimos, em especial aqueles que ainda não compreende. Conto com sua participação nessa história para que possa também encontrar a paz em seu coração.

Raul ouviu atentamente as palavras de Luciano, sempre eram contundentes e verdadeiras. Ele sabia exatamente onde tocá-lo. Muitas vezes saíra de lá confuso e reflexivo, mas no decorrer das horas cada coisa se encaixava em seu lugar de origem e o quebra-cabeça se completava. Era sempre assim, nunca sabia o que iria acontecer lá, mas sempre saía com a certeza de que um aprendizado iria ter.

Hoje Luciano tocou mais fundo, mexendo com crenças e sentimentos íntimos, alguns ainda inexplicáveis, mas que insistiam em lá permanecer. A simples palavra "perdoar" martelava sua mente.

– Luciano, apenas uma pergunta. Enquanto aquela entidade manifestava sua dor e sua indignação perante aqueles que o traíram, uma voz insistia em dizer a palavra "perdoar". Era tão intensa e tão poderosa, mas, em contrapartida, outro sentimento me consumia naquele instante. Tudo muito confuso. O que aquela voz significava? Que eu tinha que perdoar ou pedir perdão?

– Meu jovem, antes de oferecermos o perdão ou mesmo pedir perdão a quem julgamos ter ferido, será que esse sentimento será sincero? Somente aprendemos a perdoar e a pedir perdão quando aprendermos a nos perdoar. O autoperdão é o primeiro passo de toda criatura que almeja viver em paz com sua consciência. O que nossos companheiros do bem queriam obter quando sopraram essa palavra a você? Talvez levá-lo a refletir em tudo o que foi aqui observado. Perdoar ou se perdoar ou, também, pedir perdão, como saber se não buscamos compreender nossas reais emoções, fruto dos nossos verdadeiros sentimentos? Pondere sobre isso, meu amigo, e encontrará a resposta a essa indagação. Somente você será capaz de decifrar esse enigma.

Raul ficou atento e curioso com tudo aquilo, e isso sempre acontecia. Iria para casa refletir também sobre seu desafeto e seus desejos de vingança. Tudo era confuso, tinha que admitir, mas não mais que a vida real, lembrando-se do problema de Mirela e de sua triste história. As vidas se entrelaçam, para o bem ou para o mal, disso tinha certeza. Talvez por que todos desconheçam o sentido real da palavra "perdoar".

Era nisso que pensava quando Luciano despediu-se de todos, agradecendo a presença e esperando que lá estivessem na próxima semana.

Silvia, a filha de Luciano, o aguardava na saída, cumprimentando a todos com aquele sorriso encantador. Julinho ficou feliz com a presença da jovem, pois não imaginava que ela trabalhasse também naquele dia. Pensou que seria mais um motivo para acompanhar Beatriz. Sorriu com seus pensamentos e pensou intimamente: por que não? Ele, assim como todos, merecia a felicidade. Ele queria muito acreditar nisso.

Todos se despediram e rumaram para seus lares. Cada um trazendo em seu mundo íntimo uma lição para aprender. Só assim crescemos e evoluímos: aprendendo.

Cada coisa em seu lugar

A noite foi intensa e deixou sensações diferentes em cada um. Cada coisa, aparentemente inexplicável, encontra seu caminho a ser percorrido e, consequentemente, cada coisa volta ao seu lugar, no tempo certo.

Cecília, Julinho, Beatriz e Raul despertaram diferentes naquela manhã. Mais introspectivos e reflexivos na expectativa de seguir caminhos distintos dos que, até então, caminhavam. Mudar é sempre necessário quando nossas vidas se tornam repletas de aflições e indefinições.

Raul tinha grande dificuldade em aceitar essa interferência invisível e poderosa em sua existência atual. Se as vidas se entrelaçam e se mantêm unidas por tantas encarnações, qual o sentido do esquecimento do passado se ele permanecia tão vivo e atuante? Isso o incomodava sobremaneira, pois se sentia incapaz de gerenciar a vida que lhe pertencia. Tinha que entender melhor esse processo, talvez isso o tornasse mais receptivo ao entendimento. Ele sentia necessidade de conhecer a doutrina com mais profundidade para que seus postulados fossem compreendidos à luz da razão. Conhecer para entender. Eram esses os pensamentos dominantes em seu mundo íntimo quando foi convocado a participar da conversação familiar.

– Raul, qual sua opinião sobre o episódio entre Beatriz e aquela sofrida entidade? – perguntou Cecília sobre o que presenciaram na noite anterior.

– Creio que Beatriz deva ter mais explicações do que eu. Gostaria de afirmar categoricamente algo, mas minhas concepções pouco embasadas não permitem; devo admitir, porém, que me tocou profundamente.

– Você acredita na reencarnação, Raul? – insistiu Cecília.

– Se analisarmos o episódio da comunicação de minha mãe, falecida há tantos anos, devo admitir que a vida continua em outro plano ou outra dimensão. Se ela ainda está viva, a morte definitivamente não existe, pelo menos não nos moldes que as crenças religiosas nos induziram a acreditar. Mas tenho ainda muito a entender sobre a possibilidade das múltiplas encarnações. Pelo que aquela entidade relatou, e nossa Beatriz confirmou, eles se conheciam do passado, por laços de parentesco muito próximos, e estive presente nesse episódio fatídico, que o levou a nutrir tanta revolta em seu coração. Não me recordo de nada, então como aceitar o fato de que eu tenha sido esse vilão como ele quis enfatizar? Posso dizer que tudo o que lá foi dito me tocou de alguma forma, despertando sentimentos controversos.

– O que quer dizer com sentimentos controversos? – Cecília estava muito interessada na opinião do rapaz.

– Em alguns momentos fiquei penalizado com todo aquele sofrimento. Em seguida, parecia sentir grande prazer por tudo o que ele estava vivenciando. Pode parecer loucura, mas esses diversos sentimentos estavam em mim. Era como se eu o conhecesse e sentisse certo contentamento em vê-lo naquelas condições. Vocês me conhecem e sabem que não sou santo, mas me senti cruel pensando daquela forma. Por isso disse sentimentos controversos.

– Mas esses sentimentos persistem?

– Não agora, mas estiveram comigo e, portanto, devem estar presentes em mim.

– Luciano me disse certa vez que somos hoje o que melhor podemos ser, mesmo que nosso passado nos condene – opinou Julinho. – Eu acredito que vivemos outras vidas, em papéis distintos e muito diferentes do que somos hoje. Nosso conhecimento acerca das leis era limitado, éramos mais imperfeitos do que somos hoje, daí nossas dívidas com alguns companheiros de outrora. Erramos muito, falhamos com eles, magoamos, traímos, desprezamos. Nossos erros outorgam a eles, mesmo que injustamente, o direito de nos perseguir e buscar sua redenção, nos fazendo sofrer como fizemos a eles. Hoje, talvez, não agíssemos dessa maneira tão cruel e vil, mas naquela época era o que podíamos ofertar pelas nossas limitações de caráter. É certo que eles não têm o direito de nos perseguir e exigir o pagamento pelos sofrimentos que vivenciaram, mas se julgam nesse direito. Até perceberem que a vingança nada vai lhes trazer de volta, persistem em seus desejos de nos ferir e causar todos os sofrimentos que julgam sermos merecedores.

Todos olharam com espanto para Julinho. Ele falava com propriedade sobre o assunto, como se estivesse inspirado por alguém invisível, sentindo que o futuro cunhado precisava acordar para o fato de que ele pôde ter sido invigilante e cometido desatinos e graves erros com aquele irmão. E continuou com sua explanação.

– Raul, sei que não é santo – continuou –, mas é óbvio que esses sentimentos que você experimentou pertencem ao passado, à criatura que você foi. Era como se tivesse voltado àquele momento. Talvez você tenha sentido que o sofrimento daquele ser era merecido, talvez por não tê-lo perdoado em outras vidas ainda mais remotas, então ele retornou com a tarefa de ver você sofrer e sentir tudo o que ele próprio sofreu pela falta do seu perdão. É como se o desejo de vingança os unissem por várias encarnações, que só poderá ser rompido quando um de vocês levantar a bandeira da paz. Quando um de vocês quebrar esse ciclo interminável de cobranças. Quando um de vocês se render ao perdão definitivo, que possibilitará que sigam suas vidas em busca do progresso e da paz em seus corações.

Enquanto Julinho falava, Cecília percebeu uma luz o envolvendo. Sentiu uma imensa alegria por vê-lo naquelas condições. Enquanto ele falava, de sua boca irradiavam fluidos que tornavam os ouvintes receptivos ao aprendizado. Cecília estava radiante, percebendo o magnetismo do qual Julinho era portador. Os olhos de Raul e Beatriz estavam fixos nos dele. E assim Julinho continuou, sentindo que todos estavam absorvendo suas palavras.

– Pense nessa possibilidade, Raul. De que talvez caiba a você a tarefa de concluir esse ciclo interminável de vinganças e cobranças. Pense que o simples e nobre sentimento de perdoar pode romper definitivamente essas infindáveis encarnações de dor e sofrimento trazendo um rumo novo a tantas vidas entrelaçadas.

– Mas por que tem que partir de mim?

– Só oferece o perdão as criaturas nobres, que conhecem as propriedades favoráveis da libertação que ele produz. Não sabemos como tudo começou, mas podemos saber quando isso pode se encerrar. Repense suas convicções íntimas, não despreze o que a vida está a lhe mostrar! Aceite a ideia de romper esse ciclo de vinganças, aprenda a perdoar aqueles que erraram contigo, com a certeza de que errou tanto quanto ele. Quem pode dizer que jamais cometeu um equívoco nesta vida? Depois de tudo o que vivi nestes últimos anos, posso afirmar que a única pessoa que pode mudar o rumo de nossa existência somos nós. Enquanto persistirmos em não enxergar a verdade à nossa frente, mais demoramos a trilhar o caminho da felicidade, que é oferecida a todos os que desejarem viver o bem, a paz e o perdão que liberta. Exercitar o autoperdão foi fundamental para a minha mudança de comportamento. É claro que tive a sorte de contar com uma irmã generosa e uma mãe zelosa. Elas me ajudaram a que eu enxergasse aquele algo mais, que eu denomino esperança. Elas tinham essa esperança em minha melhora, acreditavam que eu seria capaz. Custei a compreender o que isso significava. Libertei-me inicialmente da culpa, que me corroía. A esperança é minha amiga fiel, hoje. Conto com ela para que a minha vida possa ser conduzida a novos rumos, tendo eu como condutor consciente e responsável. A vida nos oferece a oportunidade de quitarmos nossos débitos, mas precisamos estar atentos a ela. Sua vida não tem sido fácil estes últimos meses, e sei o quanto tem sido um guerreiro, lutando com todas as suas energias para não se deixar abater pelo desânimo; mas a vida lhe brindou com uma nova oportunidade de ser feliz, e sei o quanto isso lhe deu novas esperanças. Então, lembre-se disso quando tiver que praticar o perdão incondicional. Lembre-se de que sua felicidade tem um preço, e, para que ela persista, torne a vida de outra criatura também feliz. É o dar para receber, e também para preservar o que se tem. A vida lhe ofereceu uma nova chance, saiba ser merecedor, perdoando e compreendendo que a imperfeição ainda é nossa real condição. Pense naquela criatura sofrida, amargurada, com o coração cheio de ressentimento e mágoa, necessitando também de uma nova oportunidade para seguir seu rumo à conquista da libertação e da felicidade.

Quando ele terminou seu discurso, Cecília percebeu a presença de uma bela e jovem mulher que lhe sorrira docemente, envolvendo Julinho em uma luz intensa. Em seguida, Elisa se aproximou de Beatriz e de Raul enlaçando-os na mesma brilhante luz, tocando seus corações e deixando a sensação de paz e de equilíbrio entre todos. Elisa foi até Cecília, que já se encontrava com os olhos marejados pela linda visão que estava presenciando, disse-lhe um "obrigada por tudo", envolvendo-a também num amoroso abraço e foi embora.

Raul e Beatriz não tinham palavras para rebater as verdades ditas. Saíram do torpor e observaram Cecília profundamente emocionada.

– Mamãe, você está bem?

– Apenas emocionada com as palavras de meu filho, que me tocaram profundamente e me deixaram muito feliz. Julinho, agradeça a Deus, não a nós, que fomos apenas instrumentos da bondade desse Pai, que ama intensamente a todos os seus filhos. Fico feliz por você decidir seguir sua vida. Você sabe que tem um longo caminho a percorrer, mas estamos com você nas escolhas que efetivar.

– Eu sei que posso contar com vocês, mas preciso primeiro aprender a contar comigo.

Os dois se abraçaram, e Julinho falou em seu ouvido algo que ninguém conseguiu ouvir.

– Depois conversamos, meu filho. Creio que temos muita coisa a aprender um sobre o outro. Agora sei que temos tempo para isso.

Julinho deu um sorriso de entendimento, deixando Raul e Beatriz com a sensação de que tinham perdido algo.

Raul teve mais um dia cheio no jornal. Paulo estava trabalhando apenas pela manhã, dando as orientações necessárias. Raul queria lhe falar sobre suas descobertas, mas precisava certificar-se antes de lhe comunicar as novidades. Nélson lhe prometera solucionar o enigma em breve. Até lá, conteria seu ímpeto. Quando voltaram do jornal, encontraram Cecília toda arrumada, pronta para um evento da noite.

– Mamãe, você está linda! Tudo isso é para o Sales?

– Beatriz, contenha suas brincadeiras e comporte-se quando ele vier me buscar. Convidei-o para um café antes de sairmos para a exposição. Raul, espero que você controle Beatriz. Ela tem o péssimo hábito de me colocar em situações constrangedoras.

– Fique tranquila que vou contê-la o máximo que puder.

Cecília estava realmente muito bonita. Havia ido ao cabeleireiro, comprado uma roupa apropriada ao evento e colocado algumas joias. Sentia-se como uma colegial, ansiosa por seu primeiro encontro. Não sabia o que esperar, mas dera o primeiro passo para sua nova vida. Decidira que iria viver o que a vida lhe pudesse proporcionar. Sabia que seus filhos a apoiariam nessa decisão.

Julinho estava feliz e também elogiou a mãe. Durante a tarde, após a terapia, eles conversaram sobre o evento daquela manhã. Ele também sentiu ser conduzido por alguém em todo seu discurso, mas não conseguiu ver absolutamente nada. Apenas a sensação de que alguém estava todo o tempo ao seu lado, como a lhe ditar as palavras que proferiu de forma tão veemente. Cecília contou que possuía desde criança o dom da vidência, mas sempre o ocultou de sua família. E sobre o irmão, resolveu esperar que os dois filhos estivessem juntos para narrar sua história. Mas falou da presença daquela linda e doce jovem que lá estivera, do abraço que ela deu em Beatriz e Raul. Julinho perguntou se ele era também um médium, e a mãe lhe esclareceu que sim. O jovem disse do seu interesse em frequentar algum curso naquela casa espírita que explicasse os fenômenos que ocorriam com ele. Sua mãe apoiou a iniciativa e confidenciou que gostaria de acompanhá-lo.

O jovem ficou radiante com a decisão da mãe, e prometeram que cuidariam disso no dia seguinte. Conversariam com Luciano.

Falavam animadamente, quando a campainha tocou. Uma figura simpática e sorridente tinha acabado de chegar. O amigo de Cecília a cumprimentou com um beijo em seu rosto.

– Você está muito bonita, Cecília.

– Pare com isso, Sales, você sempre foi galanteador. Vamos, entre. Sente-se, por favor. Você já conhece todos.

– Boa noite a todos. Raul, está totalmente recuperado daquele acidente?

– Foi apenas um susto, mas devo dizer que minha vida mudou depois daquilo. Temos que priorizar algumas coisas em nossa vida quando a percebemos tão frágil.

– Com certeza, meu jovem. Aprendi depois de anos na prática da medicina o quão frágil é a nossa existência. Pena que custamos tanto tempo para perceber isso, deixando, muitas vezes, a vida se escoar frente a nossos impassíveis olhos.

Enquanto o ouvia, Cecília se recordava de seu passado, dos jantares em família, do quanto Sales era um grande conversador, e o quanto ele e seu marido eram amigos. Mas depois que ficou viúva, Cecília preferiu viver isolada em seu próprio lar.

Sales era uma boa companhia, e estava feliz por ter aceitado o convite. Conversaram por um tempo, em seguida saíram.

Os jovens haviam se comportado muito bem, decidindo também saírem para uma pizza. A vida seguia seu rumo, realocando cada coisa a seu lugar de origem.

Na manhã seguinte, Cecília os aguardava para o café, com um semblante feliz.

— Como foi o passeio, mamãe? A exposição foi interessante? — perguntou Beatriz, supercuriosa.

— Sales é uma ótima companhia. Foi uma noite memorável, reencontrei pessoas que não via há muitos anos e que sentiram minha falta. Foi um momento muito especial. Marcamos um almoço no próximo sábado com alguns casais no clube. Acho que será um início do meu retorno ao convívio com alguns amigos ainda especiais.

— Fico feliz por você. Sempre é tempo para retomar antigos contatos e antigas amizades. E Sales?

— Beatriz, não vai entender nunca que eu sou sua mãe e não aprecio essas brincadeiras?

— Qual o problema da minha pergunta? Apenas gostaria de saber se vai ficar apenas na amizade ou se existe chance de algo mais acontecer.

— Você sabe que eu não me sinto à vontade falando sobre esses assuntos. Respeite meu tempo, minha filha. Não sou uma pessoa moderna e bem resolvida como você. Não sei falar de minha intimidade assim facilmente.

— Ok, mamãe, vou tentar ser menos direta e mais cautelosa em minhas colocações, mas preciso saber antes de sair para o trabalho: ele tem chance?

Raul e Julinho se divertiam com a conversa das duas mulheres, e a última pergunta foi o ápice. Ambos caíram na gargalhada, deixando Cecília envolvida na leveza e na simplicidade das palavras da jovem. Nem ela se conteve, rindo também.

— Beatriz, Sales é uma companhia maravilhosa e, antes de tudo, um grande amigo. Gosto de estar em sua companhia. Creio que isso já é um passo para que as coisas fiquem mais sérias. Ele tem chance, sim, mas não me apressem.

Todos aplaudiram, deixando Cecília corada de vergonha. A vida seguia. Raul tinha reuniões agendadas durante todo o dia. Beatriz tinha uma reportagem externa a realizar. Cada um, portanto, tomou um rumo.

No final do dia, Nélson ligou para Raul, dizendo estar com as informações necessárias. Pediu que se encontrassem na noite de quinta-feira na casa de Beatriz, um lugar seguro onde poderiam conversar tranquilamente. Raul concordou, ansioso pelas notícias.

Naquela noite, Cecília pediu para acompanhar os jovens ao centro espírita, pois desejava conversar com Luciano e tirar algumas dúvidas. Quando chegaram, Beatriz e Julinho se dirigiram ao passe e deixaram Raul e Cecília conversando com Luciano.

– Raul, gostaria de lhe pedir que também tomasse um passe para reequilibrar suas energias, despendidas em função daquele acidente infeliz. Sílvia, acompanhe-o ao passe, ficarei aqui conversando com Cecília.

Luciano e Cecília conversaram sobre a possibilidade de que ela e o filho fizessem algum curso com o intuito de conhecer mais a doutrina e se tornar trabalhadores daquele centro. Luciano disse que iniciaria um curso no próximo mês e que eles poderiam se matricular.

– Cecília, gostaria que você também participasse das nossas reuniões de segunda-feira, pois sei que sua vidência muito nos pode auxiliar.

– Mas como você sabe tudo isso?

Luciano sempre dizia: "tenho meus informantes".

– Bem, minha amiga, você conhece muito pouco a meu respeito. Tenho algumas habilidades especiais que meus amigos me ofereceram, mais por misericórdia do que por merecimento, que são extremamente úteis no trabalho que abraço. A sua presença muito vai nos auxiliar, mas antes será importante você estudar um pouco mais. Julinho tem uma sensibilidade muito especial que precisa ser observada e canalizada adequadamente. Como sei que ele tem interesse e vai estudar o necessário, vou permitir que ambos participem do mesmo curso.

– Espero corresponder às suas expectativas, Luciano. Preciso retomar meus estudos e relembrar os conceitos básicos.

– Cecília, faça o que puder hoje e siga em frente com a certeza de que pode ser útil e colaborar com o bem comum. Espero você na próxima reunião. Temos algumas pendências a resolver, envolvendo Raul e Beatriz, e conto com sua ajuda.

– Mais uma vez espero corresponder a você e a seus amigos de luz. Estou à disposição desses companheiros quando precisarem. Eu poderia também tomar um passe?

– Com certeza, Cecília, você sabe onde fica a sala de passe. Vejo vocês na próxima semana.

Cecília saiu com a sensação de que uma vida nova resplandecia à sua frente e sentiu uma felicidade imensa em seu coração.

A vida coloca cada coisa em seu lugar. O tempo disso se encarrega.

É a mais pura verdade.

34

A vida que segue

O dia seguinte chegou com todas as suas incumbências. Paulo ligou logo cedo dizendo que, como não se sentira bem durante a noite, decidiu permanecer em repouso.

O dia foi estressante e repleto de problemas na redação, que tomaram tempo excessivo de Raul. No final da tarde, lembrou-se de que Nélson os visitaria na casa de Beatriz.

Quando chegaram, Nélson já os aguardava na sala, conversando com Cecília.

– Boa noite, Nélson, desculpe-nos o atraso. Pelo visto, dona Cecília já fez as honras da casa.

– Não sabia que a mãe de Beatriz era tão cativante. Estávamos numa conversa interessante, falta apenas saber qual de nós tem razão.

– Nélson, você tem seus méritos também. Bem, sei que a conversa entre vocês é importante e não vou incomodá-los. Beatriz, vão para o escritório, lá terão mais privacidade.

– Nélson, o que de tão importante e urgente você descobriu? – perguntou Raul.

– Sentem-se, pois as notícias são realmente alarmantes. Vamos pelo princípio.

Nélson já havia lhes contado sobre Sofia, a irmã de Mirela, e sobre Gabriela, sua filha, médica que se mantinha longe dos pais.

– Vocês já conhecem parte desta história, mas faltavam algumas explicações. Vamos ao primeiro item: Sofia e sua filha. Bem, Gabriela é adotada. Investiguei o passado dela, sobre os pais biológicos, mas nada encontrei. Nos casos de adoção, mesmo que tudo fique em sigilo, alguns dados são fornecidos pelo Estado. Ao investigar esses dados, descobrimos que a própria Gabriela há dois anos decidiu fazer o mesmo, procurar pelos pais biológicos. O que ela descobriu foi o motivo que a levou a cortar as relações com os pais adotivos. O mistério não se encerra aí. Ao buscar informações sobre sua infância, tive acesso a algumas fotos de Gabriela. Quero que vocês vejam e comparem.

Nélson abriu um envelope e tirou algumas fotos de Gabriela ainda criança, em várias fases, e as mostrou a Raul e Beatriz. Em seguida, de outro envelope, pegou outras fotos e as entregou a Raul, que não conteve o espanto.

– Nélson, aonde você quer chegar? De quem são estas fotos mais antigas: de Sofia ou Mirela quando crianças?

– Você se lembra de que as duas irmãs eram muito parecidas? Estas fotos são de Mirela. Então, Gabriela pode ser a filha de Mirela com Paulo.

– Você encontrou alguma prova concreta?

– Investiguei o hospital onde ela nasceu e consegui ter acesso a todas as fichas do período. Uma das fichas parecia suspeita, então decidi investigar. Consegui conversar com uma antiga enfermeira, chamada Olga, que me deu todas as informações. Ela já está aposentada. No início, se recusou a falar do caso. As lembranças lhe causavam grande perturbação. Insisti, falando que investigava a morte de uma jovem revolucionária que havia sido presa, torturada e, possivelmente, morta. Ela começou a chorar e me contou uma história. Disse que uma presa ficara internada no hospital em uma área reclusa e que sabia que era prisioneira política, um guarda ficava o tempo todo na frente de seu quarto. Apenas essa enfermeira e uma outra tinham acesso a ela, que passava por uma gravidez de risco, necessitando de cuidados intensivos e repouso durante a gestação. Por que simplesmente não a mantinham na prisão sob esses mesmos cuidados? Isso a deixava profundamente intrigada. Uma enfermeira que manifestou desejo de saber o que estava acontecendo acabou demitida. Olga, com medo de ter o mesmo destino da amiga, procurou executar suas tarefas com toda discrição. Não era permitido conversar com a grávida, que parecia muito triste e com a saúde deficitária. Permaneceu durante cinco meses naquele hospital até o momento do parto. Infelizmente ela morreu algumas horas depois de dar à luz a uma menina saudável. Assim que a mãe morreu, a criança foi entregue a uma moça que semanalmente visitava a doente. Olga foi transferida assim que a interna morreu. Recebeu uma promoção, e foi orientada a que jamais divulgasse aquela história, caso contrário, algum "acidente" poderia lhe acontecer. Era uma ameaça, e Olga se apavorou. Na época tinha dois filhos para sustentar. Só podiam contar com ela nessa vida. Não poderia falar com ninguém sobre o que presenciara naqueles meses. Essa é a parte da história bombástica.

– Por que bombástica? Você tem provas de que essa detenta seja Mirela?

– Olga a reconheceu pelas fotos que eu mostrei. Ela disse que a mulher que a visitava sempre ia de óculos escuros. Apenas uma vez viu a jovem sem os óculos e percebeu a semelhança entre elas. Só agora ela ligou os fatos e ficou ainda mais indignada.

– Então Meireles estava no caminho certo! Ele procurava descobrir se Mirela teve ou não um filho. Paulo recebeu uma carta de Mirela o avisando que, quando recebesse a carta, ela e a criança que carregava no ventre já estariam mortas. Paulo tentou esclarecer a história e elaborou um verdadeiro dossiê com tudo o que descobriu.

– Sofia foi cruel demais, compactuando com o marido nessa sujeira – falou Beatriz revoltada. – Foi calculista e insensível. E ainda assume a filha da irmã! Como foi capaz?

– Beatriz querida, nem todos têm dignidade e princípios. Sofia sempre foi uma jovem perturbada. Apenas Mirela a defendia, dando o apoio que os pais lhe negavam.

– Bem, sabemos que Sofia não é a mãe de Gabriela porque ela não pode ter filhos.

– Nélson, você descobriu mais alguma notícia bombástica? – perguntou Raul.

– Descobri o esquema que utilizavam para bloquear as contas dos presos e retirar o saldo. Vejam quem trabalhava no banco e era o encarregado de transferir o dinheiro para contas fantasmas?

Nélson retirou uma fotografia do envelope e mostrou aos dois.

– Você tem certeza? – Raul estava pasmo.

– Tenho meus informantes, e eles me garantiram, enviando-me documentos que comprovam tudo isso.

– Isso é uma bomba e fim de carreira para alguns que acreditam que estão acima do bem e do mal. Temos que falar com Paulo sobre tudo o que já sabemos.

– O que falta Meireles comprovar? – perguntou Nélson.

– Ele vai encontrar a mesma resposta que você, pois a história é uma só. Vou ligar para o Meireles amanhã. Acho que o que conseguimos obter já seja suficiente para dar um fim a essa sujeira. Mas vamos deixar Paulo decidir a estratégia. Ele é a maior vítima dessa história, assim como Mirela e Gabriela – afirmou Beatriz.

– Não posso imaginar o que Paulo será capaz de fazer quando ficar ciente de tudo – disse Nélson. – Vou deixar os documentos com você, mas guarde-os em local seguro, de preferência no cofre de um banco. Você sabe com quem estamos nos metendo, Raul. São pessoas perigosas, capazes de cometer as maiores atrocidades. Fico a pensar como conseguiram chegar ao patamar que se encontram! Esse é o país que vivemos.

– Que um dia fará com que todos sejam desmascarados e punidos pelos crimes. A justiça será feita. Senão a dos homens, certamente a de Deus, que não permite que suas leis sejam violadas e seus infratores permaneçam impunes – completou Raul.

– Beatriz, o que tem feito com esse homem? Virou temente a Deus? – perguntou Nélson, apontando para Raul.

– Nada como um dia após o outro, um ensinamento a cada dia, uma nova lição a cada instante. Isso tudo é capaz de mexer com nossas crenças mais profundas – respondeu Raul.

– Aprendemos todos os dias, é fato. Infelizmente, comprovo isso a cada dia, sentindo o quanto temos que aprender nesta vida para deixarmos de agir com crueldade e falta de moral. O importante é jamais perder a fé na verdade e na justiça! – disse Beatriz.

– Nélson, não sei como lhe agradecer. Você ainda está casado com Madalena?

– Eu não disse que desta vez ia assentar e criar raízes? Madalena me fez encarar minha realidade de homem sério e respeitador. Devo confessar que prefiro esta vida à outra que levava. Chego em casa com a certeza de que terei alguém me esperando, alguém para dividir as alegrias. Essa vida tem suas vantagens. Por que perguntou se ainda estava com Madalena, Raul?

– Porque gostaria de convidá-lo para meu padrinho de casamento. O que acha?

– Não acredito! Beatriz conseguiu amarrar você! Com certeza, aceito o convite em nosso nome. Vocês dois merecem toda a felicidade por tudo o que têm feito para que este mundo se torne um local melhor e mais digno. O trabalho de vocês em prol da verdade lhe conferem créditos imensos com aquele Pai lá em cima.

– Posso contar com você, então, amigo?

– Certamente.

Cecília, naquele instante, interrompeu-os, levando uma bandeja com café de aroma delicioso.

Em seguida Nélson se despediu, prometeu sigilo total sobre suas descobertas e deixou o envelope com Raul, que decidiu colocá-lo em um cofre de banco. Faria isso com urgência, pois ainda ninguém suspeitava que estivesse de posse de tais importantes e bombásticas informações.

Não podia imaginar qual seria a reação de Paulo quando tomasse conhecimento de todas as informações. Mirela seria vingada, e os responsáveis punidos pelas atrocidades cometidas.

Na manhã seguinte, sexta-feira, ainda de casa, Beatriz ligou para Meireles, contando tudo o que Nélson havia descoberto, o que não lhe causou espanto algum, pois chegara ao mesmo resultado. O dado que Meireles esperava tinha em mãos: a confirmação de que Mirela era a mãe biológica de Gabriela. Os dados confirmavam o parto e o nascimento naquele hospital. Contou a Beatriz que havia marcado um encontro com Gabriela para aquela tarde e convidou a jovem a lhe acompanhar.

Beatriz achou a ideia excelente. Assim que desligou o telefone, contou a Raul a novidade e sua intenção de conhecer Gabriela. Conversaram se seria conveniente contar a verdade a ela, antes mesmo de falar com Paulo. Talvez ela já soubesse parte da verdade. Ou talvez nem sequer imaginasse que tinha um pai ainda vivo. Era uma decisão delicada, e Raul disse que confiaria na decisão de Beatriz.

No horário marcado, Meireles e Beatriz partiram para o encontro com Gabriela. No caminho, Beatriz perguntou o que ele havia contado à jovem.

– Fui direto e objetivo. Falei que tinha informações sobre sua mãe biológica e que talvez ela se interessasse em saber – respondeu Meireles.

Chegaram no horário marcado a um prédio de classe média, numa rua arborizada e aconchegante. Assim que foram anunciados, Gabriela pediu para que subissem até seu apartamento. No momento que os viu, recuou, como se tivesse dúvidas sobre o que fazer.

– Pensei que o senhor viesse sozinho.

– Perdoe-me, minha jovem, mas Beatriz foi convidada de última hora. Quando você souber por que ela está aqui, tenho certeza de que irá me agradecer. Podemos entrar?

A jovem, ainda indecisa, permitiu a entrada dos dois em seu apartamento. Havia um rapaz vestido de branco sentado ao sofá.

– Você também não disse que nosso encontro seria partilhado com outra pessoa. Estamos quite, então?

– Esse é Gustavo, meu marido. Não tenho segredo algum com ele e pedi que ficasse aqui comigo. O senhor se importa?

– De jeito algum, creio que será conveniente ter alguém ao seu lado nesse momento.

Os olhos de Gabriela ficaram tensos e cheios de temor.

– Por favor, sentem-se. Não sei o motivo de vocês me procurarem. Nem imagino por que estão aqui, mas fiquei curiosa. Vocês conhecem meus pais biológicos?

– Sente-se, pois a história é longa, mas antes preciso saber o que você já descobriu.

– Descobri que era adotada não faz muito tempo. Há mais ou menos uns cinco anos. Quando precisei fazer um exame de sangue, percebi que era impossível ser filha biológica dos meus pais. Questionei-os, e então me contaram sobre a adoção. Não vou dizer que não fiquei chocada. Sempre me senti estranha, como se não participasse da família. Não compactuo com suas convicções, não aprovo seus relacionamentos ou condutas. Sei que vai me dizer que a política é assim e mesmo quem se diz incorruptível acaba sendo corrompido quando passa tempo demais nessa vida repleta de falsidades e mentiras. Só que eu nunca me enquadrei nesse estilo de vida, mas os respeitava por serem meus pais. Jamais frequentei o mundo deles e nunca senti que me faltasse algo. Quando percebi que realmente não fazia parte dessa família, me senti aliviada, ainda que isso pareça ingratidão de minha parte. A gota d'água aconteceu quando meu filho nasceu, quatro anos atrás, coincidentemente com a última eleição. Descobri um esquema de compra de votos, seguido de uma chantagem para que um candidato desistisse da eleição. Quando fui confrontar meu pai, acabei ouvindo coisas que preferiria nunca saber. Minha mãe ficou ao lado dele, concordando com sua conduta desleal, e disse que na política todos agem dessa forma. Então rompi definitivamente com eles. Perguntei sobre meus pais biológicos, se eles os conheciam, mas jamais encontrei respostas. Decidi, então, buscar informações sobre eles, mas parece que tudo se evaporou. Não existe um documento sequer que comprove minha procedência. Esse mistério tem me perseguido nos últimos anos. Quando o senhor me ligou, perguntando se eu queria saber informações sobre minha mãe, senti que talvez minhas preces pudessem ter sido ouvidas. Só isso que sei sobre minha família biológica. O que o senhor sabe?

Meireles olhou para Beatriz, que se antecipou e pediu a palavra.

– Gabriela, se me permite, gostaria de contar por que estou aqui. Só peço que fique calma e atenta ao que vou contar.

Beatriz começou o relato falando que era uma jornalista e que decidira investigar o passado de uma jovem presa política a pedido de seu chefe do jornal. Contou sobre o dossiê que ele havia preparado, tentando encontrar respostas, que ele agora estava doente, mas pediu que seus amigos continuassem a investigação. Além de buscar notícias sobre sua namorada, presa política torturada e morta, Beatriz explicou que seu chefe queria saber também o paradeiro dos companheiros de luta da namorada e o dinheiro do grupo, cujas contas bancárias haviam sido roubadas. A jornalista revelou que os investigadores por eles contratados descobriram fatos estranhos. Encontraram pessoas ligadas a esses eventos de quem ninguém suspeitava. Descobriram que a jovem militante, que pensavam ter morrido logo após sua prisão, permanecera viva e dado à luz a uma criança saudável. Infelizmente, ela não sobreviveu ao parto, mas a criança sim e foi dada à adoção.

– Essa criança é você, Gabriela, que sobreviveu e foi adotada ainda no hospital pelo casal que você sempre considerou como seus verdadeiros pais. Sua mãe chamava-se Mirela, fazia parte de um grupo revolucionário e, assim como seus companheiros, morreram por seus ideais de democracia. Seu pai biológico nunca soube de sua existência, e ainda não sabe, pois estamos inicialmente falando com você, contando tudo o que sabemos sobre sua história e sobre Mirela.

– Você conhece meu pai? Quem é ele? – perguntou eufórica.

– É uma pessoa extraordinária sob todos os aspectos. Passou metade de sua vida procurando informações sobre sua antiga namorada, descobrindo uma trama macabra por trás, mas sem encontrar provas concretas para colocar todos os envolvidos na prisão. Não tenho ideia se a justiça ainda é capaz de punir esses covardes, mas vamos passar todas as informações a ele, que decidirá o que fazer. Contamos a você apenas parte dessa intrincada história, aquilo que diz respeito a seu nascimento.

A jovem, ainda em estado de choque diante das informações, empertigou-se ainda mais, assumindo um ar desafiador e cheio de uma coragem e determinação.

– O que mais eu preciso conhecer dessa história?

– Você está pronta para conhecer toda a verdade?

– Não tenho medo, Beatriz. Quero conhecer os responsáveis pela morte de minha mãe e por me impedirem de ter um pai por toda a minha vida. Como você disse, esse homem que amava minha mãe jamais teve conhecimento de minha existência. Fomos privados de uma convivência que poderia ter sido rica de afeto, aprendizado e amor. Não aceito isso e quero conhecer e denunciar os culpados de tudo isso.

Beatriz iniciou o relato. Conforme a história era contada, nos seus detalhes sórdidos, Gabriela ficava cada vez mais chocada, segurando as mãos do marido, que, a seu lado, procurava encorajá-la. A narrativa era dolorosa demais, os fatos eram absurdos demais, nada parecia real para Gabriela. Uma história inconcebível!

– Não é possível! Isso não pode ser verdade! Como foram capazes de tamanha crueldade? Você tem provas que os incriminem?

– Tudo o que Beatriz está lhe contando pode parecer algo improvável e inadmissível – falou Meireles. – Mas podemos lhe provar tudo isso com documentos que estão com o noivo de Beatriz em local seguro. Podemos marcar um encontro entre vocês dois, e poderá comprovar toda a história.

A jovem já soluçava, sentindo que o mundo definitivamente desabava sobre sua cabeça. Como pôde conviver com os pais adotivos durante tanto tempo e nem sequer perceber qualquer fato que denunciasse sua índole amoral? A dor agora se transformava em raiva e indignação. Seu desejo, naquele instante era o de confrontá-los e dizer o que pensava deles. O marido tentava acalmá-la, mas ela estava decidida a fazer algo. Não podia ficar calada após tomar conhecimento de toda aquela história.

– Meu desejo é ir até lá e pedir as explicações que mereço. Eles me enganaram todos esses anos. E Sofia, como pode agir dessa maneira com sua própria irmã?

– Acalme-se, Gabriela. Espere Paulo conhecer toda a história também, e depois, juntos, vocês decidem o melhor caminho a seguir. Não faça nada agora movida pela raiva e pela indignação. Reflita sobre tudo isso. Fale com Paulo antes de tomar qualquer decisão. Você sabe quem são eles e do que são capazes. Você tem uma família a zelar, muito mais a perder do que eles, que não valorizam as mesmas coisas que você. Você não é como eles, você é diferente. Sendo assim, não faça nada de que depois se arrependa. Imagino o que esteja sentindo nesse momento. Mas não se deve agir precipitadamente em qualquer situação da vida, muito menos nessa. Falaremos com Raul primeiro e depois vamos até Paulo.

– Não sei se sou capaz de ter essa serenidade que vocês esperam de mim. Eu ainda não consigo acreditar em tudo isso. É doloroso demais...

– Eu sei, mas não tome nenhuma atitude da qual possa se arrepender depois.

– Eles têm razão, meu amor – falou o marido. – Fique calma, reflita em tudo o que ouviu. Pondere e só depois faça alguma coisa. Bem, nessa confusão toda você acabou ganhando um pai. Alguma coisa aconteceu de bom, não acha? Espere e confie. Seja você como sempre foi.

– Por favor, falem com esse jovem que está de posse desses documentos e depois me avisem o que devo fazer. Eu espero algumas horas, então.

Meireles e Beatriz respiraram aliviados, pedindo a ela que aguardasse notícias.

Um presente inesperado

Assim que saíram, Beatriz pediu que Meireles a deixasse no jornal. Precisava falar com Raul e contar as novidades. Certamente, ele iria querer marcar um encontro com Gabriela e mostrar-lhe os documentos.

– Como foi o encontro com a jovem? – perguntou Raul assim que ela chegou ao jornal.

– Foi melhor do que esperávamos, e as notícias são excelentes. Ela realmente é a filha de Mirela e quer ver os documentos que estão com você ainda hoje.

– Já passa das quatro e os bancos estão encerrando o expediente. Teremos que deixar para segunda-feira.

– Mas ela quer conhecer Paulo. Como ele está?

– Ele iniciou seu tratamento e sabia que os efeitos colaterais o impediriam de manter o mesmo ritmo de antes. Acho que seria uma injeção de ânimo contar-lhe o que descobrimos. Mas tenho receio de que ele fique furioso e faça alguma loucura.

– Você precisa ver o estado deplorável em que ficou a jovem com as notícias. Nós lhe pedimos que não contasse a seus pais adotivos o que descobriu. Dissemos que seria perigoso para ela e sua família. Ela tem um filho de 4 anos e ficou em pânico só de imaginar que eles possam ferir mais alguém. O que podemos fazer por ora?

– Creio que proporcionar em encontro entre eles.

Raul ligou para Paulo, que atendeu ele mesmo o telefone – sinal de que seu estado de saúde havia melhorado.

– Preciso de umas assinaturas suas e tem que ser hoje. Posso passar aí mais tarde? Não vou atrapalhar seu descanso?

– Muito engraçado, Raul. Até parece que estou de férias!
– Pelo visto você já recuperou seu excelente mau humor.

Paulo deu uma sonora gargalhada. Só Raul para lhe fazer rir num momento como o que estava vivendo.

– Na realidade é um pretexto para lhe fazer uma visita. Posso passar aí mais tarde?
– Raul, desde quando precisa de pretexto para vir à minha casa? Mesmo que eu estivesse morrendo, o que não estou, jamais ficaria incomodado com sua presença.
– Levarei uma visita para você.
– Posso saber o que está planejando? Saiba que Beatriz é sempre muito bem-vinda.
– Quem disse que estou me referindo a ela? Espere...
– Não me venha com visitas exaustivas, que não param de lembrar que estou doente.
– Pode ficar tranquilo. Aguarde-me. Estaremos aí lá pelas sete horas, combinado?
– Vou ficar aqui, pois tenho ordens da milícia para não sair do apartamento.

Assim que desligou, olhou para Beatriz e disse:

– Ligue para Gabriela. Diga que passaremos em sua casa no fim da tarde e iremos direto ao encontro de Paulo. Chega de tanto sofrimento para essas duas criaturas!

No fim da tarde, os dois jovens saíram do jornal em direção à casa de Gabriela, que os aguardava ansiosamente.

– Boa noite, Gabriela. Eu sou Raul, responsável por investigar sobre a vida de sua mãe.
– Muito prazer. Esse é Gustavo, meu marido, e Lucas, meu filho.

Era uma criança loira, cheia de vida, sorridente e feliz. Com muitos beijos, Gabriela se despediu e foi em busca de seu passado. Ou seria seu presente? A vida lhe concederia esse presente, o de conhecer seu pai biológico? Seu coração batia acelerado, sua respiração estava ofegante, denunciando todo o nervosismo.

Chegaram rapidamente ao apartamento de Paulo. Assim que a campainha tocou, ele rapidamente se dirigiu à porta. O primeiro rosto à sua frente foi o de Raul, com aquele sorriso fácil, cheio de alegria.

Raul abraçou o amigo e entrou, permitindo que suas acompanhantes também entrassem. Beatriz abraçou-o com carinho, dizendo que tinha uma pessoa que gostaria de conhecê-lo. Deu passagem à Gabriela, que o olhava com apreensão e dúvida.

Paulo olhou a jovem à sua frente e quase desfaleceu.

– Paulo, essa é Gabriela, uma jovem que queria muito conhecê-lo. Gabriela, esse é Paulo, de quem lhe falamos.

– Desculpe, minha jovem. De repente você me lembrou uma pessoa que há muito tempo não via. A semelhança é admirável entre vocês. Muito prazer, Gabriela. Se você é amiga desses dois, considere-se minha amiga. Mas não creio que um velho doente seja de interesse de alguém. É jornalista também?

Gabriela também ficara sem palavras, olhando aquele homem à sua frente. Sentia a proteção que ele irradiava de maneira natural e espontânea. Imaginava o pai que ele teria sido. Tudo isso lhe fora negado! Seus olhos se encheram de lágrimas. Tentou se acalmar e responder à pergunta de Paulo.

– Não sou jornalista. Sou médica pediatra. Mas admiro o trabalho de vocês, jornalistas.

– Bem, como pediatra não sei como pode me ajudar. Você queria me conhecer, mas qual o motivo desse interesse?

Raul percebera que o clima poderia ficar mais tenso, era a hora da verdade...

– Sei que está achando tudo estranho e confuso. Sente-se que temos que lhe contar algumas descobertas sobre aquela pasta que você me incumbiu de investigar – falou Raul.

Paulo franziu a testa, pensando que Raul não poderia falar daquele assunto na frente de estranhos. Olhou para Raul com a intenção de lhe criticar a atitude, mas foi contido.

– Eu sei que você está pensando o quanto sou irresponsável, falando sobre nosso segredo, mas posso esclarecer tudo. Vou lhe contar sobre nossas últimas descobertas.

Raul iniciou com a investigação de Nélson e a descoberta de Sofia, irmã de Mirela. Paulo lembrou-se dela, com quem tivera pouco contato. Em seguida, falaram sobre as descobertas de Meireles: Mirela deu prosseguimento à gravidez e chegou a dar à luz a uma criança e morreu após o parto. Falou dos pais adotivos da menina, gerada por Mirela. Continuou seu relato até o fim, sem ser interrompido.

Gabriela conhecia parte da história e ficou ainda mais horrorizada com as notícias restantes. Lágrimas escorriam por sua face. Paulo estava extremamente pálido, tentando assimilar o que acabara de ouvir. Olhou para a jovem a seu lado, tentando assimilar o fato de que ela podia ser sua filha. E a carta que lhe fora escrita, dizendo que estaria morta, assim como a criança que carregava em seu ventre?

Gabriela estava com a cabeça baixa, mas podia ver que chorava toda a dor que há tanto tempo represara. Sua mãe fora uma vítima, assim como seu pai e ela própria. Sentia certo alívio por ter se distanciado daquela corja. Sentia repulsa por todos os envolvidos. A revolta insistia em permanecer presente.

Paulo estava inconformado, desejando fazer justiça para aquela que tinha sido seu único amor. E eles a tiraram dele, impedindo-o de viver esse sentimento em sua plenitude. Olhou para Gabriela, que ainda estava em prantos, compartilhando com ela toda a dor que sentia. Ele precisava fazer alguma coisa! Não ficaria calado! Sua intenção era destruir definitivamente todos os que lhe causaram tanto sofrimento nesta vida. Ao mesmo tempo, lembrou-se da culpa que carregava e sentimentos contraditórios insistiam em predominar. Se ele tivesse feito algo no início, qual seria o desfecho? Como poderia enfrentar a jovem à sua frente e dizer-lhe que também ele tinha responsabilidade sobre o que aconteceu a Mirela? Seu coração se encheu de culpa novamente, a mesma que o perseguira por toda a vida. Não poderia mudar o passado. Só poderia tentar que cada um arcasse com suas dívidas, assim como ele o fizera. Paulo vivera exclusivamente para encontrar os responsáveis. Jamais amou outra mulher como amara Mirela, e essa era a sua forma de reverenciá-la. Seus pesadelos o perseguiam seguidamente, e em todos eles a lembrança que ficava ao despertar era a culpa por ter sido tão covarde e submisso. A única que sabia de seus pesadelos era Elisa, que o consolava, orientando-o a pedir perdão a Mirela, sempre que nela pensasse. Jamais estabeleceu laços profundos com outras mulheres. A culpa sempre o impediu de dar continuidade a qualquer romance. Elisa lamentava essa postura, dizendo que a vida continua seu ritmo e ele não poderia ficar à margem da vida, mas se ele se sentia em paz assim agindo, que continuasse, mas Paulo jamais encontrou a paz.

A culpa é algo mórbido que nos corrói as entranhas, impedindo que nossa porção criadora realize algo por nós e nos retire desse padrão infeliz a que nos submetemos por nossa própria escolha. A culpa paralisa nossas ações, nos transforma em criaturas estagnadas, sem condições de observar novos rumos, que certamente nos conduziriam a patamares menos sombrios.

Paulo ficou silencioso, absorvendo as informações e analisando a melhor estratégia a seguir. Ia falar alguma coisa, mas se sentiu envolvido por uma sensação de paz, como se alguém o abraçasse e lhe pedisse que deixasse seu coração agir, não a razão.

Elisa estava acompanhando-o naquele difícil momento. Sabia tudo o que ele sempre sentira acerca de Mirela. As notícias reveladoras eram chocantes. Era uma situação complexa, que exigiria de seus envolvidos toda a serenidade possível para que o mal não se propagasse ainda mais, levando consigo um rastro de revolta, dor e ressentimento, atingindo mais ainda aqueles que tanto sofreram. A decisão que Paulo e Gabriela tomassem naquele instante, em que ainda prevalecia a indignação e a mágoa, poderia ser a força propulsora para que o mal se prolongasse ainda mais.

Era isso que Elisa queria evitar. Envolveu o amigo numa energia intensa de amor para que a dor do momento pudesse ser substituída pela compreensão. Compreender o erro não significa ser conivente com ele, mas aceitar que apenas erra quem ainda ignora a melhor forma de agir. Paulo, envolvido nessa energia, sentiu que sua raiva e revolta pareciam decrescer, dando lugar a sentimentos mais nobres e elevados.

Podemos nos comprazer com a dor, exigindo retaliação por nossos sofrimentos vividos, mas podemos olhar com os olhos do amor e do entendimento, encontrando em cada situação o lado bom. Toda situação tem sempre dois lados, dependendo apenas de nós o lado que enfocamos. Naquele momento, Elisa queria que ele percebesse esse outro lado. O lado da luz e da compreensão. Existia uma jovem à sua frente que precisava de todo amparo. Uma filha que veio ao mundo sem jamais conhecer sua origem. Ela precisaria conhecer sua história. Saber que era fruto de um intenso amor que não pôde ser vivido por questões alheias à sua vontade.

O coração de Paulo se encheu de ternura. Olhou com carinho para a jovem. Sentiu vontade de abraçá-la e dizer tudo o que sua alma queria lhe falar. Levantou-se e foi até Gabriela:

– Não sei se um dia poderá me olhar como pai – disse Paulo, segurando as mãos da jovem. – Mas desde o instante que a vi senti um carinho inexplicável por você, aqueles sentimentos que não sabemos como se instalam em nós. A semelhança com sua mãe é extraordinária. Seu olhar intenso, carregado de energia e de doçura, ao mesmo tempo. Assim era Mirela. E você, sem jamais tê-la conhecido, traz tudo isso com você. Talvez nunca consiga me ver como seu pai, mas desde já consigo vê-la como uma filha, a minha filha com a única mulher que amei nesta vida.

A jovem se levantou e o abraçou com força e energia, chorando convulsivamente, deixando que as lágrimas pudessem levar consigo toda a dor e revolta sentidas. Os dois permaneceram nesse abraço por alguns instantes, cada qual tentando assimilar com os sentimentos da compreensão todas as descobertas sobre suas existências.

Raul e Beatriz ficaram silenciosos. O silêncio seria o melhor companheiro.

Elisa a tudo assistia com um sorriso doce nos lábios. As coisas iriam se acertar, ela tinha plena consciência disso, e nada mais lhe restava fazer. Antes de sair, envolveu Raul e Beatriz numa energia de amor, como um poderoso abraço.

Beatriz sentiu sua presença, como se alguém colocasse as mãos em seus ombros, e um calor intenso invadiu seu ser. Sentiu-se gratificada por tudo o que ali presenciara.

Raul, por sua vez, sentiu uma emoção única, que lhe trouxe a lembrança de Elisa. Ela ficaria muito feliz se lá estivesse. Amava Paulo como a um pai e ficaria radiante em testemunhar esse momento de felicidade entre pai e filha. Sentiu uma pontada de tristeza e de saudade. Isso sempre acontecia quando pensava em Elisa. Ela sempre seria uma criatura inesquecível. Pensou nela com carinho, desejando que estivesse em paz. Antes de sair, Elisa captou seus pensamentos. Ele também era inesquecível, mesmo aceitando seu destino como forma de quitar parte dos débitos que contraíra. A vida segue seu ritmo implacável, colocando cada coisa em seu lugar. No tempo certo. Haveria ainda um tempo reservado a eles, e saberia esperar esse tempo.

– Gabriela, estou muito feliz por conhecê-la. Espero que um dia você possa me perdoar, mas jamais imaginei sua existência. Nunca imaginei que Mirela tivesse dado à luz. Foi a surpresa mais linda desta minha vida, tão carente de boas notícias.

– Você não tem que me pedir perdão por nada. Ambos fomos vítimas dessa história indigna. Também fiquei muito feliz em saber que meu pai biológico não me abandonou. Sempre fui tão confiante, mas confesso que me abalei quando soube que havia sido adotada. Gostaria que você conhecesse minha família. Sou casada com um homem maravilhoso e temos um filho lindo, seu neto. Se permitir, gostaria de trazê-los aqui um dia desses.

Os olhos de Paulo ficaram cheios de paz, apenas com algumas nuvens a lembrar-lhe de seu estado de saúde, mas jamais se entregaria. Não agora que vislumbrava momentos tão felizes a viver. A doença não o venceria. Não entregaria os pontos, não agora que ganhara o presente mais lindo de sua existência. Ganhara uma filha, um neto, um genro. Que mais esperaria da vida?

Tinha muito a agradecer. Olhou para Raul e Beatriz, que juntos formavam um lindo casal. Ele amava essa dupla, que tinha tudo para ser perfeita. Eles haviam conseguido resolver todas as pendências que ele próprio não fora capaz. Já sabia a resposta que Raul lhe daria: toda história se resolve no seu tempo.

Gabriela, que até então não tinha perguntado sobre seu real estado de saúde, decidiu questionar-lhe sobre sua enfermidade.

– Qual o diagnóstico que lhe foi dado? Quais as possibilidades desse tratamento surtir resultados favoráveis? Não me esconda nada, eu lhe peço. Tenho direito de saber.

Paulo olhou com carinho para a jovem, abraçando-a mais uma vez intensamente.

– Minha querida, não quero falar de coisas tristes, principalmente hoje. Tenho motivos mais do que suficientes para comemorar o maior presente que recebi nesta vida. Não estrague esse momento. Teremos todo o tempo do mundo para conversar sobre minha doença. Não vou ocultar nada, mas especialmente hoje prefiro falar só da minha felicidade, a qual jamais sonhei sentir nesta vida. Sua presença me traz esperança e desejo de viver. Isso me basta. Fique aqui comigo mais um pouco. Avise seu marido que hoje não terá horário para voltar para casa. Quero saber da sua vida, da sua profissão, das suas conquistas, de seus amores verdadeiros. Fale-me sobre você, minha filha, é o que eu lhe peço hoje. Amanhã falaremos sobre mim, mas hoje quero saber de você.

A jovem sorriu, compreendendo a preciosidade daquele momento que não poderia ser maculado com coisas tristes. Nada poderia atrapalhar aquela oportunidade tão especial em suas vidas, até então repletas de sombras.

Gabriela ligou para o marido, dizendo que estava bem e feliz com tudo o que ganhara naquela noite. Algumas lágrimas fortuitas de felicidade escorreram. Disse que ela não iria tomar nenhuma atitude precipitada, que ele não precisaria se preocupar, mas que deveria conhecer Paulo. Ela sabia que seu marido iria gostar muito dele.

Raul perguntou a Paulo se preferiria que eles fossem embora, mas o amigo recusou, dizendo que queria compartilhar aquele momento especial com as pessoas que mais amava na vida. Pediu que Raul ligasse para um restaurante e pedisse um jantar especial para todos. Era motivo mais do que suficiente para comemorar!

O jantar transcorreu em muita harmonia, com direito a risos fartos e muita alegria. Foi uma noite inesquecível.

Sempre existe um lado bonito e belo a ser explorado. Basta apenas que foquemos nesse lado, deixando submerso no esquecimento o lado sombrio e triste de alguns momentos.

Paulo fez a boa escolha, sendo beneficiado com toda a felicidade que lhe era de direito.

Gabriela também fizera a escolha que seu coração tanto ansiara, sendo recompensada com a paz e a certeza de que nunca estivera realmente só nesta existência.

O que mais esperavam da vida? Agora poderiam usufruir os bons e prazerosos momentos.

36
Uma nova chance

Aquela noite havia sido memorável. Laços, até então inexistentes, foram gerados e fortalecidos com o adubo do amor, que tudo sabe e tudo compreende.

A noite foi longa, mas produtiva. Paulo conheceu toda a história de Gabriela, desde seu nascimento. Podia ver em seus olhos um imenso orgulho por tudo o que ela conquistou, a maior parte por iniciativa própria. Uma jovem determinada, inteligente, sensível, cheia de ideias e de ideais no que se refere à profissão escolhida e também à forma de conduzir sua vida. Mirela ficaria orgulhosa, assim como ele também estava naquele momento.

Por sua vez, Gabriela conheceu a história de amor de seus pais, a dor da separação, a perda definitiva de sua amada, um vazio que jamais foi preenchido. Compartilhou com ele a sua dor e percebeu que seu coração se encheu de ternura. Olhou com carinho para Paulo, sentindo pela primeira vez em sua vida que agora tinha um pai.

Raul e Beatriz se incumbiram de mostrar à jovem quem era Paulo, o jornalista bem-sucedido que comandava um jornal com mãos enérgicas e pulso firme. Falaram de suas qualidades, mas também de seus defeitos e manias.

— Paulo, não me olhe desse jeito! Gabriela precisa saber a verdade sobre você. Um relacionamento deve ser sempre pautado com a verdade, foi o que você me ensinou.

— Tudo bem, Raul, mas deixe que ela mesma descubra meu lado menos dócil e mais rabugento.

Realmente nada iria perturbar aquele raro momento de descontração, paz e felicidade.

O jantar foi magnífico, com muitos risos e muita emoção liberada. Passava das duas horas da manhã quando a enfermeira que dava plantão no apartamento de Paulo solicitou delicadamente que ele fosse repousar, dizendo que poderiam ficar mais um pouco, até que lhes preparasse um café. No momento da despedia, Gabriela abraçou Paulo com carinho, prometendo retornar com sua família. Ele agradeceu, dizendo que aguardaria ansioso a visita ainda naquele fim de semana.

Raul e Beatriz foram incumbidos de levar Gabriela em segurança até sua casa.

– Vá se acostumando com a presença deles, pois são a família que eu escolhi para estar ao meu lado. Pense neles como irmãos, pois assim serão.

– Tenho certeza de que você escolheu a melhor família para lhe acompanhar os passos desta existência. Já gosto deles como meus irmãos.

Quando saíram, Paulo permaneceu alguns instantes na sala, refletindo em tudo o que acabara de vivenciar. Seus olhos ficaram marejados, e ele endereçou a Elisa aquele momento de felicidade. Pensando alto, disse:

– Elisa querida, como queria que estivesse aqui e partilhasse toda a felicidade que estou sentindo. Onde quer que esteja, saiba que agradeço sua intercessão, pois tenho certeza de que me ajudou a descobrir tudo isso. Ganhei uma família! Mas talvez não tenha tempo suficiente para viver essa história. Pela primeira vez, em muitos anos, tenho certeza de que dormirei em paz. Obrigado por tudo o que fez por mim.

Lágrimas de saudade escorreram por seu rosto cansado, porém feliz. Levantou-se e foi para seu quarto descansar da exaustiva e feliz noite.

Na manhã seguinte, Raul e Beatriz foram os últimos a descer para o café, conversando alto e bem animados.

– Quando pensamos que já vimos de tudo na vida, ela nos mostra uma faceta oculta. O destino quis que algo fosse esclarecido, permitindo que várias criaturas pudessem experimentar o amargo e o doce sabor da vida, tudo ao mesmo tempo.

Conforme Raul narrava os detalhes sórdidos da investigação, Cecília apertava as mãos, sentindo toda a aflição que aquelas pessoas vivenciaram ao longo de suas vidas. Raul evitou falar sobre a parte política da história, pois era assunto complexo demais para ser ventilado. Contou apenas a história de Paulo e Mirela, de cuja relação nasceu Gabriela, a filha que jamais ele imaginou existir.

Com todos os encontros e desencontros, finalmente Paulo resgatara algo de positivo em meio ao sofrimento de sua existência: uma filha, aliás, uma família.

– Imagino a felicidade de Paulo nesse momento! – falou Cecília. – Em meio a tanta dor, motivado pela sua doença, foi lhe concedido um grande presente. E essa jovem? Vocês a conheceram?

– Ficamos até as duas da manhã com eles, mamãe. Foi uma noite mágica para Paulo e Gabriela, quando tiveram a oportunidade de se conhecer. Foi emocionante ver a felicidade dos dois. A vida espera o momento certo para unir criaturas e punir os erros. Para Paulo, que nem sequer imaginava a existência de uma filha, acredito que a vida lhe foi favorável, concedendo-lhe esse bônus.

– Acho que esse é o incentivo que lhe faltava para persistir na batalha. Tenho certeza de que ele vai se empenhar no tratamento. Ele precisa de tempo para poder viver uma história que a vida lhe negou até este momento. Serei mais otimista ainda, pois acredito que ele possa conseguir êxito e se curar. Sempre confiei nos desígnios do Pai, que sabe exatamente o momento de nos conceder um presente, como uma força reativadora de nossas energias, um incentivo a prosseguir a jornada, mesmo perante tantas sombras a nos envolver – disse Cecília de forma confiante.

– O que presenciamos ontem talvez tenha sido nosso maior presente. Ter condições de unir duas pessoas que jamais souberam da existência uma da outra já é um fato inédito na vida de qualquer um. Ter consciência de que fomos responsáveis por desvendar uma sórdida história é algo precioso em nossas vidas. Ajudar um amigo querido, oferecendo-lhe a oportunidade de conhecer o afeto e o amor, é algo incomparável. A vida deles se iniciou ontem, após as apresentações oficiais. Os laços que serão criados a partir desse momento só irão se fortalecer pela convivência, mas o tempo tem que lhes ser favorável e condescendente – finalizou Beatriz emocionada.

Julinho, que estava silencioso até então, de modo solene, levantou-se do sofá com a clara intenção de falar alguma coisa. Todos se calaram e ele começou:

– Pensem positivo sobre a questão do tempo que lhe será concedido para que esses laços sejam fortalecidos. Resgates são planejados para que os envolvidos aprendam a valorizar o que não fizeram no passado. O tempo é patrimônio precioso que poucos valorizam, deixando para depois a resolução das pendências, acreditando que terão tempo para isso. Desperdiçam oportunidades de refazer caminhos equivocados, pois creem que novas chances lhes serão concedidas, brincando assim com a benevolência de Deus, que atentamente observa cada filho e sua forma de se conduzir perante a vida. Paulo e Gabriela estão recebendo uma chance de retomar caminhos que já foram mal percorridos. Precisam apenas entender que tudo o que fizerem em prol do perdão e da reconciliação é luz que irá iluminar definitivamente seus caminhos. Se escolherem a vingança, a luz deles se afastará novamente, pois ainda não aprenderam a perdoar àqueles que ainda não aprenderam a viver e conviver nos limites da moral e do bem. Falem com eles sobre isso para que possam usufruir mais momentos de felicidade para suas existências. Não sei por que estou falando tudo isso, mas é como se alguém quisesse muito que essa ideia fosse encaminhada a eles. Sinto-me como um intermediário. É como se quisesse alertá-los para que aproveitem essa felicidade e não permitam que sentimentos inferiores, como o ódio e o ressentimento, possam perturbar esse padrão superior a que se alçaram após o reencontro de ontem.

Todos permaneceram calados, ouvindo a mensagem da qual Julinho era portador, e entenderam o significado do aviso, já antecipando as possíveis retaliações que Paulo poderia ser executor. Mesmo que estivesse com a verdade, pensando em colocar cada coisa em seu lugar, qual o sentimento que o moveria? O desejo de vingança? A intenção de fazê-los sofrer tanto quanto eles sofreram? Que nome damos a esse tipo de atitude?

Temos ainda dificuldade em oferecer aos nossos semelhantes, quando ofendidos, humilhados, desprezados, injustiçados, o perdão e a compreensão de seus atos indébitos. Só conseguimos devolver na mesma moeda o que nos foi ofertado, o que significa que somos tão errados quanto eles. Cada um dá o que tem, é a grande verdade. Precisamos aprender a dar aquilo que temos em nosso coração, devolvendo ao outro a nossa porção boa que habita em nosso íntimo, e não o revide, aquilo que nos transforma em criaturas desprezíveis e ignorantes das leis divinas. É um longo caminho a percorrer na senda da nossa evolução, buscando aprimorar sentimentos, aperfeiçoar comportamentos, eliminar as imperfeições, ainda latentes em nós.

Caberia a Paulo a boa escolha. Escolher ser feliz, vivendo em paz com sua nova família, ou escolher viver na revolta e no ressentimento, buscando se vingar daqueles que de maneira tão sórdida lhe tirou a oportunidade de ser feliz. O que não significa que a justiça não será feita, pois Deus é soberanamente justo e não permitiria que o mal continuasse impune indefinidamente, mas só a Ele cabe executar essa cobrança.

Ninguém é totalmente mal em essência, pois Deus não criou o mal para que ele fosse disseminado sobre a Terra. Criou-nos imperfeitos, mas carregando em nosso íntimo todo o potencial da perfeição em germe para que o tempo se encarregasse de fazer com que expandisse, germinasse e desse bons frutos. A nossa parte a fazer é permitir que essa porção divina se evidencie por meio de nossas ações, pautadas no bem e no amor.

O caminho a seguir é o da transformação íntima de cada pessoa pela eliminação de condutas inapropriadas e causadoras de dor e sofrimento para que a porção divina e pura possa resplandecer. É o caminho que iremos percorrer, leve o tempo que for.

Se ninguém é essencialmente mau, existe esperança para essa humanidade ainda tão desatenta com os valores morais. Todos podem se transformar em pessoas melhores e mais comprometidas com o amor e os bons princípios.

Julinho deu continuidade à mensagem:

– Nada irá modificar o passado. Nenhum ato trará de volta a vida dessa jovem morta há tanto tempo. Nada há a ser feito senão seguir em frente, entregando nas mãos do Pai a incumbência de promover a justiça e a prestação de contas. Todos os envolvidos contraíram um débito imenso com a justiça divina, que será quitado conforme a vontade de Deus, que tudo coordena. Não cabe a nós, criaturas encarnadas, nos encarregarmos de fazer justiça com nossas próprias mãos, pois estaríamos nos equiparando àqueles que tanto mal promoveram. Não devemos sujar nossas mãos com vinganças improfícuas porque propagarão o mal ainda mais. Cabe a nós oferecer a compreensão não pelo erro cometido, mas pela ignorância em ainda ser capaz de praticá-lo. Não ser conivente com o erro, mas entender aquele que ainda o comete. Falem com Paulo e Gabriela e peçam-lhes que, antes de tomar qualquer atitude, ponderem sobre as possíveis implicações.

Julinho parou de falar, e Raul externou sua opinião:

– O que disse tem total fundamento, só não sei se Paulo e sua filha conseguirão ter esse discernimento. Talvez vão tentar confrontá-los e exigir que a justiça seja feita. Os envolvidos não tiveram escrúpulos naquela época e não terão agora. Chego a temer pela integridade física de Paulo, de Gabriela e de sua família se os suspeitos forem investigados formalmente pela justiça. É um problema delicado, que não consigo imaginar um desfecho favorável. Além do que lhes contei, existe uma parte um tanto sórdida que preferi omitir. Essa parte oculta e misteriosa é a que mais me faz temer pela segurança de nossos amigos. Voltarei a conversar com Paulo para descobrir as diretrizes que ele vai seguir. Mas o que eu quero hoje é me esquecer de todos os problemas e fazer algo diferente. O que você propõe, minha querida?

– Mamãe, é hoje o almoço no clube com seus amigos?

– É hoje, sim. Aliás, devo me arrumar, pois Sales irá passar aqui por volta do meio-dia. Vocês não querem nos acompanhar? Convidei Julinho, mas ele recusou. Disse que ficaria deslocado no meio de tantos velhos, não foi?

– Não foi isso que eu quis dizer. É que o grupo é composto apenas de amigos antigos, e eu ficaria deslocado entre eles.

– Raul, poderíamos nós três acompanhá-la, o que você acha? Assim cuidamos dela...

– Se for para ser assim, está desfeito o convite. Não quero vocês cuidando de mim como se eu fosse uma criança.

– Cecília, eles estão apenas brincando com você – falou Raul rindo. – Fique tranquila, que eles irão se comportar. Ficaremos em mesas distintas e, se possível, numa distância suficiente para que não se sinta vigiada. Podemos tomar uns aperitivos à beira da piscina e relaxar.

– Confio em você, Raul. Mas não deixe sua namorada chegar muito perto. Bem, vou me aprontar. Façam o mesmo e não desperdicem este lindo dia.

Julinho permaneceu calado, parecendo preocupado.

– Que rugas de preocupação são essas, Julinho? – perguntou a irmã.

– Não sei se estou preparado para enfrentar os conhecidos que irei encontrar. Talvez num outro dia, quando me sentir mais confiante.

– Você vai conosco, pois não deve nada a ninguém – falou Beatriz. – O que aconteceu foi um momento difícil, que foi superado com muito esforço. Alguém o procurou oferecendo um ombro amigo ou apoio emocional? Todos se afastaram e seguiram com suas vidas, deixando você para trás. Agora que já conseguiu superar deve permanecer de cabeça erguida.

O tempo certo é aquele que escolhemos para seguir em frente. Você amadureceu, enfrentou seus próprios demônios e os venceu. Não se menospreze porque errou, pois todos erramos. Não permita que outros decidam como será seu dia ou sua vida, pois cabe apenas a você essa escolha. Vamos, levante a cabeça, arme-se de coragem e siga seu caminho, sem medo do que irá encontrar. Posso lhe garantir que ninguém irá confrontá-lo. Aliás, fique bem bonito, pois vai arrasar naquele clube hoje!

– Não sei o que seria da minha vida sem você ao meu lado. Você tem razão em tudo o que falou. Mamãe já tinha tentado me convencer com esse mesmo discurso. Disse que iria pensar, mas estava decidido a não ir. Mas vocês duas têm razão mais uma vez.

Quando Sales chegou, estavam todos na sala aguardando. Cecília informou-lhe que os três os acompanhariam, mas ficariam em mesas distintas.

– Já sei, a companhia de pessoas mais velhas deve exercer pouco fascínio a vocês, mas entendo, afinal, são jovens e seus assuntos são diferentes dos nossos. Para dizer a verdade, prefiro a companhia de vocês, que certamente não vão ficar me perguntando sobre doenças e diagnósticos. Sugiro que aceitem meu convite pessoal para almoçarmos todos juntos no lugar que Cecília escolher.

– Sugiro que seja em minha casa para retribuir sua gentileza. Nada mais justo que almoce conosco, experimentando meus dons culinários.

– Aceito com alegria, Cecília. Fica combinado para o próximo domingo, então?

– Combinado. Agora precisamos nos apressar, pois nossos amigos nos aguardam.

O dia foi perfeito em todos os aspectos. Relaxaram, descontraíram-se, aproveitando ao máximo a oportunidade de recompor as energias. Raul conheceu alguns amigos de Beatriz. Julinho reencontrou alguns amigos também e foi atencioso com todos. Diante de seu comportamento sereno e confiante, nem sequer mencionaram seu passado. Tudo foi cordial e superficial, mas o suficiente para que ele sentisse que sua vida era patrimônio exclusivamente seu. Terminou o dia com a sensação de paz e alegria íntima. No final do dia, olhou a irmã com carinho:

– Obrigado. Devo admitir que doeu menos do que imaginava. Percebi o quanto essas pessoas não acrescentam nada à minha vida, portanto, não têm o direito de me julgar. Estava conversando com um colega do colégio, já formado, que me deu algumas dicas sobre o que fazer. Vou pensar sobre o assunto e depois conversamos.

O olhar de Beatriz se iluminou com a perspectiva de ver Julinho integrado novamente à vida e à sociedade. Ficou feliz com a possibilidade de ver seu irmão estudando e trabalhando, retomando sua antiga vida. Seu pai ficaria orgulhoso dessa decisão. Abraçou-o carinhosamente, com o coração em paz.

– Agora é melhor eu salvar Raul daquela criatura.

Raul estava já cansado da conversa irritante da jovem à sua frente. Ele olhava Beatriz, suplicando para que ela o salvasse daquele momento tedioso.

– Desculpe, Débora, mas terei que levar Raul comigo. Minha mãe quer falar com ele.

Raul olhou Beatriz com ar de agradecimento e se despediu da jovem.

– O que era aquilo! Como fala! Como você tolera esse tipo de gente à sua volta?

– Pensa que encontrará pessoas tão inteligentes e divertidas quanto eu a qualquer hora? Sou tipo raro, quase inexistente no mundo hoje.

Saíram abraçados rindo, acompanhados por Julinho. Foram ao encontro de Cecília.

– Espero que não se importem em almoçar sozinhos amanhã, pois Sales me convidou para almoçar com ele e não pude recusar. Algum problema?

– Fique tranquila, mamãe. Sobreviveremos a esse domingo.

Ficaram mais alguns instantes no clube e retornaram para casa. Quando chegaram, Raul recebeu o recado de que seu amigo Paulo lhe telefonara diversas vezes.

Raul ligou de volta para Paulo, que estava no apartamento com Gabriela.

– Tudo bem, Paulo? O que aconteceu? – Raul foi perguntando assim que o amigo atendeu.

Raul ouvia o amigo falar e seu semblante se fechou.

– Fique calmo e não faça nada. Estamos indo para aí.

– Aconteceu algo grave com ele? – Beatriz estava do lado.

– Sim, preciso ir até lá. Vem comigo? Ele está em casa com Gabriela.

A jovem assentiu e saíram. No caminho, Raul explicou a Beatriz o que aconteceu assim que Gabriela voltou ao apartamento de Paulo no dia seguinte. A jovem ficou estarrecida.

Quando chegaram, encontraram Paulo e Gabriela muito nervosos.

– Quando você recebeu esse telefonema? – perguntou Raul.

– Assim que Gabriela chegou em meu apartamento o telefone tocou. A enfermeira atendeu e disse que queriam falar comigo. Quando atendi, apenas ouvi um sussurro, dizendo: "Não faça nada de que vá se arrepender depois, esse é um aviso de alguém que não quer problemas". Desligou em seguida. O telefone tocou por diversas vezes, mas quando eu atendia, alguém desligava. O que acha que devo fazer? Gabriela está preocupada. Você acredita que eles saibam sobre nossas descobertas? Será que minha filha está correndo perigo?

Raul ficou em silêncio por alguns instantes, pensando qual seria a melhor estratégia a utilizar. Pensou em algo, mas não sabia se Paulo seria capaz de levar adiante. Não custaria tentar. Decidiu falar o que pensava:

– Paulo, acho que não existe alternativa, senão enfrentá-los com a mesma ousadia que eles estão utilizando. Marque um encontro com Sofia e abra o jogo. Ela tem tanto a perder quanto seu marido e a corja que o assessora. Fale com ela de peito aberto, sem nada esconder, dizendo exatamente tudo o que sabe e que tudo será divulgado, caso algo aconteça com você ou com Gabriela. Talvez a tática da surpresa seja a mais eficiente nesse momento. O que acha?

– Você sempre me surpreende, Raul. Creio que tenha razão e essa seja a alternativa mais viável. Gabriela, preciso do telefone de Sofia.

E imediatamente ligou.

37
Revelações

Foi a empregada quem atendeu, informando que Sofia estava viajando e só retornaria na próxima semana.

– Diga a ela que um amigo do passado tem interesse em lhe falar. Meu nome é Paulo. Diga-lhe que fui íntimo de Mirela e tenho informações importantes a lhe revelar.

Deu o número de contato e desligou o telefone. A isca foi lançada.

Gabriela torcia as mãos em desespero, preocupada com a segurança de sua família. Não gostaria de estar em contato novamente com os responsáveis pelo sofrimento que experimentou ao longo de sua vida. Conhecia-os profundamente e sabia de tudo quanto eram capazes. Paulo estava correndo sério risco ao se envolver com eles, mas, talvez, fosse a única opção do momento, confrontando-os sem medo, usando da mesma audácia que eles utilizaram para cometer tantos crimes.

O telefonema de Paulo surtiu efeito imediato. Jamais esperariam que ele fizesse algo que pudesse comprometê-los. Eles apenas se esqueceram de um pequeno detalhe. Estavam lidando com pessoas inteligentes. Seria uma boa briga, mas precisavam ser extremamente cautelosos e usar de toda argúcia para não serem pegos de surpresa.

– Acho conveniente falar com Meireles e Nélson para que fiquem atentos a qualquer manobra desse pessoal.

– Com certeza, Raul. Creio que eles deveriam tirar umas férias e ficar longe quando tudo estourar. Não se esqueça de agradecê-los por tudo. Se não fossem eles, talvez tudo ficasse oculto e Mirela não seria vingada.

Beatriz olhou para Raul, lembrando-se das palavras de Julinho. Mas não seria conveniente falar sobre o assunto no momento. Encontraria a hora propícia.

Paulo, preocupado em deixar sua filha e a família em segurança, teve uma ideia. Lembrou-se de que herdara algumas propriedades no exterior, em uma pequena vila na Toscana, na Itália, um local seguro que poderia abrigá-los pelo tempo necessário. Assim que tudo se resolvesse, iria ao encontro deles.

– Enquanto a poeira não baixa, não quero surpresas. Tirem algumas semanas de licença e viajem para fora do país. Vocês estarão mais seguros distantes de toda essa confusão. Não quero vê-los em perigo, principalmente porque fui eu que abri esse baú de recordações deploráveis. Sou responsável por vocês. Fico em pânico só de pensar que podem estar correndo risco de vida. Não tente me convencer do contrário. Já conheço esse olhar de muito tempo atrás, de sua mãe, quando queria me convencer a aceitar suas decisões. Na única vez em que não a impedi de suas ações eu a perdi para sempre. Isso não vai ocorrer novamente.

Gabriela tinha o mesmo olhar corajoso e voluntarioso de Mirela. Seu desejo era ficar e lutar, mas tinha filho e marido e não podia imaginá-los correndo perigo. Sorriu para Paulo, concordando com ele.

– Minha vontade é ficar e confrontá-los para mostrar todo meu desprezo, mas você está com a razão e talvez seja melhor ficarmos um tempo distante desse rebuliço.

Paulo lhes contou sobre a vila na Toscana, um local distante e seguro, onde costumava ir todos os anos para se refazer de sua exaustiva jornada no jornal. Prometeu ir ao encontro deles assim que possível.

Enquanto Paulo conversava com a filha, Raul ligou para Nélson, sugerindo que ficasse ausente por um período. Raul perguntou-lhe se ele aceitaria fazer a segurança da filha de Paulo e de sua família, enquanto o problema perdurasse. Ficariam todos na Itália pelo tempo que Paulo julgasse conveniente, e Nélson cuidaria da proteção da família. Contou sobre a vila na Toscana, o destino para onde viajariam em breve.

Enquanto isso, Beatriz brincava com Lucas, filho de Gabriela, e estava radiante com aquele lindo e extrovertido menino. Gustavo, o marido de Gabriela, concordou com a viagem. Eles estavam sem férias há um longo tempo e precisavam de um merecido descanso.

Raul comunicou a todos que Nélson os acompanharia na viagem para cuidar da segurança enquanto estivessem fora do país. Paulo aprovou a ideia.

– Assim também tiramos o foco dele, um dos responsáveis por todas as descobertas. Você ficará mais tranquilo, sabendo que eles estarão bem protegidos. Antecipei-me e falei sem lhe consultar.

– Você agiu bem e rápido. Preciso de mais um favor: gostaria que levasse Gabriela e sua família para um hotel, mas verifique antes se alguém está seguindo você. Pedirei a uma pessoa de minha confiança que vá à casa de Gabriela e pegue o que for possível. Vou providenciar um jatinho e já no início da semana quero vê-los viajando para Itália. Será mais seguro e posso me dar a esse luxo, dar uma melhor utilidade a meu patrimônio. Ele pertence a você, minha filha, e fico feliz em poder lhe proporcionar isso.

Gabriela abraçou carinhosamente Paulo, sentindo-se protegida como nunca sentira.

– Fiquei de avisar Nélson sobre a data da viagem. Assim que souber, fale comigo – disse Raul.

Gabriela ainda tentou insistir em permanecer na cidade, mas Paulo foi taxativo e não abriu espaço para negociação. Viajariam na próxima semana, estava decidido.

– Acredite nele, Gabriela, ele sabe o que faz em qualquer situação. Confie nele! – Raul conhecia o amigo como ninguém.

– Eu confio e sei que ele só quer o melhor para minha família, mas gostaria de estar ao seu lado, enfrentando junto esse pesadelo. Paulo, só quero ter certeza de que você estará em segurança e não vai se expor demasiadamente.

– Fique tranquila, querida, tenho um censor ao meu lado que está sempre me vigiando e me pressionando para não cometer nenhum deslize – falou Paulo, referindo-se a Raul.

– Ainda bem que ele nunca o deixa na mão. Fico emocionada em ver uma linda amizade vencendo os anos e enfrentando os problemas. Você tem sorte de tê-lo ao seu lado. Outro dia li algo assim: os iguais se atraem. São as afinidades que possuímos que fazem com que nos liguemos a determinadas criaturas ao longo de nossa existência. Atraímos para nosso convívio aqueles que pensam como nós, que possuem os mesmos gostos e tendências, que desejam conquistar os mesmos ideais que nós. Assim vejo a vida. Fiz esse comentário, pois Raul deve se parecer com você em muitos quesitos – comentou Gabriela.

Beatriz foi a primeira a concordar com a jovem. Eles tinham muito em comum e até um observador mais desavisado poderia comprovar; pareciam pai e filho!

Raul levou a família para o hotel, registraram-se com nomes fictícios para não dar pistas e se instalaram numa confortável suíte. Beatriz deixou o número do seu telefone no caso de qualquer necessidade. Gabriela agradeceu com um abraço carinhoso no casal.

Raul e Beatriz deixaram o hotel preocupados com o desenrolar da situação. Para eles, Paulo era de uma coragem insana, capaz de atitudes comprometedoras em prol da verdade e da justiça, e Raul precisaria contê-lo para não se colocar em situação de perigo. Era preciso conversar com o amigo a sós, e teria que ser logo, antes que a emoção se apoderasse mais dele.

Quando retornaram para casa, encontraram Cecília e Julinho os aguardando ansiosos.

– Vocês podem estar correndo perigo também. O que Paulo pretende fazer? – perguntou Cecília assim que o casal entrou.

– Mamãe, temos que acreditar que o bem vence sempre e confiar nos desígnios do Pai, que não irá permitir que o mal se estabeleça definitivamente.

– Lindo discurso, minha filha. Mas não devemos nos esquecer de tudo quanto foram capazes de praticar no passado. Beatriz, não existe a possibilidade de divulgar isso para alguém que possa intervir se necessário? Temos amigos no alto escalão da política e da justiça que poderiam ser úteis. O que pensa sobre isso, Raul?

– Não creio que seja conveniente por ora. Não devemos nos expor e não sabemos em quem confiar. Vamos aguardar as resoluções de Paulo e depois tomaremos as atitudes convenientes. Enquanto isso, preciso de um café que só a senhora sabe fazer!

– Vou providenciar seu pedido, meu querido, principalmente porque você fez meus filhos se comportarem no clube. Agora sei que posso confiar. Sales tem se mostrado um cavalheiro excepcional e não queria constrangê-lo.

– Tenho que concordar, Cecília. Acho que ele destoa dos seus demais amigos. Sales é diferente, e terei oportunidade de conhecê-lo melhor, pois teremos a companhia dele no próximo domingo, certo?

— Sim, querido. Será um almoço especial e conto novamente com você.

Raul foi até Cecília e colocou os braços sobre seus ombros, dizendo:

— Não sei se já lhe disse antes, mas tenho um imenso carinho e um profundo respeito pela senhora. Jamais farei algo que a decepcione, pode acreditar.

Cecília olhou-o com lágrimas de emoção e lhe deu um abraço cheio de carinho.

— Assim você me faz chorar. Vou fazer um café para nós. Estamos todos precisando.

Beatriz olhava Raul com admiração, percebendo quantas mudanças ocorreram nesses últimos meses que o tornaram uma pessoa doce e amorosa, muito diferente do Raul que encontrara naquela distante manhã, na maior ressaca e no maior ressentimento com o mundo. Muitas coisas ocorreram que propiciaram tantas transformações, mas havia algo mais, como se uma força invisível estivesse sempre presente, acalmando suas emoções, pacificando seu coração. Seu olhar se amansara, sua expressão tornara-se leve e jovial. Esse Raul era o que conhecera tempos atrás.

Quando Cecília chegou, encontrou-os dando muitas gargalhadas, principalmente quando Raul passou a imitar o comportamento dos amigos de Beatriz e de Julinho.

Na manhã seguinte, Raul recebeu uma ligação de Paulo. Sofia havia entrado em contato logo cedo, desejando encontrar-se com ele. Paulo ficou de escolher um local apropriado e depois retornaria a ligação.

— E agora, Raul? O que devo fazer? Temo pela segurança de Gabriela que ainda está no Brasil. Gostaria de falar com ela após a viagem da família, o que acha?

— Concordo com você, esse encontro só poderá acontecer quando eles estiverem em total segurança. Diga a Sofia que você está impossibilitado de sair por motivos médicos, mas até o meio da semana poderão se encontrar, assim, ganhamos tempo. Enquanto isso, vamos juntar todas as provas que já possuímos e pensar no que fazer com elas.

— Você é cheio de mistérios e artimanhas, mas confio em seu julgamento e sei que fará o que for preciso para me ajudar a desvendar toda essa história. Falei com Gabriela e já enviei uma pessoa da minha confiança para o apartamento deles para pegar o que for necessário para a viagem. Roupas, malas e outros documentos importantes serão retirados até o final do dia e entregues no hotel. Estou ansioso demais para ficar aqui parado, mas não tenho ideia do que possa fazer. Você pode vir aqui mais tarde?

– Dou uma passada aí depois. Temos que montar a estratégia perfeita. Enquanto isso, quero que comece a escrever toda a história, com todos os detalhes. Procure ser o mais fiel possível nesse relato, pois será de grande valia no futuro. Depois explico.

– Não sei como lhe agradecer todo o empenho em desvendar esse mistério.

– Deixe os agradecimentos e cuide de sua saúde, poupando energias e voltando à direção do jornal. Esse é meu pedido.

– Não sei se poderei atender a esse pedido de pronto, mas devo admitir que nunca estive tão focado em meu restabelecimento como agora. Preciso ficar bem, caso contrário não terei tempo para aproveitar com minha filha e meu neto. Antes não tinha por que lutar, agora tenho um propósito para continuar a viver.

– Fique tranquilo que o tempo será seu aliado. Comece a escrever, acho que sabe bem como fazer isso, não?

– Ainda sou imbatível nesse quesito. Tem que se esforçar muito para me alcançar.

– Vou deixar você acreditar que me supera.

Foi só depois de desligar que Raul pensou que o telefone dele poderia estar grampeado. Deveriam ser mais cuidadosos nas próximas vezes em que se falassem ao telefone. Evitaria qualquer assunto mais direcionado ao caso em questão.

No final do dia, indo ao encontro de Paulo, avistou um carro suspeito o seguindo. Fingiu que nada percebeu e continuou pacientemente o trajeto até o apartamento. Atento, não iriam surpreendê-lo. Subestimar Raul seria um grande erro.

Quando chegou, encontrou Paulo escrevendo a história em detalhes. Já escrevera mais de dez folhas, o que fez Raul dar um assobio.

– Não é que não perdeu a prática mesmo? Já escreveu tudo isso depois que nos falamos?

– Pare de falar e deixe terminar meu raciocínio. Falta pouco para terminar o parágrafo.

Paulo continuou escrevendo por alguns minutos e pousou sua caneta na mesa.

– Faltam alguns pontos, mas o esboço já está pronto. Fica como meu testamento se algo me acontecer.

– Pare de falar assim, como se algo trágico esteja sendo tramado contra você. Eles têm mais a perder. Não vão fazer nada, a não ser nos pressionar. Querem que nos sintamos ameaçados e acuados, pois esse é o método que utilizam para atemorizar quem os desafiam. Já colocaram alguém na minha cola, mas fingi que nada percebi. Deixe que pensem que estão em vantagem.

– Raul, isso está começando a ficar perigoso. Peça a Beatriz para solicitar a Meireles uma viatura para protegê-los. Não sei o que faria se algo acontecesse a vocês.

– Já falou com Sofia?

– Já, e como você disse, ela ficou extremamente nervosa quando eu disse que não poderia encontrá-la por motivos médicos. Ela sugeriu vir até meu apartamento, mas eu disse que não poderia receber visitas. Ela não acreditou muito, mas aceitou, dizendo que iria aguardar minha ligação. Finalizou a conversa pedindo que eu fosse cauteloso e que não fizesse nada que poderia prejudicá-los. Foi em tom de ameaça, mas respondi que eles tinham muito mais a perder do que eu, portanto, que não fizessem nada que pudessem se arrepender. Em seguida, desliguei. Você acredita que estão tramando algo?

– Com toda certeza, mas nós também. Eles podem ter descoberto apenas que você já sabe que Gabriela é sua filha. Mas só vamos saber depois que conversar com Sofia. Sejamos pacientes também. Não podemos perder o foco.

Raul contou seu plano de ação, que constava de uma abordagem franca e direta. A primeira coisa que eles precisavam ter conhecimento era de que se algo lhes acontecesse toda a verdade seria divulgada. O material que Paulo estava escrevendo seria entregue a um jornal concorrente, cujo editor-chefe era da maior confiança e credibilidade. Uma matéria de interesse e âmbito nacional, um grande furo jornalístico, pautado em provas documentadas, devidamente arquivadas em local seguro e que seriam divulgadas incriminando os envolvidos. Esse seria o primeiro passo dessa jornada. Os passos seguintes seriam definidos após o encontro com Sofia.

Raul ligou para Beatriz e pediu para ela avisar Meireles para ser cuidadoso com sua segurança e designar alguns policiais para proteger sua casa e a de Paulo.

– Paulo, o que pretende fazer com tudo o que descobriu? Pretende divulgar os fatos? Você sabe que a justiça nada poderá fazer, pois o crime já foi prescrito. Só resta a justiça divina, que se encarregará de punir a todos pelo mal perpetrado de forma tão vil. Você pretende expô-los, denunciando seus crimes para que a sociedade possa julgá-los e condená-los? Antes que me responda, quero que saiba que nada vai trazer Mirela de volta, nada vai trazer o tempo perdido de volta, nada vai mudar o passado. Você acredita que vai se sentir vingado quando forem condenados pelos crimes cometidos?

– Que conversa é essa? Desde quando você coloca Deus em seus posicionamentos?

– Desde que percebi que somos responsáveis pelos atos que praticamos e nada fica sem resposta. Todos os erros podem ser corrigidos. Todo mal pode ser revisto e cada ação indébita pode ser reavaliada e reajustada. Tudo depende exclusivamente de nós...

– Você acredita que Deus espera que eu fique calado e passivo, permitindo que sigam com suas vidas como se fossem criaturas normais que não cometeram nenhum crime? Você espera que eu os liberte de suas culpas e sigam impunes? E tudo o que sofri todos esses anos? Todas as perdas, toda angústia pela ausência de notícias e de solução para minha eterna busca? Corre sangue em minhas veias, Raul, e ele está fervendo depois de tudo o que descobri. Não espere misericórdia de minha parte. Não seria capaz de deixá-los seguir seu caminho, continuando a enganar o povo que acredita que essas pessoas possuem um passado limpo e sem máculas. Tenho um compromisso com a verdade e não posso fugir a ela.

– Não estou lhe exigindo isso, Paulo, quero apenas que reflita bem sobre tudo isso. Estará sendo movido pelo seu compromisso com a verdade ou com o desejo de vingança? Essa é a minha pergunta. O que lhe move na realidade?

Paulo ficou em silêncio, refletindo tudo o que o amigo lhe questionara. Não saberia delinear onde começava um e onde terminava outro. Não sabia o quanto pesava o desejo de se vingar de todos e o desejo de que a verdade fosse divulgada a qualquer custo. Sentiu-se profundamente cansado, percebendo o quanto o ódio o alimentara por todos aqueles anos; quanto ressentimento e desejo de vingança o impulsionara a buscar a verdade para que pudessem ser humilhados publicamente, pagando assim todo o mal cometido. Sim, era a vingança que o impulsionara a prosseguir naquela busca interminável pela verdade dos fatos. Queria que cada um dos envolvidos sofresse toda a dor que jamais cessara em seu coração.

Lágrimas escorreram por seu rosto já enrugado pelos anos e pelo sofrimento que vivenciou por toda uma vida. Ele assim escolhera viver. Viveu para ver o desfecho triste e lamentável de toda sua eterna busca, que enfim chegara ao fim. E agora? O que poderia fazer? Era o que Raul o questionava.

38
A consciência e a verdade

Paulo continuou silencioso por alguns instantes, tentando articular os pensamentos e equilibrar as emoções. Raul lhe fizera um questionamento que ele próprio fugia, com receio de se deparar com a verdade, aquela que não conseguiu encarar por quase três décadas. Nunca se esqueceu de tudo o que sofreu, nunca aceitou a separação de seu único amor. Prometeu vingança, e ela o moveu por todos esses anos. Mas agora que conseguiu encontrar a verdade, ela própria o aprisionara! E tudo pelo que sempre trabalhou? Toda uma vida dedicada a manter acesa a chama da esperança e da divulgação da verdade! Será que também falhara em todas as conquistas profissionais?

Sentiu um imenso vazio em seu peito. Teria que parar e reavaliar seus objetivos. Precisava redescobrir sua verdadeira essência.

Não queria que a vingança determinasse suas condutas, pois se colocaria na mesma posição que seus desafetos, e era muito melhor do que eles! Mas até aquele momento se equiparava a todos eles! Olhou o amigo com carinho, solicitando sua absolvição por todos os pensamentos e atitudes que contrariavam sua dignidade e princípios.

Raul ofereceu um olhar cúmplice àquele que fora seu maior exemplo. Jamais poderia julgar suas atitudes, ele, que sempre lhe inspirou o melhor caminho a seguir, que esteve ao seu lado em todos os momentos, que sempre lhe estendeu a mão amiga, apoiando-o em todas as situações profissionais. Paulo sempre confiou em seu potencial, e Raul nunca o decepcionou. Como poderia criticá-lo, julgá-lo e condená-lo, se em seu lugar talvez tivesse feito coisa pior?

Raul estaria ao seu lado em qualquer circunstância. É assim que agem os verdadeiros amigos: compartilham cada momento, mesmo que não concordem com suas decisões. Podem alertá-los quanto à sua conduta indevida, orientá-los no que se refere a ações mais dignas, mas jamais virar-lhe as costas.

As lágrimas insistiam em derramar, e Paulo nada fez para contê-las. Precisava aliviar sua alma sofrida e triste, limpando seu coração de toda a sujeira que permitiu que lá encontrasse morada. Como poderia viver a felicidade de descobrir uma filha, um neto, se não se dispusesse a lavar seu mundo íntimo, deixando no passado o que a ele pertence? Seu presente poderia ser iluminado, mas teria que renovar seu coração, matando aquele homem velho, repleto de mágoas, ressentimentos e rancor.

Renovação íntima, essa era a chave para enterrar o passado e seguir o caminho da felicidade que por tanto tempo ele se negara, mas seria necessário redescobrir seu potencial de amor, caridade e perdão. Paulo sentia que não poderia simplesmente deixar tudo para trás, fingindo que nada tinha acontecido, ao mesmo tempo, não poderia resolver esse impasse agindo de maneira semelhante aos culpados. Não sabia o que fazer! Olhou Raul, sentindo-se profundamente triste e inseguro quando ao seu futuro. Talvez a doença o aniquilasse antes, e nem tivesse um futuro para viver. Precisava acreditar que Deus lhe daria uma moratória para viver um pouco mais e se reconciliar com a própria vida. Era o primeiro passo.

Raul percebeu o estado emocional do amigo e foi em seu encontro, oferecendo seu abraço afetuoso. Paulo confiou e deixou toda a angústia se esvair em lágrimas. Ficaram abraçados por alguns instantes, o bálsamo que tanto necessitava para recompor suas energias tão desgastadas.

– Raul, não sei que rumo tomar. Nunca estive tão confuso em toda minha vida. Você me abriu os olhos para a verdade que tanto neguei. Sei que nenhuma ação irá restituir tudo aquilo que perdi, mas não posso me calar e permitir que eles continuem sua caminhada espalhando o mal por onde passam. Temos que interromper esse ciclo de maldades, corrupção e mentiras. Só não sei o que fazer para que isso aconteça.

– Quando comecei minha carreira, fui assistente de um experiente jornalista investigativo que muito me ensinou. Em uma reportagem sobre um intrincado esquema de corrupção, não conseguíamos descobrir o mandante. Nossas fontes apontavam uma pessoa que, aparentemente, seria incapaz de tanta dissimulação. Impulsivo como sempre, eu quis ir direto a ele e desmascará-lo, mas fui contido por esse jornalista que me ensinou o seguinte: vamos lhe dar corda até o momento em que ele mesmo irá se enforcar e não seremos responsáveis pelo seu destino. Mostrar evidências a quem não quer enxergar é medida improfícua, não surte resultados favoráveis. O que irá adiantar mostrarmos esse passado sombrio a criaturas que não querem ver a verdade? Queremos que eles saiam de cena? Então vamos dar corda a eles, oferecendo algo que eles jamais esperariam receber: nossa complacência. Vamos confrontá-los não com ameaças, mas com a verdade. Temos contatos importantes no alto escalão, e esse pode ser nosso maior trunfo. Estaremos fazendo a justiça, obrigando-os a renunciar suas candidaturas nas próximas eleições. A justiça, enfim, será feita. Os culpados serão punidos, o mal se extinguirá sem que precisemos utilizar os mesmos recursos deles. Sem vinganças, sem retaliações, sem propagar o mal mais uma vez. O que acha?

– Eu conheço esse brilhante jornalista que lhe ensinou tudo isso?

– Ele está à minha frente, caso não o conheça.

– Raul, você está me superando. Não tenho mais nada a lhe ensinar, meu filho. Fico cada vez mais tranquilo e seguro por ter escolhido você como meu substituto.

– Cargo que, por ora, vou recusar, portanto, não tome nenhuma decisão precipitada.

– Já tomei minha decisão há algum tempo e ela é definitiva, mas voltemos ao assunto. Devo marcar um encontro com Sofia em algum lugar especial?

– Precisa ser em um local discreto, porém seguro. Pensei em algum hotel, um lugar movimentado que não parecerá suspeito para nenhum dos dois.

Combinaram para quinta-feira, quando Gabriela já estaria fora do país e em segurança. Raul pediu que Paulo ligasse para Sofia apenas na terça-feira, deixando-a ansiosa na expectativa do encontro.

Os dois já haviam recobrado a serenidade e a objetividade, analisando com mais critério cada passo a ser dado. Readquirir o controle numa situação de risco é medida essencial para o sucesso de uma empreitada. Eram homens acostumados a lidar com situações estressantes envolvendo riscos; sabiam como se comportar nesses momentos.

A enfermeira os interrompeu para o remédio da tarde. Paulo fez cara de quem não queria ser interrompido, mas foi contido por Raul, que a cumprimentou gentilmente dizendo o quanto aquele paciente era teimoso.

Assim que ela saiu, Raul o repreendeu:

– Custa ser educado e gentil? Isso apenas facilita as coisas, meu caro.

Raul se despediu, dizendo que se falariam no dia seguinte. Quando saiu, percebeu que o veículo que o seguira ainda estava lá. Entrou em seu carro calmamente e rumou para a casa de Beatriz. Assim que chegou, fez algo reprovável. Foi até o carro que o seguira e disse:

– Agora vou me recolher, pode avisar seu chefe que já cheguei em casa. Amanhã pretendo sair às nove horas para o jornal, então nos vemos amanhã.

O homem nada respondeu tomado pela surpresa e audácia daquele jovem. Raul entrou tranquilamente em casa, e Beatriz quis saber quem era aquele homem.

– Apenas o cara que me seguiu o dia inteiro. Já falou com Meireles sobre a proteção?

– Já, e ele disse que até o final da noite estarão aqui. Pensei que eram eles. Você é louco de confrontar esse homem daquele jeito?

– Ele deve ter ordens apenas para me seguir.

– Você é meio desorientado, não? Como fui capaz de me apaixonar por você?

– Precisa que eu enumere minhas qualidades?

Os dois riram e se beijaram apaixonadamente.

O dia seguinte transcorreu cheio de preparativos. Paulo ligou para Raul dizendo que já confirmara o jatinho para terça-feira. Tudo já estava acertado com Gabriela e família. Nélson também tinha acertado tudo. Avisou que estaria viajando de férias com a esposa para o Caribe, numa segunda lua de mel. Combinou de se encontrar com Raul na casa de Beatriz para acertarem os detalhes finais. Esse problema parecia resolvido.

No final do dia, Beatriz entrou na sala de Raul lembrando-o de que era segunda-feira e ela tinha a intenção de ir ao centro espírita. Com todos os problemas, Raul nem tinha se lembrado de que era dia da reunião mediúnica, a qual Luciano pedira para não faltar. Olhou para sua mesa atolada de papéis, pensando se seria ou não uma boa ideia deixar tudo para o dia

seguinte. Beatriz percebeu seu olhar de súplica e disse que o ajudaria se precisasse, pois teria tempo livre.
– Mas não vá se acostumando, onde está sua secretária?
– Ela precisou sair mais cedo. Problemas com o filho. A escola ligou, ele estava febril e queriam que fosse buscá-lo. Pensa que ser mãe é tarefa fácil? Exige talento e competência, mas acho que você se enquadra bem no papel. Estive pensando em dois filhos para começar. O que acha?

Os olhos de Beatriz se iluminaram, pois ela sempre sonhara em ser mãe. Antes precisava encontrar um pai que fosse especial. Raul preenchia os requisitos necessários, mas era cedo demais para falarem sobre isso. Olhou-o com aquele olhar apaixonado, que o fazia se sentir tão especial, e o envolveu em um terno abraço.

– Você não está me dizendo isso apenas porque quer minha ajuda, não é mesmo?

– Claro que não, minha querida. É exatamente isso que eu quero para minha vida: você e filhos. Nada mais. Vamos esperar essa poeira baixar e decidimos a data. O que acha?

– É o que eu mais desejo nesta vida, meu amor.

Deixaram o jornal e se dirigiram à casa de Beatriz para pegar dona Cecília e Julinho. Chegaram ao centro espírita na hora exata, poucos instantes antes do início da reunião. Luciano os recebeu carinhosamente, como sempre fazia, e os conduziu à reunião.

– Fico feliz que decidiu retornar, Cecília. Gostaria de lhe pedir um favor. Uma trabalhadora não pôde comparecer, e gostaria que ocupasse seu lugar. Posso contar com você?

Cecília estranhou o pedido. Não sabia se estava preparada.

Luciano parecia ler seu pensamento e disse:

– Fique tranquila, minha amiga. Conhece a frase: quando o trabalhador está pronto o trabalho aparece? Pois assim é. Você dará conta do recado. Ofereça o que tem: energia, força, segurança, compaixão e amor. É o que precisamos nesta reunião.

– Se você confia em mim, creio que também eu deva confiar.

– Assim que se fala. Bem, vamos que já estamos no horário.

Beatriz e Julinho olharam a mãe toda confiante e segura, feliz por ser útil numa tarefa que jamais julgou um dia iniciar. A reunião se iniciou com uma prece sentida e amorosa feita por Luciano. Em seguida, ele deu uma palestra evangélica, cujo tema era "reconciliação com os inimigos", transmitindo a todos os presentes a importância de perdoar e de se reconciliar com aqueles que magoamos ou fizemos sofrer. Antes de finalizar, lembrou aos presentes que nenhum de nós está isento de praticar deslizes e ferir seus semelhantes, pois somos todos ainda criaturas imperfeitas. Oferecer ao companheiro que errou a oportunidade de se redimir de seus erros deve ser a meta de toda pessoa que busca a evolução.

Beatriz se emocionou com a palestra. Sentiu seu coração se entristecer, como se tivesse sido tomado por uma dor alheia à sua vontade. Sentia emoções que não pareciam lhe pertencer. Fez força para manter o equilíbrio e as emoções, mas algo incontrolável, como uma energia poderosa, parecia lhe dominar. Fechou os olhos e começou a fazer uma prece com todas as suas forças, pedindo que tudo aquilo cessasse de vez. Luciano percebeu o desconforto de Beatriz e foi ao seu encontro. No mesmo instante, Elenita começou a dar passividade, permitindo que o intercâmbio com o mundo espiritual ocorresse e uma entidade pudesse se manifestar. Luciano olhou para Beatriz, que já estava com os olhos abertos e parecia ter retomado o controle, e perguntou-lhe se estava bem. A jovem confirmou que sim, e ele retornou sua atenção para Elenita, que iniciava um choro convulsivo, cheio de dor.

– Meu filho, antes de tudo, procure se acalmar para que possamos conversar. Como posso ajudá-lo? – falou Luciano com carinho.

– *Ninguém pode me ajudar. Todos querem o meu mal. Ninguém compreende minha dor. Eu devo voltar para a floresta, onde ninguém me vê, ninguém me acusa, ninguém ri do meu sofrimento. É o meu domínio, e ninguém poderá me atingir. Por que me seguram aqui? O que querem que eu faça? Que eu me humilhe mais ainda? Eu já disse que o deixarei em paz. Isso não basta? Fiquem com ele, deixe que acredite que fez a coisa certa, mas saibam que a consciência dele um dia irá pesar, até sufocá-lo. E não poderão dizer que sou o responsável por tudo! Pois estarei bem longe!*

– Antes, quero que saiba que nenhum de nós o acusa ou está contra você. Sabemos da sua dor e de tudo o que passou naquela vida, pois nos foi relatado por um companheiro do Plano Superior. Não podemos acusá-lo de nada, pois não cabe a nós efetuar julgamentos sobre condutas alheias. Cabe apenas a Deus, nosso Pai Maior, e ainda assim seus julgamentos são sempre pautados no amor a nós, criaturas ainda tão imperfeitas, necessitando do aprendizado que transforma, não da correção que humilha. Ele quer que você acorde para as verdades que ainda não teve condições de se defrontar. Naquela vida acredita-se a única vítima, e tem razão para assim pensar, mas o que ocasionou essa atitude tão vil? Já pensou por que seu amigo mais fiel o tratou com tanta desconsideração? Se nada fez naquela vida que explicasse tais atitudes, parou para pensar por que tudo aquilo lhe aconteceu? Imagina ser a pessoa mais sofrida, a vítima injustiçada, mas não pensou por que ele assim agiu contra você? O que o motivou a ser tão desprezível e vil? Você o conhecia bem, sabia de suas imperfeições morais, e mesmo assim sempre esteve ao seu lado, pois acreditava em sua lealdade. Quando foi traído, não parou para encontrar explicações coerentes, mas se revoltou contra aquele que lhe feriu injustamente. Meu filho, uma ação do presente é sempre gerada num passado distante ou nem tanto, como se a vida lhe oferecesse uma resposta à sua conduta anterior. Se agir de forma favorável, a vida lhe devolve afetos e compreensão. Se agir de maneira inadequada, a vida lhe devolverá na mesma intensidade. Isso se chama Lei de Ação e Reação. A toda ação corresponde uma reação, de igual teor. O que não significa que seu amigo não pudesse aprender a perdoar e não lhe devolver, na mesma moeda, o mal que você a ele ofereceu numa vida anterior. Ele assumiu débitos contigo, quando não o perdoou, desprezando a oportunidade de pagar o mal com o bem, que o libertaria dessa prisão. Ele errou com você, o que não lhe dá o direito de persistir nesse erro com ele, tentando prejudicá-lo, ferindo-o. Essa cadeia de ódio e rancor tem que ser desfeita, libertando ambos para que possam seguir seus caminhos e reencontrar a paz há tanto tempo perdida. É necessário que o mal se extinga, dando lugar à reconciliação, ao bem e ao amor. Ambos erraram até então. Não seria hora de selarem definitivamente a paz em seus caminhos? Não seria o momento de buscarem a harmonia e o equilíbrio, deixando o passado para trás? Pense nisso, meu filho. É o que estamos propondo a vocês dois: libertarem-se das algemas que os uniram e que os impedem de alçar voos maiores para sua evolução! Pense em retornar ao mundo material numa nova encarnação, aproveitando para selarem de uma vez por todas a paz!

— *E devo deixar no passado a minha frustração? Como se faz isso que ainda não consegui aprender?*

– Aprendendo a perdoar, meu filho. É a única maneira de seguirmos em frente e livres. Só assim nos libertamos da sombra e caminhamos para a luz, que esclarece e ampara.

– *Eu perdi tudo naquela existência: amigo, amor, família. Todos me abandonaram.*

– Não foi isso o que aconteceu de fato. Você só perdeu a oportunidade de aprender a perdoar e a amar sem esperar nada em troca. O amor verdadeiro e único é capaz de nos acompanhar as existências. Gostaria que parasse de encontrar culpados e se lembrasse de que somos nós os verdadeiros responsáveis pelos sofrimentos que experimentamos. Se não deseja mais o sofrimento, busque mudar suas condutas íntimas. Busque amar e não mais cobrar aquilo que julga merecer. Se é dando que se recebe, aprenda a doar o que traz em seu mundo íntimo, sem medo de não receber de volta. Pois a própria vida se encarrega de fazer chegar a você tudo aquilo que merece. Aproveite a oportunidade que Deus colocou em seu caminho de refazer sua vida, agora com aspirações superiores e dignas. Perdoe e aprenda a pedir perdão; só assim entenderá o verdadeiro significado de amar. Mas, antes, meu amigo, lembre-se de se perdoar, aceitando que nós, seres humanos, ainda carregamos nossas fraquezas que nos induzem a cometer atos dos quais nos arrependeremos depois, quando a consciência nos visitar. Erramos ainda, mas isso faz parte do aprendizado. Só erra aquele que busca aprender a fazer o que é certo. Se você errou, tirando a própria vida, comece aprendendo a se perdoar, não atribuindo aos outros a responsabilidade de suas ações indevidas. Comece a caminhar com a companhia da verdade, que, mesmo que nos atormente, é ainda a única companheira que estará ao nosso lado até o fim da jornada de nosso aperfeiçoamento. Todos os nossos erros podem ser revertidos, basta uma ação positiva. É isso que o Pai está lhe pedindo, meu filho. Perdoe esse irmão para que ele possa também se arrepender de seus atos ilícitos contigo e lhe peça o perdão sincero, que irá restituir a ambos a liberdade de seguir seus caminhos em paz.

A entidade parecia confusa, insegura quanto ao que deveria fazer naquele momento, até que uma entidade iluminada se aproximou de Jean Paul.

Luciano percebeu a presença de Elisa, ou Nadine, que Jean Paul amou com toda a paixão, naquela sala, pedindo-lhe com o olhar para que se comunicasse e transmitisse sua mensagem.

No mesmo instante, Beatriz começou a sentir as mesmas sensações do início, como se uma força incontrolável passasse a comandar seu pensamento e emoção. Luciano foi ao seu encontro e colocou sua mão sobre a nuca da jovem, auxiliando-a para que intermediasse a comunicação. No mesmo instante, Beatriz sentiu uma calma infinita, uma energia suave e doce comandando sua voz, como intérprete de Nadine:

– *Meu querido, tem relutado em me ver, recusado todos os meus insistentes chamados para que mude o caminho que segue. Sei do seu sofrimento e me sinto responsável por lhe causar tanta dor. Errei ao não acreditar em sua palavra. Errei por não conseguir discernir a verdade que estava à minha frente. Errei por confiar em Vincent, que, movido pela paixão e inveja, conseguiu transformar a situação de forma favorável a ele, um ser desprezível que traiu minha confiança. Perdoe-me, se conseguir perceber a sinceridade de minhas palavras. Hoje aqui me encontro, distante de vocês, criaturas que muito amei. Mas meu amor por vocês ainda é chama viva em meu coração, que se debate intensamente para fazê-los compreender que precisam se reconciliar. Só assim poderemos nos libertar desse passado delituoso, que nos ensinou lições preciosas. Preciso que me perdoe para que eu possa seguir minha própria jornada, hoje, talvez solitária. Mas para amanhã quem sabe o que o Pai nos programou? Preciso ainda ficar aqui, em tarefa de aprendizado, mas você, Jean querido, precisa retornar à matéria para que Vincent possa selar definitivamente a paz, recebendo-o como filho dileto e amado. Reaprenderão a amar, a confiar, a compreender, a viver a vida com princípios e dignidade. Importa que assim seja para que o amor possa uni-los novamente e para que possam irradiar esse amor a todos que com vocês conviver, transformando muitas vidas, auxiliando muitos a reencontrar o caminho da luz. Cada pessoa é responsável por seus atos, e, nessa condição, preferi quitar meus débitos e auxiliar Vincent a quitar os dele. Retornei tão precocemente ao mundo espiritual para dar a ele a chance de aprender com a dor da separação a importância de nossas ações com aqueles que caminham conosco. Tudo é aprendizado, Jean Paul, e você também necessita aprender. Comece perdoando-me, perdoando Vincent e, principalmente, perdoando-se. Os laços de afeto que nos unem serão eternos e, certamente, estaremos juntos novamente no futuro para que possamos praticar todas as lições ora aprendidas.*

Jean Paul chorava copiosamente. Não tinha palavras àquele ser abnegado e cheio de luz, seu grande e eterno amor, que Deus certamente um dia iria reuni-los novamente. Três almas que muito sofreram, mas que aprenderam a importância de viver a vida com responsabilidade e princípios superiores.

– *Nadine, me ajude a seguir meu caminho. Ensine-me a ser abnegado e caridoso, compreendendo a minha imperfeição e de todos os que nos acompanharam a jornada, pois só assim saberei perdoar e seguir meu caminho. Ajude-me a ver essa essência divina que habita todos os seres, mesmo naqueles que ainda muito erram. Não quero mais a companhia da sombra, quero que a luz guie meus passos. Ajude-me para que eu possa reaprender a sonhar, a ter esperanças, a confiar e a amar novamente.*

– *Meu querido, juntos iremos aprender todas essas difíceis lições, mas precisamos nos dirigir a um local apropriado, onde teremos o apoio e o amparo de companheiros que já passaram por todas essas situações e aproveitaram as oportunidades que Deus lhes ofereceu. Com eles, poderemos juntos seguir o caminho de luz, mas antes, querido, peça perdão a Vincent para que possa seguir em frente.*

A entidade, ainda em prantos, dirigiu-se a Raul e lhe pediu perdão, assim como esperava que um dia ele também o perdoasse. Em seguida, Elisa também se dirigiu a Raul e, com a voz embargada de emoção, disse:

– *Raul querido, esta é minha vez de lhe pedir perdão por tê-lo abandonado. Sua dor foi minha dor, mas assim foi necessário para que pudéssemos quitar parte dos débitos que contraímos com Jean Paul. Você foi o amigo que o traiu, que o humilhou, que se apossou do bem mais precioso que lhe pertencia: o meu amor. Sei que talvez jamais me perdoe, mas a vida consiste de toda a eternidade, e haverá oportunidade de nos reencontrarmos e darmos continuidade ao que iniciamos séculos atrás. Um dia conhecerá nosso passado e entenderá tudo o que nos aconteceu. Desejo que seja muito feliz. Que ame muito, que esse amor seja sincero e puro, pois só assim terá condição de receber Jean como filho muito amado. Não se preocupe, pois o tempo se encarregará de lhe ensinar o que for necessário. Beatriz será a companheira perfeita, que o auxiliará nessa linda empreitada.*

Raul ainda não entendia o que estava acontecendo. Lágrimas caíam. A saudade se intensificara. Era Elisa que estava lá? Seria possível?

A verdade se revela

Raul permanecia em choque, sentindo seu coração disparar. Seria Elisa falando por intermédio de Beatriz? Como seria possível? A entonação de voz, a delicadeza das palavras, só poderia ser Elisa. E ela se dirigia a ele, falando coisas que ele não entendia, possivelmente se referindo àquela entidade revoltada. Teria sido ele Vincent, o ser a quem a entidade nutria tanto ódio? Teriam vivido todos juntos numa vida anterior? Tudo era confuso e ele precisava de tempo para refletir sobre aquela avalanche de informações que se derramara sobre ele. Queria ter certeza de que tudo o que estava ouvindo era verdade.

Elisa via o desespero do amado, as lágrimas que insistiam em cair, a dor que se apoderara dele, relembrando toda a angústia que vivera quando ela se foi. Podia perceber seus contraditórios sentimentos e queria amenizar sua dor.

– *Sim, Raul, sou eu. Sinto não poder permanecer ao seu lado mais tempo, matando a saudade que me sufoca e me perturba, mas assim deve ser, meu querido. Não queira entender racionalmente o que apenas a emoção é capaz de realizar. Tem ainda um longo caminho a percorrer no entendimento dessas verdades. Quero que saiba que meu amor por você é verdadeiro e eterno. Nem a distância pode reduzi-lo, pois ele é chama que não se apaga. Teremos a eternidade para acertarmos nossos passos e refazer nossos caminhos, hoje separados por duas dimensões que se completam, mas que não podem jamais se encontrar. Siga o seu caminho completando sua programação para que não fiquemos mais distanciados ainda. Faça o seu melhor, supere-se, aperfeiçoe, realize o aprendizado de que necessita, aprendendo cada lição que a vida lhe ofertar. Se me ama tanto quanto eu lhe amo, faça algo por mim, perdoando-se pelo seu passado delituoso e pedindo perdão pelas faltas*

cometidas a Jean Paul. Liberte-se das algemas que os impedem de serem realmente felizes, pois só é verdadeiramente feliz aquele que aprendeu o significado do amor. Ambos merecem a liberdade, e este é meu maior desejo: vê-los reunidos pelos laços do perdão, do entendimento e do amor. Quando for possível, nos reuniremos para selar definitivamente esse acordo de paz. Por ora, peça perdão pelas suas faltas, mesmo de que nada se recorde. As lembranças ficam gravadas em nosso inconsciente de forma definitiva, registrando nossos atos falhos ou nossas ações pautadas no bem e no amor. Nada se perde. A Lei de Ação e Reação se incumbe de que cada infração seja cobrada em conformidade com cada devedor. Faça a parte que lhe compete para que possa seguir em frente, realizando o seu melhor, amando sempre e, principalmente, aceitando as condições que o Pai amorosamente coloca em seu caminho. Essa é sua oportunidade de redenção. Não perca essa chance de se reconciliar com Ele também. Eu tenho que ir, mas antes preciso que saiba que tudo o que conosco aconteceu foi previamente planejado e acordado por nós. Não se lembra desse acordo, mas ele aconteceu sob a supervisão de nossos mentores, que consideraram cada dificuldade como um degrau de nossa ascensão evolutiva. Nunca estivemos desamparados, e a sustentação jamais nos faltou. Viva com intensidade, sabedoria e discernimento as oportunidades do caminho e jamais se esqueça de que o amor é a única porta que nos conduzirá à verdadeira felicidade. Fique em paz. Agora preciso ir, mas deixo com você a esperança, a paz e todo o meu amor.

Luciano, ao lado de Beatriz, auxiliou-a a se desligar mediunicamente de Elisa, que emocionara a todos os presentes com suas palavras carregadas de sentimento verdadeiro e da lucidez daqueles que compreendem e aceitam os desígnios divinos. Beatriz abriu os olhos, permitindo que as lágrimas escorressem livremente. Sabia quem acabara de falar por intermédio dela e ainda sentia sua energia amorosa no corpo. Sentia-se em paz, pois essa era a sensação que ela lhe transmitira. Beatriz colocou os braços nos ombros de Raul, que de cabeça baixa ainda chorava baixinho, com o coração apertado.

A reunião prosseguiu, com outras entidades dando comunicação por meio de outros médiuns. Cecília percebeu sua vidência sendo cada vez mais expandida. Percebeu quando Jean Paul utilizou Elenita como intermediária na comunicação e, na sequência, pôde ver uma entidade mais iluminada aproximar-se de Beatriz. Era uma jovem de aparência suave, com um brilho e candura no olhar, que Cecília percebeu tratar-se de uma entidade mais evoluída.

Beatriz estava de olhos fechados e apenas percebeu sua presença quando ela estava bem próxima. Enquanto ela falava, Cecília viu que de seu corpo saía uma luz em direção a Raul, que, ao perceber quem era o espírito comunicante, fechou-se como uma concha. Era uma cena comovente tanto do âmbito material como do espiritual. Cecília percebeu seus olhos marejados, mas sabia que Luciano a colocara lá com um propósito – o de manter o equilíbrio e a serenidade. Estava lá para sustentar seus companheiros na tarefa de intercâmbio. Cecília respirou profundamente, retomou seu equilíbrio emocional e passou a envolver as entidades comunicantes numa energia amorosa e protetora. Percebeu que Luciano lhe endereçara um olhar de confiança e assim permaneceu, até que as entidades sofredoras fossem encaminhadas por irmãos de luz, que as conduziram para um local de refazimento e de orientações.

Finalmente a reunião chegou ao seu término. Luciano encerrou com uma linda prece de agradecimento a toda a espiritualidade que proporcionou reencontros de almas e libertação de muitas consciências para que continuassem seu caminho de luz.

Quando as luzes se acenderam, todos os presentes estavam silenciosos e reflexivos, cada um pensando em sua própria vida e, talvez, percebendo quantas oportunidades já deixaram escapar na reconciliação com seus desafetos.

Raul permanecia de cabeça baixa, sem saber como sair daquele torpor que o invadira. Não tinha forças para se levantar daquela cadeira. Tinha a sensação de que o mundo estava sobre seus ombros. Beatriz tentava falar com ele, mas era apenas um som distante a chamá-lo de volta. Ele não queria voltar à realidade, não queria deixar Elisa ir embora de sua vida. Nunca sentira tanto a sua falta como naquele momento. Sua presença o fizera voltar ao passado e, com ele, toda a dor se fez novamente presente. Uma dor que o sufocava, que o oprimia, que o impedia de reagir. No início teve dúvidas se era mesmo Elisa que estava falando, mas sua presença era inconfundível. Sentiu seu perfume inebriando a sala, sua energia doce e amorosa, sua força e sua coragem. Não dava para negar que ela lá estivera. Como poderia voltar à realidade, se ela o deixara novamente sozinho? Estava confuso e profundamente cansado. Sabia que tinha que voltar ao seu mundo material, voltar para Beatriz, que demonstrara ser a companheira de sua vida presente. Mas, após sentir a presença de Elisa, tudo parecia tão distante. O possível e certo parecia duvidoso e incerto. Queria sair dali, mas seu corpo parecia pregado à cadeira, sem forças para se levantar.

Beatriz conversava com Julinho e sua mãe, preocupada com o estado do namorado. Enviou um olhar de súplica a Luciano, que pediu que todos deixassem a sala, pois ele precisava conversar com Raul. Quando todos saíram, ele iniciou a conversa tão necessária:

– Meu filho, existem alguns pontos essenciais a esclarecer para que você possa avaliar o que hoje aconteceu. Seus sentidos não o enganaram, Elisa esteve realmente aqui falando por meio de Beatriz. Raul, considere-se um homem privilegiado, pois teve em seu caminho, em uma mesma encarnação, duas mulheres maravilhosas e repletas de virtudes, Elisa e Beatriz. Essas duas mulheres o amam intensamente, e você sabe do que são capazes para vê-lo feliz. Uma está ao seu lado neste momento, a outra se encontra em outros planos. Considere a realidade em que vive com toda a objetividade que lhe é peculiar, pois só assim será capaz de efetuar qualquer julgamento. Use a razão, que nunca nos engana. A emoção pode deturpar e comprometer nossa avaliação, pois tende a observar e aceitar apenas aquilo que deseja e sente. A emoção vê aquilo que quer ver, o que nem sempre corresponde à realidade. Quando nos guiamos pela emoção, somos fadados a nos iludir e a nos decepcionar. É normal você estar confuso e perturbado, mas você não está encarando a verdade do que aqui foi falado. Você se ateve às suas emoções, que o desviou do principal objetivo da presença de Elisa nesta reunião.

Raul olhava confuso para Luciano, sem entender aonde ele queria chegar.

– Tudo é muito confuso. Nunca imaginei que isso pudesse acontecer. Ter Elisa tão perto e ao mesmo tempo tão distante de mim. Não me deixo conduzir pelas minhas emoções, mas a presença dela na reunião me abalou as estruturas. Fez-me relembrar, sofrer, revoltar, desesperar, tudo a um só tempo. Sei que não posso tê-la de volta, mas a simples presença dela me fez repensar meu momento atual e questionar se estou sendo verdadeiro com Beatriz. O que eu posso lhe dar, se meu coração parece pertencer à outra mulher, mesmo que esteja tão distante? Como posso amar duas mulheres ao mesmo tempo? Isso não é possível. Meu desejo é sair de cena novamente, voltando à minha vida solitária e vazia. Talvez seja isso que eu mereça.

– Todos merecem a felicidade e o amor em suas vidas, Raul. Você está confundindo suas emoções. Se acreditar que Elisa esteve realmente aqui, devo entender que já aceita a possibilidade da reencarnação. Posso lhe afirmar que você e Elisa já viveram outras vidas juntos, o que talvez explique a intensa ligação que existe entre vocês. Não posso lhe dizer o que não sei, apenas o que presumo ter acontecido. Custamos a amar com a pureza de intenções e a grandeza da alma, por isso erramos muito com aqueles que amamos e contraímos sérios débitos perante a lei divina, que a tudo observa. A partida prematura de Elisa nesta encarnação obedecia a uma programação realizada por vocês, no sentido de quitarem parte desses débitos. A outra entidade pertenceu à mesma existência, onde todos falharam e não corresponderam às expectativas que cada um desejava para suas vidas. Sofreram e fizeram outros sofrer, contraindo mais débitos. Mas como a misericórdia divina é benevolente e nos visita quando a solicitamos, ela lhe oferece ainda nesta vida a oportunidade de se redimir perante seu desafeto. Para que isso aconteça, você necessita colocar em ação sua própria programação, independentemente daquela a que Elisa se comprometeu. Nessa programação terá a chance de receber como filho um companheiro que muito fez sofrer naquela vida. Beatriz tem afeição por esse irmão sofredor e aceitou a incumbência com alegria, como uma forma de estreitar os laços que já existiam no passado. Mas você precisa estar consciente da grande tarefa que terá pela frente, pois a única ferramenta que terá em mãos será seu incondicional amor, desde que tenha perdoado verdadeiramente seu desafeto. Percebe que está pensando muito mais em sua dor, sofrimento e saudade de Elisa, que não conseguiu ouvir tudo o que ela amorosamente lhe solicitou? Elisa está em outra dimensão, mas seu amor sempre irá acompanhá-lo. Beatriz está presente, será sua companheira desta encarnação e irá ajudá-lo a quitar grande parte de seus débitos. Fará tudo por amor a você. Certamente já viveram vidas em comum, quem sabe unidos por laços do afeto e também do amor. Nossas vidas se entrelaçam sob os mais diversos laços, e todo afeto gerado nos acompanha por toda a eternidade. O que irá lhe adiantar viver na solidão, sem nada para corrigir ou refazer? Só podemos aliviar nossa carga quando compartilhamos nossos ideais, nossos sonhos e nosso desejo de progredir. Só aprendemos nos colocando diante das lições. Você ama Beatriz de forma diferente, mas também a ama. Ela reúne as qualidades necessárias para que possam crescer juntos, dando oportunidades para que outros espíritos também possam crescer e evoluir. Por isso estamos encarnados, com a finalidade de crescer e alçar voos maiores em direção à nossa liberdade e progresso. O que irá lhe adiantar ficar no passado, preso a ele sem chances de progresso? Nada. A vida é dinâmica e exige de nós posturas objetivas e ativas. Beatriz foi a intermediária perfeita de Elisa. Ela encontrou em sua namorada a energia vibrante e amorosa para que sua mensagem chegasse a seus ouvidos sem ser deturpada. Elisa lhe pediu que não desprezasse as oportunidades que a providência divina colocou em seu caminho. Ela foi incisiva nesse quesito, pressentindo sua reação, mas sabia também que você iria ser assessorado por companheiros atentos, que tudo fariam para que retornasse à realidade. Ação e não passividade é o que ela espera de você, conhecendo seu potencial criador capaz de modificar qualquer situação, mesmo que pareça irreversível. Essa sua característica o transforma num ser ousado e empreendedor, que não aceita o impossível. Acorde para sua realidade e siga em frente, realizando o que estiver em sua programação. E quando estamos acompanhados, podemos dividir o fardo, que não pesa de maneira significativa em nossos ombros. Beatriz é a companheira que muito pode auxiliá-lo, portanto, não despreze esse presente precioso que tem em mãos.

Raul percebeu que a emoção se apoderava novamente dele e sentiu um impulso de abraçar em Luciano. Foi até ele e o abraçou com carinho e respeito. Tudo o que Luciano falava calava em seu íntimo. Talvez ele fosse um homem sábio, daqueles que possuem a força e a certeza em cada palavra e jamais deixam que a dúvida se apodere de seu interlocutor.

Luciano também ficou com os olhos marejados. Sentiu um imenso carinho por aquele jovem cheio de marra e personalidade forte, com quem sabia como falar ao seu coração desde o primeiro dia que o encontrara. Sentiu que havia uma ligação entre eles, uma afinidade que crescia a cada encontro. Seu mentor, certa noite, decidiu lhe contar quem aquele jovem era e o que representara em seu passado. Luciano pôde, enfim, compreender a ligação que existia entre eles e ficou muito feliz em, desta vez, poder ajudá-lo a resolver seus problemas.

– Luciano, será que um dia terei esse discernimento sobre a vida e sobre tudo o que nos acontece? Quando você me orienta, toda a sombra se dispersa. Não sei como posso lhe devolver tudo o que tem me oferecido nestes últimos meses.

– Eu sei como você pode me retribuir, Raul. Mantenha sua existência pautada no bem, na compreensão, no perdão e no amor. Faça algo pelos outros sem esperar nada em troca. Gostaria de que participasse das reuniões de estudo, e esse convite é extenso a Beatriz, que tem tarefas de fundamental importância na divulgação da Doutrina Espírita. Será uma trabalhadora valorosa. Conto com vocês, meus filhos.

Em seguida, saíram da sala e encontraram os demais preocupados do lado de fora. Beatriz torcia as mãos, agitada. Raul foi até ela e a abraçou com a força do seu amor. Depois se olharam profundamente e deixaram que o amor falasse mais do que qualquer palavra. Teriam tempo para conversar.

Cecília agradeceu Luciano por ter participado daquela instrutiva reunião e pediu para participar das próximas. Sabia que tinha muito a aprender e gostaria de ser útil.

– Cecília, sua participação foi de vital importância para o sucesso da reunião. Sabia que seria eficiente e provou que é capaz de permanecer nas reuniões. Conto com você!

– Não tenho como agradecê-lo, Luciano.

– Fique tranquila, que um dia vou cobrar.

Cecília e Elenita continuaram conversando mais alguns instantes e, finalmente, se despediram, com a alegria do dever cumprido.

– Mamãe, onde está Julinho?

– Disse que ia dar uma volta e nos esperaria lá fora.

A verdade é que ele queria muito ver Sílvia. Deu uma olhada nas salas, mas já estavam todas desocupadas. Frustrou-se e, quando estava saindo, sentiu uma mão pousando em seus ombros. Virou-se e deu de cara com a jovem.

– Estava me procurando?

Julinho ia responder, mas não conseguiu esboçar uma única palavra. A jovem deu uma alegre gargalhada, que fez Julinho corar de vergonha.

– Na realidade, eu é que estava procurando você. Fiquei de dar meu telefone e me esqueci.

Sílvia lhe entregou um pedacinho de papel dobrado. Quando o leu, foi a vez de Julinho dar um sorriso.

– Você está parecendo minha irmã, cheia de fazer graça. Até hoje ela me surpreende com uma brincadeira nova, vive me pegando de surpresa.

O papel tinha um número escrito, mas não era de telefone. Era um número qualquer, que Sílvia escreveu de brincadeira. Então ela pegou o papel novamente e escreveu seu número nele, pedindo que Julinho ligasse no fim de semana.

– Eu adoro cinema e você?

– Também gosto muito. Que tipo de filme você mais gosta?

– Só não gosto muito de filmes complexos, tipo papo-cabeça.

Julinho estava se divertindo com a simplicidade e franqueza daquela jovem, deixando-o descontraído. Gostaria de conversar com ela por mais tempo, mas percebeu Luciano se aproximando dos dois.

– Boa noite. Sua mãe o procura. A noite foi longa e proveitosa, merecemos um descanso.

– Com certeza, Luciano. Já estava me despedindo de Sílvia. Boa noite!

– Boa noite, Julinho. Ligue-me para combinarmos o cinema.

O jovem corou mais uma vez, tirando um sorriso dos lábios de Luciano.

Sílvia se divertia com a timidez de Julinho, o que fez com que Luciano fizesse um comentário assim que o jovem os deixou:

– Filha querida, esse tipo de atitude pode, além de constranger, também paralisar. Muito cuidado para não magoar esse jovem, pois ele está precisando de apoio para dar rumo à sua existência. Se não pretende ajudar, procure não atrapalhar.

– Não fale assim, papai, pois me faz parecer uma jovem fútil e leviana. Desde que o conheci, sinto um carinho imenso por ele e só desejo ajudá-lo. Convidei-o para um cinema, acha que fiz mal? Gosto da companhia dele, e ele parece ser muito solitário. Não sei quase nada da vida dele, mas deve ter seus motivos para assim agir. Papai, você sabe alguma coisa sobre ele?

– Sílvia, existem segredos invioláveis, coisa que já deveria ter aprendido. Como poderá trabalhar ouvindo criaturas carentes que precisam dividir seus problemas com alguém se não sabe manter a discrição? Talvez precise repetir o curso.

– Não faça isso comigo, papai. Fique tranquilo que saberei ser uma trabalhadora eficiente e discreta. Quanto ao Julinho, vou seguir minha intuição, que me diz que devo estreitar os laços de amizade. Tenho certeza de que ele vai me ligar.

– Só peço que siga em frente calmamente, sem agitação e pressa. Você precisa aprender a andar mais devagar para poder apreciar a paisagem em detalhes.

– Vou pensar na sua orientação, agora vamos. Mamãe disse que ia preparar aquele empadão que você gosta, e eu, mais ainda.

A jovem pegou Luciano pela mão e acelerou os passos. O que fazer a não ser rir e se sentir feliz sendo pai de uma jovem maravilhosa como aquela?

Julinho encontrou sua família o esperando. Ele estava feliz, descontraído e falando sem parar. Todos se entreolharam, querendo saber a causa de tanta euforia.

Quando viram Luciano e a jovem saindo, descobriram o motivo. A jovem deu uma paradinha e acenou para Julinho, que retribuiu sorridente.

Ele passou o tempo todo a caminho de casa entretido com os pensamentos em Sílvia, imaginando seu encontro no fim de semana. Aliás, todos estavam mais silenciosos que de costume, cada um procurando escolher as palavras certas para aquela situação. Raul era o mais calado, procurando ainda absorver todas as informações que Luciano lhe oferecera. Talvez Elisa estivesse certa quando insistia para ele conhecer a Doutrina Espírita. Se assim tivesse feito, talvez não se sentisse tão confuso como estava naquele momento. Era difícil para um leigo compreender racionalmente tudo o que aconteceu naquela noite. Tinha começado a estudar com Beatriz o *Livro dos Espíritos*, mas de forma superficial, apenas para tentar entender alguns postulados da doutrina. Achou interessante a ideia de Luciano para que participasse das reuniões de estudo, mas agora o que realmente importava era seguir com sua vida. Precisava falar com Beatriz, confessar-lhe sobre sua dificuldade em se desligar emocionalmente de Elisa. Não sabia como conseguir isso. Beatriz saberia, mais uma vez, auxiliá-lo. Ela era capaz de fazer com que a paz habitasse novamente seu coração. Beatriz era uma pessoa especial, saberia compreendê-lo e lhe dar toda a sustentação e aconchego.

Assim que chegaram, Cecília foi providenciar um lanche para todos. Raul comeu pouco, ainda reflexivo. Subiu em seguida, acompanhado de Beatriz.

– Quer conversar sobre o que aconteceu? Antes que diga qualquer coisa, quero que saiba que entendo a profunda ligação que existe entre vocês e jamais serei um obstáculo nessa relação. Não espero que você me ame do jeito que a ama, pois não é pelo fato de ela não estar mais entre nós que o amor que os uniu simplesmente acabou. Aprendemos a amar de formas diferentes cada pessoa que cruza o nosso caminho. Os amores verdadeiros se perpetuam, e um dia essa força de atração os unirá novamente. Mas hoje sou eu que estou ao seu lado, tentando viver uma relação de amor, de carinho, de cumplicidade. Quero lhe fazer feliz e sei que sou capaz disso, mas preciso que você também esteja preparado para viver essa história comigo, deixando o passado para trás. Sei o que sentiu enquanto ela estava falando com você. Sei o quanto você se emocionou, sofreu, recordou os momentos difíceis que viveu e até quanto se revoltou pela falta que ela lhe faz. Você se sentia assim no início. Eu e Paulo nos preocupamos demais ao vê-lo naquele lamentável estado, mas nada podíamos fazer a não ser estar do seu lado. Aquela angústia passou. Sei que a saudade jamais vai passar, mas chegará um dia em que ela não mais incomodará. Só que você precisa colaborar e permitir que eu esteja ao seu lado, dando todo meu amor. Assim, tudo passará mais fácil. Lembre-se de que só podemos dar um passo por vez, assim a vida nos ensina. Dê tempo ao seu coração de trabalhar essa saudade. Eu saberei esperar o tempo que for necessário. Amo você com todo o meu coração e sei que seremos muito felizes um dia. Se não quiser conversar, vou entender.

Raul ficou emocionado e sentiu seus olhos marejarem com a força e abnegação daquela que estava à sua frente. Uma pessoa especial. Pela primeira vez ele percebeu o que Elisa queria lhe dizer sobre Beatriz: a companheira ideal para seguir com ele a jornada evolutiva. Sentiu a mesma ternura, a doçura, a energia e a coragem que sempre vira em Elisa. Realmente ele poderia se considerar uma pessoa privilegiada, sendo amado por duas criaturas tão maravilhosas. Beatriz sempre estava com a razão. Ela olhava cada situação em todos os seus ângulos e detalhes, todo o contexto, não desprezava nada que pudesse comprometer a situação, usando de bondade e objetividade. Como poderia se equivocar?

– Beatriz, não sei se mereço tanta dedicação e amor. Você é uma criatura abençoada e especial. Quero que saiba que serei merecedor de todo esse amor.

Os dois se abraçaram, sem mais palavras. Elas não eram necessárias. Ficou presente o amor, a paz, a confiança, a esperança. Requisitos necessários para que dessem continuidade à tarefa programada. Os dias de tormenta pareciam ter ficado no passado, dando lugar à paz e à harmonia.

40
Resoluções necessárias

O dia amanheceu como os demais, uma página em branco a ser preenchido pelas mãos daquele que respeita a vida e as resoluções que Deus espera que se cumpram.

Um dia especial para muitos: o dia marcado para Gabriela e a família embarcarem para a Itália. Embarcariam no jato no fim da tarde. Uma funcionária foi incumbida dos trâmites necessários para os liberar rapidamente. Paulo planejou tudo com cuidado e discrição, não esquecendo nenhum detalhe que pudesse comprometer seus planos.

Logo cedo Raul recebeu a visita de Nélson e entregou a ele toda a documentação com as diretrizes estabelecidas por Paulo. Tudo estava programado minuciosamente para que nada pudesse sair errado, tudo deveria ser feito com todo sigilo e discrição.

Raul passou as informações de que Nélson necessitava, incluindo a localização da pequena vila na Toscana, onde ficariam em segurança e com todo conforto. Antes de Nélson seguir seu rumo, Raul lhe entregou um envelope.

– Paulo acredita que este dinheiro cobrirá suas despesas e de todo o grupo pelas próximas semanas. Ele não quer despertar suspeitas movimentando sua conta-corrente em bancos internacionais, pois poderia denunciar o destino de Gabriela.

– Não posso aceitar, Raul, devo muito a vocês e gostaria de retribuir de alguma forma. Devolva a ele e diga que cobrarei depois, dependendo do quanto irei trabalhar lá.

– Aceite o pagamento pelos seus serviços, afinal, ainda não sabemos o que os espera lá. Deixe de sentimentalismo e aceite o dinheiro. Este é um trabalho como qualquer outro. Sei que é muito menos do que merece, afinal, conheço muito bem seu trabalho.

Ainda relutante, decidiu aceitar o envelope.

– Ele confia em você e colocou em suas mãos seu maior tesouro. Cuide bem deles – arrematou Raul.

– Fique tranquilo que nada de mal irá acontecer, dou minha palavra.

– Tenho certeza, meu amigo, de que você cuidará deles como se fosse sua família.

– Aliás, você viu aquele carro estacionado na outra esquina?

– Eles estão me seguindo desde domingo. Devem estar apavorados pela ausência de notícias de Paulo, mas ele só fará contato quando souber que vocês estão em segurança.

– E se tentarem algo contra você?

– Não creio que tenham coragem. Além do mais, tem uma viatura bem na porta.

– Vou sentir sua falta. Enquanto estiver fora, procure não fazer nenhuma besteira.

Beatriz entrou no escritório naquele instante, a ponto de ouvir o comentário de Nélson.

– Enquanto você estiver fora, tentarei mantê-lo na linha. Quem sabe, quando tudo isso acabar, não vamos até lá! Estou precisando de umas férias, e a Toscana é convidativa.

– Alguém disse que eu devo viver um dia de cada vez, portanto, não sei o que irei fazer nas próximas horas, o que dirá nas próximas semanas! – filosofou Raul.

– Adoro sonhar e fazer planos. Sempre fui assim e não vou deixar de ser – respondeu a jovem.

– Bem, jovem casal, a discussão está interessante, mas preciso ir. Vamos?

Beatriz avisou Raul que iria com ele para o jornal. Quando passaram pelo carro estacionado, Raul acenou para o motorista, que obviamente não retribuiu.

– Pare de provocação, Raul. Quando vai aprender a não ser tão imprevidente?

– Só para constar que sei que eles estão nos seguindo.

O dia foi repleto de atividades no jornal. Paulo lhe telefonou no meio da tarde, informando que Nélson, sua esposa, Gabriela, o marido e o filho já estavam no local combinado, e que tudo estava correndo muito bem. Evitou falar em aeroporto ou viagens caso o telefone estivesse grampeado. Era visível a ansiedade de Paulo, que só abrandaria quando todos estivessem dentro do avião, em direção à Europa.

Para evitar usar o telefone, Raul decidiu passar mais tarde no apartamento de Paulo para falar pessoalmente com ele. Assim que entrou, notou que agora ele estava bem mais controlado e seguro de suas ações.

– Eles já embarcaram – falou Paulo. – Daqui a algumas horas estarão distantes da tormenta que vai se abater nesta cidade. Quando devo ligar para Sofia?

– Deixe-a mais insegura e ligue amanhã. Já sabe o que pretende fazer?

– Pensei muito em tudo o que conversamos no domingo e vou mudar minha estratégia. Mais do que me vingar, meu maior desejo é que eles sejam punidos de forma eficiente, coisa que a justiça não tem condições de realizar. O crime já prescreveu, e os envolvidos permanecerão em liberdade. Mas creio que existe uma punição perfeita para todos eles. E sei que você já deve ter pensado o mesmo que eu. O máximo que farei é uma pequena chantagem. Sei que não é muito correto, mas...

– Eu já posso até imaginar quais são seus planos, Paulo. Peço que tenha cuidado com essa gente, pois são capazes de qualquer coisa para permanecerem no poder.

– O que você acredita que seja mais importante para um político? Manter-se no poder com o apoio do povo que o elegeu, recebendo glórias que não merecem. O anonimato seria um bom castigo.

– Um bom e merecido castigo, devo concordar, mas vá com cautela. Antes de falar com Sofia, saiba em que terreno está pisando. Eles são ardilosos e vão tentar frear suas intenções. Saiba o que irá enfrentar e se prepare para o confronto com todas as armas que tiver. E antes do encontro, prepare sua retaguarda, cuidando de sua proteção.

– Já cuidei disso, Raul. Distribuí cópias para várias pessoas de confiança. Cuidei de tudo, no intuito de garantir a segurança e a integridade de todos que amo. Não vou cometer nenhuma insensatez.

– E se eles não acreditarem em você?

– Tenho que pagar para ver. É a única forma de enfrentá-los: com coragem e uma pequena dose de ousadia. Pretendo entregar à Sofia uma das cópias para que ela tome conhecimento de tudo o que eu descobri sobre o esquema. Ficam a critério deles as próximas ações.

Raul se despediu de Paulo e foi para a casa de Beatriz. O perigo rondava a todos eles, em especial o amigo, que arriscava sua segurança. Mas Raul sabia que nada o faria demover da ideia de seguir em frente com seu plano, mesmo que em perigo iminente.

A maior preocupação de Raul era com Beatriz e sua família, mas Meireles estava encarregado de cuidar da proteção deles. Não arredariam pé da casa de Cecília, acompanhando-os em suas atividades diárias. Julinho achou desnecessário, mas Cecília fez questão de ter alguém cuidando dele. Beatriz estava sempre em companhia de Raul, que recusou proteção; era cuidadoso ao extremo e procurava evitar situações de maior exposição.

Na manhã seguinte, Paulo ligou logo cedo, avisando que o contato fora feito com Sofia e o encontro marcado para quinta-feira em um restaurante conhecido. Ele mesmo escolheu o local. Contou que Nélson ligou durante a madrugada, informando que todos já estavam instalados, sem mencionar nada que indicasse a localização. Tudo caminhava para uma resolução tranquila.

O dia transcorreu em relativa harmonia. No começo da tarde, Beatriz passou na sala de Raul e o convidou para irem tomar seu passe semanal. Mais do que nunca precisava ir até o centro, pois sentira coisas estranhas acontecendo depois do evento ocorrido na reunião anterior no centro.

Durante o caminho, Beatriz contou a Raul e a seus familiares que, depois do que aconteceu com ela naquela noite, parecia mais sensível, sentindo alguns desconfortos, arrepios em excesso e formigamento pelo corpo. Isso a estava incomodando demais.

Cecília explicou à filha que os sintomas eram de mediunidade em desenvolvimento. Sugeriu que ela relatasse a Luciano, que poderia orientá-la melhor. Raul permanecia atento aos conselhos de Cecília, lembrando-se das palavras de Luciano acerca das reuniões de estudo. Seria proveitoso para ambos.

Quando chegaram, foram recebidos por Luciano, que ostentava um ar de preocupação.

– Boa noite, amigos. Como sempre, sejam bem-vindos. Beatriz, antes de tomar seu passe, peço que acompanhe Sílvia para uma sala apropriada para trabalhadores e depois desça para a palestra. Cecília e Julinho, podem ir para seu passe. Raul, gostaria de falar com você um instante, se me permitir.

– Vejo que está preocupado, Luciano. Diz respeito a mim?

– Não, Raul, mas a alguém muito próximo de você. Você tem um amigo que está correndo sério risco de vida e você pode ajudar. É alguém mais velho que você, vivendo um momento muito crítico e que requer um cuidado especial.

Raul arregalou os olhos, imaginando Paulo em sua mente.

– Tenho um amigo que está enfrentando uma situação muito complexa e perigosa. A história é longa demais, contarei em momento apropriado. Como eu posso ajudá-lo?

– Você tem certa ascendência sobre ele. Só você é capaz de confrontá-lo e fazer com que mude suas intenções. Ele o tem na figura de um filho e o respeita como tal. Você precisa alertá-lo sobre um provável encontro com uma pessoa de índole duvidosa.

Raul arregalava cada vez mais seus olhos. Como ele sabia de todas essas coisas? Ele sempre o surpreendia! Quem contara sobre o encontro?

– O problema a enfrentar é realmente sério e requer cautela para que não se complique mais. A orientação que recebi foi para lhe contar sobre o perigo e para que você converse com ele antes desse encontro. Diga-lhe: "Para que tudo possa retornar à paz e à segurança de todos que lhe são caros, a única alternativa viável será o perdão incondicional a todos os envolvidos, liberando-o para seguir sua vida em harmonia, aproveitando as oportunidades tardias que Deus lhe concedeu para exercer a paternidade com amor". Isso faz sentido, Raul?

O jovem estava cada vez mais surpreso com o que ouvia. Não podia acreditar que aquela conversa estava ocorrendo entre eles. Quanto auxílio estava sendo oferecido a Paulo, que nem sequer acreditava nessas coisas! Raul não sabia como falar isso a ele.

– Não tenho a mínima ideia de como falar isso a ele.

– Fale com o coração, meu jovem. É a única forma de sermos ouvidos verdadeiramente. Fale com a força do seu amor, e ele receberá com receptividade. Faça a sua parte e ele fará a dele, ouvindo ou não a advertência, que reverterá ou não em seu equilíbrio e segurança. Não podemos violar o livre-arbítrio de ninguém! Mas temos o dever de alertar aqueles que amamos pelas atitudes inadequadas que pretendem tomar. Fale com ele o mais rápido possível e impeça que tome alguma atitude da qual possa se arrepender futuramente.

– Assim farei, Luciano. Agradeço sua preocupação e interesse.

– Estamos aqui com este intuito: auxiliar e socorrer aqueles que necessitam e que se encontram em situações de conflito e perigo. Como dizia um grande trabalhador do bem, sou apenas um intermediário da bondade divina, sou portador de notícias com a finalidade de fazer retornar o equilíbrio nos corações, impedindo que mais dívidas sejam contraídas. Apenas isso, meu caro. Bem, essa tarefa foi concluída e outras me aguardam. Agradeço sua atenção, Raul.

– Eu que agradeço. Falarei com Paulo amanhã, antes desse fatídico encontro.

Tarefa finalizada, Luciano retornou ao atendimento aos visitantes. Raul se dirigiu à sala, onde uma palestra estava sendo realizada e, em seguida, tomou seu passe.

Julinho pediu para falar com Sílvia na saída, combinando para o sábado o cinema que ela sugerira. A jovem ficou feliz com a iniciativa de Julinho, percebendo o quanto ele estava se empenhando em lutar contra sua timidez. Os dois se despediram com um afetuoso abraço, combinando de se encontrar no cinema no próximo sábado.

Assim que chegaram em casa, Raul contou a Beatriz sobre a conversa com Luciano.

– Fale com ele antes desse encontro, Raul. Talvez seja conveniente falar que está preocupado e que gostaria de acompanhá-lo. Ele certamente vai negar, mas será cauteloso. Você sabe se ele vai confrontá-la, dizendo tudo o que descobriu?

– Não sei exatamente o que ele vai dizer, mas posso imaginar. Em alguns momentos eu penso que seria melhor Paulo deixar tudo como está. Não estou com bons pressentimentos e, agora, fiquei mais preocupado ainda. Ele disse com todas as letras que Paulo corre perigo e tenho que alertá-lo quanto às consequências de seus atos.

– Então, vá lá e conte tudo. Ele tem que estar consciente de que será perigoso esse encontro. O único que pode falar e fazer com que ele mude seus planos é você, pois ele confia em seu julgamento. Descubra exatamente tudo o que ele pretende falar com ela, assim você pode avaliar com maior precisão os riscos que ele irá enfrentar.

– Farei isso logo cedo. Bem, vamos dormir que o dia foi longo.

Na manhã seguinte, bem cedo, Raul decidiu ir ao encontro do amigo para conversar.

Paulo percebeu no amigo a aparência preocupada.

– Aconteceu alguma coisa?

– Ainda não, mas pretendo impedir que alguma catástrofe ocorra nas próximas horas.

– O que você quer dizer com isso?

– Precisamos conversar seriamente sobre o encontro com Sofia.

– Estou esperando por esse momento há um bom tempo. Você não irá me impedir.

– Não tenho essa pretensão, mas gostaria de conversar sobre o que você pretende realmente dizer a Sofia. Ela não é a responsável por tudo o que aconteceu com Mirela.

– Ela é tão responsável quanto todos eles. Não estou entendendo aonde quer chegar.

– Você vai ameaçá-la mostrando a cópia do dossiê, exigindo algo em troca. É isso?

– O que mais poderia ser? Vou exigir que o marido dela não concorra a outra eleição; caso contrário, eu denunciarei toda essa sujeira. Não acha que estou sendo generoso com eles?

– Você acredita que isso vai trazer de volta a paz que você perdeu há quase trinta anos? Isso só vai excitar ainda mais a fúria e a ira dessas pessoas, que não ficarão caladas!

– Não consigo esquecer tudo e ficar de braços cruzados. Deve haver uma forma de aliviar esse sentimento que me oprime. Falarei com ela, expondo o que pretendo fazer.

– Eles podem se voltar contra você, atentando contra sua vida. E se você não estiver presente, de que irá adiantar o dossiê? Podem alegar que tudo foi fraudado, que tudo foi criação de uma mente insana, sedenta de vingança, ou, quem sabe, doente. Vão alegar que a doença mexeu com sua sanidade, perturbando-o a tal ponto que chegou a inventar toda essa bárbara e cruel história apenas para difamar uma pessoa de credibilidade e de uma vida sem máculas. Paulo, eles são capazes de tudo isso que falei ou coisa pior. Pense bem no que irá dizer a Sofia. Depois que proferir a palavra, não se pode voltar atrás.

– Eu entendo sua preocupação comigo, Raul, mas não tenho mais nada a esperar da vida. Tudo o que mais amei me foi tirado de forma tão brutal.

– Não diga isso. Ganhou um neto, uma família que ainda não teve tempo de usufruir. Se você quiser, pode ter tudo isso agora mesmo. Não precisa se punir mais ainda. O que eu vejo é uma pessoa amargurada, sentindo-se culpada pelos acontecimentos que não pôde evitar e que agora sente que precisa se punir, sem direito à felicidade. Você jamais imaginou que Mirela fosse ter destino tão cruel. Você não poderia ter impedido que tudo aquilo acontecesse. Não dependia de você, por isso jogue fora essa culpa que o tem alimentado todos esses anos e deixe, definitivamente, o passado onde ele deve ficar. Se você amou tanto Mirela, retribua esse amor a Gabriela, a filha que ela gostaria que você conhecesse, cuidasse e amasse. Faça isso em sua memória e sentirá a paz que tanto lhe foi negada todos esses anos.

Paulo abaixou sua cabeça e as lágrimas rolaram livremente, lavando a angústia que sua alma carregava havia tantos anos. Ele sabia que Raul estava com a razão, mas ainda não conseguia se perdoar por tudo o que não conseguiu fazer, por toda a iniciativa que não tomou, por tudo o que não pôde evitar. Na realidade, ele queria ver todos sofrerem, mas sabia que nada disso mudaria o passado. Pensou em Gabriela, sua filha, distante de toda essa situação e em segurança. Mas ela não poderia fugir eternamente, afinal, tinha o direito de viver sua existência da forma que julgasse mais conveniente. Se toda aquela sujeira viesse à tona, seria possível viver em paz, sem que a tensão e o medo a acompanhassem onde ela estivesse?

Paulo colocava as mãos na cabeça, desejando que a resposta às suas indagações surgisse de pronto. Dependia apenas dele e de mais ninguém o rumo que essa história tomaria. Se escolhesse o silêncio, talvez pudesse usufruir a paz e o convívio com sua nova família. Se escolhesse a vingança, o que poderia aguardá-lo e aos seus? Essa era uma incógnita, e ninguém tinha a chave desse enigma, a não ser aqueles que fossem delatados. Milhões de pensamentos contraditórios e dúvidas infinitas passavam pela cabeça de Paulo, que não sabia que rumo dar à sua vida.

Raul percebeu a angústia de que ele era portador e sabia que essa decisão teria que ser tomada somente por ele. Pensou o quanto estaria sofrendo, tendo em suas mãos o poder de fazer a justiça, mas a que preço? Valeria a pena correr tanto risco?

– Paulo, sei o quanto é difícil avaliar sem a emoção, mas depende unicamente de você o futuro que vai oferecer à sua filha. Tudo é muito delicado e complexo, afinal, estamos lidando com uma corja que não valoriza nada além de sua própria vida e de seu bem-estar. Fico preocupado por você se expondo desse jeito. E saiba de uma coisa, meu amigo, você tem sim muito a perder. Aproveite a chance que a vida lhe deu, entregando em suas mãos um presente de inestimável valor: sua filha. Vocês precisam viver uma história a partir de agora, pensando no que vão ganhar e não em tudo que já perderam. A vida lhe deu uma nova oportunidade de resgatar a paz que lhe foi negada. O que era impossível aconteceu. Não deixe que tudo isso se perca novamente, Paulo. Pense em tudo que ainda pode viver, nas alegrias que ainda pode vivenciar ao lado dessa família recém-descoberta. Posso lhe garantir que sua vida terá um novo rumo se assim decidir. Dê uma chance a você, perdoando-se, livrando-se dessa culpa que o atormenta, preenchendo esse vazio que está em seu peito com as alegrias dessa paternidade. Você merece ser feliz por tudo o que já fez em toda a sua vida. Não recuse esse precioso presente, meu amigo.

Paulo respirou fundo, tentando assimilar todas as verdades que o amigo lhe falava. Quanta coerência em suas palavras! Mais uma vez, sentiu um imenso orgulho por ter colaborado em tudo no que ele havia se transformado. Fez o papel de pai em muitos momentos, foi enérgico em muitas situações, empenhou-se em oferecer o que tinha em mãos: o seu exemplo. Raul absorvera tudo! Sentia orgulho desse filho que a vida colocou em suas mãos para conduzir e guiar. Sentia que muitas vezes fora duro demais, mas Raul era um espírito rebelde, que precisava que alguém o dirigisse com mãos enérgicas. Agora percebia o quanto ele fora receptivo à sua condução. Era Raul, agora, que sabia melhor o caminho que ele deveria seguir.

E mostrara isso de forma magnífica, com coerência e sabedoria. Era duro ter que admitir que Raul estava certo em seu discurso ao olhar o problema com os olhos da razão, sem a emoção que não se desvencilhava dele, Paulo.

Raul estava ansioso pela decisão que Paulo tomaria. Esperava que ele fosse sábio o suficiente para fazer a melhor escolha, mas não tinha como saber, afinal, Paulo sempre o surpreendia em suas posturas. Também jamais o decepcionou, sempre fez a escolha adequada e precisa.

A enfermeira entrou na sala, quebrando o silêncio do ambiente.

– Senhor Paulo, precisa tomar seus remédios, mas antes é necessário comer alguma coisa. Seu café está na mesa.

– Minha babá quer que eu me alimente. Acompanhe-me, Raul, não gosto de tomar café sozinho.

– Desde quando?

– Desde o exato momento em que me fez enxergar a solitária vida que escolhi até este momento. Não desejo mais isso para mim, meu filho. Quero viver de forma diferente. Esta é a minha decisão. Vamos, me acompanhe e continuamos nossa conversa.

Raul respirou aliviado. Constatou que Paulo o escutara integralmente e optou por uma escolha sábia que lhe renderia as mais puras alegrias.

Conversaram sobre o encontro, quando Raul lhe deu algumas diretrizes sobre o que seria mais conveniente falar. Ofereceu-se para acompanhá-lo, mas ele disse que não seria necessário.

– Eu já sei o que devo fazer, meu bom amigo. Vou lhe contar meus planos.

Paulo começou a falar, agora mais sensato e ponderando cada decisão e suas prováveis implicações. Não colocaria a vida de ninguém em perigo. Falaria o mínimo necessário. Com as cópias do dossiê em segurança, nas mãos certas, eles jamais saberiam. Resolveu dizer a Sofia que nada faria se nenhuma ação ou ameaça fosse realizada contra ele. Resolveu deixar toda a sordidez no passado para que tivesse direito a um futuro de relativa paz e felicidade.

Que continuassem suas caminhadas continuando a espalhar a mentira e a dissimulação. Essa conta eles teriam que acertar em algum momento com Deus, que tudo conhecia. Acertariam as contas com a justiça impreterivelmente. Ainda que não fosse com a dos homens, certamente com a de Deus. A única imposição que faria a Sofia era a de que nunca mais entrassem em contato com Gabriela. Caso insistissem nisso, correriam o risco de ver documentos contra eles divulgados.

– Acho que farei a coisa certa, Raul. O que acha?

– A decisão mais sábia! Esse é o amigo que sempre me orientou e a quem sempre admirei pelas atitudes sensatas e coerentes. Obrigado!

– Sou eu quem tem que agradecer.

Os dois amigos se abraçaram, selando definitivamente um pacto de paz para suas vidas. Só o tempo seria capaz de provar que haviam tomado a decisão mais correta.

E assim seria.

A escolha acertada

O dia trazia consigo promessas de renovação. Era o que Raul concluiu ao deixar o amigo. Sempre é tempo de efetuar novas escolhas, buscando roteiros mais adequados às nossas propostas de vida.

Paulo tinha tomado a decisão certa ao colocar um ponto final em toda aquela história, que poderia trazer funestas consequências se decidisse prosseguir com seus planos de vingança. O tempo se encarregaria de colocar cada coisa em seu lugar.

Cada infração praticada será rigorosamente analisada e seus infratores terão que se reabilitar perante aqueles a quem fizeram sofrer, mas tudo virá a seu tempo. Todo reajuste ocorrerá quando aquele que praticou o delito estiver apto a corrigi-lo. Deus é um juiz misericordioso e justo, não exige o pagamento daqueles que não estão em condições de fazê-lo. Ele espera o momento de cada um.

A única coisa que o Pai nos pede é que, depois de quitada a dívida, não incorramos novamente nos mesmos delitos, que gerariam novas pendências e novos sofrimentos. Só cabe a Ele julgar seus filhos. Cabe apenas a Ele efetuar as cobranças, oferecendo as oportunidades de cada filho quitar a dívida contraída, respeitando as possibilidades e potencialidades de cada um. Não cabe a nenhum de seus filhos se outorgar juiz e efetuar as cobranças movido pelo desejo de fazer justiça com as próprias mãos.

O encontro de Paulo seria na hora do almoço, e ele estava ansioso para finalizar aquela história. Não via Sofia desde os tempos da juventude. Seria muito estranho estar frente a frente com ela. Sua presença o faria se lembrar de Mirela, seu único amor nesta vida. Nada que fizesse eliminaria suas lembranças. A culpa era sua parceira mais fiel, denunciando toda a tristeza que se instalara em seu coração.

Quando a convivência com nossas dores é longa, dizem que nos acostumamos com elas e que até não nos importamos com sua presença. Mas será certo viver uma vida assim?

Por esse motivo, ao constatar o sofrimento intenso a que Paulo se acostumara, Raul insistiu em que reavaliasse suas condutas, reformulando sua maneira de viver.

Sofrer por sofrer, com o intuito de nos punir, nada nos acrescenta. O sofrimento é consequência de nossas escolhas indevidas e não deve durar indefinidamente. Ao reavaliar nossas existências, percebemos que não podemos persistir em condutas que não nos trazem felicidade. Modificar posturas nos conduzirá a patamares mais elevados, de maior lucidez, de menor sofrimento. Não nascemos para sofrer, mas sofremos por ainda não saber como bem viver. Estamos aqui para aprender.

Raul foi para o jornal, mas seu pensamento estava em Paulo e no encontro que ocorreria nas próximas horas. A expectativa era grande para saber qual seria a reação de Sofia. Queria estar lá de algum jeito. Decidiu trabalhar, pois o trabalho o acalmava e o obrigava a manter o foco em outras coisas. Falaria com o amigo mais tarde.

Paulo se preparava para sair quando a enfermeira o interpelou:

– O senhor vai sair?

– Vou, mas não devo me demorar. Por quê?

– Tenho lhe observado nesses últimos dias e reparei que precisa tomar algumas decisões inadiáveis, não é mesmo?

Paulo sorriu diante daquela senhora perspicaz, sem entender o motivo da pergunta:

– Realmente, tenho algumas decisões a tomar, que irá me garantir a paz que tenho procurado nos últimos anos. Mas posso saber o motivo da pergunta?

– Sei da gravidade da sua doença, senhor Paulo. Tenho acompanhado muitos casos como o seu. Alguns não conseguiram obter a cura. Outros tinham uma vontade tão grande de viver que colocaram toda sua energia nessa causa, lutando com todas as forças para se fortalecer e se curar. Quando cheguei em sua casa não tive bons pressentimentos, pois encontrei um homem derrotado e esperando que o pior acontecesse. Seu médico havia me confidenciado que iria encontrar uma pessoa determinada e decidida a vencer a doença. Não foi isso com o que eu me deparei quando cheguei. Fiquei perplexa com a falta de vontade em cumprir as orientações médicas, sempre resmungando. Cheguei a pensar em desistir, pois não gosto de batalhas perdidas, mas algo me disse para ficar. O senhor sabe que tenho acompanhado de perto seus exames. Seus primeiros exames foram pouco otimistas, mas desde que toda essa confusão começou, nessas duas últimas semanas, percebi que as coisas se modificaram. Percebo que tem reagido de forma mais vigorosa ao tratamento, como se algo tivesse mudado em seu íntimo. Eu estava aqui quando conheceu sua filha e pude ver um brilho novo em seus olhos. Isso eu chamo de desejo de viver, ou desejo de ter mais tempo para aproveitar tudo isso. Bem, o que realmente eu quero lhe dizer é que o caminho que escolheu é o mais acertado, pois só ele lhe garantirá energia suficiente para vencer sua doença. Não deixe que nada abale isso. Só posso lhe dizer que o caminho para a cura é longo, mas o senhor já caminhou muitos passos apenas nestas duas semanas que se passaram. Sua filha lhe trouxe novo alento. Sei que esse encontro o está deixando tenso e numa grande expectativa. Mas lembre-se de que a única pessoa que sabe o quanto sua vida é importante é o senhor. Faça uma prece e peça a ajuda necessária. Não sei se o senhor tem alguma crença, mas Deus é um só. Ele é Pai de todos nós e só quer que sejamos felizes e sigamos suas leis. Desculpe-me se invado sua intimidade, mas após esse tempo que tenho estado ao seu lado pude conhecê-lo melhor. Sei que é um homem de bem, de princípios e de moral, que tem um coração amoroso e uma mente perspicaz e racional. Vá a esse encontro com Deus em seu coração, pois com Ele nada de mal poderá lhe ocorrer. Perdoe-me se estou sendo inconveniente. Talvez não imagine, mas existem muitas pessoas que o amam e querem seu bem. Eu, se me permite, gostaria de me incluir nesse grupo, desejando-lhe paz e serenidade, que é o que o senhor irá precisar neste encontro.

    Paulo olhou surpreso aquela enfermeira dedicada e com um coração cheio de amor. A única reação que teve naquele momento foi o de lhe dar um abraço.

    – Não sei como agradecer todo o carinho e cuidado que tem demonstrado por mim. Obrigado, minha amiga. Entendi o recado e vou seguir suas orientações. Irei a esse encontro com menos reservas e com o coração mais receptivo. Fique tranquila que não irei demorar. E obrigado mais uma vez.

– Não tem o que agradecer, pois falei aquilo que meu coração pediu. Eu costumo seguir seus conselhos e recomendo que o senhor faça o mesmo. E não demore, pois tem que tomar a medicação da tarde no horário certo. Vá e volte logo.

Paulo respirou profundamente, procurando a serenidade tão necessária àquele encontro. Pensou em Deus e sorriu, imaginando se Ele estaria olhando por ele naquele momento. No mesmo instante, surgiu a imagem de Gabriela em sua mente, como a dizer: "Sim, meu pai, Deus está cuidando de mim e de você, providenciando que nos encontrássemos e pudéssemos nos conhecer melhor". Talvez Deus existisse de fato. Pensaria melhor sobre isso mais tarde. Em seguida saiu em direção ao encontro.

Era um restaurante discreto e bem frequentado. O *maître* o recebeu com simpatia e discrição. Indicou-lhe uma mesa discreta no fundo do salão, após Paulo dizer que teria um encontro de negócios sigiloso. Sofia chegou assim que ele se sentou. Paulo teve um choque ao olhar para ela, ao imaginar como Mirela estaria nos dias de hoje.

Enquanto ela caminhava ao seu encontro, Paulo constatou as diferenças gritantes entre as duas irmãs. Sofia ostentava um olhar desafiador, gelado, sem qualquer gesto de amorosidade. Ela pretendia estender a mão para cumprimentá-lo, mas se conteve, pois percebeu que Paulo não estava com espírito solidário. Ele apenas se levantou, de forma educada. Seus olhares se cruzaram, e quase se podia ver faíscas saindo deles.

– Quanto tempo, Sofia.

– Boa tarde, Paulo. Espero que nossa conversa seja breve, objetiva e definitiva.

– Espero também o mesmo. Como meu tempo é exíguo, serei direto.

Entregou a ela um envelope com cópias de tudo o que descobrira. Ela retirou folhas datilografadas, cópias xerocadas de documentos arquivados, fotos, extratos bancários, tudo o que ele tinha conseguido reunir durante todos aqueles anos mais as descobertas de Nélson e Meireles. Seu rosto empalideceu, mas ela parecia resistir a tudo com uma frieza surpreendente. Atitude esperada de uma pessoa que fora conivente com toda aquela sujeira, capaz de fazer o que fez com a própria irmã. Ela e toda a corja eram desprezíveis! E Paulo já tinha decidido que não os queria por perto para que não fosse por eles contaminado.

– O que você pretende fazer com tudo isso? Quer nos ameaçar? O que deseja de nós?
– Não quero nada de vocês, além da distância e do completo silêncio.
– Pode ser claro? Não se esqueça do que fomos capazes de fazer no passado.
– Antes de qualquer coisa, quero lhe dizer que não está em condições de me ameaçar. Se eu fosse você, evitaria esse discurso inquisidor e optaria pelo silêncio, assim vai poder entender o que eu tenho a lhe dizer. Vou ser objetivo. Minha ideia inicial era desmascarar todos vocês, por isso consegui tantas provas. Mas junto com toda essa sordidez, ganhei um presente inestimável, um tesouro de valor incalculável: uma filha e com ela uma linda família, que tenho o dever de zelar e proteger. Pensando nela e em Mirela, que você sempre invejou, decidi que quero meus últimos meses de vida em paz. Não vou me vingar de vocês, mesmo sabendo que merecem, mas sou jornalista e não juiz. Não me cabe decidir o destino de vocês. Suas consciências serão seus juízes e cada um irá acertar suas contas no tempo estipulado por Deus.
– O que você pretende fazer com estas informações?
– Não pretendo fazer nada, já disse. Tenho apenas uma condição: não quero que se aproximem de Gabriela e de sua família, como também não quero que se aproximem de nenhum dos meus amigos que sabem de toda a história.
– Quem garante que eles não irão querer dar um furo jornalístico com tudo o que sabem?
– Ninguém irá garantir nada. Vocês têm apenas a minha palavra de que nada farei e que não permitirei a divulgação deste dossiê. Mas quero que nos deixem em paz. Parem de seguir Raul e sua família. Esqueçam que Gabriela existe. Essa é a condição. Só para constar, entreguei a pessoas de minha total confiança outras cópias que serão divulgadas caso aconteça algum acidente com qualquer um de nós. Fui claro?

Sofia espumava de raiva, mas nada podia fazer. Era o preço que iria pagar por sua vida de mentiras e corrupção. Estava nas mãos de um jornalista competente, um ícone em seu meio. Nada podia fazer, sabia que tudo estava bem documentado. Se aquelas informações fossem divulgadas, a carreira de seu marido iria desmoronar definitivamente. Só lhe restava cuidar para que tudo permanecesse em sigilo.

Percebeu que perdera uma batalha, mas ainda continuava no jogo. Se Paulo cumprisse fielmente todas as imposições, e ela e o marido também, nada aconteceria. Era um risco que ela tinha de correr. Pensou em pedir um tempo para conversar com o marido sobre a proposta, mas percebeu que não tinha mais tempo para discussões. Nada que planejassem contra Paulo surtiria o efeito desejado, pois ele era raposa velha. Certamente confiara nas pessoas certas para cuidarem de seu futuro. Não havia nada a fazer a não ser ceder a suas imposições, que eram mais do que favoráveis a eles. Sofia respirou fundo e, com o olhar desafiador, disse:

– Não vou pedir a opinião de ninguém sobre esse assunto, pois sempre cuidei da retaguarda de meu marido. Deixarei todos em paz, inclusive aquela a quem cuidei com todo o carinho. É uma ingrata, mas eu a perdoo, pois tenho bom coração.

Paulo teve um ímpeto de dar uma gargalhada, tamanha as monstruosidades que aquela mulher era capaz de falar. Não tinha senso de decência! Mas se conteve, pois de nada adiantaria afrontá-la mais ainda, a não ser deixá-la mais furiosa do que estava.

– Bem, creio que nossa conversa esteja encerrada. Pode levar essa cópia para que jamais se esqueça de tudo o que temos em nossas mãos. Gabriela está fora do país, se é que você ainda não tem essa informação.

– Tentamos localizá-la de todas as formas. Soube que ela deixou o país num jato particular, mas não sei o destino.

– Nem com todas as tramoias, toda a propina, conseguiu descobrir, não é mesmo? Pois saiba que existem pessoas incorruptíveis e honestas neste mundo, pode acreditar. Ela e sua família estão em um local seguro, mas logo estarão de volta para o Brasil, que é onde ela escolheu viver. Não iremos fugir. Não temos nada a esconder, ao contrário de vocês. Façam o que melhor lhes aprouver, que nós faremos o mesmo. Isso está claro para você?

Ela estava indignada, pronta a cuspir todo o veneno que trazia. Mas estava em local público, na mesa de um jornalista afamado e respeitado. Nada podia fazer.

– Muito claro. Creio que não preciso mais permanecer aqui ouvindo suas ofensas. Pode dizer a todos que a partir de agora não mais perturbaremos ninguém. Sem ameaças, sem perseguições, sem qualquer iniciativa que possa comprometer nosso pacto.

— Antes de sair gostaria de lhe perguntar uma coisa que está me atormentando há anos. Foi você quem pediu a Mirela para escrever aquela carta de despedida?

Pela primeira vez seu semblante desanuviou, e Paulo pôde perceber certa tristeza no olhar. Talvez remorso, quem sabe...

— Isso muda alguma coisa para você?

— Por que você não entregou Gabriela aos meus cuidados?

— E como isso seria possível? Estávamos vivendo períodos conturbados. Como Gabriela chegaria às suas mãos? Como explicar a situação? Era algo impossível.

— Mas o que você pretendia mantendo Mirela presa todo aquele tempo?

— Quando soubemos que ela estava grávida, implorei para que nada fizessem a ela, pois teria o mesmo destino que os demais. Foi difícil manter o segredo, mas pagamos às pessoas certas... A morte dela foi uma fatalidade. Os médicos fizeram de tudo para salvá-la. Apenas o bebê sobreviveu. Eu não poderia deixar minha sobrinha sem cuidados e decidi ficar com ela. Essa é a história verdadeira.

— Mas o que pretendiam fazer com Mirela após a gravidez? O que planejavam fazer? Iriam matá-la como aos demais?

Sofia ficou em silêncio, preferindo não dar prosseguimento ao assunto.

— Bem, isso não mais importa, pois ela não sobreviveu.

— Tenho certeza de que ela pediu para entregar a criança aos meus cuidados, estou certo?

— Isso também não importa. Se é que estou apta a lhe dar conselhos, escute bem: aproveite o que a vida está lhe oferecendo e deixe o passado para trás. Sei de sua doença. Aproveite o tempo que lhe resta. Cuide de sua filha. É uma pessoa maravilhosa. Talvez o que mais me incomode nela seja a semelhança com Mirela. Conviva com ela mais tempo e perceberá que estou lhe dizendo a mais pura verdade.

— Todas as atrocidades cometidas terão retorno. É uma pena, pois talvez não tenha tempo suficiente para ver o que lhes aguardam. Não preciso de conselhos, mas saiba que será isso mesmo que irei fazer. Pretendo estar com Gabriela e meu neto o máximo do tempo possível. Esqueça que Gabriela existe. Espero ter sido bem claro.

— Muito claro.

– Agora pode ir. Há muito tempo não venho a este restaurante e pretendo saborear meu prato preferido. Não temos mais nada a falar. Só posso lhe dizer uma coisa: adeus!

Sofia pegou o envelope sobre a mesa e a bolsa e se despediu.

– Adeus. E até nunca mais!

– Quem sabe ainda não nos encontraremos no inferno!

Ela saiu silenciosamente, com a mesma altivez de quando chegou.

Paulo estava aliviado, pensando que havia sido mais fácil do que imaginara. Precisava contar a Raul suas peripécias, mas iria almoçar primeiro. Chamou o garçom e pediu seu prato favorito. Nunca se sentira tão em paz como naquele momento. Realmente Raul estava com a razão. De que lhe adiantaria a vingança? Aproveitou aquele raro momento, saboreando a comida excepcional acompanhada da serenidade que tanto buscara todos aqueles anos. Começou a fazer planos, enquanto saboreava os quitutes. Conversaria com seu médico sobre a possibilidade de viajar para o exterior nos próximos dias. Queria estar com sua filha sob o sol da Toscana.

Assim que retornou ao apartamento e tomou os medicamentos, sob o olhar carinhoso da enfermeira, Paulo ligou para Raul, contando sobre o encontro.

Conforme ele narrava a conversa, Raul ia relaxando, sentindo que tudo estava caminhando conforme planejara. Paulo estava calmo, emocionou-se ao falar de Mirela, e confessou a Raul que nunca estivera tão sereno e focado em seus planos futuros. O que Raul mais desejava era que ele tivesse esse futuro para viver. Chamou Beatriz em sua sala e anunciou que o pesadelo, enfim, terminara e que a vida de todos voltaria ao normal. Contou ainda toda a conversa que teve com Paulo, deixando-a tranquila e feliz pelas sábias decisões que o amigo tomara.

– Ele pretende conversar com seu médico sobre a viabilidade de fazer uma viagem fora do país. Não creio que o médico vá impedir, desde que continue com o tratamento enquanto estiver em viagem. Vou sugerir que leve sua enfermeira junto.

– Você acha que seria uma boa ideia?

– Acho que sim. Vou sugerir que ela o acompanhe, assim o médico ficará mais tranquilo, sabendo que Paulo não vai se descuidar do tratamento.

– Bem, meu querido, tenho uma matéria para concluir.

– Esse chefe deve impor respeito...

– Todos o temem, sabia?

– Notícia velha. Parece que ele mudou sua postura com os funcionários e, com raras exceções, todos o amam.

– Bem, vou para a minha mesa finalizar a matéria. Vejo você mais tarde, chefe.

– Com a matéria concluída.

Beatriz sorriu e o deixou trabalhando. Ela estava aliviada e feliz com as notícias. Ligaria para Meireles contando o desfecho da história.

Paulo, depois de ligar para Raul, resolveu ligar para sua casa na Toscana e falar com Gabriela. Assim que ela atendeu, ele foi falando, todo eufórico:

– Minha filha, sei que foi bem de viagem e que está bem instalada. Lucas está gostando do lugar?

– Paulo, é um lugar maravilhoso! Nunca havia estado na Toscana, e tudo o que dizem é a mais pura verdade. É um local cheio de magia! Não sei como agradecê-lo por tudo o que está me proporcionando.

– Se existe alguém que precisa agradecer, esse alguém sou eu. Estou me sentindo renovado desde que soube de sua existência. Precisava de ânimo novo para enfrentar meus problemas, e você é a responsável por isso. Descobrir que tenho um motivo para continuar minha luta foi a coisa mais importante que me aconteceu.

– E o encontro? Foi como esperava?

– Para dizer a verdade não foi como gostaria, mas sinto que fiz a coisa certa. Você irá compreender meus motivos assim que lhe contar.

Paulo contou tudo o que decidira, após conversar com Raul, que o havia alertado para as funestas consequências que poderiam acontecer se ele mantivesse a proposta de se vingar dos envolvidos. A jovem ouvia o relato, percebendo a voz de seu pai mais serena e controlada, sentindo que ele havia feito a escolha certa. Não pretendia viver sua vida fugindo indefinidamente. Não queria isso para ela nem para sua família. E era o que iria ocorrer se ele se propusesse a implantar seu plano de vingança. Se dependesse apenas dela, teria agido de forma diferente. Mas não era apenas sua vida que estava em jogo. Mirela apostara alto e perdera. Gabriela não queria agir de forma semelhante à mãe, perdendo preciosos anos de sua vida e impedindo seu filho de ter uma vida normal.

– Acha que eu deveria ter feito diferente? Seja franca, minha filha.

– Não sei o que faria. Se eu seguisse meu ímpeto, talvez os afrontasse, independentemente das consequências. Mas se refletisse com serenidade, pesando os prós e contras, agiria exatamente como você, colocando uma pedra no passado para viver um futuro de liberdade e de paz. Você agiu com sabedoria, Paulo, e jamais contestarei sua decisão. Fez a coisa certa. Se tudo está calmo, não é melhor retornarmos? Mas devo dizer que estou gostando da ideia de umas férias. Estava precisando passar mais tempo com Lucas. Fico admirada com ele, quanta coisa ele aprendeu e não tive tempo de acompanhar.

– Minha querida, fique o tempo que quiser. A casa é sua. Estou pensando em passar alguns dias aí com vocês, mas vai depender da aprovação do meu médico. Falarei com ele ainda hoje e depois conversamos. Irei atrapalhar seu sossego?

– Iria ser maravilhoso se pudesse vir. Ligue-me assim que puder para confirmar.

– Nélson está sendo atencioso e cumprindo seu papel?

– Ele é muito engraçado. Sua esposa é uma companhia muito agradável. Parece que os conheço há anos. Sinto-me mais segura com ele por perto. Não o deixe ir embora.

– Ele ficará com você o tempo que for necessário. É um fiel amigo, que sempre nos auxilia quando é requisitado. Confio plenamente nele. A casa estava em ordem?

– Fique tranquilo, tudo estava e está maravilhoso, seu neto já conhece cada canto desta vila. Eu me perco, mas ele não.

– Deve ter puxado o avô.

Os dois riram das brincadeiras e se despediram, com a promessa de Paulo ligar e confirmar a possibilidade da viagem. Paulo nunca se sentira tão bem em toda a sua vida. Com exceção dos momentos vividos com Mirela. Estava feliz, e isso fazia com que olhasse sua vida com olhos atentos e avaliasse suas prioridades a partir daquele momento. Assim que se despediu da filha, ligou para seu médico e o informou sobre seus planos de viajar para fora do país. No início, a ideia foi rechaçada.

– Bem, e se eu levasse uma enfermeira comigo? O que acha da ideia?

– Paulo, você está no meio de um tratamento complexo, que exige cuidados intensivos, pode ser necessária uma internação em alguns casos.

– Estou ótimo, você pode comprovar. Meus exames devem estar muito melhores do que no início. Preciso muito viajar. Vou resumir a história. Descobri que tenho uma filha e um neto. Por problemas de segurança eu os enviei para fora do país. Agora tudo parece ter voltado ao normal, e gostaria de passar alguns dias com eles. Preciso conviver com eles antes que não tenha mais tempo para isso. Não vou contrariar suas orientações, mas pense na possibilidade de levar uma enfermeira comigo para cuidar do meu tratamento. O que vai mudar se eu fizer aqui ou lá? Posso lhe antecipar que ao lado dela seguirei fielmente todas as suas orientações.

– Você não vai se arrepender?

– Espero que não. Ligue-me assim que tiver alguma notícia sobre meus exames. Aguardo seu telefonema.

Paulo estava radiante com a possibilidade de viajar. Assim que desligou, se deparou com Aparecida, a enfermeira.

– Desculpe-me, senhor Paulo, mas não pude deixar de ouvir sua conversa ao telefone. Quantos dias o senhor pretende ficar no exterior?

– Os que meu médico autorizar. Creio que no máximo duas semanas. Você poderia me acompanhar? Minha filha é médica, e poderemos contar com seu auxílio. Não irei sobrecarregar você.

– O senhor sabe que meus filhos já são criados e não necessitam tanto de mim. Apenas meu marido me requisita muito, e eu teria que falar com ele, mas posso resolver isso.

– Arcarei com todas as despesas extras. Você pode me acompanhar nesta viagem?

– Irei com o senhor. Sei que é uma causa nobre e apenas irá contribuir para sua melhora. Diga ao doutor que eu lhe acompanho, mas no máximo por duas semanas.

Paulo abraçou a enfermeira, agradecendo-a repetidas vezes. Garantiu-lhe que daria um jeito de agilizar seu passaporte. Algum tempo depois recebeu a ligação de seu médico e acertou com ele os detalhes do tratamento.

Maria Aparecida contou ao esposo sobre os planos de viajar com seu paciente.

– Ele não gostou muito da ideia – revelou para Paulo. – Mas é meu trabalho, e ele nunca interferiu em minhas decisões profissionais. Só não sabe exatamente o destino.

– Toscana, na Itália. Um lugar deslumbrante. Você vai adorar. Hoje é quinta-feira, pretendo viajar na terça-feira. Você dará conta?

Ela suspirou decidida:

– Vamos para a Toscana, então.

Escolhas acertadas refletem em ações futuras.

A vida nos devolve nossas boas decisões.

Mas precisamos acreditar.

A vida que se transforma

A vida nos devolve o que entregamos a ela. Boas resoluções, caminhos amplos e iluminados. Assim a vida segue seu rumo, direcionando a cada pessoa aquilo que merece pelas condutas praticadas. As iniciativas de Paulo em sepultar o passado renderam-lhe novas oportunidades de transformar sua árida vida em um oásis de paz. Ter coragem de não revidar as ofensas e não se vingar são atitudes sábias e nobres, porém poucos assim decidem agir e adquirem mais dívidas e mais sofrimento. Tudo já estava acertado para que viajassem na semana seguinte. Paulo pretendia ficar por duas semanas, aproveitando para conhecer melhor a nova família. Seus olhos adquiriram brilho novo, a luz da paz que decidiu estabelecer morada definitiva em seu coração.

Raul se felicitara pelo amigo, pensando no quanto a vida ainda podia lhe reservar. Pensou em Beatriz e o quanto se aproximou afetivamente dela nos últimos meses. Há um ano sentia que sua vida não tinha mais razão de ser. Hoje, redescobriu o amor e sua vida ganhou novo sentido. Percebeu que as coisas são mutáveis, que a vida é dinâmica, reservando a cada dia uma nova oportunidade. Nosso destino está traçado pela programação que realizamos, mas com a possibilidade de alterações ocorrerem quando necessário. Cabe a nós, pelas posturas assumidas, merecer ou não mudanças de percurso que nos favoreçam e nos garantam a paz de consciência e a felicidade que tanto almejamos. As decisões pertencem a cada um de nós.

O final de semana chegou com promessas de realizações. Julinho teria seu encontro com Sílvia naquele sábado. Combinaram apenas um cinema, mas para ele tinha um significado especial. Seria um marco divisor de águas, que separava o passado sombrio que vivera até então de um presente ensolarado e repleto de emoções. Decidiu ser feliz e faria tudo para conquistar seu objetivo, simples aos olhos do mundo. Estava feliz pelas decisões assumidas, mas sabia que não teria feito nada sozinho. Sabia que conquistara mais uma chance de buscar a felicidade. E disso ele não abriria mão.

Ficaram de se encontrar em frente ao cinema. Na hora marcada, os dois estavam lá.

– Oi, Julinho. Está me esperando há muito tempo?

– Apenas toda a minha vida!

A jovem se enterneceu com as palavras. Julinho estava com o olhar fixo e profundo em seus olhos, procurando decifrar as emoções de Sílvia. Seus olhares se cruzaram, e Julinho viu um olhar límpido e doce, como jamais vira em uma mulher. A vida lhe sorrira anunciando novas e ternas aventuras.

Sílvia era uma jovem como outra de sua idade, ansiosa para conhecer o amor. Não entendia por que se sentia tão atraída por aquele jovem tímido e reservado, de sorriso fácil e iluminado, que a deixava à vontade e sempre ansiosa para saber mais sobre ele. Seu pai lhe disse para ir com cuidado, pois ele era muito sensível, mas percebeu nele algo intenso e misterioso que a impulsionava a querer estar em sua companhia. Fez malabarismos para conseguir ficar perto dele nos dias que ele frequentava o centro espírita. Era uma brincadeira divertida driblar o tempo, as pessoas, as situações, tudo para estar por perto quando ele chegasse. No início era apenas uma atração, mas percebeu que não era apenas isso nos encontros seguintes. Deixaria o tempo dizer do que se tratava. Poderia ser apenas empolgação, uma paixão sem maiores repercussões, mas também poderia ser algo mais intenso e duradouro.

Julinho continuava a encará-la com aquele olhar doce e misterioso. Ela teve a impressão de que ele lhe falara alguma coisa, mas estava tão perdida em seus pensamentos que nada escutou.

– Sílvia, perguntei sobre o filme. Tem certeza de que gosta mesmo de filmes de ação?

– A vida não é pura adrenalina, com emoções intensas a todo instante? Mas se quiser ver outro não me importo. A sua companhia é mais interessante que qualquer filme.

– A sua companhia é muito mais interessante, portanto, escolha você o que iremos assistir. Mas decida logo, pois precisamos comprar os ingressos.

Pegou-a pelo braço e a conduziu à bilheteria.

– Por que você disse que me esperou toda a sua vida? Foi só uma brincadeira?

– Porque é a mais pura verdade. Estava esperando encontrar alguém como você. Espero não ter sido inconveniente. Durante parte da minha vida fiz algumas escolhas equivocadas e custei a perceber o que estamos fazendo aqui nesta encarnação. Não estamos a passeio, mas para efetuar um aprendizado. Só pude constatar essa verdade depois que passei a frequentar a casa espírita. Seu pai foi um instrumento precioso de meu despertar e vou ser eternamente grato a ele. Percebi que nada acontece que não tenhamos permitido. Se sofremos, não podemos imputar essa culpa a Deus, que apenas nos observa, desejando que façamos escolhas acertadas. Ele jamais nos pune, mas nos corrige, dando-nos inúmeras oportunidades de refazer as escolhas. Não me orgulho de minha história de vida, mas acho que eu precisava encarar meus fantasmas, vencê-los e seguir em frente. Qualquer dia conto como todas as encrencas se iniciaram em minha vida. Por diversas vezes, sou forçado a admitir, desejei me libertar de tudo que esta vida representava. Tentei e falhei em meus propósitos. Só tenho que agradecer às pessoas que cruzaram meu caminho, me mostrando que sempre existe a possibilidade de alterar o rumo de nossas vidas. É uma iniciativa que depende unicamente de nós. Eu despertei para a necessidade de reformular condutas, quando me foi mostrada a importância de estar vivo e do que isso representa para nossa evolução. Seu pai foi muito importante nesse sentido. Eu o considero como um pai, afinal, ele agiu como o meu teria agido comigo. Em momento algum ele passou a mão em minha cabeça, sentindo pena de mim. Não enalteceu meu sofrimento, apenas me mostrou que existem outros caminhos a percorrer. Só iremos aplacar a culpa com mudanças de comportamento, enfrentando com responsabilidade a vida, patrimônio individual do qual responderemos quando retornarmos à espiritualidade. O sofrimento está na razão direta de nossa mudança de postura frente à vida. Se permanecermos estacionados, permitindo que a culpa nos conduza, o sofrimento permanecerá pelo tempo que estipularmos. Parece tão claro, mas não consegui ver essa verdade por todos esses anos. A culpa paralisa, tolhe nossas ações, comprometem nossa vida, e ainda insistimos em assim viver.

Sílvia ouvia atentamente Julinho dissertando sobre sua vida e entendeu o que seu pai quis lhe dizer com "vá com calma". Ele passara por muitas experiências difíceis ao longo de sua vida, chegando até a atentar contra ela. Sentiu um carinho imenso por aquele ser sincero, consciente de sua própria fragilidade, mas sentiu uma força inexplicável em suas palavras, como a dizer a si mesmo que poderia modificar sua forma de conduzir sua existência, passando a enxergar a vida como ela é. Ele havia decidido viver a vida, a partir de seu despertar, como personagem principal, não mais como coadjuvante. E Sílvia aprovou essa iniciativa, percebendo a grandeza daquele espírito que assumiu definitivamente as rédeas de sua existência.

– O importante não é perceber nossa cegueira quando as sombras nos envolvem, mas estar receptivo à luz que clareia nosso raciocínio e nos impulsiona a prosseguir. Um dia gostaria de ouvir sua história, com todos os detalhes, se você confiar em mim. Tenho certeza de que vou conhecê-lo melhor e gostar mais ainda de você.

Julinho retribuiu o sorriso, apertando as mãos de Sílvia com suavidade e ternura. Seus olhares diziam mais que qualquer palavra. E, de mãos dadas, como namorados, se dirigiram à bilheteria.

Uma história ali se iniciava.

Um reencontro de almas afins.

Assim, a vida segue seu curso, realocando cada coisa ao seu lugar de origem para que a harmonia do universo não seja perturbada nem corrompida.

Raul foi ao encontro de Paulo para os acertos finais antes da viagem. Discutiram pautas, procedimentos, matérias, a postura frente aos acionistas, que para Raul era a parte mais complicada, pois envolvia política. Paulo se divertia com as reclamações.

– Raul, você me surpreende, convenceu-me do erro que eu poderia cometer com aqueles políticos se eu desse continuidade ao que tinha planejado. Mostrou de forma prática que nem sempre podemos falar tudo o que pensamos sobre um assunto. Lembre-se de que somos peças de um grande jogo de xadrez, precisando calcular cada jogada de forma a obter os benefícios desejados. Uma jogada errada, realizada de forma impetuosa e displicente, pode comprometer todo o jogo.

— Nunca gostei de jogar xadrez. A decisão de falar contigo foi por conta de um alerta que recebi, que abriu os meus olhos, convencendo-me de que precisava demovê-lo do que tinha em mente. Só isso, e não tenho crédito nisso. Talvez por essa razão não seja tão calculista como você.

— Que seja, existem algumas atitudes necessárias no jogo político. Uma delas é antecipar a jogada do outro, causando impacto e perturbando o raciocínio do oponente, que muitas vezes recolhe suas armas em vez de ousar uma jogada suicida. É excitante esse jogo político. Não sei como ele ainda não fez sua cabeça. Você me surpreende até hoje.

— Ainda bem que ainda consigo causar isso em você. Imagine se fosse aquela pessoa que age sempre da mesma forma? Que tipo de jornalista seria?

— Você sempre será o meu preferido, jamais se esqueça.

— Não precisa me adular, pois sei que tem outras intenções por trás. Você sabe que pode contar comigo em qualquer situação, não precisa ficar tecendo elogios.

— Raul, pare de reclamar de tudo. Quantos não gostariam de estar no seu lugar? Eu conheço pelo menos meia dúzia de jornalistas competentes para assumir toda a responsabilidade que coloquei em seus ombros. Como já lhe falei, você foi um aluno exemplar, aproveitou as lições com esmero. Você é respeitado por suas qualidades e habilidades, e não porque eu o apadrinhei. Tenho muito orgulho em constatar que apostei as fichas certas na pessoa certa. Não posso me calar frente a essa verdade.

— Pare de falar assim, pois posso me perder na vaidade e no orgulho. Eu faço seu trabalho, enquanto você se diverte e descansa na Toscana. Quando você voltar, será minha vez de sair de férias. Estou merecendo!

— Então está decidido. Quando retornar das minhas férias é sua vez de sair. Vou fazer melhor: deixo a Beatriz sair com você. Que acha?

— É obvio que ela irá sair comigo. Precisamos nos conhecer melhor.

— Raul, cansei de sua presença. Ainda é cedo e dá para fazer um programa com Beatriz. Vá para casa.

Despediram-se com um abraço afetuoso. Raul saiu feliz, percebendo as mudanças operadas no amigo desde as resoluções que ele tomara. Lembrou-se de Luciano e de suas sábias e eficientes palavras. Ele estava com a razão mais uma vez.

Beatriz o aguardava em casa. Raul percebeu que aquela casa parecia a sua, pois se sentia tão à vontade. Lembrou-se de que não retornava à sua própria casa havia semanas. Estava com algumas ideias, só depois falaria com Beatriz.

No domingo, Cecília acordou todos mais cedo que o costume, lembrando-os de que seria o almoço combinado com Sales. Queria que tudo saísse a contento. Ela gostaria que o almoço fosse perfeito.

Logo no café da manhã, quando todos estavam reunidos, Julinho decidiu comunicar algo. Ele estava com um olhar tranquilo e feliz.

– Mamãe, gostaria de lhe comunicar que teremos mais uma companhia para o almoço.

– Alguém que eu conheça?

– Com certeza. Convidei Sílvia para almoçar conosco e espero que não se oponha.

– Sílvia é aquela jovem do centro espírita? A filha de Luciano?

– Sim, ela mesma. Nós saímos ontem e fomos ao cinema. Você já sabia desse encontro. Eu a convidei para almoçar, mas não sabia se ela iria aceitar. E qual não foi minha surpresa quando ela aceitou? Não fique chateada comigo por não consultá-la antes.

– Jamais iria me opor a receber um convidado seu ou de sua irmã. Esta casa também é sua, e você tem o direito de convidar quem julgar conveniente. Fico muito feliz que tenha sido ela a convidada. Será um prazer recebê-la em nossa casa, mas parece que você quer dizer mais alguma coisa!

– Sílvia é só uma amiga, por enquanto. É uma jovem maravilhosa, inteligente, sensível e adoraria que não ficasse apenas na amizade. Mas acho melhor ir com calma, um passo por vez, assim como Luciano me orientou.

– Concordo com você. Saberemos nos comportar, não é mesmo, Beatriz?

– Você acha que eu iria estragar o romance de meu irmão? Dou o maior apoio! Não farei nenhuma brincadeira comprometedora, fique tranquilo, mas acho que ela está caidinha por você. Não se preocupe que não farei nada que possa comprometer seu romance.

– A palavra de sua irmã não é muito confiável, mas fique tranquilo porque dela eu tomo conta.

– Sabia que poderia contar com você. Mamãe, o que precisa que eu faça?

– Primeiramente que aja como um cavalheiro e diga a Sílvia que irá buscá-la na casa dela. Apenas esteja aqui no horário combinado com Sales.

– Fique tranquila, vou ligar para ela e combinar o horário.

No horário marcado, Sales tocou a campainha. Cecília se prontificou a atender a porta e se deparou com Sales, que trazia em suas mãos um lindo arranjo de flores.

– Flores para perfumar mais ainda o ambiente. Boa tarde, Cecília, você está linda, como sempre. Espero que tudo tenha sido pensando em mim.

Cecília sorriu com os galanteios e o convidou para entrar.

– Você continua um conquistador, meu caro. O tempo não passou para você, devo admitir. Sinta-se em casa. Entre, por favor.

Assim que ele entrou, Julinho e Sílvia chegaram.

– Desculpe o atraso, mamãe.

– Eu que devo pedir desculpas, pois o atraso foi meu – falou Sílvia, com o olhar tímido.

– Que nada, minha querida. Seja bem-vinda em nossa casa. Sinta-se à vontade.

– Sales, hoje você vai experimentar uma das minhas especialidades. Uma moqueca que há muito não fazia, mas muito elogiada.

Após o almoço foi servida uma saborosa sobremesa, acompanhada de um delicioso café.

Sílvia estava muito à vontade naquele lar, conhecendo de perto a família de Julinho. O pai tecera apenas comentários favoráveis a eles. Era uma família unida e calorosa, que havia passado por problemas complexos e difíceis, mas o amor estivera presente tecendo as teias da tolerância, compreensão e aceitação das limitações de cada um. Isso os tornara unidos e receptivos à bondade divina, que a todos ampara e conforta. Ela percebia que havia uma cumplicidade entre os membros da família, resultado certamente das provas da vida que a todos atingiram. Podemos ter atitudes diversas frente às vicissitudes da vida, podendo nos revoltar, deixando que a ira e a intolerância nos visite, ou silenciando os ímpetos em nosso íntimo, aplacando a revolta, permitindo que a paz e a moderação dominem nossas ações. Revoltar-se ou aceitar os desígnios de Deus é opção nossa. Somos os artífices de nosso destino, causamos a dor ou a alegria em função das atitudes que assumimos frente à nossa existência.

Precisamos olhar a vida com olhos mais atentos e menos tendenciosos, entendendo que somos aquilo que desejamos ser. Se não estivermos satisfeitos com o que nos tornamos, cabe a nós a iniciativa de reformular nossas condutas e mudar. É uma questão de nos posicionar frente aos nossos propósitos e decidir o que é melhor para nós e garantia de felicidade futura.

Sílvia percebeu tudo isso, observando cada atitude durante aquele almoço. Gestos de simpatia, olhares de carinho e palavras de conforto eram permeados com amabilidade e cordialidade. A felicidade fazia parte daquela família, e sentiu que já gostava de todos eles, mesmo conhecendo-os há tão pouco tempo. Julinho ostentava um ar tranquilo e sereno, sentindo-se realmente em paz e feliz. Seu olhar não desviava de Sílvia, sendo receptiva e calorosa, provocando-o sutilmente a todo instante. Era determinada em seus propósitos e o que mais desejava era conhecer Julinho mais profundamente.

Julinho, por sua vez, estava gostando desse jogo de sedução e conquista, mesmo inexperiente que era. Tudo se aprende, dizia seu pai. Não existe nada que sejamos incapazes de realizar se empreendermos nossa vontade, perseverança e trabalho. Julinho tinha aprendido isso logo cedo, mas custou a praticar. Agora percebia a sabedoria de seu pai, que procurava oferecer lições sempre que a situação exigia. Julinho sentia tanta saudade dele, que chegava a doer. Como desejaria que ele estivesse ao seu lado! Mas quantas vezes recusou seu auxílio por duvidar de seu amor! Quanto sofrimento poderia ter sido evitado! Mas, talvez, se ele não tivesse ocorrido, Julinho não teria aprendido essa visão da vida e de responsabilidade. O aprendizado se efetua a qualquer preço. Com a nossa aprovação ou não.

Raul e Beatriz eram os mais animados, fazendo brincadeiras com todos, especialmente com a novata, que não se intimidou. Beatriz por diversas vezes se aproximou do irmão e falou coisas em seu ouvido, provocando em Julinho uma sonora gargalhada. Sílvia, curiosa, perguntou o que a irmã dissera baixinho. O jovem, fazendo ar de mistério, respondeu:

– Segredo de irmãos. Não posso revelar, pois uma maldição cairia sobre mim.

– Desde quando você acredita nessas bobagens? O que ela estava falando de mim? – perguntou Sílvia.

– Quem lhe disse que o assunto era você? Menina pretensiosa! – zombou Julinho.

– Bem, eu não lhe contei antes, mas vou lhe contar um segredo. Eu sei o que ela falou, pois eu leio pensamentos, mas queria que você falasse apenas para confirmar.

– Muito engraçadinha! Se você lê pensamentos, me diz: o que estou pensando agora?

Sílvia fechou os olhos, parecendo concentrada. Em seguida disse:

– Você está pensando em mim.

– Seja mais objetiva. Em que eu pensava? – insistiu Julinho.

– Você estava pensando o que eu faria se você me desse um beijo. Constate você mesmo.

Ela se aproximou mais e beijou carinhosamente seus lábios. Julinho não resistiu e deu continuidade ao beijo, que se prolongou até serem interrompidos por Raul.

– Ganhei a aposta com sua irmã, e ela me deve um almoço.

– Posso saber qual foi a aposta?

– Eu apostei que até o fim do almoço vocês se beijariam.

Beatriz se aproximou, fingindo cara de brava, com as mãos na cintura.

– Julinho, por sua causa terei que pagar um almoço a esse convencido. Não podia ter esperado até levá-la para casa?

– Não resisti ao charme dela. Você ainda não aprendeu que com ele você sempre perde? – finalizou Julinho.

– Na realidade qual era a aposta? Que ele iria me beijar ou apenas que nos beijássemos? – perguntou Sílvia.

– Que diferença faz?

– Se apostou que ele me beijaria, perdeu a aposta, pois fui eu que o beijei.

Sales se aproximou e quis saber o que tinha acontecido. Raul, solene, anunciou:

– Meu amigo, preciso lhe alertar sobre as mulheres desta família. Cuide-se, pois elas o envolvem em suas teias, e, quando quer sair, já está tão preso que se torna impossível se desvencilhar delas.

– Agradeço o conselho e devo dizer que está com a razão. Creio que as mulheres de antigamente eram mais passivas, aguardando que os homens tomassem as decisões. Reconheço que era uma atitude cômoda e confortável para elas, mas acho que se cansaram desse papel e decidiram participar ativamente de todas as decisões, em qualquer âmbito, pessoal, familiar e até profissional. Devo dizer que prefiro as mulheres desses novos tempos, que aprenderam a valorizar suas escolhas e colocá-las em ação. Aprecio essa nova roupagem das mulheres e me sinto muito confortável em dividir as responsabilidades pelas decisões.

– Belo discurso, Sales, mas não se esqueça: elas ainda irão dominar o mundo e não sabemos o que nos reserva nesses novos tempos.

– O que reserva para vocês é a felicidade verdadeira – disse Beatriz, rindo para Raul –, fruto das histórias vividas com sinceridade, respeito e muito amor. Nós queremos apenas ser felizes com aqueles que amamos, e dividir problemas, alegrias, conquistas, frustrações, vitórias e, principalmente, a nossa intimidade. E isso eu consegui realizar com você, Raul.

Os dois se beijaram, selando de vez o amor que a vida lhes brindara.

Sales olhava Cecília com carinho, também sonhando alegrias que a vida lhe reservara uma segunda vez. Era uma pessoa de sorte. Que família maravilhosa o acolhera, permitindo que desfrutasse momentos tão especiais. Cecília era uma mulher especial. Precisava falar isso a ela. Dividiria sua vida com ela sem pestanejar.

Julinho e Sílvia ficaram de mãos dadas o resto do dia. Eles não queriam que o dia terminasse para que a magia não se dissipasse.

A felicidade é a conquista que buscamos a todo instante, mas que só nos chega quando estamos prontos para vivê-la com toda a sobriedade e total discernimento.

Nada ficará como antes

Cada dia que nasce nos brinda com novas oportunidades de ser e fazer tudo diferente.

Como alunos que buscam o aprendizado e desejam se transformar em criaturas melhores, precisamos estar de olhos bem abertos, não apenas para apreciar a paisagem, mas para participar ativamente de tudo o que a vida nos oferece.

Felicidade não é palavra vã, presente apenas nas poesias que versam sobre o amor. Felicidade é algo real e conquistável, mas só aprenderemos a ser felizes quando conhecermos e respeitarmos a vida em essência. O que implica conhecer a si mesmo e ao próximo, reconhecendo que a imperfeição ainda é condição de todas as criaturas encarnadas; para tanto, precisamos nos abster de julgar ou condenar a quem quer que seja. Quem conhece seu próprio passado integralmente? Nenhum de nós.

Podemos apenas constatar, pelas tendências que trazemos nesta atual encarnação, que temos ainda um longo caminho a percorrer na estrada da retificação e da quitação das dívidas de outrora. Aquele que deve um dia terá que acertar suas contas.

Não sabemos o que fomos ou o que fizemos, mas podemos antever o que podemos realizar nesta vida. Uma das opções é corrigir defeitos, praticar o bem e a caridade, auxiliar seu próximo, procurar vigiar para não cair nas mesmas tentações que nos arrastaram para sofrimentos indizíveis, viver com simplicidade, humildade e retidão de propósitos. O importante é agir, sair da passividade, buscar a renovação do seu mundo íntimo, deixando a carga pesada e inútil que carregávamos à beira da estrada.

Um dia nunca será igual ao outro. O mesmo ocorre com uma vida. Ela nunca será igual à outra, o que significa que nenhum aprendizado é efetuado quando se despreza as oportunidades de mudar velhos hábitos e crenças que não mais satisfazem. Mudar sempre. Evoluir é nossa meta. E ninguém escapa dessa fatalidade.

Em poucos meses, muitas vidas foram alteradas de maneira definitiva. Para todos os envolvidos, a vida jamais seria a mesma. Mudança de rumo, mudança de posturas, mudança de hábitos, desejo de renovação, de aprimoramento. Cada um percebeu a necessidade premente de efetuar as transformações que os conduziriam a patamares mais iluminados. Mudança que cada um fez ao seu próprio tempo.

Paulo se preparava para a viagem rumo ao encontro da felicidade de compartilhar momentos e descobertas. Raul já se encontrava consciente de que sua vida não teria mais sentido sem a presença de Beatriz. Julinho se colocara de forma corajosa perante seu destino, desejando uma oportunidade de ser feliz e descobrir o amor. Cecília despertara de vez para a vida, acreditando que é sempre tempo de aprender, se doar e estar receptiva às chances que o destino lhe reservara mais uma vez.

Sofia e seus comparsas teriam que conviver com a sensação de impotência frente à possibilidade de serem desmascarados. E seriam infelizes, até o momento de estarem aptos a efetivar o pagamento dos débitos contraídos nesta atual encarnação.

Cada um colhe exatamente aquilo que plantou. Boas sementes geram frutos saborosos quando o agricultor dedicado cuida com excelência da plantação, não se descuida do terreno e zela para que a colheita seja satisfatória.

Assim é a justiça divina. A cada um conforme as suas obras.

Verdade incontestável!

Tudo se encadeia numa rede invisível, unindo criaturas, descobrindo o que está oculto, fazendo com que a verdade seja revelada e que o bem se perpetue. Assim cada pessoa evolui. Assim funciona a dinâmica da vida.

Os personagens desta história poderiam ter mantido a mesma vida que viviam, desprezando as lições que o Pai ofereceu, mas decidiram encarar seu passado, rever suas dolorosas histórias. Decidiram enfrentar seus erros, suas culpas, suas imperfeições. E cada um venceu as próprias limitações que os prendiam a patamares infelizes.

Mas não venceram as batalhas apenas com seus próprios recursos. Cada um contou com a ajuda de amigos espirituais que acompanharam os passos de seus tutelados, oferecendo o amparo certo às dificuldades que necessitaram enfrentar e vencer.

Ninguém está só neste mundo de Deus. Fazemos parte de uma imensa família, cujo Pai provê a cada um de seus filhos com os recursos necessários para que a felicidade se instale definitivamente em seu coração. Todo pai deseja que seu filho busque acertar, mas, se assim não acontece, ele procura corrigir com novas e sábias lições, dando ao filho o tempo certo para aprender. Não pune, apenas corrige.

Assim age nosso Pai Maior com cada um de nós, filhos diletos de Seu amoroso coração.

Sejam seus filhos rebeldes ou zelosos dos interesses do Pai, não existem prediletos para Ele. Nosso Pai ama a todos com igual ternura. Sua responsabilidade com nosso progresso é primordial. Ele nos oferece as mesmas chances de reconquistar o caminho certo, que nos levará de volta aos Seus braços amorosos.

Ainda confundimos correção com punição, atribuindo a Deus a maior parte de nossas vicissitudes quando somos nós os causadores de nossos infortúnios. Mas o dia do despertar das consciências chegará a cada filho, seja rebelde ou ingrato, seja fiel ou resignado. A verdade será descortinada a cada um no seu tempo.

As vidas prosseguem sua trajetória seguindo a programação realizada. Assim acontece com os personagens desta história, que poderiam permanecer passivos frente às suas vidas ou assumir o controle e procurar caminhos mais iluminados. Isso significa utilizar o patrimônio mais precioso que o Pai nos concedeu: o livre-arbítrio. O poder de efetuar escolhas e de se responsabilizar por elas. Somos livres para agir como desejamos, mas seremos sempre responsáveis por nossas escolhas.

O domingo foi altamente proveitoso sob todos os aspectos. Ninguém desejava que o dia se findasse tamanha a satisfação que sentiam por estarem juntos e felizes. A casa transbordava uma alegria singela, atraindo visitantes do mundo espiritual ligados a eles pelos laços do afeto e do amor.

Uma figura radiante e de olhar meigo olhava a todos com satisfação e serenidade. Eduardo estava acompanhado de outro companheiro, que o trouxera para que seu coração se acalmasse e se tornasse mais confiante.

– *Vê agora como tudo se ajeita, caro amigo* – falou o amigo. – *Suas preocupações são infundadas e pode prosseguir seus estudos, pois ainda tem muito a aprender. Tem uma alma pura e desprovida de sentimentos inferiores, mas ainda insiste em alimentar dúvidas e preocupações com aqueles a quem teve sob sua tutela. Observe que deixou uma herança inquestionável entre todos com quem conviveu. Seus ensinamentos fincaram raízes em cada coração que tocou. Cada palavra foi absorvida, pois foi proferida com a certeza e a convicção da verdade. Seus filhos trazem consigo um tesouro de inestimável valor e devem isso a você. Fez a parte que o Pai lhe confiou pelo tempo que pôde permanecer entre eles. Posso lhe garantir que foi suficiente para que cada um alimentasse o próprio caráter com os valores morais que propagou. Não se preocupe com o destino de cada um, pois isso é sinal de falta de confiança nos desígnios divinos. Até seu próprio filho, que se perdera nas tentações dos vícios, já despertou para a necessidade de olhar a vida com olhos mais criteriosos. Sabe de sua limitação e das dificuldades que seu passado lhe impôs, mas encontrou, por meio do estudo e do trabalho no bem, a maneira de se sentir resistente às imperfeições de que é portador. Ele está convicto que pode encontrar um novo caminho que o conduzirá à felicidade e à paz. Sua convicção será seu maior triunfo nessa eterna batalha que travará todos os dias de sua existência, assim como todos nós ainda fazemos. Lutamos para sobreviver e não sucumbir às tentações, seguindo o caminho da luz, mas as trevas procuram nos seduzir a cada instante, por isso precisamos vigiar todo o tempo. Sua filha, uma alma generosa e tão pura quanto a sua, já entendeu que o caminho que leva à felicidade é um só e decidiu que é esse que irá trilhar. O jovem com quem irá construir uma família, ainda endividado pelo passado delituoso, já se encontra menos rebelde e mais receptivo ao perdão, o que o tornará livre para seguir seu caminho, assumindo definitivamente o controle de sua vida, oferecendo um lar amoroso e harmonioso àqueles que se desviaram do caminho do bem e da retidão por sua irresponsabilidade. Tornar-se-ão trabalhadores espíritas, continuando a obra de redenção de muitos companheiros invigilantes. Sua esposa, fiel e amada companheira, foi a mãe amorosa e enérgica que seus filhos necessitaram em sua ausência. Vacilou em alguns momentos, sentindo-se sozinha e abandonada por Deus, mas recuperou sua fé e confiança e dará continuidade à sua programação, servindo aos mais necessitados com sua vibração consistente e potente, tornando--se uma leal trabalhadora na lida espírita. Nosso bom amigo Luciano tem grande participação em tudo o que aconteceu, mas você sabe o motivo. Compromissos do passado que não foram realizados a contento o deixaram em débito com todos vocês. Fazia parte de sua própria programação um contato mais intenso e uma ajuda mais primorosa para que os laços do desamor fossem substituídos pelos do amor incondicional. Ele está honrando magnificamente seus compromissos assumidos, tornando-se figura incontestável e conciliadora para todos os seus amados familiares. Aquele que desvia companheiros bem ou mal-intencionados da senda do bem tem a responsabilidade de reconduzi-los aos braços amorosos do Bom Pastor. Ele assim está agindo não apenas com seus entes queridos, mas com todos os que o procuram com dúvidas, questionamentos e provações diversas. Desprendido do orgulho, que o manteve refratário aos conselhos amorosos e sábios do Pai Celestial no passado, hoje manifesta o desejo sincero de ajudar aos mais necessitados, difundindo o ensino e a prática do bem e da caridade. Imbuído da tarefa de comandar com dignidade e desprendimento as funções que abraçou, tem palmilhado seu caminho com luz e com a gratidão de todos que por ele foram tocados. Reconciliou com seu próprio passado, aproveitando a oportunidade de servir com responsabilidade, reduzindo suas dívidas. Um Espírito que jamais desprezou a intercessão dos amigos espirituais, que o orientaram nessa tarefa. Como pode ver, todos se encontram encaminhados e não precisa se preocupar, conservando a paz em seu coração. Acalme-se e siga em frente, lembrando sempre de agradecer as bênçãos. Mesmo que não sejamos merecedores delas, o Pai as concede a nós como bônus para prosseguirmos a jornada e trabalharmos em sua seara redentora e edificante. Poderá visitá-los quando as tarefas lhe permitirem.*

Eduardo olhou confiante a família que tanto amava, sentindo uma paz infinita invadir seu coração saudoso. Decidiu que era hora de deixar as preocupações de lado e seguir seu caminho. Tinha muito a caminhar e a aprender, muitos corações a aliviar, muitos necessitados de seu amparo amoroso. Eles não precisavam mais dele, e tudo o que poderia ter feito no sentido de fornecer os exemplos e os ensinamentos já havia realizado em vida. Confiava que todos já eram portadores do necessário para buscar o caminho da própria felicidade. Respirou profundamente e sorriu para os companheiros que o acompanhavam, dizendo:

– *Tem razão, meu querido amigo. Nada mais há a ser feito, restando-me continuar orando por eles onde estiver, confiando que o Pai cuidará de todos muito melhor do que eu. Agradeço a compreensão de vocês, tolerando meus arroubos de dúvidas. Sou um servidor aprendiz e ainda muito imperfeito, mas tenho certeza de que o trabalho me ajudará a conquistar a segurança que me falta. Peço apenas que me*

permitam despedir. Amo a todos com toda a minha alma. Quando for possível, e se me autorizarem, pedirei para visitá-los, reduzindo um pouco a saudade que me consome e da qual ainda não consegui me libertar.

Os amigos espirituais concordaram com a solicitação e ficaram aguardando as despedidas carregadas de intenso e do mais puro amor. Em seguida, todos saíram de forma respeitosa.

Cada um sentiu à sua maneira a presença do pai e do esposo. Os olhares dos três se cruzaram em determinado momento, e o que se viu foi algo mágico. Sentiram a presença daquele que havia sido um condutor excepcional para todos eles. Seus olhares disseram tudo o que aquele momento queria expressar. E convictos de que alguém lá estivera, sorriram com a emoção da sua amada presença.

Agradeceram a dádiva recebida, despedindo-se daquele que estaria eternamente em seus corações. Em seguida, cada um olhou seu parceiro com carinho, sentindo que a escolha realizada havia sido a mais acertada. Agora restava-lhes colocar em ação os ensinamentos dele recebido, honrando sua memória. A vida pedia ação e movimento, sinceridade de propósitos e retidão de princípios, tudo aquilo que os conduziria à conquista da verdadeira felicidade.

Raul percebeu que uma luz diferente brilhava no olhar de Beatriz e a questionou:

— Posso saber o que acabou de acontecer? Vi uma troca de olhares um tanto suspeita.

— Já percebi que não conseguirei enganá-lo por mais que eu pretenda. Você está sempre atento a tudo. Como consegue viver assim?

— Já estou acostumado, faz parte de meu trabalho. Paulo sempre me disse que esse era meu diferencial. Acho que nasci assim, curioso e atento a tudo o que acontece ao meu redor. Até sinto que em alguns momentos precisaria relaxar. Mas já faz parte da minha natureza viver assim. Nunca tente me enganar, pois descubro tudo no mesmo instante. Já não posso dizer o mesmo de você, que é distraída para algumas situações e deixa passar coisas que estão bem debaixo do seu nariz.

— O que você quer dizer com isso? O que deixei de ver?

— Nada. Devo dizer que fico feliz com esse seu jeito de ver a vida, preocupando-se com o que realmente importa, mas não mude de assunto. O que acabou de acontecer?

Os olhos de Beatriz, marejados, brilharam intensamente.

— Tivemos uma visita muito especial hoje entre nós. E o mais importante é ter a plena consciência de que ele já encontrou seu próprio caminho.

Dizendo isso, ela o abraçou carinhosamente, impedindo-o de ver as lágrimas carregadas de emoção que escorreram por seu rosto. Ficaram assim por alguns instantes.

Sales olhou Raul e, sorrindo, disse:

— Na próxima vez que eu vier para o almoço terei que permanecer alguns dias sem ingerir alimento algum, pois essas mulheres só querem nos fazer engordar.

— Posso lhe garantir que isso só tende a piorar. Pelo menos você é médico e sabe se garantir. Eu, um pobre jornalista, quando dei por mim, já estava metido nesta casa, não desejando daqui sair por nada deste mundo. Essas mulheres sabem, definitivamente, conquistar um homem!

Tudo permaneceu no mesmo clima de alegria e descontração até a noite chegar, convidando cada um a se despedir daquele glorioso dia e seguir em frente.

Julinho levou Sílvia até sua casa. Sales se despediu de forma afetuosa. Raul lá permaneceu, mas estava mais silencioso que o normal, chamando a atenção de Beatriz:

— Não gosto desse olhar distante e reflexivo. No que pensa?

— Falei com Lúcia esta semana, e ela está com saudade. Você sabe que ela não tem ninguém neste mundo além de mim. Seus parentes estão distantes e pouco se importam com ela. Não gosto de vê-la solitária e sem motivação. Sempre dei muito trabalho e preocupação a ela, mas não quero mais viver lá. Aquela casa tem muitas histórias, algumas felizes e outras nem tanto. Quando estou lá, me sinto outra pessoa. Não sei se quero ser essa pessoa novamente. Tenho que tomar algumas decisões. Precisamos conversar e resolver algumas questões. Não posso decidir sozinho assuntos que dizem respeito ao nosso futuro.

— O que pretende fazer com a casa? Vender?

— Ainda não sei e é isso que preciso decidir com você. Se eu vender a casa, o que farei com Lúcia? Aquela casa também faz parte da vida dela. Ela está na família de Elisa por mais de duas décadas. Ela a viu nascer, conviveu com eles momentos de muita felicidade. Participou de todas as tragédias que se abateu naquele lar e jamais arredou pé de lá. Esteve ao meu lado em todos os momentos, fazendo por mim o que poucas pessoas fariam. Devo-lhe muito e não quero deixá-la triste ou se sentindo desprezada por mim. Pensei em contratar um caseiro para cuidar de tudo até que eu decida o que fazer com a casa, mas Lúcia não é um imóvel. Não posso dispor dela quando assim desejar. E, na verdade, não quero deixá-la longe de mim por mais tempo. Então, pensei em vender o apartamento de Elisa e, com algumas economias que eu tenho, comprar uma casa perto de sua mãe e convidar Lúcia para morar conosco. Você acha que ela aceitaria?

– Tenho certeza de que sim. Sei o quanto o carinho dela por você é autêntico, e ela fará tudo o que pedir. Já tem alguma casa em vista?

– Bem, era para ser segredo, mas não consigo ficar com minha boca fechada. Sim, tenho uma casa em vista e sei que você irá aprovar minha escolha. Sua mãe disse que você adoraria a ideia de morar próximo a ela.

– Quer dizer que minha mãe já sabia de seus planos e não me contou nada?

– Para você ver como anda distraída, mas não fique brava com ela por ter me ajudado.

– Ela já conhece a casa? Vocês estão agindo pelas minhas costas há quanto tempo?

Cecília entrou sorridente naquele instante e ouviu o final da conversa.

– Beatriz, você vai amar a casa. Ela tem exatamente a sua cara, não é mesmo, Raul?

Os dois não paravam de provocar Beatriz, que, naquele momento, já estava rindo com eles, ansiosa por saber mais informações sobre seu futuro lar.

Os três permaneceram conversando até Julinho chegar, com aquele sorriso jovial, expressando toda a felicidade que ele jamais sonhou ser possível. Olhou a família que tanto o apoiara em suas batalhas e os abraçou.

– Não sei se já falei isso a vocês e quero incluir Raul nesse rol, mas não sei o que seria da minha vida se não tivesse vocês ao meu lado. Cada dia em que eu pensava em desistir, sentindo minhas forças faltar, lembrava-me de seus olhares, jamais acusadores ou reprovadores, carregados de amor e esperança. Vocês acreditaram que a luta valia a pena e eu também acreditei. Por isso estou aqui agradecendo a vocês e ainda pedindo algo mais, se isso for possível. Continuem acreditando em mim! É só o que eu posso pedir e garanto que é isso de que eu necessito para continuar minha caminhada. Não percam a fé em mim. Sei que tenho um longo caminho a percorrer para me recuperar totalmente, se é que isso será um dia possível. Quero acreditar que será, caso contrário vou ficar à beira da estrada, sentado e chorando por não ser capaz de acreditar que posso modificar o que está ao meu alcance e assumir o controle de minha vida. Ela me pertence, é meu patrimônio e devo zelar para não cair nas mesmas tentações de que já fui vítima. Sílvia é um anjo, se é que eles existem. Não sei se mereço o afeto que ela me dedica, mas quero muito viver esse momento e experimentar sensações que ainda não fui capaz de sentir. Contei a ela minha história, sem ocultar os detalhes sórdidos e infelizes. Ela ouviu silenciosamente, sem fazer pergunta alguma e, quando finalizei, ela simplesmente me disse: "Fico feliz que você despertou, agora procure recuperar o tempo perdido, pois a vida assim solicita de nós". Fiquei sem reação alguma, apenas olhando para ela, até que finalmente ela sorriu e disse: "Julinho, a vida pede ação com responsabilidade, se você assim se propuser, estou com você para o que ela nos reservar". Deu-me um beijo e disse que nos veríamos no dia seguinte, pois me esperava para a reunião. O que mais posso pedir para Deus?

Disse isso com lágrimas de emoção e contentamento, com a certeza de que fizera a melhor escolha ao decidir deixar o passado e seguir para um futuro glorioso que o aguardava.

Cecília o abraçou fortemente, sentindo que seu filho assumira definitivamente o controle de sua vida. A esperança de novos dias lhe acenara e ele aceitara o convite.

– Meu filho, você sabe que a vida lhe deu uma nova chance de ser feliz, mas vai precisar se esforçar para merecer. Você precisa pensar em retomar seus estudos ou quem sabe deseja fazer outra coisa. Tem pensado sobre isso?

– Tenho, mamãe, e creio que já me decidi, mas gostaria de amadurecer minhas ideias e depois conversamos. Acho que agora acordei para a vida.

Beatriz olhou o irmão com aquele ar protetor que sempre endereçara a ele, dizendo:

– Julinho querido, você não tem que nos agradecer, pois tudo o que fizemos nada mais foram do que gestos de amor, de pessoas que se cuidam e se auxiliam mutuamente. Se eu precisasse de você, sei que faria o mesmo por mim. Mudando de assunto, você está ciente do que esses dois estavam tramando em minhas costas?

– Raul, você não disse que era segredo? Minha irmã já sabe de seus planos?

Todos riram da cara de indignação de Beatriz, que em nenhum momento suspeitou de que eles estivessem juntos planejando seu futuro sem que ela sequer desconfiasse.

– Tenho certeza de que você vai adorar sua nova casa.

– Quero saber onde fica, Raul. Chega de mistério e venha me mostrar.

– Já é muito tarde e não estou com a chave. Vamos deixar para outro dia. O dia foi intenso e maravilhoso, estou cansado e tenho um dia cheio amanhã. Paulo viaja na terça-feira, e tenho algumas pendências a resolver antes de sua viagem.

– Queridos, agora é minha vez de agradecer o dia esplêndido que tivemos – falou Cecília. – Sales só teceu elogios à hospitalidade recebida. Obrigada, meus filhos, pelo dia maravilhoso. Gostaria que se repetissem com frequência.

– O que depender de mim, mamãe, esteja certa que se repetirão. Para fechar o dia com chave de ouro, vou até esquecer que tramaram contra mim. Estão perdoados!

– Que alma generosa tem sua filha! – falou Raul com ar de seriedade.

– Vamos todos dormir, agora com as consciências tranquilas pela absolvição de Beatriz.

Subiram todos rindo e com o coração em paz.

A paz! Ela custou a encontrar morada, mas agora achou seu espaço definitivo e permanente nesses corações mais conscientes e harmonizados.

A semana se iniciava repleta de atribuições para Raul, como era de se esperar. Paulo lhe telefonou diversas vezes ao dia, colocando as pendências em ordem. As demais teriam que aguardar sua volta da Toscana. Raul teria que aprender a conviver com a falta de controle. Para ele, acostumado a ter tudo sob seu domínio, isso era algo desolador. Coisas que a vida ensina e que cada pessoa precisa aprender a lidar.

Paulo, acompanhado de sua enfermeira, partiria no fim da tarde ao encontro de Gabriela e de sua família. Ele estava ansioso por compartilhar sua vida com sua filha, algo que nunca julgou possível. Mas ela estava lá, esperando sua chegada, tão ansiosa quanto ele. Em seus arroubos da juventude, Gabriela sonhava ter outra família e jamais suspeitou que isso pudesse ser possível. A jovem caminhava pela vila sozinha, pensando sobre isso. Sentiu uma amargura em seu coração, pois talvez não tivesse tempo suficiente para conhecer seu pai, dado seu estado de saúde delicado. Talvez não tivessem tempo suficiente para estreitar as relações afetivas, mas sentiu que ele já fazia parte de sua vida. Gostaria de compartilhar com ele suas recordações, seus sonhos, seus medos, suas dúvidas, suas angústias, mas teria tempo para isso? Acreditava que sua vida fora complicada na adolescência, e depois veio a decepção pelas escolhas que seus pais fizeram para as suas vidas. Tudo se complementou quando descobriu que havia sido adotada ainda bebê. Um misto de frustração e alívio por saber que o sangue que corria em suas veias não era o mesmo de seus pais. Enfim, a descoberta final e chocante que poderia tê-la derrubado de vez, mas veio acompanhada da notícia de que tinha um pai, uma pessoa que jamais desconfiou de sua existência e que amou sua mãe mais que tudo na vida. Viveram uma linda história de amor, mas com um desfecho infeliz e cruel. De toda essa história restou apenas os dois: pai e filha, desconhecidos até então, mas que o destino se encarregou de uni-los para que pudessem redescobrir o perdão, a paz e o amor incondicional.

Queria muito que seu filho convivesse com Paulo, seu pai, mas tinha dúvidas se isso iria acontecer. Paulo estava tentando um tratamento novo, com poucas chances de sucesso. Como médica, precisava ser racional e olhar as reais possibilidades de cura. As chances eram remotas, mas não impossíveis! Era nisso que ela iria se apegar.

Ele chegaria na quarta-feira, e ela já tinha preparado uma recepção à sua altura. Pensou num almoço inesquecível, que aquela vila na Toscana jamais presenciara. Gabriela parou à beira do caminho e se sentou sobre uma pedra, respirando profundamente. Estava mais calma, serena, em paz. Subitamente se sentiu como que abraçada por energias reconfortantes. Uma emoção profunda a envolveu e se sentiu amparada por mãos amorosas, carregadas de carinho. Fechou os olhos e se percebeu embalada em um ritmo doce e sereno, como desejava, quando criança, que sua mãe fizesse com ela quando sentia medo ou insegurança. Mas isso ficava apenas em seus sonhos, pois Sofia nunca foi uma mãe afetuosa. Permaneceu assim por alguns instantes, até que a sensação terminasse, deixando com ela um perfume inebriante de contentamento e paz. Abriu os olhos e observou a natureza ao seu redor. Tudo estava exatamente igual. Nenhum som diferente, apenas a brisa suave que soprava em seus cabelos, fazendo-os balançar. Sorriu, sentindo uma paz infinita a lhe envolver. Seu coração se preencheu de esperança, otimismo, contentamento e emoções puras e prazerosas. Algo mágico havia acontecido e agradeceu a Deus. Em todos os momentos difíceis sempre recorrera a Ele, sentindo-O como seu verdadeiro Pai, confiando-Lhe suas dúvidas, anseios e seus temores. Sempre recorria a Ele nos momentos perturbadores e infelizes. Seu grande e fiel companheiro. E sempre encontrou a paz!

Pediu a Ele que lhe explicasse o que acabara de acontecer, mas ouviu apenas o som da natureza lhe dizendo que seguisse em paz e confiante. Sorriu mais uma vez, agora determinada a aproveitar todo o tempo que tivesse. E esse tempo seria ilimitado se dependesse dela. Voltou feliz para sua família, finalizando os últimos arranjos para a chegada de Paulo. Queria vê-lo feliz e assim faria.

Enquanto isso, no Brasil, ao final do expediente no jornal, Raul e Beatriz foram à reunião semanal no centro espírita. Cecília e Julinho haviam chegado mais cedo a pedido de Luciano, que gostaria de conversar com a nova trabalhadora.

– Obrigado por atender meu pedido, Cecília. Gostaria de lhe falar a sós se for possível. Julinho, Sílvia pediu que lhe avisasse assim que chegasse. Cuidado com ela, meu filho. Ela é a minha única filha, pois os demais são homens. Mas confesso que ela é quem me dá mais trabalho. No entanto, posso garantir que é meu maior tesouro nesta vida e não quero vê-la magoada por nada. Faça-a feliz e lhe serei eternamente grato. Agora nos deixe a sós, pois tenho algumas instruções à sua mãe.

Julinho assumiu ares de seriedade e saiu ao encontro da jovem.

– Agradeço sua presença nesta reunião – e, dirigindo-se à Cecília, disse: – Tenho alguns planos para você. Por ora, gostaria que soubesse que este trabalho é meu filho predileto, no qual renovo minhas energias e me conecto com meus amigos espirituais. Tenho um longo caminho para as correções de minhas dívidas, e este trabalho me auxilia nesta árdua e constante batalha. Meus amigos espirituais me orientaram a cuidar de seu caminhar, pois será minha substituta quando for necessário. Reúne as qualidades necessárias para a tarefa, mas não quero que fique preocupada com essas perspectivas futuras, pois isso não irá ocorrer logo. É minha responsabilidade orientá-la para a seriedade das tarefas que tem à frente, dedicando-se com afinco ao estudo. No entanto, essa decisão é de sua exclusiva competência, e se não aceitar me avise para que eu retorne minha procura. Vou lhe dar um tempo para analisar e decidir. Há muitos companheiros que confiam em você, mas não fique envaidecida. Essa confiança significa que compreendeu que somente o bem é capaz de nos redimir de nossos erros pretéritos, decidindo assim trabalhar em prol dos mais necessitados e carentes de seu amor. Tem uma longa tarefa pela frente, mas terá todo o apoio de que precisa para cumprir com fidelidade as obras que planejou. A reunião de hoje à noite promete muitas emoções, e precisamos de toda ajuda possível para que ocorra conforme os planos da Espiritualidade Maior. Conto com você, Cecília, nesta noite e nas próximas que se seguirão.

Cecília estava atônita com as revelações de Luciano. Jamais imaginou que teria tantas responsabilidades em seu caminho. Mas se era essa a sua tarefa, a cumpriria com alegria e disposição. Tinha tanto a agradecer a Deus pelas alegrias que estava vivenciando com seus familiares que jamais recusaria as tarefas do caminho. Olhou Luciano com serenidade e, com a confiança no olhar, disse:

– Se as tarefas foram por mim programadas, serão por mim desempenhadas. Só tenho a agradecê-lo por estar em meu caminho, orientando-me no que for necessário. Peço a Deus que ilumine sempre seu caminho, meu bom amigo. Pode contar comigo para o que julgar que eu seja capaz, Luciano.

– Era isso que eu esperava que respondesse, Cecília. Eles disseram que você estava pronta para as responsabilidades que despontam. Fico feliz! Mas agora nos apressemos, pois estamos quase no horário.

Saíram dispostos para as tarefas que, conforme orientara Luciano, seriam repletas de emoções.

Raul e Beatriz já estavam na sala aguardando o início da reunião. Julinho entrou em seguida acompanhado de Sílvia, que o pai solicitara que estivesse também presente. Cecília entrou acompanhando Luciano e dirigiu-se à mesa, sentando na cadeira indicada por ele. Os médiuns já estavam presentes e preparados para a tarefa.

As luzes se apagaram, permanecendo apenas uma pequena luminosidade proveniente de uma luminária acesa.

A preparação, feita por Luciano, estava carregada de sentimento genuíno de amor e caridade. A exposição evangélica versava sobre as diversas moradas na casa do Pai, um tema complexo e amplo, com ênfase ao aproveitamento das oportunidades de encarnação que são oferecidas a cada um dos seus filhos. Foi uma palestra carregada de emoção, tocando os corações de todos os que lá se encontravam e preparando para o intercâmbio que se iniciaria em seguida.

Muitos companheiros desencarnados já estavam a postos para serem recebidos pela intercessão amorosa de um médium presente. E cada um, dentro da ordem e da disciplina que sempre acompanham as reuniões, iniciou seus relatos.

44
Tudo é como deve ser

O intercâmbio mediúnico se iniciou com relatos dolorosos de companheiros que desobedeceram às leis divinas de forma a atrair para si os mais pungentes sofrimentos. Criaturas que se arrependeram e decidiram caminhar pela luz, deixando as sombras de suas ações menos dignas a serem recuperadas no devido tempo, quando se sentissem em condições de assumir novas posturas.

As entidades foram abrindo seus corações encarcerados pelo orgulho que os impedia de perceber as oportunidades de renovação à sua frente.

Luciano recebia cada um com o coração cheio de amor, caridade e compreensão, oferecendo a palavra certa que esclarecia e aliviava.

Elenita ainda não havia intermediado nenhuma entidade. Luciano a observava atentamente e percebeu a presença que se aproximava da jovem. Constatou que se tratava de Elisa, que irradiava energias amorosas. A jovem médium sentiu-se inundada de sentimentos elevados e puros, iniciando a conversação:

– Amados companheiros, que a Paz e a Luz iluminem cada coração. Hoje aqui estou para servir de mensageira de companheiros que gostariam que chegasse ao conhecimento daqueles que amam informações necessárias para o despertar de cada um. Sabemos que nossa vida se compõe de sucessivas oportunidades de aprendizado, mas que muitas são desperdiçadas pela nossa incompreensão dos desígnios divinos. O dia do entendimento chegará a todos os filhos amados do Pai, pois Seu maior desejo é vê-los todos isentos do sofrimento, que acomete aquele que despreza Suas lições. Nascemos, vivemos, morremos materialmente, e, nas diversas experiências de encarnação, cometemos equívocos que devem ser corrigidos. Contraímos dívidas que devem ser quitadas, conforme as possibilidades de pagamento de cada devedor.

Estou em processo de retificação, assim como todos os que já despertaram para a necessidade do aprendizado. Juntos, por meio de um árduo trabalho de buscar a excelência de nossas ações, pautando todas elas no bem que redime e no amor que corrige, procuramos a paz de nossas consciências que tanto sonhamos conquistar. Nossos erros de outrora precisam ser reavaliados para não mais repeti-los. Para isso o Pai, misericordioso e justo, coloca em nossos caminhos os companheiros certos para nos auxiliar a superar os desafios e eliminar nossas mazelas, que nos impossibilitam a conquista da felicidade. Ainda insistimos em deixar prevalecer nossos desejos menos nobres, buscando satisfações efêmeras em detrimento do que é verdadeiro e eterno. Olhamos superficialmente e acreditamos tudo saber e conhecer, solicitamos facilidades que apenas nos distanciam da verdadeira felicidade, que longe estamos de compreender e conquistar. Aqui permaneceria indefinidamente, mas meu tempo é exíguo e minhas palavras precisam de objetividade e lucidez. Inicialmente, gostaria de falar a você, Raul, meu companheiro amado de tantas vidas, entre erros e acertos, entre a luz e a sombra de nossas ações indevidas e impetuosas, que legaram intenso sofrimento a irmãos que dependiam de nós para que reencontrassem o caminho da luz. A batalha que tem travado tem sido árdua, mas saiba que grandes alegrias lhe estão reservadas se perseverar no caminho que escolheu. Beatriz será luz incansável a iluminar seus passos nesta jornada. Juntos, darão abrigo a nosso querido Jean Paul. Ele precisa de todo o seu empenho para superar as barreiras que ele próprio criou para o verdadeiro e puro amor causados pela sua invigilância e insensatez, Raul. Está em processo de reabilitação e, assim que permitirem e ele estiver em condições de retornar ao mundo material, você e Beatriz o acolherão em seu núcleo familiar, ofertando-lhe amor em abundância, oportunidades infinitas de reaprender o verdadeiro significado da bendita encarnação, que ninguém pode desprezar. Sua companheira o auxiliará pelos intensos laços de amor e afeto que a ligam a Jean, uma vez que foi sua estimada irmã daquela fatídica encarnação. Será abençoado, Raul, se conseguir cumprir a tarefa que coloco em suas mãos, com a certeza que dará conta. Estará também cooperando comigo na redução de minhas próprias dívidas. Serei beneficiada pela sua atitude e eternamente grata por tudo o que está realizando por você, meu querido, e por muitos que necessitam de sua participação ativa para que a luz se faça em seus caminhos. Confio em você e em sua amada companheira, amiga querida de outras vidas, que sempre está em meu caminho como anjo condutor da bondade e da paz. Beatriz, conto com você mais uma vez. Sei que pouco se recorda de outras encarnações, mas o amor é chama que jamais se apaga, contagiando todos ao redor, espargindo amor, compaixão, entendimento e paz, e você carrega amor em seu coração em abundância. É um Espírito com expressivas tarefas a realizar. Tem inúmeros companheiros que lhe acompanham os passos pela lealdade e pela gratidão. Jamais estará desamparada! Jamais duvide do amor que o Pai lança sobre Seus filhos e dirija-se a Ele sempre que necessitar.

Elisa fez uma pausa. Raul e Beatriz, de mãos dadas, deixavam as lágrimas escorrerem livremente, ouvindo aquelas palavras de incentivo e do mais puro amor que ela irradiava a todos os presentes. Sentiram-se invadidos por uma energia suave e branda. Raul queria abraçá-la materialmente, mas sabia que isso não aconteceria. Estavam ambos em lados provisoriamente diferentes, e cada um tinha um caminho a seguir.

– Raul, querido – continuou Elisa –, *não se sinta culpado, pois não cometeu nenhum pecado contra mim quando decidiu seguir em frente. A vida assim solicita e não deve recuar em seus intentos, pois são eles que possibilitarão que o reajuste entre vocês aconteça. Foi um longo caminho nesse sentido e não deve deixar que a dúvida comande suas ações. Ninguém pertence a ninguém. Somos Espíritos livres que caminham em busca de outros que lhes são afins, estreitando os laços a cada encarnação quando não nos perdemos em nosso egoísmo e imaturidade espiritual. Estamos há muito tempo no mesmo caminhar, nos buscamos pelos laços que nos unem. Lembre-se de que a vida apenas nos permite o encontro. São nossas afinidades que nos aproximam, permitindo que possamos viver lindas histórias ou grandes tragédias, se ainda desconhecemos o verdadeiro significado do amor. Encontros e desencontros acontecerão até que tenhamos aprendido a amar em seu sentido mais profundo. Isso é o que deve aprender, meu querido. Amar com desprendimento, lembrando que ninguém possui a posse do outro, portanto, é livre para viver com responsabilidade a vida que lhe pertence. Não se deixe levar pelo temor de não conseguir concretizar seus planos, pois isso apenas o manterá mais afastado de realizar seus objetivos. Confie e siga em frente, Raul. Faça a parte que lhe compete, e o resto lhe chegará por merecimento.*

Cecília a tudo observava. Ficou emocionada com a presença da jovem que adentrou a sala com um cortejo de luz a lhe guiar os passos. Muitas entidades a acompanhavam nessa tarefa, deixando o ambiente saturado de amor. Observou que junto a ela estava uma mulher ainda trôpega. Pôde ver que era ainda jovem que parecia estar em convalescença de uma doença, pois a sentia muito desvitalizada.

– Faço-me também portadora de uma mensagem de um Espírito valoroso que partiu há muito tempo, mas se perdeu na revolta e na falta de confiança nos desígnios de Deus. Trata-se de Mirela, cuja história Raul e Beatriz conhecem. Paulo sempre me falou dela, da dor e do sofrimento pelo seu desaparecimento, da culpa que o perseguiu durante tantos anos. Quando me foi possível, solicitei que intercedessem por ela para que pudesse despertar, procurando dar seguimento à sua vida. Ela está aqui ao meu lado, desejando que sejam portadores de uma pequena mensagem à Gabriela e Paulo.

– Boa noite, amigos – falou Mirela por meio de outra médium. – Não me sinto em condições de pedir, mas sei que a misericórdia do Pai é infinita e que Ele perdoa nossa rebeldia e nossa falta de confiança em seus desígnios. Somos criaturas ainda imperfeitas, não sabemos fazer as escolhas acertadas para que nossas vidas se preencham de paz e alegrias. Queremos que nossos desejos imperem, esquecendo que pouco conhecemos sobre a vida. Obviamente nos equivocamos, mas nossa mínima capacidade de entendimento nos faz atribuir ao Pai todos os nossos infortúnios, nos rebelando e O maldizendo, esquecendo que Ele jamais nos trairia ou nos abandonaria. Há sempre o dia do nosso despertar, que pode ser breve ou pode durar a eternidade, dependerá de nós. Custei a entender por que me foi negada a oportunidade de viver um amor, de ver minha filha em meus braços e de ter a chance de participar de sua existência. Hoje entendo tudo o que me aconteceu e aceito que foi muito grande a minha participação para o desfecho ocorrido. Poderia ser diferente, mas me equivoquei em meus ideais, valorizando muito mais uma causa que um verdadeiro amor. A constatação chegou tarde demais naquela existência. Fiz duas pessoas sofrerem por minhas condutas imprevidentes. Paulo viveu uma vida de isolamento, negando-se ao amor, vivendo exclusivamente para seu trabalho. Gabriela ficou em mãos abomináveis, de pessoas sem escrúpulos que não souberam lhe dar tranquilidade e equilíbrio para sua vida. Mas como Deus jamais nos desampara, colocou no caminho de minha filha aquilo que eu lhe neguei: o sustentáculo da fé ativa e a esperança em dias mais felizes. Não pude compartilhar seus sonhos e conquistas, pois me perdi na revolta, passando anos a lamentar meu destino. A cada simples lembrança do ocorrido, me perdia na angústia e me afundava cada vez mais, até que Elisa sensibilizou-se pelo meu problema, procurando me fazer despertar para novas possibilidades. Mostrou-me o óbvio, que até então permanecera oculto: o passado não volta e não há nada que possamos fazer para modificar isso. Ensinou-me que o futuro será escrito por nossas mãos, por meio *de nossas ações conscienciosas e operantes no presente. É a nossa parcela a realizar. Hoje permitiram, pela primeira vez, que eu me aproximasse de minha filha e pudesse ficar ao seu lado por alguns instantes. Não imaginam minha emoção em poder quase tocá-la com minhas próprias mãos. O máximo que consegui realizar foi envolvê-la em meu amor, tentando que chegasse até ela as energias mais puras possíveis. Percebi que ela se sentiu abraçada e não posso lhes traduzir a alegria que experimentei. Foi um momento mágico e repleto de uma satisfação indizível. Agradeci a Deus por ter me concedido essa graça. Sei que terei um longo caminho para minha total recuperação, mas agora aprendi a confiar e a não mais me revoltar. Peço-lhes que chegue até ela esta mensagem, dizendo que eu a amo e que sempre estarei vibrando por ela, onde estiver. Àquele que amei, Paulo, sempre tão racional, que saiba que nossos caminhos ainda estão ligados e que muito realizaremos juntos. Temos a eternidade para viver nossa história. Assim fui orientada e agora sinto que a paz habita meu íntimo. Não sei se ele acreditará nisso, mas peço-lhes que chegue esta mensagem: "Estou lhe esperando na primavera, quando a Toscana mostra todo seu esplendor e sua magia". Ele saberá quem realmente lhe enviou. Tenho que ir, pois ainda me sinto muito cansada no contato dessa realidade material, que ainda exerce um grande fascínio sobre mim. Agradeço a oportunidade de estar aqui, abrindo meu coração, que já vislumbra muitas alegrias quando assim for possível!*

Mirela foi amparada por Espíritos luminosos e levada de volta ao hospital espiritual, onde buscava seu restabelecimento. Elisa permaneceu na sala e acrescentou:

– *Mirela ficará bem, pois já despertou para sua realidade, sabendo o que precisa fazer para encontrar a paz tão almejada. Paulo ainda permanecerá algum tempo na Terra para continuar sua programação, retornando apenas quando a tiver cumprido. É um Espírito de brio, determinação e coragem, recebeu um bônus pelas atitudes sábias e dignas que praticou, esquecendo-se da vingança que o acompanhou por todos esses anos. Seus protetores estão avaliando sua real situação, mas ele deverá permanecer mais algum tempo entre vocês, aproveitando a chance que a vida lhe concedeu. Raul, esteja a seu lado amparando-o como tem feito todos esses anos. É como um filho para ele, talvez o único a quem ele ouve nesta vida. Aproveite o tempo que lhe foi concedido, mas não lhe revele o que acaba de ouvir, apenas esteja por perto para ser o suporte que ele espera de você. À minha querida Lúcia, amiga incansável de tantas horas e momentos inesquecíveis, diga-lhe que estou bem e que continuo orando por ela, como lhe prometi nos derradeiros momentos. Diga-lhe também que ela está liberada para seguir seu caminho e que estarei a esperá-la*

quando chegar sua hora. Gostaria que lhe entregasse aquele meu cordão de ouro que herdei de minha mãe. Ela jamais quis aceitar, mas é meu desejo. Faça isso por mim, e lhe serei eternamente grata. Terá um significado especial para ela, eu sei.

Fez mais uma pausa e ia prosseguir quando Luciano interveio:

– Minha amiga querida, sei que traz uma mensagem destinada a uma jovem que aqui se encontra, que é a minha filha. Agradeço-lhe antecipadamente esse gesto de bondade e misericórdia, do qual sei que ainda não sou merecedor.

– *Meu querido amigo, sabe que tem um lugar cativo em meu coração por tudo o que realizou em prol de Raul. Sou eternamente grata por tudo. Continue com sua tarefa, iluminando caminhos, encaminhando espíritos desgarrados e terá cumprido fielmente a sua programação. Quanto à sua filha dileta, saiba que sua solicitação foi aceita e, um dia, poderá lhe relatar tudo com exatidão, o que hoje seria atitude temerária e indevida. Saberá quando for a hora.*

Elisa dirigiu-se à jovem, que se encontrava com os olhos atentos e ansiosos:

– *Minha jovem, o que hoje posso lhe dizer é que acordou a tempo para que possam ser cumpridos os desígnios do Pai. Seus caminhos foram alterados, o que demonstra que suas condutas foram revistas, possibilitando que seu futuro fosse modificado. Mérito totalmente seu, minha jovem, mas que poderia ter sido conduzido de maneira diversa se não fosse a intercessão amorosa de seu pai, que a guiou com mãos enérgicas e firmes. Acumulou sérias dívidas em encarnações passadas, danificando gravemente seu perispírito, o que seria transferido para esse corpo material que lhe serve de morada. Lembre-se de sua infância e entenderá como tudo poderia ser diferente, se não fosse a atuação sempre significativa desse que a acolheu em seu seio familiar. Essa constatação deve lhe servir de incentivo para que não tropece daqui para a frente. Suas condutas atuais definirão seu futuro. Depende unicamente de você. Sei que traz em seu coração a ferramenta essencial à conquista de seus objetivos: a confiança em Deus. Jamais permita que esse sentimento seja ofuscado pelas vicissitudes que poderão advir. Os desafios são necessários para que possamos colocar em ação nossas potencialidades adormecidas, mas não podem gerar em nós inseguranças, que apenas nos distanciariam de nossos propósitos. Tem um lindo caminho pela frente, mas terá que zelar o tempo todo para que não se desvirtue do trajeto que a conduzirá à quitação parcial de seu débito. Está recebendo significativa orientação e deve aproveitar esse presente que lhe está sendo confiado. Se assim acontece, é porque merece pelos esforços nesta jornada. Sinta-se alertada por aqueles que a amam deste lado e do seu pela presença sempre cuidadosa e vigilante de seu pai. Continue firme no caminho que abraçou, semeando o bem, a esperança, a paz e a alegria a todos que cruzarem seu caminho. Suas condutas acertadas serão o remédio eficaz para que não tropece. Se permanecer fiel à sua programação, será recompensada com muitas alegrias ainda nesta vida, minha querida. Não duvide da presença de Deus a seu lado. Peça força e coragem quando necessário, mas jamais aceite que o Pai se distanciou de você. Esta é a mensagem que uma criatura que a ama com todo o seu coração deseja que chegue até você. Ela disse que assim que for possível, estará ao seu lado lhe auxiliando na tarefa que tem em mãos. Pediu também que jamais se esqueça de que o amor será sempre o fator decisivo em qualquer pendência, o perdão será a ferramenta fundamental à concretização de seus propósitos e a alegria será o tempero que tornará a jornada mais agradável e feliz. Pediu que mantenha o sorriso permanentemente em seu rosto, pois ele é capaz de afastar muitas pedras que estiverem em seu caminho. Bem, Sílvia querida, era isso que eu tinha a lhe dizer, e agradeço sua boa vontade em me escutar. Devo me despedir agora. Meu querido Raul e minha doce Beatriz, fiquem em paz e que Deus possa lhes envolver em todo o seu amor e sabedoria. Meu amigo Luciano, que Deus jamais o desampare. Saiba que estará em minhas orações diárias. Agradeço-lhe com todo o meu coração. Lembrem-se de que só dependem de nós os caminhos que abraçarmos. Eles serão determinantes para que a dor ou a paz nos visitem e nos acompanhem os passos. Fiquem em paz!*

Todos ficaram emocionados com os sábios conselhos daquele Espírito iluminado, e nada mais restava a não ser encerrar a reunião pelas amorosas mãos de Luciano.

– Pai Amantíssimo, o que mais podemos Lhe pedir? Já nos concedeu incentivo suficiente para que não acolhamos mais desarmonia e desamor por meio de nossas ações. Já conhecemos suas leis e, se delas nos desviamos, cabe apenas a nós encontrarmos um novo caminho que nos leve de volta a seus amorosos braços. Não podemos mais alegar ignorância. Não podemos mais resistir aos seus chamados. Sofremos por não aceitar suas lições. Choramos por desprezar a palavra que ensina e liberta. Ajude-nos a entender seus justos desígnios para que o sofrimento seja eliminado de nossas vidas. Agradecemos as orientações que nos chegam pelos depoimentos de companheiros que já despertaram para o entendimento de suas leis. No entanto, ainda lhe pedimos: cuide de nós, Pai Amado, jamais desista de nós! Que o Mestre possa ser o condutor a nos guiar pelas estradas da vida, levando seu evangelho redentor aos nossos corações! Que a luz continue a iluminar nossos caminhos e a paz permaneça em todos os corações! Que Deus nos abençoe!

Quando Luciano finalizou a prece, Cecília observou a profusão de luzes a invadir a sala. Sobre Luciano, em especial, uma luz intensa o envolveu integralmente. Um espetáculo emocionante que fez Cecília derramar lágrimas de emoção. Sentiu-se grata por participar daquele maravilhoso evento e se deu conta da responsabilidade que estava abraçando. Elevou seu pensamento a Deus Criador, agradecendo a oportunidade que, mesmo tardia, havia lhe sido oferecida.

Luciano quebrou o silêncio dizendo:

– Meus queridos companheiros, que esta noite fique eternamente gravada em nossa memória como incentivo às nossas lutas e conquistas. Sejamos gratos a todos os companheiros que hoje estiveram conosco, nos lembrando de que as tarefas são nossas e, portanto, somos nós que temos que delas nos incumbir. Tomemos como alerta ou como incentivo, mas jamais nos esqueçamos das belíssimas lições que nos foram direcionadas. Bem, sigamos em frente, não é mesmo?

E com um sorriso nos lábios, despediu-se de todos um por um. Quando chegou a vez de Sílvia, ele a recebeu com um forte e amoroso abraço, e assim permaneceram por alguns instantes. Poucos perceberam que ambos, emocionados, derramaram lágrimas. A jovem se desvencilhou do pai e disse:

– O recado foi dado e acatei com muita seriedade. Um dia conversaremos sobre isso mais profundamente.

– Assim será, minha filha. Por ora, sinto-me em paz por perceber que entendeu o conselho. É o suficiente. Agora vá, pois tem alguém que precisa de você.

Apontou Julinho, que a olhava com respeito e carinho. Sílvia sorriu e foi ao seu encontro, oferecendo-lhe um afetuoso abraço.

Cecília despediu-se de Luciano com carinho, agradecendo a confiança nela depositada.

– Fico feliz por você ter aceitado as incumbências, minha cara. O trabalho a espera!

Raul e Beatriz foram os últimos a sair. Estavam cabisbaixos e reflexivos. A vida de ambos já havia sido alterada há algum tempo, mas sabiam que muitas responsabilidades estavam em suas mãos daquele dia em diante.

Uma vida lhes seria entregue para que cuidassem com todo o empenho e amor, mas não sabiam se dariam conta. Luciano percebeu a preocupação nos semblantes dos jovens e decidiu intervir:

– Meus jovens, tenho convicção de que as orientações calaram fundo em seus corações, mas sinto reservas e preocupações infundadas, pois nada ainda foi concretizado. Lembrem-se de que tudo acontece quando chega a hora, o que significa que só ocorrerá quando estiverem prontos. Não sofram antecipadamente nem se preocupem. A preocupação é grande inimiga de nossas vidas, nos impedindo de enxergar com olhos serenos o que está à nossa frente e o que temos que enfrentar. Deixem de lado os temores e vivam cada coisa ao seu tempo. Não permitam que a ansiedade lhes perturbe a caminhada, impedindo-os de apreciar a paisagem. Lembrem-se da orientação do Mestre: ao dia basta à própria aflição. Não se preocupem com coisas que ainda não aconteceram e que acontecerão a seu tempo. Foi uma noite memorável e peço que guardem com carinho a mensagem de Elisa, esse Espírito abnegado e iluminado. Foi uma bênção o que aqui ocorreu nesta noite. Sintam-se privilegiados por tudo o que presenciaram. Que lhes sirva de incentivo a que prossigam na jornada mais confiantes e convictos de que tudo tem um propósito, mesmo que não o compreendamos. O Pai é sábio e conhece com exatidão cada um dos Seus filhos, providenciando o remédio certo à sua dor. Creio que já compreenderam como a dinâmica da vida se processa. Cada situação, cada ação, tudo está conforme as leis desse Pai amoroso e justo. E, pela Sua justiça soberana, jamais iria permitir que um filho Seu sofresse injustamente. A dor que experimentamos apenas reflete nosso passado ainda não solucionado, repleto de pendências contra criaturas que em nós confiaram. Talvez essa verdade ainda necessite de tempo para ser devidamente assimilada. O tempo será capaz de desvendar cada mistério ainda não compreendido. Tudo a seu tempo! Aprendam a dar um passo por vez, respeitando os próprios limites. Talvez seja essa a lição que precisam aprender por ora. Vamos tirar as preocupações e deixar que a vida siga seu caminho. Acompanhemos com passos firmes e resolutos, procurando ser receptivos às lições. Não pensem que Elisa espera de vocês atitudes que não estejam aptos a oferecer. Ela conhece o potencial de cada um e sabe que ambos terão condições de concretizar com sucesso a tarefa recebida.

Luciano continuava: – Lembrem-se de que ela ainda continua se empenhando para quitar muitas das dívidas contraídas naquela encarnação, na qual todos se envolveram e se comprometeram de forma significativa. Nada mais justo que a acompanhem nessa empreitada, oferecendo abrigo a esse irmão que já foi muito amado por vocês. Os laços de afeto são eternos, quando verdadeiros, e por esse motivo causam tanto sofrimento a um irmão quando não conseguimos tratá-lo com respeito, caridade e amor. Por isso sofrem tanto, não aceitam que pessoas em quem confiaram possam causar-lhes tanta dor. Entendem por que ainda somos vítimas de companheiros que nos assediam espiritualmente? Será que podemos nos considerar vítimas se desconhecemos o que impingimos a eles, tornando-os tão refratários ao perdão? São nossas ações renovadas que provarão a eles que estamos transformados, que não somos mais aquelas criaturas insensíveis e indignas. Por isso, meus amigos, a única maneira de seguirmos nossa jornada de forma equilibrada e digna é nos conhecermos profundamente, procurando apartar de nós as imperfeições que ainda nos conduzem a patamares de vibração inferior. Renovação íntima deve ser uma constante em nossas vidas. Jamais devemos acreditar que estamos suficientemente perfeitos, pois é infinita a caminhada para o aperfeiçoamento e para a perfeição. Precisamos nos conhecer para respeitar nossos próprios limites. A evolução deve se processar sem sofrimentos desnecessários. Deve ser um processo constante e, se possível, indolor, pois o sofrimento apenas ocorre quando não aceitamos as correções necessárias, fruto das nossas ações equivocadas. Lembrem-se sempre dessa verdade, e o caminho será mais fácil de ser percorrido. Agora chega de tanto falar, e vamos partir para as ações. Cada um de vocês sabe exatamente o que deve fazer após as orientações recebidas.

A determinação de Luciano tirou Raul e Beatriz do silêncio. A jovem foi a primeira a falar:

– É muita coisa para aprender, Luciano. Esta noite foi especial, nos alertando quanto às nossas ações futuras, mas foi também um grande incentivo constatar que jamais estaremos sozinhos, pois temos companheiros espirituais que estarão nos conduzindo com mãos sábias e amorosas o que tivermos que enfrentar. Estou confiante de que vou viver intensas alegrias com todas as tarefas que terei que desempenhar. Só posso pedir que seja nosso condutor encarnado, nos auxiliando a conhecer e a assimilar essa doutrina que esclarece, liberta e aperfeiçoa a criatura. Tenho muito o que aprender para poder ser um instrumento a ser utilizado com eficiência e habilidade. Farei todos os cursos que julgar necessário e não sei como lhe agradecer tudo o que já fez por minha família, por mim e por Raul.

Beatriz estava emocionada demais para continuar. Abraçou carinhosamente Luciano, que também tinha os olhos marejados, selando definitivamente o destino de todos.

Raul chorava, sentindo uma emoção jamais antes vivenciada. Não era chegado a esses rompantes emotivos, mas aquela sala era mágica e especial. Lá havia vivido experiências que jamais sonhara viver. Racional como sempre foi, em muitos momentos questionou suas posturas, até então consideradas definitivas em sua vida. Pensava em quantos conceitos haviam sido derrubados nas poucas participações em reuniões daquele centro espírita. Quantas convicções, quantas verdades que abraçara por toda sua existência foram sepultadas em decorrência das emoções que vivenciou. No início, caminhou vacilante e ainda um tanto rebelde, questionando tudo o que presenciava. Era muito conteúdo ignorado, pensava ele. Quanto mais questionava, mais sentia que suas barreiras iam se desintegrando, colocando-se cada vez mais receptivo ao novo, ao desconhecido, ao complexo mundo espiritual, que não podia mais ignorar sua presença ostensiva e atuante. Seus sentidos sempre o confundiam, trazendo informações antes imperceptíveis. Não sabia se acreditava em vida pós-morte, reencarnação, eternidade do Espírito, mas como explicar a certeza de ter Elisa e sua mãe naquela sala, conversando por intermédio de outra pessoa, um médium? Sabia que ambas estiveram ao seu lado, bem próximas, pôde até sentir o perfume que cada uma emanava! Tudo era muito louco e, por vezes, pensou estar perdendo a razão. No entanto, intimamente, sabia que tudo o que estava acontecendo era real e concreto por mais que a razão não conseguisse explicar. Naquela noite havia feito uma análise de sua vida em todos os seus pormenores de uma forma nunca antes executada. Refletiu sobre o que estava vivenciando profissionalmente e afetivamente – Beatriz, Paulo, Gabriela –, sobre o que precisou lidar nos últimos meses, constatando que tudo parecia respeitar uma linha imaginária e clara. Cada evento que se sucedeu parecia estar integrado ao contexto de forma natural e lógica. Percebeu que tudo respeitava um ritmo certo e constante: o ritmo da vida. Ela define a rota, os procedimentos, os participantes de cada evento, tudo encadeado de tal forma, de maneira tão perfeita, que nada que ele pudesse ter feito poderia alterar seu rumo. Raul percebeu que ele e cada criatura ligada aos fatos pareciam obedecer a um roteiro previamente estabelecido pela vida, essa senhora poderosa e sábia, que conhece tudo de forma profunda e não aceita que nada fuja ao seu controle. A vida tem suas regras, suas leis, suas convicções, e cada pessoa se insere nesse contexto, aceitando participar de suas ações, procurando efetivar um aprendizado. Era nisso que Raul pensava quando percebeu a emoção presente no ambiente pelo abraço carinhoso de Beatriz em Luciano.

Saiu de suas divagações e entrou no mundo real, mais uma vez.

– Luciano, não sei se teria chegado aonde cheguei sem que você me acompanhasse os passos, ainda que vacilantes. Beatriz tem razão em suas palavras, o que já virou uma constante. Temos muito a agradecer pelo muito que recebemos, e talvez a melhor forma de mostrar nossa gratidão seja estudando, saindo da ignorância que até então me acompanhou, no quesito Doutrina Espírita, procurando retribuir de alguma forma o que nos for possível. Conte comigo sempre que precisar! Seus conselhos e orientações me auxiliaram a tirar a grande venda que cobria meus olhos, mostrando de forma simples e objetiva quem realmente somos neste contexto em que vivemos, agindo e interagindo com essas realidades, material e espiritual. Tenho muito o que aprender e gostaria que esse aprendizado fosse feito por suas mãos.

– Na realidade eu ainda pouco sei sobre esses assuntos. Quanto mais estudo, mais percebo o quanto ainda falta aprender. Mas junte-se a nós nesta humilde casa espírita, onde poderemos juntos galgar alguns degraus da longa escada do aprendizado e do aperfeiçoamento. Raul, peço-lhe apenas que jamais se esqueça do maior aprendizado que realizou nesta casa: a importância do perdão incondicional que liberta e nos torna criaturas receptivas ao amor divino. Lembre-se de que somos hoje apenas um pouco melhores do que fomos ontem, então imagine o que já não fomos capazes de realizar se pensarmos nas sucessivas oportunidades que já tivemos e não soubemos aproveitar! Que esta vida seja efetiva em aprendizado e conquistas no bem e no amor, meu jovem, para, ao deixar esta vida, termos a certeza de que caminhamos. Mesmo que sejam apenas alguns passos, já saímos da passividade e da negligência com que encaramos nossas vidas anteriores. Isso significa fazer a parte que nos compete. Faça a sua parte, Raul, e terá dado um avanço significativo na sua caminhada evolutiva, libertando-se do passado que o aprisionava. Perdoe sempre, amando mais ainda aquele que o condena ou o despreza, pois isso significa que tem um débito com esse companheiro, e necessário se faz a corrigenda o mais rápido que puder para que o erro não se perpetue, causando sofrimentos e angústias sem fim. Receba esse companheiro com todo o amor que puder oferecer, pois mesmo que a convivência seja difícil no início, nada resiste ao amor que perdoa, conforta, compadece, compreende, aceita e segue em frente, amando sempre! Tenho certeza de que fará um brilhante trabalho com Beatriz, recebendo esse querido companheiro como filho do coração, mas, como eu disse à nossa querida Beatriz há poucos instantes, fique tranquilo que será assessorado por companheiros espirituais que lhes darão o suporte necessário para que essa tarefa se concretize favoravelmente. Bem, meus amigos, já é tarde e temos que ir. Espero vocês na quarta-feira para os passes. Vão em paz! Que Deus abençoe suas tarefas e lhes ofereça Seu amor em profusão!

Os três se despediram afetuosamente e se dirigiram a seus lares.

Mas, como sempre, acompanhados de seus amorosos protetores espirituais, que os acompanham de perto para o sucesso de suas programações.

Assim também ocorre com cada um de nós. Eles nos acompanham os passos, zelando para que não nos desviemos dos propósitos que abraçamos antes de aqui chegar. Se estivermos atentos, sentiremos sua amorosa presença e a eles poderemos recorrer sempre que nossas forças faltarem. São nossos verdadeiros anjos da guarda. Pena que poucos acreditam nessa verdade.

A vida continuou com seu ritmo constante e implacável. Cada coisa continuou a acontecer no seu tempo, na sua hora.

Assim aconteceu com todos os personagens desta história.

Cada um conseguiu alcançar os objetivos propostos para esta encarnação? Só o tempo dirá. No momento certo.

Foram felizes para sempre? Quem pode dizer com toda convicção que é feliz?

O que significa ser feliz? A felicidade encontra muitas formas de manifestação, coerente com cada pessoa e seu grau evolutivo. O que significa ser feliz para uns, pode não significar nada para outros. Para uns, ser feliz é ter; para outros é ser. Uns buscam a felicidade nas conquistas materiais, mas jamais serão verdadeiramente felizes. Outros buscam a felicidade na simplicidade da vida e nas conquistas mais singelas e puras; estas pessoas, talvez, conheçam o que significa realmente a felicidade.

A busca eterna de toda criatura é ser feliz e, certamente, muitos encontrarão a felicidade. Alguns talvez nem se deem conta de que ela esteve em suas mãos e logo a perderam.

Outros ainda a buscam incessantemente nos lugares inadequados.

O que importa é jamais desistir de encontrá-la, como aquele tesouro que perseguimos no fim do arco-íris. O famoso pote de ouro! Não podemos deixar de procurá-la em momento algum de nossas existências. Tenha ela o significado que tiver. Pois a felicidade nos torna criaturas conectadas ao amor e à paz íntima.

Raul e Beatriz foram felizes? Com todo o aprendizado que buscaram, com todas as dificuldades que enfrentaram, com todas as bênçãos recebidas, seria possível não ser feliz? Seria, se eles desprezassem as oportunidades que o Pai colocou em seus caminhos. Mas eles aproveitaram cada lição ofertada. E, sim, foram felizes.

Mais felizes com a presença de Daniel, seu primeiro filho, que veio para selar o pacto de perdão e de amor ao qual todos se empenharam.

Tiveram mais dois filhos, Gabriel e Elisa, a caçula. Beatriz continuou trabalhando no jornal até decidir escrever livros infantis. Recebeu todo o apoio de Raul, que assumiu de vez a direção do jornal. Tornou-se um chefe tão querido quanto Paulo, com quem aprendeu a difícil arte de liderar com brandura, equilíbrio e profissionalismo.

Paulo viveu ainda cinco anos, até que a doença lhe surrupiou definitivamente a vida. Mas viveu intensamente esses anos. Continuou no jornal, trabalhando meio expediente, e deixou a árdua tarefa para seu sucessor, que teve que aceitar a incumbência permanentemente.

Gabriela teve uma filha, parecida com ela e completamente apaixonada pelo avô. Paulo se desdobrava com os netos, procurando doar seu amor integralmente. Segundo a versão de Raul, ele definitivamente era outro homem.

Um pai exemplar, estreitou os laços com Gabriela, que foi sua grande confidente e amiga nos anos que se seguiram. Era uma família feliz, na qual o amor resplandecia em toda a sua intensidade.

Cecília decidiu se casar novamente e foi morar com Sales em sua casa. Continuou sua tarefa no centro espírita, sempre atuante e comprometida com a causa. Um casal também muito feliz!

Julinho voltou a estudar, mas decidiu fazer algo diferente. Não mais a engenharia, mas arquitetura. Conseguiu em apenas três anos concluir seus estudos e abrir um escritório de arquitetura e paisagismo. Ele se casou com Sílvia? Sim. E foram muito felizes. Venceram todas as dificuldades que surgiram no caminho juntos. E as drogas? Viraram definitivamente passado. Eles se casaram no ano em que nasceu Elisa, sua sobrinha mais nova, que só se acalmava nos braços de Julinho. Estranha coincidência, mas era nítida a cumplicidade que havia entre eles.

Lúcia, a fiel amiga da família de Elisa, foi morar com a nova família formada por Raul e Beatriz. Foi a avó postiça de Daniel, que a acolheu como avó verdadeira, criando laços que o tempo jamais será capaz de extinguir. Coisas do destino, alguns diriam, mas já sabemos que não existe o acaso.

A vida desses personagens que se cruzaram por motivos óbvios seguiu seu rumo, pois assim deve ser. O rio segue seu curso sem estacionar ou fazer paradas estratégicas pelo caminho. Assim acontece com cada vida que inicia sua programação na matéria, visando o aprendizado e a quitação de seus débitos. Segue em frente. E se for com coragem, determinação e alegria, melhor será.

Raul e Beatriz sabem que ainda têm muito a aprender, mas sua disposição ao aprendizado é constante, aproveitando todas as chances do caminho. São trabalhadores do centro espírita onde iniciaram seus estudos, realizando um lindo trabalho de amor.

E Luciano? Continua sua tarefa? Finalizamos este livro com o que nosso querido companheiro certamente deixaria como mensagem final. Segue abaixo:

– Nossa tarefa é permanente, pois só pelo trabalho nos capacitamos a patamares mais elevados. Trabalhamos aqui, enquanto encarnados. Trabalharemos na espiritualidade, quando lá estivermos. Jamais devemos parar de trabalhar. Sermos servos fiéis e incansáveis do Mestre deve ser nossa meta maior. Trabalhar e servir ao nosso próximo, auxiliando aqueles que ainda se encontram nas malhas da escuridão, desanimados e sem forças para prosseguir. Levantar os caídos, amparar os que choram, fortalecer os que sofrem, levar alegria aos corações solitários e ainda vazios de amor. Temos inúmeras tarefas a realizar. Existe trabalho para todos indistintamente, e não existe trabalho mais ou menos importante. Somos todos peças essenciais, elos de uma corrente interminável, onde nosso amor sempre encontrará destinatário. Ainda estou no mundo material, pois ainda tenho resgates a realizar, mas hoje tenho consciência do que posso realizar e procuro voltar minha energia principalmente aos mais necessitados. Quem vocês acham que são? Não são os mais pobres ou miseráveis materialmente, mas aqueles que ainda vivem nas sombras da dúvida e do alienamento. A esses me volto com mais atenção, pois são muito mais carentes do que todos os demais: ainda desconhecem sua paternidade divina. Ajudo-os a encontrar o Pai que ama, que perdoa, que compreende. E cada alma que conseguir ligar ao Pai será um débito a menos que terei que arcar quando tiver que prestar contas de meus atos. Pensem sobre isso! E você, já O conhece? Se me permitir, poderei apresentá-Lo!

Onde estiver, Ele estará olhando por você! Jamais duvide disso!

✻ Fim ✻

Ao terminar a leitura deste livro, talvez você tenha ficado com algumas dúvidas e perguntas a fazer, o que é um bom sinal. Sinal de que está em busca de explicações para a vida. Todas as respostas de que você precisa estão nas Obras Básicas de Allan Kardec.

Se você gostou deste livro, o que acha de fazer que outras pessoas venham a conhecê-lo também? Poderia comentá-lo com aquelas do seu relacionamento, dar de presente a alguém que talvez esteja precisando ou até mesmo emprestar àquele que não tem condições de comprá-lo. O importante é a divulgação da boa leitura, principalmente a da literatura espírita. Entre nessa corrente!

Um bate-papo sincero e verdadeiro sobre diversos temas

Nada escapa à curiosidade dessas crianças!

Temas delicados, como sofrimento, suicídio, espiritismo e reencarnação, são tratados de uma forma bastante diferenciada nesta obra de Manolo Quesada. Por meio de perguntas e respostas, no melhor tom de bate-papo, o autor responde às perguntas e inquietações de suas netas, garotas muito curiosas e antenadas com as novidades do dia a dia.

Sucesso da Petit Editora!

Às vezes não temos outra escolha a não ser tentar novamente

Preparando para voltar à Terra...

Essa obra traz para o leitor a temática da reencarnação com muita sensibilidade, já que o autor espiritual nos apresenta esse tema destituído de todo o misticismo que costuma cercá-lo e o revela com toda a graça divina. Prestes a reencarnar, Maneco está angustiado por não saber como será recebido pela família na Terra nem as contas que terá de acertar para resgatar seus erros e faltas de existências passadas.

Lançamento da Petit Editora!

Livros da Patrícia

Best-seller

Violetas na janela
O livro espírita de maior sucesso dos últimos tempos – mais de 2 milhões de exemplares vendidos! Você também vai se emocionar com este livro incrível. Patrícia – que desencarnou aos 19 anos – escreve do outro lado da vida, desvendando os mistérios do mundo espiritual.

Vivendo no mundo dos espíritos
Depois de nos deslumbrar com *Violetas na janela*, Patrícia nos leva a conhecer um pouco mais do mundo dos espíritos, as colônias, os postos de socorro, o umbral e muito mais informações que descobrimos acompanhando-a nessa incrível viagem.

A Casa do Escritor
Patrícia, neste livro, leva-nos a conhecer uma colônia muito especial: A Casa do Escritor. Nesta colônia estudam espíritos que são preparados para, no futuro, serem médiuns ou escritores. Mostra-nos ainda a grande influência dos espíritos sobre os escritores.

O voo da gaivota
Nesta história, Patrícia nos mostra o triste destino daqueles que se envolvem no trágico mundo das drogas, do suicídio e dos vícios em geral. Retrata também o poder do amor em benefício dos que sofrem.

Leia e divulgue!
À venda nas boas livrarias espíritas e não espíritas

Psicografados por Vera Lúcia Marinzeck de Carvalho

Cartas vindas do outro plano da vida...

Escolhas que poderiam ter mudado o rumo da história da pessoa

Cartas de uma outra vida é uma obra para aqueles que reconhecem a vida como um presente de Deus. Neste livro, William Sanches nos apresenta lindas e emocionantes cartas vindas do outro plano da vida, excelentes exemplos que nos servem de aprendizados, pois por meio das experiências dos outros podemos refletir sobre a nossa própria vida e perceber o quanto somos abençoados pela oportunidade de corrigir erros do passado.

Sucesso da Petit Editora!